校级规划教材

人工智能与法律

Artificial Intelligence and Law

主　编｜冯子轩

副主编｜罗　璨　谭　玲　胡耘通

法律出版社

——北京——

始创于1954年

好书，同好老师和好学生分享

作者简介

冯子轩（本书主编，第一章第六节、第三章第三节与第四节作者）法学博士，西南政法大学人工智能法学院副教授、硕士生导师、人工智能法教研室主任，智能司法研究重庆市2011协同创新中心研究员。加拿大约克大学Osgoode Hall法学院公派访问学者（2016年10月至2018年2月）。西南政法大学法学博士（2011年），中国社科院法学研究所博士后研究人员（2018年12月至今）。兼任中国法学会网络与信息法学研究会理事、重庆市仲裁委员会仲裁员、中国（重庆）自由贸易试验区商事调解中心调解员等。在《东方法学》《行政法学研究》《南京社会科学》《中国软科学》等核心期刊发表论文三十余篇，出版教材、专著、译著多部，主持国家社科基金青年项目、司法部国家法治与法学理论研究一般项目、教育部国别和区域研究专项重点项目等国家级和省部级项目共9项。曾获重庆市人民政府人民建议奖、西南政法大学首届122人才工程“青年学术拔尖人才”等各级荣誉奖励。研究方向：行政法学、政府规制（监管）、教育行政法、网络信息与人工智能法。

赵舒窈（第一章第一节作者）法学博士。研究方向：金融法。

沙　骏（第一章第二节、第三章第二节作者）法学硕士，北京市金杜（广州）律师事务所争议解决部合伙人。研究领域：民商法学、网络信息及人工智能法、复杂商事争议解决机制。

徐玖玖（第一章第三节、第五节作者）法学博士，中国社会科学院法学研究所博士后，中国社会科学院文化法制研究中心助理研究员。研究方向：经济法、网络与信息法。

郑　军（第一章第四节作者）法学硕士，西南政法大学人工智能法学院讲师，智能司法研究重庆市2011协同创新中心成员。研究方向：法律史学、人工智能政策与伦理、法律职业伦理。

李炳辉　（第二章第一节、第二节作者）法学博士，武汉大学法学院教师，武汉大学政治学博士后（2013 年）。研究方向：国家机构、公民权利、宪法的政治理论、网络信息与人工智能法。

杨　蓉　（第二章第一节作者）法学博士，中国人民公安大学法学与犯罪学学院教师，北京市“百名青年法学英才”，武汉大学党内法规研究中心特聘研究员。研究方向：宪法学、公安执法规范、党内法规，人工智能与网络信息法。

刘　永　（第二章第三节作者）法学博士，西南政法大学行政法学院博士后（2016 年 12 月至今），闽南师范大学法学与公共管理学院教师。研究方向：校园安全法、警察法、网络信息与人工智能法。

马颜昕　（第三章第一节作者）法学博士，华南师范大学法学院特聘副研究员，教育部政法司、华南师大共建教育立法研究基地秘书长，广东省党内法规研究会副秘书长，政府改革与法治建设研究院团队成员，粤港澳大湾区智能法治研究中心专家顾问。研究方向：行政法、数字政府法律问题、公物法、教育法。

罗　璨　（本书副主编，第四章第一节、第二节、第三节作者）法学博士，西南政法大学人工智能法学院副教授、硕士生导师，智能司法研究重庆市 2011 协同创新中心研究员。兼任中国法学会保险法学研究会理事。研究方向：商法学、人工智能法。

谭　玲　（本书副主编，第四章第四节作者）法学博士，西南政法大学人工智能法学院讲师，智能司法研究重庆市 2011 协同创新中心研究员。研究方向：人工智能法学。

范水兰　（第五章第一节、第二节作者）法学博士，西南政法大学人工智能法学院副教授，智能司法研究重庆市 2011 协同创新中心研究员。西南政法大学与四川省社会科学院联合培养博士后研究人员（2019 年 6 月至今）。研究方向：经济法学、信用法制、网络信息与人工智能法。

刘小红（第五章第三节作者）法学博士，西南政法大学人工智能法学院副教授、硕士生导师，智能司法研究重庆市 2011 协同创新中心研究员。西南政法大学风险管理与资产重组研究中心执行主任，中国比较法研究会理事。英国考文垂大学访问学者（2019 年 9 月至 2020 年 9 月）。研究方向：经济法学、网络信息与人工智能法、福利社会学。

胡耘通（本书副主编，第五章第四节作者）法学博士，经济法学博士后，西南政法大学商学院教授、硕士生导师，西南财经大学工商管理博士后研究人员，具有注册会计师、律师、司法会计鉴定师职业资格，加拿大约克大学访问学者。研究方向：税法、审计法、环保法。

霍俊阁（第六章作者）法学博士，西南政法大学人工智能法学院讲师。研究方向：刑法学。

黄　磊（第七章作者）法学博士，西南政法大学人工智能法学院讲师。研究方向：诉讼法学、证据法学、人工智能法学。

汤烨凡（Ye Fan Tang，第八章作者）加拿大约克大学 Osgoode Hall 法学院法律博士（JD）、多伦多大学荣誉学士（哲学与社会文化人类学双学位），西南政法大学人工智能法学院外国文教专家。曾任加拿大约克大学社会调查学院调查专员、加拿大安大略省培训学院及大学厅初级政策分析师，并在多伦多 Glass & Associates 家庭法律所、犹太家庭儿童服务中心、莫浩云刑事律师事务所、Parkdale 社区法律援助协会、Osgoode Hall 风险投资诊所、社区法律援助协会从事相关法律工作。

王琳竹（第八章作者）法学博士，西南政法大学国际法学院讲师，来华留学硕士生导师。英国兰卡斯特大学法学博士（2014 年），外交部条法司交流学者（2016 年 7 月至 2017 年 1 月）。研究方向：国际法、国际人权法、人工智能法与人权。

前　言

在这个任何奇思妙想皆有可能步入现实生活的科技时代，人工智能与法律正发生着奇妙的化学反应。一系列疑问和思考扑面而来：人工智能如何深度参与法律事务？法官、律师等法律职业能否被人工智能所替代？法律行业如何回应伦理危机论、真正实现“科技向善”？法律学科能否在这一浪潮中获得新的发展？也许当下我们难以给出完整的答案，但可以确信的是，人工智能与法律的学科融合对法律职业者的知识技能提出更多的新要求，顺应科技发展潮流培养“人工智能 + 法律”复合交叉型人才已然成为法学教育的发展趋势。

西南政法大学人工智能法学院甫一成立，即确立了“智慧法治研究前沿、法律实务教育高地”的发展理念，自主设置人工智能法学二级学科，率先实现“人工智能 + 法律”复合型人才的“本、硕、博”贯通式培养模式。在课程建设方面，逐步构建起了人工智能政策与伦理、人工智能法、人工智能与法律推理等核心课程体系。伴随着人才培养工作的推进，教学团队很快面临一个难题——由于缺乏教材，教师课堂讲授与学生自主学习存在诸多不便。尽管国内不乏关于人工智能与法律的精品著述，但多是就某一部门法中的相关问题进行阐述；国外虽陆续出版相关的指南手册，但大都围绕域外制度的探索和思考，难以顾及我国制度设计，无法充当国内课堂中的综合性教学用书。这也可能是国内已经开设“人工智能 + 法律”相关课程的院校面临的共同难题。

2019 年，时值西南政法大学大力推进校级规划教材建设的契机，我们萌发了编写一本符合当下“人工智能 + 法律”人才培养的综合性教材的想法，并得到了西南政法大学教务处与人工智能法学院的全力支持，给予我们从事这项开拓性工作的莫大勇气。于我们而言，编写工作中的巨大挑战令人记忆深刻，包括：在学科内涵尚缺乏共识的情形下，如何构建一个完整的、具有说服力的教材体例？教材内容如何代表理论研究和行业发展的最新成果？面对广泛存在的交叉议题，教材如何能够得到法律界、科技界以及产业界的认可？……截至本书定稿之日，国内尚无同类教材面世，无论是编排体例还是内容设计均是全新的探索。同时，编写过程也确是苦乐相伴的充实旅程，编写组成员大多为国内崭露头角的青年学者或行业专家，彼此在合作交流中碰撞思想的火花和写作的灵感，相信也为本书注入了令人期许的活力。

与传统的法学教材相比，本书有以下三个特点。第一，关于用途定位。本书是“人工智能 + 法律”的入门教科书，仍然以法学专业为基础，涵盖了该新兴领域的基础性内容，用于学生学习掌握基本知识。同时，为教师的教授留下了适度的拓展和发挥空间。第二，关于章节体例。本书以第一章为总论，第二章至第七章以人工智能对宪法、行政法、民商法、经济法、刑法各部门法以及对司法应用的影响和作用进行分别介绍，第八章立足全球视野对大数据、人工智能法律政策进行梳理和展望。每章配有教学要点、延伸阅读、参考文献，引导学习者循序渐进地思考。第三，关于内容更新。除了法律修订，本书内容还与当下人工智能技术发展密切相关，因此在内容更新方面相较传统法学教材更快。既涵盖基础理论又紧跟应用实践，始终是本书未来修订的主线。

真诚致谢法律出版社教育分社丁小宣社长、刘琳编辑，他们促成了本书的付梓，为本书的快速出版付出了莫大的辛劳。感谢在教材编写过程中给予我们莫大支持的诸位领导与师友：西南政法大学资深教授文正邦老师一直鼓励我本人及团队开拓创新，支持我从事法学新领域新问题的研究；中国社会科学院法学研究所副所长，我的博士后合作导师李洪雷研究员一直在学术视野和方法提升上给予我无私的关怀与指导，支持我在站期间组织编写这部教材，给予我无尽的动力；西南政法大学行政法学院院长，我的硕士生导师谭宗泽教授一直呵护我的交叉研究兴趣，给予我巨大的学术信心；西南政法大学教务处处长张建文教授对教材编写和审议提供了真知灼见和无私支持；西南政法大学人工智能法学院院长陈亮教授对本教材的编写工作给予了关心与鼓励，网络信息与人工智能法教研室全体同仁为本书编写提供了宝贵的建议。此外，部分人工智能法方向、应用法学方向的硕士研究生也全程协助了本书的编写工作，他们分别是：刘捷鸣、黄丽、吴林俊、王浩宇、龙雨、刘欣、张越。关心和支持本教材写作的领导师友还有很多，难免挂一漏万，内心无限感激，在此一并致谢。

教材编写吸引了西南政法大学及其他高校、机构学者专家的鼎力参与。本教材由冯子轩主持编写，罗璨、谭玲、胡耘通担任副主编。冯子轩撰写第一章第六节、第三章第三节、第三章第四节；赵舒窈撰写第一章第一节；沙骏撰写第一章第二节、第三章第二节；徐玖玖撰写第一章第三节、第一章第五节；郑军撰写第一章第四节；李炳辉撰写第二章第一节、第二章第二节；杨蓉撰写第二章第一节；刘永撰写第二章第三节；马颜昕撰写第三章第一节；罗璨撰写第四章第一节、第四章第二节、第四章第三节；谭玲撰写第四章第四节；范水兰撰写第五章第一节、第五章第二节；刘小红撰写第五章第三节；胡耘通撰写第五章第四节；霍俊阁撰写第六章；黄磊撰写第七章；汤烨凡（Ye Fan Tang）与王琳竹合作撰写第八章。本书写作倾注了各位作者的大量心血，期望能对我国“人工智能+法律”人才培养有所裨益，为以后相关教材的编著提供抛砖之言。恰逢西南政法大学七十华诞，特借此书献礼。歌乐山麓、法府毓秀，耕耘不辍，砥砺前行。

受时间和能力所限，且人工智能法领域实属广阔的新兴学科，虽倾尽心力，疏漏之处仍在所难免，恳请诸君不吝赐教。（联系方式：siceny@163.com）

冯子轩

2020年9月1日

于天高鸿苑

目　　录

第一章　人工智能与法律的基础理论

教学要点

1. 人工智能技术的发展现状
2. 人工智能与法律的交互影响
3. 我国人工智能的法律规制概况

第一节　人工智能技术的发展概况

随着科学技术的飞速发展,人类已从互联网时代逐渐步入人工智能时代。作为与纳米技术、基因工程并列的三大现代尖端科技之一,人工智能技术不但引发了工业和农业生产方式的变革,还对社会关系、社会行为乃至社会观念产生了强烈冲击。许多国家已充分意识到人工智能是国家之间未来竞争的主战场,因而纷纷开始部署人工智能发展战略,争取占领新一轮科技革命的制高点。

一、人工智能的概念

人工智能(Artificial Intelligence,AI),是指研究、开发用于模拟、延伸和扩展人的智能的理论、方法、技术及应用系统的一门新的技术科学。

从学科属性上来说,人工智能属于计算机科学的一个分支,其研究内容涉及计算机科学、心理学、哲学和语言学等众多学科领域,以及知识表示、自动推理和搜索方法、机器学习和知识获取、知识处理系统、自然语言理解、计算机视觉、智能机器人、自动程序设计等众多应用领域。其主要研究目的是通过解析智能的实质,在此基础上生产出一种新的、能以人类智能相似的方式作出反应的智能机器产品,包括机器人、语言识别、图像识别、自然语言处理和专家系统等。作为一项新兴技术，人工智能涉及仿真研究和智能技术等诸多技术领域。从产生历史来看，人工智能的产生和发展都是与计算机科学技术的发展和广泛应用紧密联系在一起的，同时，其也有赖于信息技术、控制论、自动化技术、仿生学、生物科学、心理学、数理逻辑学等众多学科的发展和广泛应用。

对人工智能可以按不同的标准进行分类，根据其智能化程度不同，可以把人工智能分为弱人工智能、强人工智能、超人工智能。（1）弱人工智能（Artificial Narrow Intelligence，ANI），又称狭义人工智能（Narrow AI）或应用人工智能（Applied AI），是指只能在某一特定领域解决某一特定的问题的人工智能。（2）强人工智能（Artificial General Intelligence，AGI），又称通用人工智能或全人工智能（Full AI），是指能够如人类般进行思考，并能自主解决各类问题，胜任各种复杂工作的人工智能。基于该种人工智能所设计的产品要求具备思考能力、判断能力、计划能力、学习能力、交流能力、利用自身所有能力达成目的的能力等与人类相同或相似的能力。（3）超人工智能（Artificial Super Intelligence，ASI），是指具备完善的自我意识，并能“在几乎所有领域都大大超过人类认知表现的任何智力”的人工智能（机器人）。这种状态下的机器人不但具备自然人的普通智能，而且可以像人类智能一样实现生物上的不断进化和优化，对自身进行不断地重组编程和改进，即具有“递归自我的改进功能”。

按照人工智能与人之间的关系，可将人工智能划分为由人主导的人工智能、机器人主导的人工智能和人机融合的人工智能。（1）由人主导的人工智能是指由人类建立数据模型并按照人类指令运行的人工智能。这种人工智能是在人的设计、安排、指挥下工作的，主要被用于完成某个专门设定的任务，如谷歌翻译、提供语音控制服务的 Siri 等均属此种意义上的人工智能。（2）机器人主导的人工智能是指具有快速处理和自主学习能力的智能产品。该种人工智能已超越简单的记忆和模仿，且具有较强的分析、判断和自我提高、自我进化的能力。这种人工智能目前尚处于研发测试阶段，可与人脑直接对弈的阿尔法围棋（AlphaGo）即属这种人工智能的初级产品。（3）人机融合的人工智能是指能够实现人与机器的交流、沟通、配合和互动的人工智能。这种人工智能既在人的掌控之下，又能实现对人的智力和能力的补充，并帮助人类不断实现自我完善和进化。这种意义上的人工智能应是未来人工智能发展的主要方向。

二、人工智能的发展历史

1950 年,被誉为现代计算机科学之父和人工智能科学之父的艾伦·图灵发表了一篇名为《机器机算与智能》(Computing Machinery and Intelligence)的学术论文。在文中,艾伦·图灵将计算机器与智能概念进行了关联研究,正是这篇文章,开启了计算机与智能模拟的科学讨论,著名的图灵测试和图灵机概念也是出自这篇文章。这些讨论为人工智能的诞生奠定了重要的思想理论和物质技术基础。在图灵的论文之后,控制论、自动机器理论和信息论等各个领域都对"Thinking Machines"的具体形态表达了不同的观点和定义。1955 年,当时在达特茅斯学院任教的约翰·麦卡锡希望组建专家组并能够给"Thinking Machines"一个清晰定义以及阐明研究方向,为此他选择了"Artificial Intelligence"一词对此加以说明。1956 年,在马文·明斯基组织的达特茅斯会议上,麦卡锡首次提出了"人工智能"的概念,这被公认为是 AI 诞生的标志。在这次会议中,大家一致认为"学习或者智能的任何其他特性的每一个方面都应能被精确地加以描述,使得机器可以对其进行模拟"。也正是基于这次会议,人工智能时代正式开启。1957 年罗森布拉特发明了感知机,让机器有了感知能力。1960 年,通用问题求解系统 GPS 系统。1968 年 DENDRAL 专家系统问世。1986 年 D. E. Rumelhart 等人发明了 BPs 算法。

世界人工智能的发展主要经历了以下几个阶段:

1. 萌芽期(1956 年之前)。18 世纪德国哲学家、数学家戈特弗里德·威廉·莱布尼茨(Leibnitz)制作了手摇计算器。1936 年,英国数学家艾伦·图灵(A. M. Turing)提出了图灵机模型的概念,其后又于 1950 年提出了机器能够思维的观点。1946 年,美国科学家埃克特(Eckert)和莫克利(J. W. Mauchly)等人共同研制出了世界上第一台电子数字计算机埃尼阿克(ENIAC)。这些都为以后的人工智能发展奠定了必要的理论准备和物质基础。

2. 第一次高潮期(1956 年至 1966 年)。1956 年夏季,在美国达特茅斯学院举办的"座谈会"上,明斯基、申农、麦卡赛和罗彻斯特等一批年轻科学家积极投身于人工智能的研究和应用,不仅取得了一批令人瞩目的研究成果,如机器定理证明、跳棋程序等,而且直接促成了人工智能学科的诞生,从而掀起了人工智能发展的第一个高潮。

3. 低谷发展期(1967 年至 20 世纪 80 年代初期)。人工智能发展初期所取得的一些突破性进展不仅吸引了大批科学家关注和投身于这一领域的研究,而且大大提升了人们对人工智能发展和应用的期望。人们开始尝试更具挑战性的任务,并提出了一些不切实际的研发目标。然而,这些研究活动的预期目标无一不以失败而告终(例如,无法用机器证明两个连续函数之和还是连续函数、因机器翻译闹出的笑话等)。几乎所有国家的人工智能研究经费均被大幅度削减甚至取消、研究机构被解散,全世界范围内的人工智能研究跌入低谷。

4. 第二次高潮期(20 世纪 80 年代中期至 90 年代初期)。在人工智能被普遍漠视甚至怀疑的时候,有一个领域却得到较快发展,这就是肇端于 20 世纪 60 年代中期而成熟于 80 年代的专家系统及与此相关联的知识工程。专家系统帮助人工智能在前进的黑暗中找到光明,并带动了人工智能研究的复苏。在专家系统中,包含大量的专家知识,并且有不同领域的专家运用这些知识去解决特定问题。专家系统使人工智能由单纯的理论走向实际,从一般化转为专业化,作为其核心内容的"知识工程"概念,实现了智能获取从基于能力的策略向基于知识的研究方法的转变。受知识工程长足发展的影响,一直处于低谷的人工神经网络也开始慢慢复苏。与此同时,机器翻译、机器人、自然语言也开始兴起,人类对人工智能的兴趣空前高涨。

5. 平稳发展期(20 世纪 90 年代至 2016 年)。随着计算机由单个智能主体转向基于网络环境下分布式人工智能的发展,人工智能的应用领域进一步扩大。特别是 2010 年以来,人工智能技术迎来了新一轮的发展浪潮,其中高端智能机器人是其最为典型的代表。

6. 第三次高潮期(2016 年至今)。2016 年 3 月问世的索菲亚是由中国香港的汉森机器人技术公司(Hanson Robotics)开发的类人机器人,是历史上首个获得主权国家(沙特阿拉伯)授予公民身份的机器人。索菲亚完全按照人类女性的模样设计和制造,有橡胶皮肤,能够表现出超过 62 种面部表情。预置于其"大脑"中的计算机采用了人工智能和谷歌语音识别技术,能够识别人类面部、理解语言、记住人的面部并能与人进行眼神交流,并且还会自主学习。同年,阿尔法围棋(AlphaGo)诞生,其由谷歌(Google)旗下 DeepMind 公司戴密斯・哈萨比斯领衔的团队开发,主要工作原理是"深度学习"。2016 年 3 月,阿尔法围棋与围棋世界冠军、职业九段棋手李世石进行围棋人机大战,以 4∶1 的总比分获胜;2016 年年末 2017 年年初,该程序在中国棋类网站上以“大师”(Master)为注册账号与中日韩数十位围棋高手进行快棋对决,连续 60 局无一败绩;2017 年 5 月,在中国乌镇围棋峰会上,它与排名世界第一的围棋冠军柯洁对战,以 3∶0 的总比分获胜。除了以上领域之外,人工智能在智能投顾、法院辅助审判等领域的应用也如火如荼般开展,人类逐步迈入人工智能时代。

三、人工智能的发展现状

中国人工智能的研究和应用虽然起步较晚,但发展迅速并获得国家政策的强力支持。在人工智能发展的早期,国家政策关注的重点是物联网、信息安全、数据库等基础科研,其后开始关注大数据和基础设施的建设,而自 2017 年以后则开始关注人工智能的开发、应用及其相关的知识产权保护。2015 年国务院发布了《中国制造 2025》,其中,人工智能是智能制造不可或缺的核心技术。同年 7 月,在北京召开的“2015 中国人工智能大会”发布了《中国人工智能白皮书》。2016 年 4 月,工业和信息化部、国家发展改革委、财政部三部委联合印发了《机器人产业发展规划(2016—2020 年)》,描绘了“十三五”期间中国机器人产业的发展蓝图。2017 年 7 月,国务院发布了《新一代人工智能发展规划》,规划预计到 2020 年,我国人工智能核心产业规模将超过 1500 亿元,由此将带动相关产业规模超过 1 万亿元;到 2030 年,人工智能核心产业规模将超过 1 万亿元,带动相关产业规模超过 10 万亿元。受此政策的影响,大量与人工智能相关的公司纷纷成立。人工智能技术被广泛地应用于机器人和金融领域,通过语音识别、视觉识别等方式来分析、预测、辨识交易数据,为客户提供理财、股票等投资的咨询工作。

四、人工智能的未来发展

人工智能技术的出现,对社会的发展产生了十分深远的影响。在现阶段,人工智能最普遍和最明显的运用是在计算机领域,但随着人工智能的不断突破与迅速发展,它也越来越多地被运用于其他领域,智能技术、智能系统、数据分析领域的应用尤为突出。现有行业在人工智能技术的支持下已经发生前所未有的变化。人工智能技术最为直接的服务性功能是对人类日常生活进行辅助,即用科技重构人类的生产生活方式,从而为人类带来极大的便捷和便利。随着人工智能技术的不断提高和更大范围的广泛应用,依托较为复杂的算法与多平台,人工智能可以帮助人类完成很多传统人力难以完成的任务。由于人工智能技术可以对影响社会发展和社会安全稳定的各种不确定因素进行体系化的应对机制构建并形成完整的预案,故而既可大大提升非预期因素的应对质量,又可为社会安全系统构筑牢固的防线。实际上,人工智能对未来社会的影响还远不止于此。在2018年中国上海举办的世界人工智能大会上,腾讯公司总裁马化腾曾发表题为《人工智能助力创新发展》的演讲,他认为,未来的人工智能技术,很可能变成一把"万能钥匙",它能够释放过去所有人类技术和工具的潜能,也将带给我们前所未有的挑战。未来人工智能技术将作为基本要素重塑、深入各个行业,人工智能技术的发展势不可挡,但是有一部分比较传统的人不能接受此类技术带来的变化,他们将会被接受这一技术的人所取代。

同时,我们也应清醒地看到,人工智能技术及其应用不仅是一个单纯的技术创造过程,也是一个对人类未来影响深远且关涉每一个人切身利益的重大历史事件。人工智能的广泛运用虽然会提高社会的生产效率并为人们的生活、工作和学习等提供诸多便利,但由于机器人将成为人工智能技术最主要的应用载体,并会在一定程度上取代人类的劳动,社会就业率将大大降低,面对功能强大的机器人,每一个行业、每一个领域的自然人的就业机会都有可能被剥夺,每一个生命个体的生存空间都有可能被严重挤压。另外,人工智能对现有伦理模式和社会管理方式所带来的挑战同样值得我们关注,因为人工智能技术不但会改变我们的生活,而且会改变我们的行为模式和思想观念。针对人工智能的发展,马化腾曾提出四个值得人们思考的问题:一是人工智能的算法是否能够变得清晰透明、可以解释?二是如何避免人工智能危害人类个人或整体的利益,人工智能所做的决定是否最终仍然需要由具体的人来承担责任?三是人工智能是否能让尽可能多的人使用、共享技术红利,避免出现技术鸿沟?四是人工智能是否能够足够快地修复自身漏洞,真正实现安全、稳定与可靠?值得说明的是,在我国已将人工智能发展上升为国家战略的大前提下,人工智能得到飞速发展是一个无法改变的事实。在人工智能技术及其应用迅速发展的同时,确实可能会引发一些社会伦理问题,但所有的技术最终都将会服务于人类而不是取代人类。只要我们坚守科学伦理的底线,找准发展方向,具有中国特色的人工智能发展目标就一定能够实现。

第二节　人工智能与法律的交互影响

一、人工智能给法律带来的挑战

随着人工智能技术的不断进步,人工智能不仅会改变人类的生产和生活方式,也将对人类的法律制度及其行业生态产生深刻的影响。人工智能本质上是人类智慧的自我超越,它可以像人类一样思考将成为可能,甚至在某些方面超越人类个体智慧。对此,谷歌公司的阿尔法围棋(AlphaGo)在2017年已经作出了注解。从发现问题到提出解决方案,再到预测下一步将发生的结果,都将可能通过人工智能来实现。

(一)人工智能对立法领域的影响

立法通常是指特定国家机关依照一定程序,制定或者认可反映统治阶级意志,并以国家强制力保证实施的行为规范的活动,是一项发现问题、制定规则解决问题,实现有效治理的工作。人工智能逐渐成为立法者的工具,在未来甚至可能变为立法者的助手和伙伴。人工智能与立法工作的深度"合作",将有助于提升立法技术,破解立法领域中的重点和难点问题,提高立法的科学性和效率。

一方面,立法机关可以运用人工智能进行计算,辅助部分立法决策的形成。党和国家机构改革后,大量的法律、法规和规章需要制定或修改。通过人工智能采集社会热点、收集和筛选立法意见,可将相关领域的知识、规律对接到立法领域中。另一方面,人工智能可以大大提高立法工作的效率。2014年9月起,天津市人大常委会法制工作委员会开始使用北大法宝智能立法支持平台(以下简称智能立法平台),尝试借助人工智能辅助备案审查、人大立法等工作。这套智能立法平台包括提供立法项目管理、草案意见征集、法规文件公开、法规文件报备、法规文件审查、法规文件清理、立法资料管理、立法(后)评估、立法大数据分析九个系统功能。实践表明,人工智能的引入使备案审查的准确性得到明显提高。2016年起,天津市人大常委会开始应用人工智能系统,对以往颁布的所有规范性文件进行审查,在机器的辅助下"自我清理"。

（二）人工智能对司法审判的影响

人工智能的引进，有助于提升司法审判的公开与透明度，让司法更加贴近和方便人民群众。近年来，人工智能司法应用在我国发展迅速，最高人民法院连续多年将“加快建设智慧法院”作为总的工作要求写入工作报告。2016年6月，全国第一家智慧法院实践基地在上海海事法院正式挂牌成立，而建设中的智慧法院已遍及全国。法院利用人工智能技术推进业务应用，实现全业务网上办理，全流程审判执行要素公开，为法官、诉讼参与人、社会公众和政务部门提供全方位的智能服务。

在法院审理相关案件时，涉案法条和类案案例是法官进行审理、裁判的重要依据和参考。利用数据搜索技术和自然语义分析技术，结合法院提供的案例库资源，可以在法官办案过程中，根据个案情况给法官精准推送涉案法条和类案案例，做到有法可依、有例可循，提高法官工作效率和处理案件的准确性，实现“同案同判”，提高司法公正。一方面，通过运用大数据和人工智能技术构建多渠道权威信息发布平台，按需提供精准智能服务，为办案人员最大限度减轻非审判性事务负担，为人民群众提供更加智能、开放、透明的诉讼和普法服务。另一方面，在审判工作中对照参考合适、准确的类案，对于确保司法尺度和裁判标准的统一，对于帮助法官汲取审判经验、提高司法能力、辅导法官成长也同样具有重要作用。此外，依托人工智能与信息化，还有助于破解执行难题。

（三）人工智能对律师实务的影响

与人类自身的能力相比，人工智能系统有着完善的推理代码以及处理大量数据的功能，在记忆容量、信息收集和提取的效率、文字处理准确性等方面更具优势。人工智能查询和检索辅助系统的使用，将会节约律师查询文件获取信息的时间，将律师从烦琐的重复劳动中解放出来。人工智能对法律文本大数据库的识别、删选，有助于提高律师起草法律文书的效率。人工智能案例分析系统的使用，将有助于律师对案件基础数据、法律法规数据库和历史案例进行统计分析，为律师提供更好的法律解决方案和建议。总之，在未来的律师工作中，不断发展的人工智能技术将为法律工作者在合同审查、资料收集、法规查阅、材料翻译、法官和对方律师画像甚至法律方案设计和建议等方面提供极大的便利和支持。

与此同时，人工智能也将对法律职业者产生冲击。从律师实务的角度看，随着类似于国际商用机器公司（International Business Machines，IBM）首个人工智能律师ROSS、英国的机器人律师DoNotPay等人工智能“法律工作者”的问世，律师事务所的职业人员结构是否会出现革命性的调整，甚至是“结构性坍塌”？可以预见的是，人工智能的不断发展至少会使那些传统法律事务中的日常重复性工作，诸如法律调研、法律翻译、基础的尽职调查甚至简单合同的起草工作等，被人工智能替代，与此有关的职位也将随之消亡。

当然，律师职业是人类最复杂的工种之一，其被人工智能完全取代的可能性相对较低。更有可能出现的是人机结合的工作模式，这将改变传统律师职业的模式。

二、法律对人工智能的调整应对

我国目前还未能形成一套完整独立的人工智能与法律的理论体系。与人工智能有关的法律问题极为复杂，它是法学、哲学、伦理学、社会学、自然科学等学科共同面临的时代课题，拥有广阔的探索空间。人工智能革命引发的法律问题才刚刚开始，法律研究者需要秉持理性主义精神，不断增强知识储备，完善理论创新和制度创新，探索和发现一个更适合人工智能时代的法律制度体系。

（一）法律制度对人工智能的回应

人工智能革命的出现，为当下的伦理标准、法律规则、社会秩序及公共管理体制带来一场前所未有的挑战。在某些领域，它不仅会与已有的法律秩序形成冲突，暴露现存法律制度的缺陷，甚至会颠覆我们业已构成的法律认知。虽然我国在人工智能领域的发展相对滞后，但相关立法活动应未雨绸缪。目前，实务界与学术界正对人工智能发展带来的问题展开研究和探讨，主要针对以下几个重点议题：人工智能的法律地位、人工智能生成内容的权利归属、人工智能损害后果的责任分担、人工智能风险的法律控制等。面对人工智能时代的到来，我们应在认识和分析现行法律困境的基础上，积极探索与科学文明相伴而生的制度文明，创制出有利于人工智能健康、有序发展的社会法律规范体系。

1. 以安全为核心的多元价值目标

人工智能尚在深入发展之中，但已引发人们对其安全问题的普遍担忧。人工智能超越人类智能的可能性、人工智能产生危害后果的严重性，以及人工智能技术本身内在的不确定性，都足以构成法律以及其他规范防止风险的必要性。关于风险规制的安全规范，包括人工智能产品的伦理规范、人工智能技术的应用规范、人工智能安全的监测规范等，这些都是相关法律制度设计和安排需要考量的问题。

2. 以伦理为先导的社会规范调控体系

对于人工智能社会关系的调整，伦理规范具有先导性的作用。这是因为法律规范基于现实生活而生成，且立法过程烦琐，故而总是相对滞后。而伦理规范可以先行和预设，对已变化或可能变化的社会关系作出反映。综观世界，人工智能的伦理研究普遍早于立法研究。近年来，欧洲机器人研究网络（EURON）发布《机器人伦理学路线图》，韩国工商能源部颁布《机器人伦理宪章》，日本组织专家团队起草《下一代机器人安全问题指引方针》，美国国家科学基金会和美国航天局设立专项基金对“机器人伦理学”进行研究。此外，一些行业组织、公司企业也在伦理规范方面强化人工智能专家的专业责任。例如，日本人工智能学会内部设置了伦理委员会。又如，谷歌设立了“人工智能研究伦理委员会”，旨在强调科研人员的社会责任，并对合理研发人工智能提供指导。概言之，伦理规范的调整功能非常独到且甚为重要。譬如，对智能机器人预设道德准则，为人工智能产品本身进行伦理指引；规定人工智能技术研发及应用的道德标准，对科研人员进行伦理约束。上述伦理规范为后续法治建设提供了重要法源，即在特定时候，伦理规范亦可转化为法律规范，实现道德的法律化。

3. 以法律和技术为主导的风险控制机制

法律控制是风险治理机制的重要手段。立法者必须重视控制风险功能的法制化。例如，专利法具有激励科技创新的制度功能，其授权客体的扩充及其权益保护，是激励人工智能发展机制的法律表现。与此同时，专利法也要注重权利客体的排除领域，以及禁止权利滥用，限制权利行使等制度规则的适用，限制和排除人工智能的潜在危害。此外，还应辅之以相关科技法律、法规，对人工智能的研发、使用和传播建立限制机制、禁止机制以及惩戒机制。

技术控制是风险治理机制的重要措施。技术规制表现为法律规范、政策规定和伦理规则等。风险社会理论指引下的技术规则有以下特点：风险规避的主要路径，是事先预防而不是事后补救（从技术研究开始规制，以预防技术产生的负面效应或副作用）；风险规避的基础范式，是从技术研发到应用过程的责任制度（包括社会道义责任、科学伦理责任和法律责任）；风险规避的重要措施，是奉行技术民主原则（包括技术信息适度公开和公众参与、公众决策）。

防范人工智能的技术性风险，不仅涉及强化法律规制的传统制度改造，而且要求建立以社会监管为重要内容的政策体系，同时形成以全面理性（包括社会理性和科学理性）为基本内涵的风险控制机制。

（二）法律职业对人工智能的应对

历史证明，技术更新对社会的影响常常是双面的。一方面，其技术可以改善人们的生活，延长人类的寿命，让一些从事新行业、掌握新技能的人发挥更大的作用；另一方面，其也会让更多的人离开已有的工作岗位，失去原有的工作和生活。

面对人工智能的挑战，我们需要在法律职业方面加强培训，提高法律从业者人工智能应用的相关知识储备和技能。同时，人工智能的发展也促使未来的法学教育根据新的发展形势作出相应的调整。教育与人才培养方面，需要建立与未来人工智能产业发展相适应的法律从业者教育体系。我们应当鼓励相关研究机构、高等院校和专家开展法律服务及司法审判等相关人工智能基础知识和应用的专业教学，为法学专业学生搭建未来法律从业者人工智能应用相关知识和技能的学科平台。

正如尼古拉斯·卡尔所指出的那样，人工智能是历史悠久的人类工程学的最新发展，而人类工程学是艺术和科学结合的产物，它是为人类追求真善美的目的而服务的。人类不能被人工智能不断增长的能力牵着鼻子走，乃至被带入完全不受人类控制的未来。为了更好地应对人工智能带来的新风险，在保护创新的同时确保人类生活的美善品质，法律制度需要作出相应的调整，法律人亦要不断更新自己的能力。

第三节　人工智能与法律推理

一、法律推理概述

（一）法律推理的概念及其发展

推理是司法实践和法学研究活动中的重要行为，贯穿于法律活动的每一个环节。同时,推理也是彰显人类智慧的核心活动。西方法理学认为,成熟的法律推理方法的出现是法律传统形成和法学学科独立的重要标志。[1]

学界对于法律推理的定义存在不同视角的多种解读。[2] 第一种,法律推理是逻辑推导活动。该学说将法律推理等同于逻辑推理,是从应用逻辑的视角认识法律推理的概念,认为法律推理是一般逻辑推理在法律领域的运用。第二种,法律推理是推理的工具。该学说是从工具论的视角认识法律推理,认为法律推理是司法裁判和法律辩论的工具或手段。第三种,法律推理是理由论证活动。该学说认为,法律推理是为特定法律行为提供合法性、正当性和权威性理由论证的活动。另外,也有观点对以上解读持包容吸收的态度,认为法律推理具有综合性,是形式逻辑推理与实践理性方法的统一。亦有观点对法律推理的特殊性和独立性持否定态度,[3] 认为法律推理与简单的逻辑、日常使用的事件推理方法并无本质区别。[4]

一般认为,"法律推理"译自"Legal Reasoning",法律推理是对"Reasoning"(理性、理由)展现、运用、发现、揭示的过程,而这一过程通常表现为逻辑发展的过程或是运用逻辑推导的方式。[5] 从法律推理的英文词组来理解,法律推理的本质是一项论证活动:这种论证活动的特殊性在于其对法律理性和逻辑性的追求;这种论证活动的表现方式,是逻辑发展或推导的过程。

关于法律推理的理论研究,素来已久。早在古希腊,亚里士多德的三段论推理就已经具备了法律推理的基本要素。可以说,传统法学中,法律推理是司法判决的权威性来源和正当性基础。形式主义法学派对于亚里士多德的三段论极度推崇,认为法律是一门科学并且可以通过概念、规则、原则实现逻辑自洽的体系构造。[6] 哈特将传统分析法学法律推理的基本观点归纳为"判决能够从事先确定了的规则之中逻辑地推演出来"。这种逻辑三段论带有自然科学的色彩,大前提是特定的案件事实所归属的某一法律规范,小前

---

[1] [美]哈罗德·J. 伯尔曼:《法律与革命》,贺卫方等译,中国大百科全书出版社 1993 年版,第 159—182 页。

[2] 夏勇主编:《法理讲义:关于法律的道理与学问》,北京大学出版社 2010 年版,第 757 页。

[3] 张保生:《法律推理的理论与方法》,中国政法大学出版社 2000 年版,第 79—84 页。

[4] [美]理查德·A. 波斯纳:《法理学问题》,苏力译,中国政法大学出版社 1994 年版,第 576 页。

[5] 夏勇主编:《法理讲义:关于法律的道理与学问》,北京大学出版社 2010 年版,第 757 页。

[6] 魏斌:《法律逻辑的再思考——基于"论证逻辑"的研究视角》,载《湖北社会科学》2016 年第 3 期。

提是特定的案件事实;当作为小前提的事实符合大前提所规定的各项要件时,将会产生确定的法律结论。[1]

现代法学对于法律推理的理论研究更多的是向法哲学的向度进行深化和发展。20 世纪初,西方法理学对形式主义法学展开批判,[2]现实主义法学活动对法律规则本身的逻辑展开批判,“对法律的,或者对任何一个个别的法律现象的无视价值的思考也都是不能成立的”。[3] 受到现实主义法学的影响,法律推理的研究也出现了重要的拐点,开始从法学本体论的角度探索法律推理方法的逻辑证成。20 世纪 70 年代,人工智能、认知科学、实验心理学、法庭科学等新兴学科的发展,再次推动了法律推理的实践转向。

(二)法律推理的主要类型

法律推理可以分为形式推理和实质推理两种。法律的形式推理主要采用演绎推理和类比推理两种类型,其中,三段论是最为典型的演绎推理形式。法律的实质推理主要为辩证推理,需要综合运用多种方式进行推理。

三段论演绎推理对于司法审判的影响极深,其基本逻辑结构为“大前提—小前提—结论”。大陆法系对于演绎推理较为推崇。在司法裁判中,三段论推理的第一步是认定案件事实;第二步是根据案件事实确定适用的法律规则;第三步是根据大前提和小前提推演结论。因此,法律推理中发现事实是关键的第一步。[4] 而第二步中确定大前提法律规则,也需要受到法定程序的严格限制,包括程序规则、证据规则、司法解释、法律原则等方面。在最后一步对于裁判案件或法律问题的结论推演中,也需要注意所得结论是否符合形式正义和实质正义。

类比推理是另一种最为常见的形式推理方式,[5]其基本逻辑结构为“A 具有属性 P1……Pm、Pn;B 具有属性 P1……Pm→B 具有属性 Pn”。在法律推理活动中运用类比推理法,可以概括为 A 规则适用于甲案件,甲案件与乙案件类似,则 A 规则适用于乙案件。类比推理是普通法系法律思维的核

---

〔1〕 王泽鉴:《法律思维与民法实例》,中国政法大学出版社 2001 年版,第 201 页。

〔2〕 Douglas Lind,“Free Legal Decision and the Interpretive Return in Modern Legal Theory”, *American Journal of Jurisprudence*,1993,p. 161.

〔3〕 [德]G. 拉德布鲁赫:《法哲学》,王扑译,北京出版社 2005 年版,第 4 页。

〔4〕 [美]列维:《法律推理引论》,庄重译,中国政法大学出版社 2002 年版,第 4 页。

〔5〕 Edward H. Levi, *An Introduction to Legal Reasoning*, University of Chicago Press, 1949.

心。[1] 在英美法系判例法遵循先例的框架下,案件审理的要旨在于“同案同判”。[2] 类比推理的过程包括:第一步,选择判例,确定展开类比推理的源案件;第二步,将案件与判例源案件进行类比和区分,分析两者的共性以及各自的特性;第三步,判断共性与特性对于案件裁判的影响,从而产生完全适用、部分适用以及不适用判例规则三种结论。受世界两大法系融合趋势的影响,[3]我国所实行的案例指导制度是对判例法制度类比推理的借鉴和吸收,由法律规则、指导性案例、案件事实以及裁判结果四个要素组成。[4]

辩证推理的应用出现于,当案件事实较为复杂或者法律规则存在冲突、缺位、含义不明确等直接适用出现障碍的情形,无法根据形式推理得出符合公平正义法律原则的结论,需要运用辩证推理以满足对于法律实质正义的需求。佩雷尔曼认为,不可能存在纯粹的演绎推理,后者只适用于“假定存在清晰的法律文本或只需要简单地直接适用的规则”。[5] 辩证推理的方法包括归纳与演绎的统一、分析与综合的统一、逻辑与历史的统一、抽象与具体的统一。[6]

法律推理对于法律活动而言是非常重要的。它不但能够增强裁判和决定的说服力和权威性,而且能够有效地规范司法活动的合法性,甚至在某些情况下法律推理还具有发现和创造规则的作用和意义。

二、人工智能法律推理的应用及其发展

(一)人工智能法律推理的应用

人工智能和法律推理的交叉领域研究自20世纪中后期就已经开始出现。早在1970年,布坎南等人在《关于人工智能和法律推理若干问题的考察》中已经预见人工智能将应用于司法裁判。人工智能的出现,使“人工智能法官”的期待与呼声日益高涨。但是回到人工智能法律推理本身的基础原

---

〔1〕 [美]孙斯坦:《法律推理与政治冲突》,金朝武等译,法律出版社2004年版,第120页。

〔2〕 [美]伯顿:《法律与法律推理导论》,张志铭、解兴权译,中国政法大学出版社1998年版,第30页。

〔3〕 刘作翔、徐景和:《案例指导制度的理论基础》,载《法学研究》2006年第3期。

〔4〕 黄泽敏、张继成:《案例指导制度下的法律推理及其规则》,载《法学研究》2013年第2期。

〔5〕 [比]查伊姆·佩雷尔曼:《法律推理》,载《法律方法》,朱庆育译,山东人民出版社2003年版,第139页。

〔6〕 夏勇主编:《法理讲义:关于法律的道理与学问》,北京大学出版社2010年版,第769页。

理，其实质是基于算法通过海量数据的"饲喂"实现机器的自主学习，这些数据来源于对案件和规则进行要素化、图谱化、模型化的处理，基于算法的机器学习需要通过法律知识图谱、类案识别、模型训练等技术路径得以实现，才能实现人工智能司法真正的应用。[1] 首先进行由词法、结构、过程等构成的语义网络知识建模，即针对某特定领域建立知识图谱，构造内部知识库，以此作为分词设置的基础，同时对各分词予以属性标注并对各分词的关系予以关系标注，以便作为在构造抽取规则时的信息提取点，然后将案件分解成最基础的 A、B、C 等若干要素，要素对应若干分词，以运算法则生成假设，并将假设与待决案件所包含的要素 A、B、C 进行对比，若干吻合或类似，则可适用同类规则。[2] 对于形式推理，人工智能通过计算机根据规则模拟法律推理；对于实践推理，也开始出现根据个案进行非单调推理的人工智能。新近机器深度学习为人工智能法律推理的实现提供了新的可能，通过决策树、类比、人工神经网络(Artificial Neural Networks)等方法，[3]通过大量数据以及对于关联关系的描述形成知识图谱，针对特殊的法律场景建造符合法律特点的人工神经网络模型，设计相应的学习算法，帮助机器模拟人脑的智能活动实现类人工智能的机器学习，在应用层面输出更为准确、合理的案件信息提取、关联法条和类案推送、逻辑分析和推理、量刑推荐和偏离预警、裁判结果预测和文书生成等。

人工智能在法律领域的实践应用类型包括法律信息检索系统(Retrieval System)和法律专家系统(Legal Expert Systems)。早在20世纪60年代，美国匹兹堡大学教授 John Horty 就在美国律师协会年会上公布开发计算机检索法律系统计划。1968 年加拿大蒙特利尔大学开发包括判例、成文法等内容为主的 DATUM 系统。1972 年美国俄亥俄州律师协会开发完成 LEXIS 系统。1974 年美国司法部发布 JURIS 系统，内容包括联邦成文法、最高法院判例、司法部内部文件等。法律信息检索系统是弱人工智能阶段的典型应用。随着技术的进步，人工智能在法律领域的实践应用开始从简单的成文法检索

---

〔1〕 谢慧：《"智能＋"模式下裁判形成的过程分析》，载《济南大学学报(社会科学版)》2019 年第 4 期。

〔2〕 高翔：《人工智能民事司法应用的法律知识图谱构建——以要件事实型民事裁判论为基础》，载《法制与社会发展》2018 年第 6 期。

〔3〕 [美]斯图尔特·罗素、[美]诺维格：《人工智能——一种现代的方法》(第 3 版)，殷建等译，清华大学出版社 2013 年版，第 254 页。

向更高精确度和完整度的案例检索、深度检索、启发式检索等人工智能技术发展。法律专家系统在20世纪70年代开始出现,如TAXMAN税法系统、JUDITH律师推理系统、LDS(Legal Decision - making System)法律判决辅助系统等,都是能够进行基础法律推理的专家系统。

(二)人工智能法律推理的发展现状

2017年国务院发布的《新一代人工智能发展规划》提出建设"智慧法庭",建设集审判、人员、数据应用、司法公开和动态监控于一体的智慧法庭数据平台,促进人工智能在证据收集、案例分析、法律文件阅读与分析中的应用,实现法院审判体系和审判能力智能化。根据2019年最高人民法院编写的《中国法院的互联网司法》,2019年6月"智慧法院"体系已经基本建成,实现全业务网上办理、全流程依法公开、全方位智能服务。我国法院在智能化办案辅助平台方面,已经实现一定程度的立案风险主动拦截、案件繁简甄别分流、电子卷宗文字识别、语音识别转录、案件智能画像、庭审自动巡查、法条及类案精准推送、文字自动生成、文书瑕疵纠错、裁判风险偏离度预警等智能辅助功能。北京市高级人民法院建设了"系统算法 + 人工识别"的智能分案系统,江苏省苏州市中级人民法院建设了"电子卷宗 + 全景语音 + 智能服务"覆盖审判全流程的智慧审判系统。[1]

国外对在司法活动中通过完善人工智能法律推理为法官裁判提供辅助系统方面作了积极探索,例如,美国Blackstone Discovery公司研发的E - discovery法律分析系统,哥伦比亚公司ASSYST系统主要针对案件量刑,Casetext公司开发辅助律师和法律顾问工作的助理CARA。可以说,人工智能结合司法活动的重要模式就是通过技术实现法律推理,提高案件裁量的统一性,在法官裁判的技术上尽可能实现同案同判。

(三)人工智能法律推理的逻辑基础

人工智能法律推理,在一定程度上是对19世纪形式逻辑三段论的某种回应和升级。[2] 形式推理之所以对人工智能模拟推理过程寄予厚望,原因在于形式推理强调法律推理的一惯性和体系性,契合分析法学一贯的主张,

---

〔1〕 中华人民共和国最高人民法院编:《中国法院的互联网司法》,人民法院出版社2019年版,第23—24页。

〔2〕 马克斯·韦伯曾将其描述为一种"投进去诉状和诉讼费用,送出来判决"的"自动售货机"。

其所依据的明确的规则、确定的事实都能够适应算法的运行，“假如法律能够如此运作，那么无论谁作裁决，法律推理都会导向同样的裁决”。[1]

拉伦茨将三段论法律推理模型称为“古典的”涵摄模型。[2] 通过人工智能实现司法裁判的法律推理过程，其原理在于，部分案件的法律推理或者法律推理中的部分环节，是将明确的、抽象的、规范性的法律规范应用到具体的、要件化的案件事实之中，这种“规范—事实—个案结论”的法律涵摄过程在特定条件或者特定范围内，可以依靠形式主义三段论完成推理过程并得到合理、正确的结论。虽然对于传统的古典法律推理涵摄模型的批评之声从未断绝，对于形式主义三段论法律推理缺陷的批判也从未减轻，但是对于三段论推理的法律适用却一直存在，并且始终是法律推理思维过程中最为重要的方法，其存在的价值和功能无法被否定。毋宁说，批判者所反对的是逻辑“唯一”的观念，而非逻辑本身的作用，法律人应当在对逻辑的局限性具有清醒认识的基础之上展开法律推理。因此，虽然法律推理是一个复杂的思维过程，但是三段论的推理模型仍然可以作为人工智能法律推理基本的逻辑框架。

新近发展中，人工智能不但模拟法官进行形式推理，而且还尝试刻画司法实践中的不精确推理和非单调推理。人工智能赋予形式推理三段论技术色彩，运用诸如消解原理、规则演绎系统、不确定性推理、非单调推理等形成人工智能法律推理的技术群。具言之，通过计算机编程建立裁判的推理模型，赋值以法律知识和案件事实的表达，通过计算机模拟法官的推理过程。[3]

三、人工智能法律推理是否真实可能

对于人工智能在裁判形成过程中的作用，学界仍然持有多种观点。有的观点较为谨慎克制，认为人工智能的意义有限，目前仅能提供辅助功能，并且在未来也不应扩张在司法中的介入程度。[4] 另有观点对人工智能法律推理

---

〔1〕［美］伯顿：《法律和法律推理导论》，张志铭、谢兴全译，中国政法大学出版社 1998 年版，第 3 页。

〔2〕［德］卡尔·拉伦茨：《法学方法论》，陈爱娥译，商务印书馆 2003 年版，第 34 页。

〔3〕Buchanan Bruce G. , Headrick Thomas E. , “Some Speculation about Artificial Intelligence and Legal Reasoing”, *Stanford Law Review*23(1), 1970.

〔4〕谢慧：《“智能 +”模式下裁判形成的过程分析》，载《济南大学学报（社会科学版）》2019 年第 4 期。

的应用和发展持积极态度，认为可以实现从技术辅助到自主决策的转变与升级，并且基于人工智能技术提出“机器逻辑”的概念，人工智能与司法将会导致传统法律方法人工智能化，预言未来将实现法律方法的人工智能化。〔1〕

（一）人工智能能否契合法律推理的特点

人工智能法律推理能否真实可行，其实质在于人工智能能否契合法律推理本身的特点。

1. 法律推理的过程具有论辩性，结论具有或然性

根据亚里士多德对两者的区分，形式推理通常以真理、公理、事实作为前提出发，推理的过程具有分析性，结论具有必然性，最为典型的就是演绎推理；而法律推理具有论辩性，是一种实质推理。〔2〕例如，在审判三段论的推理中，大前提是作为价值命题的法律规定，小前提是作为事实命题的案件事实。对于大前提而言，司法审判的过程中双方本身就具有对抗性，对于法律规则能否适用以及如何适用等问题存在争议；对于小前提而言，事实认定也具有一定的或然性，并非如同形式推理中的小前提只存在真假或对错的二元价值。因此，大前提与小前提均具有不确定性。法律推理的结论虽然是未知的，但其往往具备结论或者倾向性的意见，再通过法律推理进行论证，因此，法律推理既不同于简单的推理，也不同于完全的论证，在过程中表现出一种具有强烈的目的导向色彩，并且受到严格的法定程序规则的约束和限制。

就人工智能的角度而言，案件事实往往不能简单、轻易地为法律规则所涵摄，形式推理本身的正确性也需要证明。三段论并不当然地具有正当性和合理性，它需要建立在大、小前提都真实的基础上，因此需要通过论证大小前提为结论“提供充足理由的过程”，阿列克西将这一过程称为“证成”，内部证成可以视为三段论的论证过程，而外部证成则关注与对内部证成所有前提本身的证明。〔3〕因此，人工智能虽然在一定条件下能够因循三段论完成内部证成，但是目前尚无法完成外部证成的过程。这个过程，是法官基于案件事

〔1〕周尚君、伍茜：《人工智能司法决策的可能与限度》，载《华东政法大学学报》2019 年第 1 期。但是对于实践推理，该文章认为例如 HYPO 系统能够通过类比方法衡量案件的相关性。在未来人工智能也能实现在法律推理中非单一性逻辑模型的构建，只有司法决策系统才能够既稳定又可复制地进行非单一逻辑法律推理。

〔2〕苗力田主编：《亚里士多德全集》（第 1 卷），中国人民大学出版社 1990 年版，第 353 页。

〔3〕［德］罗伯特·阿列克西：《法律论证理论》，舒国滢译，中国法制出版社 2002 年版，第 274—285 页。

实，对所有相关的法律规范文本、利益均衡、法律原则理念、历史传统和惯例等其他因素进行发现、解释、选择的过程。因此，司法裁判中的大前提并非既有的机械的法律规范和条款，而是法官经过主动性的思维判断过程所构建的裁判规范；法官进行法律推理的过程，也并非从“大前提（规则）—小前提（事实）—结论（裁判）”的单向线性活动，而是“小前提（对于争议的案件事实经过识别和认定形成采信的特定案件事实）—大前提（法官寻找和确定适用的法律文本）—小前提（事实要件的法律适用）—大前提（法律解释或者选择新的法律文本）—小前提（根据法律解释或者新的法律文本进行事实要件的法律适用）—结论（裁判）”的不断在事实和规范之间穿梭的“跨跃”[1]过程。

受到法律开放性、结论可废止性等特点的影响，以三段论演绎推理为主要方式的法律形式主义并不能够完全适用到法律推理之中。但是从形式主义盛行，到反形式主义运动，再到反形式主义运动扩大化的现实主义法学，都未能实现法律推理形式和实践推理的辩证统一。这也在一定程度上为人工智能法律推理的困境原因提供了注脚。[2] 法律规则的含义不能被机械地束缚于规范文本的语言学之中，成为“获得裁判大前提的法律规范的作业”。[3]

2. 法律推理是形式推理和实践推理的统一

单纯的逻辑无法产生知识。康德认为先验超越于经验，但又运用于经验，才会产生知识。梁慧星教授认为，法官的思维活动是“情动思维的逻辑”，追求的是结果的“生活价值或利益价值”。[4] 法律推理的逻辑性要求其应当满足形式推理对逻辑性的一般要求。同时，法律推理同样是一种以经验判断为基础的实践推理。原因在于，形式推理的逻辑性赋予法律推理准确性、明确性，但是无法满足结论公正性的需求。博登海默认为，逻辑演绎不能判定结论是否正确，实践推理能够回答法律推理中所涉及的伦理问题。[5]

---

〔1〕 李安：《裁判形成的思维过程》，载《法制与社会发展》2007 年第 4 期。

〔2〕 也有观点认为，正是因为人工智能在理解和识别案情等方面存在无法克服的“认知缺陷”，人工智能介入司法活动的实践方向和研究重心从模仿法律推理和司法裁量向决策辅助转变。这种转变源于人工智能司法裁判面临路径依赖的阻力，人工智能可能会对法官行使司法权产生一定程度的削弱，因此受到了体系本身和使用者的抵触。参见吴习彧：《司法裁判人工智能化的可能性及问题》，载《浙江社会科学》2017 年第 4 期。

〔3〕 梁慧星：《民法解释学》，中国政法大学出版社 1995 年版，第 213 页。

〔4〕 梁慧星：《20 世纪民法学思潮回顾》，载《中国社会科学院研究生院学报》1995 年第 1 期。

〔5〕 ［美］E. 博登海默：《法理学—法哲学及其方法》，邓正来、姬敬武译，华夏出版社 1987 年版，第 480 页。

这种实践推理不能与日常生活推理相等同，亦不能否定法律推理的特点，而将其缩减等同于其他诸如政治学、哲学或经济学等领域的推理活动中。[1]

就人工智能的角度而言，规则本身就需要法官在法律适用中进行必要的解释与价值权衡。法律推理并非一个封闭、精确、规则明确的机械行为，而是一个需要智慧的能动思维过程。

（二）应当如何看待人工智能法律推理

"如同其他社会科学分支一样，法律结论的有效性必须经受可能性逻辑而非必然性逻辑的检验。"[2]霍姆斯曾有一言，受到法律人的广泛追崇和传阅，"法律的生命并不在于逻辑而在于经验"。但是，"霍姆斯并没有告诉我们当经验沉默无语时应当忽视逻辑"。[3] 对于法律推理中形式推理的逻辑性与实践推理的经验性之间的关系，应当保持辩证的观点。一方面，法律推理不可能离开逻辑推导和论证的活动，这是法律形式正义的基础。法律推理作为规范推理，并不排斥在推理过程中运用形式推理的方法。甚至，形式推理的演绎或归纳法是常用的法律推理工具。另一方面，法律推理需要尊重实践推理的经验判断，这是法律实质正义的需要。法律推理不能等同于简单的形式逻辑，法律推理是一种实质推理，在形式推理之外还需要符合实质意义上的推理合法性和正当性。这也是现代现实主义法学对传统法学法律推理的批判之处，即两者在逻辑自足性上的要求存在区别。法律推理正是要在或然性中追求确定性，实现逻辑性与经验性的统一。与此同时，人们也需要对法律推理中或然性和确定性的关系问题保持警醒，尊崇法律的确定性，同时既需要区分合理的确定性与伪劣的确定性，也需要避免落入对于"一种无法容忍的刻板教条"的崇拜。[4]

人工智能法律推理的优势之一就是机器可以绝对客观、不带私人感情地对待案件事实和法律规则，不受舆论、偏见、下意识、直觉等因素的影响。而人作为一种社会生活的动物，受到有限理性、道德风险等因素的影响，其法律推理必然带有一定不确定的主观因素。但是，人类的智慧也正是体现在规则与裁量

---

[1] [美]孙斯坦：《法律推理与政治冲突》，金朝武等译，法律出版社 2004 年版，第 37 页。

[2] [美]卡多佐：《法律的成长：法律科学的悖论》，董炯等译，中国法制出版社 2002 年版，第 21 页。

[3] [美]卡多佐：《司法过程的性质》，苏力译，商务印书馆 1998 年版，第 17—18 页。

[4] [美]卡多佐：《法律的成长：法律科学的悖论》，董炯等译，中国法制出版社 2002 年版，第 12 页。

之间的“来回摆动”和“据法司法和不据法司法之间”的“循环反复”。[1]

法律既具有客观性，也具有社会性，是人类经验与智慧的实践和总结，无法完全通过量化形成规律性的结论。[2] 法律文本的解读与适用同样无法脱离特定的历史和社会背景，包括道德、伦理、观念、法、感情等复杂因素，这些因素不断地更替并深刻影响当时的立法、司法与执法活动。这使法律的共时性追求与时代背景的历时性约束之间存在一定的冲突与张力，此时唯有法律人的智慧方能拿捏和弥合个案所承载的矛盾。目前而言，即使通过概率程序、深度学习等多种技术手段，人工智能仍然无法很好地权衡和把握个案对于实践推理的需求。未来人工智能法律推理的发展方向主要有三：一是综合推理方法的探索；二是完善算法建立对法律语言的深度学习；三是补充经验性法律知识的获取。

法律推理的本质是一种“行为选择”，[3] 法律推理不能避免对于价值进行判断。这也导致法律作为“价值关联的科学”，无法真正实现“技术话语”的主宰。技术的发展推动着人工智能从“弱人工智能—强人工智能—超人工智能”一步一步不停歇也无法回避地不断前进，拒绝人工智能无异于“螳臂当车”。[4] 但就目前而言，法律推理对于裁判者亲历性仍然保持“顽固”的坚持，在现代性和技术派的冲击下，在“善恶交界之处”触摸“上帝袍服”的手仍然是人类之手，而非机器之手。法律的权威应当来自人类的智慧。

第四节　人工智能的伦理标准

一、人工智能伦理概述

（一）伦理的概念

西方“伦理”一词，主要是关于品格和风俗习惯的。而中国古代的“伦理”一词，往往表示人与人的关系和与人文之理有关的标准、规范，具有社会

---

〔1〕［美］罗斯科·庞德：《法律史解释》，曹玉堂译，华夏出版社 1989 年版，第 1 页。

〔2〕陈金钊：《哲学解释学与法律解释学——〈真理与方法〉对法学的启示》，载《现代法学》2001 年第 1 期。

〔3〕李桂林：《法律推理的实践理性原则》，《法学评论》2005 年第 4 期。

〔4〕郑戈：《大数据、人工智能与法律职业的未来》，载《检察风云》2018 年第 4 期。

伦理的含义。其中,“伦”是辈、类的意思,表示的就是不同类别等次的人的关系以及相应的准则,“理”则表示事物的次序、条理、道理。所谓伦理,就是人际关系的法则,是人伦道德之理,是在处理人与人、人与社会相互关系时应遵循的道理和准则,是一系列指导行为的观念。它包含对人与人、人与社会和人与自然之间关系处理中的行为规范,以及依照一定原则来规范行为的深刻道理。

各种社会伦理现象的总和形成了社会伦理这一概念,不同的社会层面、不同的社会体制和制度有各自不同的伦理性问题,也存在具体的社会伦理现象。从发生机制来看,伦理关系可分为两类:一类是原生性的,是在人类社会实践活动中产生发展的伦理关系;另一类是派生性伦理关系,是从主体间的伦理关系中衍生出来的,这类伦理关系包含科技伦理的部分。

(二)人工智能伦理

作为社会伦理衍生物,科技伦理的概念是伴随克隆技术的产生而正式被提出来的。近代科学兴起之初,并没有产生科技伦理的概念。当时的人们认为“科学等同于进步”,科学在本质上是有益于全人类的,科学家研究的成果越多,对社会的贡献越大,科学技术的发展不应该被伦理桎梏,因此科技伦理的概念难以形成。然而,在人类享受科技成果带来的福祉的同时,也日渐承受着科技发展带来的负面效应,诸如战争、环境的污染等。人们逐渐认识到科学技术并非与伦理无关,在科技创新活动中也会产生人与社会、人与自然、人与人关系的思想与行为准则,实际上科学道德问题一直与科技进步如影相随。拉伯雷曾说,“智慧不属于恶毒的心灵,没有良心的科学只是灵魂的毁灭”。事实上,作为科技活动主体的科学家,其伦理观念在很大程度上影响科学技术活动的动机和目的,对科学技术活动的内容和方式产生重大影响。科技和伦理有密切的关系,科学家进行科学研究,就要为它的后果承担责任,要敢于把科学研究与社会责任联系起来。因此,在科技发展和科技活动中,必须重视伦理规范,在发挥科技的正面效益的同时,扼制其负面影响,更好地为人类谋福祉。

人工智能伦理就广义上而言,属于科技伦理范畴。随着人工智能的飞速发展,其势必会对传统的伦理、法律提出严峻的挑战。随着互联网、大数据与人工智能对人类社会影响的普遍化,人工智能伦理日渐成为被高度关注的公共话题。对这些问题的研究也不再局限于哲学伦理学方法,而是以多学科交叉研究和交流的平台为基础。与传统伦理不同的是，对人工智能伦理的讨论不仅仅局限于人与人之间的关系，也不仅是与自然界之间的关系，还包括人类与自己所发明的一种产品构成的关联。

二、人工智能发展引发的伦理问题

我们正生活在一个人工智能的新时代，随着人工智能理论和技术的日益成熟，其应用范围不断扩大，已经融入人类生产生活的各个领域，渗透到各行各业，给我们的生活带来了显著的变化。例如，在医疗领域，大数据和人工智能不仅被用于医疗影像识别中，还可以实时监测评估健康状况，提前预警重大健康风险等；在交通领域，海量数据和预测算法的结合能够帮助人们进行更高效的交通导航，尽可能减少拥堵时间，无人驾驶技术更可以减少因为疲劳驾驶而引发的车祸；在教育领域，通过对学生学习和生活数据的分析，可以帮助了解学生行为和学业表现之间的关系，设计更高效的个性化教育方案，提前对不利于学业发展的异常行为进行干预等。可以说，随着人工智能技术在诸多领域的发展与影响，人工智能技术的研发越来越受到各国的重视，甚至上升至国家发展战略层面。

但是新技术在为我们生活带来巨大便利的同时，也对传统的法律伦理道德提出了严峻的挑战，也由此引发了诸多伦理和法律问题，比如网络安全、个人隐私、数据权益等。人工智能研发带来伦理问题分析如下：

一是安全性问题。人工智能广泛应用的前提是产品具有安全性。人工智能产品独立判断并自主作出决策的能力，完全受控或受制于人类设计和编制的程序，如果这些程序被犯罪分子恶意利用，将会给社会带来灾难性的后果。例如，在金融领域，很多工作已经被人工智能产品所取代，实现了机器自动化，一旦犯罪分子控制了这种人工智能产品，只需一个简单的代码或者指令，就会导致金融市场的溃崩，其带来的损失难以估量。人工智能的发展创新应用与数据的开放共享密切相关，这些数据一旦被过失或者有意地泄露，不仅对公民个人信息造成侵犯，甚至会对公民的人身财产安全造成巨大威胁。

二是隐私问题。由于人工智能的发展以大量数据作为基础，深度学习也需要大量的数据，加上人工智能产品应用导致数据频繁流动，对数据的控制和管理势必会被削弱，故而个人隐私时刻都存在被人工智能泄露的危险。因此,越来越多的人认为应该重写互联网规则,以便"让每个人拥有掌控自己数据的权利"。

三是偏见问题。虽然人工智能将最大限度减少技术流程中偶然性的人为因素,但却难以避免算法所带来的偏见和歧视。事实上,数据和算法带来的偏见、歧视隐蔽性更强,也更难消除。算法之所以会产生偏见和歧视,首先可能由采集数据或设计算法的相关人员本身存在的偏见和歧视引发。算法本身由数学方式或者代码表现出来,其中设计、目的、成功标准、数据使用都是设计者、开发者的主观选择,他们的偏见可能会被有意无意地嵌入算法系统。同时,原始数据本身就存在偏见,该数据驱动的算法结果也难免会有偏见。即便客观中立的数据也会因为社会本身存在偏见而导致歧视和不公平。毕竟数据是社会现实的反映,歧视性的数据训练,不可避免地会在人工智能系统中打上歧视的烙印。例如,谷歌广告系统的人工智能算法在推送职位招聘信息的时候,同等教育背景和工作经历下的男性收到高收入职位招聘信息要比女性高得多。普林斯顿大学研究中也发现计算机可以"学会"沉淀在人类语言记录中隐含的性别和种族等偏见。甚至计算机通过机器学习,能捕捉到有些连设计者自己都没有注意到的潜在歧视。这些数据上存在的偏见,通过算法得出带有歧视性的结果,这些结果可能进一步加大歧视,从而使新的数据包含的偏见有可能被进一步加剧,造成恶性循环。

三、人工智能伦理准则

(一)人工智能伦理政策发展概况

为应对人工智能发展过程中的伦理挑战,许多国家、国际组织的科研机构都成立了专门的部门,相继出台了相关的政策,制定人工智能准则成为大多数国家的共识。

就国家层面而言,中国自2015年开始,相继颁布了一系列政策,旨在加强对数据共享、数据安全和隐私等问题的保护,提出要明确数据共享的范围边界和使用方式,厘清数据共享的义务和权利,加强安全保障和隐私保护,界定个人信息采集应用的范围和方式,明确相关主体的权利、责任和义务,加强对国家利益、公共安全、商业秘密、个人隐私、军工科研生产等信息的保护,强化对数据滥用、侵犯个人隐私等行为的管理和惩戒,积极推动数据资源权益相关的立法工作。2017年发布的《新一代人工智能发展规划》,再次对人工智能伦理问题的研究提出明确要求,并且制定了人工智能伦理和法律的战略目标:到 2020 年,部分领域的人工智能伦理规范和政策法规初步建立;到 2025 年,初步建立人工智能法律法规、伦理规范和政策体系;到 2030 年,建成更加完善的人工智能法律法规、伦理规范和政策体系。2017 年 1 月初,美国加州的阿西洛马举行“Beneficial AI”会议,签署了“阿西洛马人工智能原则”,旨在确保 AI 为人类利益服务,保障人类未来的利益和安全。国外方面,2017 年 12 月 30 日,美国电气和电子工程师协会(IEEE)发布《人工智能设计的伦理准则(第二版)》。2019 年美国率先通过首个军用人工智能伦理。日本、新加坡、德国、英国等国家也相继提出人工智能伦理原则。

在国际组织方面,2019 年欧盟发布《人工智能伦理准则》;世界经济合作与发展组织(OECD)和 G20 已采纳了首个由各国政府签署的人工智能原则,成为人工智能治理的首个政府间国际共识,确立了以人为本的发展理念和敏捷灵活的治理方式;联合国发布的《机器人伦理初步报告草案》认为机器人不仅需要尊重人类社会的伦理规范,而且需要将特定的伦理准则嵌入机器人系统。

(二)人工智能伦理准则的制定

人工智能产品的研发与应用涉及不同文化背景,这导致人工智能伦理不可能在短期构建成完善的体系,每个国家都根据本国的科技、经济发展与文化的需求,制定适应本国需要的人工智能准则。目前,还没有形成世界范围内统一的人工智能伦理的统一准则。但有些组织的科研机构制定的人工智能准则具有重大的指导意义。

阿西莫夫的《机器人学的三大法则》可以说是最早的人工智能伦理标准。

2017 年的“阿西洛马人工智能原则”被称为是人工智能的 23 条军规,其中第 6 条到第 18 条的内容主要是人工智能的伦理和价值问题,包括:安全性、故障透明性、司法透明性、责任、价值归属、人类价值观、个人隐私、自由和隐私、分享利益、共同繁荣、人类控制、非颠覆、人工智能军备竞赛等内容。

2018 年,微软编著的《计算未来》一书中,创造性地提出了人工智能开发的六大原则:公平、可靠和安全、隐私和保障、包容、透明、责任。强调人工智能必须第一用来辅助人类;第二,人工智能必须是透明的;第三,人工智能必须实现效能最大化,同时又不能伤害人的尊严;第四,人工智能应用过程中必须注意隐私问题;第五,人工智能必须承担算法责任,以便人类可以撤销非故意的伤害;第六,人工智能必须防止偏见。

欧盟在人工智能的伦理层面有很强的前瞻意识。为提升人们对人工智能产业的信任,2019 年 4 月 8 日,欧盟发布了《人工智能伦理准则》,提出可信的人工智能伦理指南。该准则是由 2018 年 12 月公布的人工智能道德准则草案演变而来,在借鉴已有的相关原则基础上,其进一步归纳总结出符合社会发展要求的人工智能伦理原则,为了实现"可信任 AI",伦理准则确立了合法性、要满足伦理要求、要具有稳健性和可靠性等三项基本原则。根据这三项基本原则和欧洲社会的价值观,伦理准则进一步提出了"可信任 AI"的七项关键条件:人的自主和监督;可靠性和安全性;隐私和数据治理;透明度;多样性、非歧视性和公平性;社会和环境福祉;可追责性。

欧盟在面对人工智能伦理判断时展现出的不统一与不确定,在一定程度上反映了人类距离达成新的技术价值观共识还有一段距离。由此也可以看出,人工智能在实践中需要根据具体情况确定相应的实施标准,国际普遍认可的伦理准则的制定尚需时日。

第五节　法律知识图谱

知识图谱(Knowledge Gragh,KG)是人工智能的重要技术。大数据技术为人们的知识展示和学习带来了新的组织原则。[1] 知识图谱技术能够为人们提供新的视角,去探索一种知识互联的方法[2]以揭示人类认知的整体性和关联性。[3] 自 2012 年谷歌提出"知识图谱"概念以来,各个领域对于知识图谱的应用尝试层出不穷。法学领域亦不例外,法律知识图谱是法学与人工智能交叉学科的应用成果。

一、知识图谱概述

(一)知识图谱的概念与范围

知识图谱的概念存在多种界定方式,目前尚未达成共识,主要原因在于

---

[1] 王知津等:《论知识组织的十大原则》,载《国家图书馆学刊》2012 年第 4 期。
[2] 索传军:《网络信息资源组织研究的新视角》,载《图书馆情报工作》2013 年第 7 期。
[3] 钟翠娇:《网络信息语义组织及检索研究》,载《图书馆学研究》2010 年第 17 期。

知识图谱技术本身就处于不断发展之中,如何对其进行科学的概念描述仍然存在争议。

维基百科的定义为,知识图谱是谷歌用于增强搜索引擎功能的知识库。[1] 目前对于知识图谱的定义主要有两种解读方式:一种观点认为,知识图谱本质上是一种语义网络(Semantic Network),作用在于揭示实体之间的关系,可以对现实世界的事物及其相互关系进行形式化的描述;[2] 另一种观点认为,知识图谱是一种由多种类型的节点和多种类型的边(Consists of a Set of Interconnected Typed Entities and Their Attributes)所组成的多关系图(Multi－relational Graph)。[3] 最先正式推出知识图谱概念的谷歌公司,将知识图谱界定为一种用图模型来描述知识和建模世界万物之间的关联关系的技术方法,"知识图谱可以理解真实世界的实体和实体之间的关联:实体而不是字符串"。[4]

对于知识图谱概念的界定,首先需要回到一个核心的基本问题上来,即什么是"知识"(Knowledge)。就人工智能的角度而言,知识是人类通过观察客观世界的各种现象进行学习、思考、总结所获得所有关于事实(Facts)、原则(Principles)、规则(Rules)和概念(Concepts)的集合。[5] 就某一领域而言,从与该领域相关信息发展到该领域的知识,需要对相关事物(实体)之间的联系进行构建和描述。例如,"天空"和"蓝色"两个事物之间,需要通过"颜色"的关系进行关联。这种万物相连的联想和推理能力,正是人类智慧之所在。人工智能也需要在信息的基础上掌握知识。因此,就抽象意义而言,知识图谱技术可以视为人工智能技术从信息层面向知识层面进化的努力,知识图谱的本质是知识的表示。知识图谱是能够理解客观世界事物关联关系的人工智能。知识图谱由节点和边组成,节点可以是实体或是抽象概念,边可以是实体的属性或实体之间的关系(见图1－1)。

---

〔1〕 Wikipedia,"Knowledge graph",https://en.wikipedia.org/wiki/Knowledge_Graph.

〔2〕 徐增林等:《知识图谱技术综述》,载《电子科技大学学报》2016年第4期。

〔3〕 Pan J. Z. et al.,"*Exploiting Linked Data and Knowledge Graphs in Large Organisations*",Springer International Publishing,2017.

〔4〕 A "graph"—that understands real－world entities and their relationships to one another:things,not strings.

〔5〕 王昊奋等:《知识图谱:方法、实践与应用》,电子工业出版社2019年版,第3页。

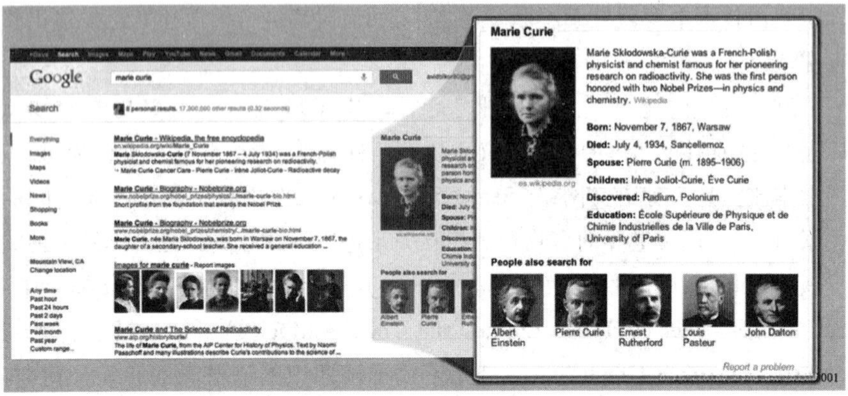

图1－1　谷歌搜索“居里夫人”所展示的相关知识图谱

（二）知识图谱的缘起与发展

信息技术的发展促进万物互联的形成，人类社会已经迈入“Web 3.0”时代。[1] 数据集涌式的爆发增长，进一步“饲喂”了人工智能的探索和创新。人工智能的未来势必突破信息孤岛，探索信息之间的联系，形成关系分析。

知识图谱发展的技术基础，源于人工智能技术发展后仍然始终无法破解的困境——机器该如何获取文本中的语义信息。人工智能不但需要输入大量的文本，也需要对文本形成反应。这要求机器能够理解文本语义信息背后的含义，其关键在于如何构建机器的先验知识。知识图谱旨在表示、描述和补充事物（实体）的属性，拓展其与其他事物（实体）之间的联系，辅助对事物（实体）形成先验知识，帮助知识联想与知识推理的完成。

2012年5月16日，谷歌公司为了优化搜索引擎的返回结果、提高搜索质量和用户体验，正式提出“知识图谱”的概念，将从传统基于关键词（Keyword－base）的信息搜索引擎（Information Engine）向基于语义的知识搜索引擎（Knowledge Engine）的优化和升级。[2] 谷歌将知识图谱的精髓概括为“Things not Strings”，意即知识不是无意义的字符串，而是字符串所承载的关

---

〔1〕 Thirunaratan Sheth, *Semantics empowered Web 3.0: managing enterprise, social, sensor, and cloud－based data and service for advanced applications*, Morgan and Claypool, 2013.

〔2〕 谷歌公司认为，优秀的搜索引擎能够准确理解用户所要表达的含义，并且准确返回用户所需的检索结果（the perfect search engine should understand exactly what you mean and give you back exactly what you want）。

于事物(实体)隐含的语义信息。

知识图谱是长期以来各种技术不断发展、沿袭和创新的结果,"并非突然出现的新技术"。[1] 中国古代也具有与知识图谱思想相似的对客观世界万事万物进行抽象的哲学思想。例如,古代的易经五行图。人工智能领域的知识图谱技术,相关的早期理念可以追溯到 20 世纪中期对于数据中隐含语义表达的尝试与探索。早在 20 世纪五六十年代,"语义网络"的概念就已出现。[2] 1989 年 Tim Berners - Lee 就提出构建全球化的以"链接"为中心的信息系统(Linked Information System),这是万维网(World Wide Web)的前身,这一思想对于后来知识图谱方向发展的贡献在于,它提出了一种有别于基于树的层次化组织方式,形成以链接和图的组织方式。1998 年万维网之父蒂姆·伯纳斯·李(Tim Berners - Lee)认为机器无法有效地从网页中识别语义,进一步提出"语义网"(Semantic Web)概念。[3] 语义网络由节点(Vertex)和边(Edge)组成,节点是概念或对象,边是它们之间的关系描述。语义网用来对本体模型进行形式化表达,以期揭示和完善数据中所隐含的语义信息。相较于万维网而言,语义网中的节点不但代表网页,还是客观世界中的各种实体,如人、物、地点等;语义网中的超链接增加关于实体之间关系的语义描述。语义网的概念出现之后,许多语义知识库也开始兴起。例如,2010 年谷歌收购早期语义网公司 MetaWeb,后者所开发的语义知识库 Freebase 就是 2012 年谷歌正式推出知识图谱搜索引擎的数据基础库。2006 年"关联数据"概念(Linked Data)也是相似的研究与尝试。人工智能技术的进一步发展推动知识图谱技术的出现,可以说是对语义网标准与技术的一次扬弃与升华。[4]

随着知识图谱技术的发展,越来越多的领域开始应用知识图谱,主要集中在搜索与智能推荐、智能问答(客服机器人、私人助理)、大数据分析等方面。传统搜索引擎提供服务是基于关键词,寻找对应的网页集合,再经过算法对集合内的网页进行排名后向用户展示。因此,用户仍然需要对所返回的网页进行筛选和信息过滤。基于知识图谱技术的搜索服务,是在已有的图谱

---

〔1〕 徐增林等:《知识图谱技术综述》,载《电子科技大学学报》2016 年第 4 期。

〔2〕 Tim Berners - Lee, James Hendler, Ora Lassila, The Semantic Web. Scientific American, 2001.

〔3〕 Tim Berners - Lee, "Semantic Web Road Map", https://www.w3.org/DesignIssue/Semantic.html.

〔4〕 徐增林等:《知识图谱技术综述》,载《电子科技大学学报》2016 年第 4 期。

知识库中进行查询，将所得知识向用户展示。这种对象以及相关对象信息的返回结果往往更为精确，用户通常可以直接获得所需要的最终答案。智能推荐领域对知识图谱的应用是搜索服务的延伸，知识图谱发展之初也是为了完善和提升搜索引擎所存在的问题。智能问答与语义搜索类似，先对用户所使用的自然语言进行语义分析，将其转化为结构化语句后，再在知识图谱中进行查询。因此，许多人机之间通过自然语言进行的问答，其数据库都有海量知识图谱作为支撑。在大数据分析与决策的过程中应用知识图谱也是近年来主要的应用场景之一。例如，大数据公司 Palantir 就是对数据库通过知识图谱和语义技术增强信息之间的关联，为用户的数据挖掘和分析提供更加直观的图谱。

（三）知识图谱的构建与表示

知识图谱的构建流程（见图 1－2）一般包括：确定知识表示模型—获取知识—综合利用知识推理、知识融合、知识挖掘等技术提升图谱质量—根据

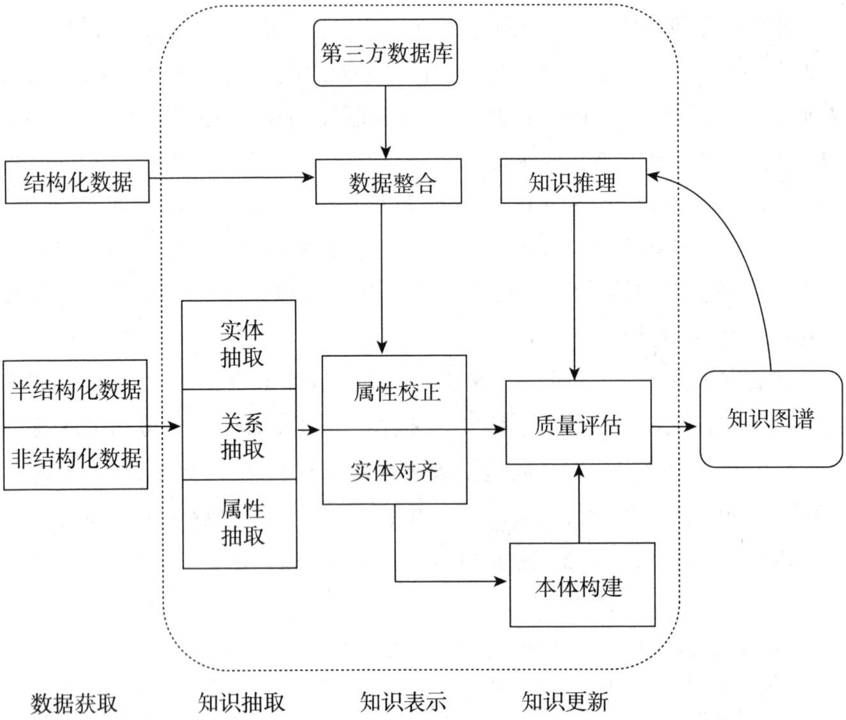

图 1－2　知识图谱的技术架构

场景需求设计访问与呈现。[1] 知识抽取、知识表示、知识融合、知识推理是知识图谱的四大核心技术。[2]

知识获取的来源多种多样,包括文本、多媒体数据、传感器数据以及各类数据库等数据源,根据数据源的不同综合应用相应的技术手段进行处理。例如,法律行业中最为常见的文本数据源,需要采用实体识别、关系抽取、事件抽取等技术手段处理自然语言抽取知识。知识抽取可以分为概念抽取、实体抽取、关系抽取、事件抽取和规则抽取等。[3] 其中较为重要的是实体抽取、关系抽取和属性抽取。实体抽取是指从原始数据源中识别出命名实体,是知识抽取中最为基础和关键的环节,其准确率和完整率会直接影响到知识图谱的质量。关系抽取是识别实体之间的语义关联。传统的关系抽取主要依靠人工构造语义规则和模板识别实体关系,现代知识图谱的构建则主要依靠关系模型进行关系抽取。属性抽取主要针对实体,通过属性抽取完善对实体的描述。

知识图谱的表示主要有两种方式:一是资源描述框架(Resource Description Framework,RDF)(见图1-3)表示;二是属性图(Property Graph)表示。RDF主要用于学术研究场景,以实体关系三元组为基本单位,应用标准的搜索引擎。由一些相互连接的事物(实体)以及它们之间的属性所构成实体关系(Subject-Predicate-Object,SPO)三元组(Triple),在知识图谱中通过标准数据模型对事物(实体)进行描述。这种实体关系三元组就是一条由信息组成的知识。通常认为,RDF的主要特点是易于发布和分享数据。属性图通常应用于工业场景,其描述更为贴近现实生活,没有标准的推理引擎。现阶段而言,属性图数据库的增长较快,应用较为广泛,方便使用者描述业务所包含的逻辑关系。

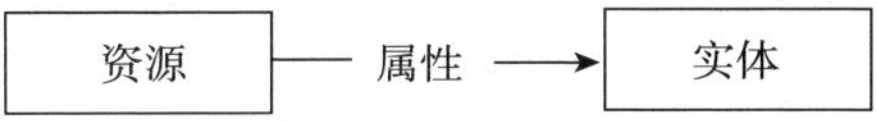

图1-3　知识图谱的RDF表示

[1] 王昊奋等:《知识图谱:方法、实践与应用》,电子工业出版社2019年版,第15页。
[2] 徐增林等:《知识图谱技术综述》,载《电子科技大学学报》2016年第4期。
[3] 王昊奋等:《知识图谱:方法、实践与应用》,电子工业出版社2019年版,第17页。

经过知识抽取后,可以从数据源中提取实体、关系、属性等知识要素。但是由于数据来源较为广泛,故而可以通过整合、消歧、加工、推理验证、更新等知识融合技术消除歧义与矛盾,获得高层次的知识组织和高质量的知识库。

知识推理则是在前述基础之上,进一步挖掘信息所隐含的语义知识,丰富和扩展知识库。

二、法律知识图谱的应用与发展

前沿科技与法律行业的结合产生新的"化学反应",这种意料之外的惊喜在法律的应用层面不断涌现。人工智能机器学习的一般原理就是"模型化、规则化、要素化和图谱化"。[1] 法律知识图谱是知识图谱技术与法律行业的结合,通过对法律相关文本中的自然语言进行识别、解析、理解、搜索、推理、判断等活动,在法律相关的文本内容、技术语言、现实世界中来回穿梭。

人工智能技术的确改变了传统法学的面向,但是对于这一问题的研究,既需要开放思想,勇于接触新技术对传统法学的挑战,也需要警惕片面技术理性论调的渗透,清醒地认识到技术不能解决一切问题,法学与人工智能技术的结合仍然要回到法学本身的原则理念之上。人工智能与法学的结合,并非以数据为中心,而是以知识为中心。[2] 诚然,司法大数据等法律领域的大数据应用是浓墨重彩的一笔,但是要从法律大数据向法律知识图谱为代表的法律人工智能转变,仍然需要根据不同的法律场景,提取文本的共性和特性,形成贴合法律需求的命名实体及其属性关系,饲喂机器的深度学习,塑成机器对于所展示规则及其延伸信息的知识获取,训练机器形成尽可能接近人类的分析和推理能力,为法律研究和实践提供智能化算法或参考指引。[3]

(一)法律知识图谱的应用

目前法学研究等哲学社会科学类对于知识图谱技术的应用,主要是将其作为一种可视化展示工具,用以说明某一领域研究的发展趋势、研究热点、主要问题等方面。这些研究成果多将"知识图谱"译为 Knowledge Map,视为

[1] 高翔:《人工智能民事司法应用的法律知识图谱构建——以要件事实型民事裁判论为基础》,载《法制与社会发展》2018 年第 6 期。

[2] 胡凌:《人工智能的法律想象》,载《文化纵横》2017 年第 2 期。

[3] 蔡自兴等:《人工智能及其应用》(第 5 版),清华大学出版社 2017 年版,第 125 页。

“数据可视化”(Information Visualization)的同义词。[1] 这种应用上的差异在于,学术研究中对于知识图谱的使用,是从科学知识图谱的角度展开,是科学计量学(Scientometrics)领域的研究工具,与人工智能领域的知识图谱技术存在一定的区别。科学知识图谱源于2003年美国国家科学院研讨会,是指“以知识域为对象,显示科学知识的发展进程与结构关系的一种图形”,[2] 是通过像素、层次、图符等技术,将内容以清晰简明的图表形式予以呈现。

实务领域对于知识图谱探索较多的是司法裁判智能化。《新一代人工智能发展规划》提出:“建设集审判、人员、数据应用、司法公开和动态监控于一体的智慧法庭数据平台,促进人工智能在证据收集、案例分析、法律文件阅读与分析中的应用,实现法院审判体系和审判能力智能化。”人工智能在案件裁判、文书生成、质量观测等方面的应用,已经成为地方法院探索人工智能司法最为活跃的领域。法律知识图谱的构建是人工智能司法应用的前提之一。[3]

个案的裁判智能化生成中应用知识图谱技术,需要吸收通过机器学习完善案件裁判法律规则的知识图谱,经过学习丰富知识的逻辑枝干,填补案件相关信息的关联规则。虽然目前司法大数据、云计算、图文语音识别技术的发展,已经为人工智能司法打开了可能的空间,但是数据的积累并不能直接产生人工智能在司法领域的应用,如何实现基于司法大数据的深度学习,是目前人工智能司法应用需要解决的真正问题。而法律知识图谱,被认为是实现机器深度学习的重要方式。实现司法裁判领域的法律知识图谱,需要构建知识抽取、知识表示、知识融合、知识推理四个最为核心的技术环节。因此,可以从形成法律知识数据库和创新发展知识图谱相关算法两个方向进行尝试和努力。

第一,构建资源丰富的法律知识数据库。法律知识库是实现裁判智能化的数据基础,应当包括法律法规的文本内容、裁判案例的全文要旨、法学文献

---

[1] 马俊彦:《案例归约模式——公司法案例指导与知识图谱》,法律出版社2018年版,第27页;刘雅琦、贾利芳:《知识图谱视角下的个人信息保护热点及前沿研究》,载《科技管理研究》2019年第18期;汪家焰、钱再见:《国内政策议程研究的“知识图谱”:趋势、热点与展望——基于CiteSpace的文献计量学分析》,载《学习论坛》2019年第11期;顾理平、范海潮:《网络隐私问题十年研究的学术场域——基于CiteSpace可视化科学知识图谱分析(2009—2017)》,载《新闻与传播研究》2018年第12期。

[2] 陈悦等:《科学知识图谱的发展历程》,载《科学学研究》2008年第3期。

[3] 高翔:《人工智能民事司法应用的法律知识图谱构建——以要件事实型民事裁判论为基础》,载《法制与社会发展》2018年第6期。

的学术观点等内容,并且需要从内容文本的自然语言中进行抽象,提取和识别命名实体,打通数据库的逻辑节点。[1] 其中,司法大数据为法律知识数据库提供了大量优质的信息基础。最高人民法院先后三次发布《关于人民法院在互联网公布裁判文书的规定》,要求互联网公布裁判文书应当依法、全面、及时、规范。[2] 截至2019年12月20日,裁判文书公开总量超过8417万篇,这为法律大数据研究和整个行业提供了非常好的数据资源。这些司法大数据都能够为机器学习创造条件,未来裁判文书的电子化需要与案件信息的电子化共同构成司法大数据数据库。案件信息的电子化是裁判所历所有流程的全部数据,包括起诉、立案、举证、质证、庭审、证据等方面。

第二,司法裁判实务中构建知识图谱需要运用和探索深度学习、特征学习、迁移学习等算法,[3]形成具有法律"知识"的智能裁判系统。这种智能裁判系统能够随着数据资源的丰富、计算频次的增加、数据分析的深入,不断调整和完善算法参数,实现裁判系统算法的自我构建。[4] 现阶段,虽然我们国家已经形成了较为丰富的案例资源数据库,但是对其实现知识抽取、知识表示、知识融合、知识推理的自动化水平仍然较低,而人工对案例进行抽象形成结构化数据在客观上缺乏可行性,因此案件裁判相关的知识图谱构建速度慢、成本高、效果差。知识图谱的技术流程需要以结构化数据为基础,但是法律作为社会哲学学科,其文本承载的数据多以非结构化或半结构化形式存在,因此仍然需要依赖人工抽取实体、关系、属性等内容,这种精度和速度都无法满足现有法律知识图谱技术发展的需求,更遑论学者、法官、检察官、律师等主体在撰写文书时极易就同一事项进行多样化的表述。

(二)法律知识图谱应用的审思

并非所有的案件类型都适合于人工智能的应用。法律规则和裁判案件

---

〔1〕 葛翔:《司法实践中人工智能运用的实现与前瞻——以上海法院行政案件智能辅助办案系统为参照》,载《华东政法大学学报》2018年第5期。

〔2〕 2010年《最高人民法院关于人民法院在互联网公布裁判文书的规定》(法发〔2010〕48号);2013年《最高人民法院关于人民法院在互联网公布裁判文书的规定》(法释〔2013〕26号);2016年《最高人民法院关于人民法院在互联网公布裁判文书的规定》(法释〔2016〕19号)。

〔3〕 萧方训、曾宪未:《裁判智能化生成的模式选择与实现路径》,载《人民法院报》2019年12月6日,第005版。

〔4〕 李卓谦:《王禄生:司法大数据与人工智能技术应用的风险及伦理规制》,载《民主与法制时报》2018年6月3日,第006版。

的要素化提取，虽然为人工智能司法与法律知识图谱构建提供了可能，但是法律不同于工业科技，可以形成确定、明晰、固定的规则与特征。法律活动承载着法律理念的本源价值，如自由、平等、正义、效率、秩序等，这是人类社会发展共同的追求与信仰。特别是作为元理念的人本主义理念，还蕴含了共生、和谐、发展的内涵。这些法律理念的体现，从古至今所依托的都是人的理性，是“人们在法律实践中通过理性能力把握到的法的内在精神和普遍范型”。〔1〕法律理念虽然存在于实在法之中，但是具有绝对真理和形而上学的性质。〔2〕因此，对于法律领域中需要依托经验或形成价值判断的部分，还应当审慎考虑人工智能的介入深度。有学者认为，人工智能技术会影响司法权的行使；亦有学者提出，对于事实认定中的独立性事项（包括自由心证的适用、内心确信的判断、经验规则的运用、辩论全趣旨的审酌）以及法律适用领域中的独立性事项（包括狭义的民法解释、不确定性法概念的评价、权益冲突的衡量）已然超出人工智能的能力范围，但是知识图谱技术仍然能够对这些方面提供数据与经验积累。〔3〕

客观而言，无论是在实务实践还是理论研究中，法律知识图谱相关应用的尝试和成果都较少。主要原因在于，人工智能技术在法律行业的应用水平本身就处于初级阶段。然而，人工智能技术与法律行业的结合是信息社会发展的必然趋势，也是法律现代化的新篇章。法律与知识图谱技术的结合，既是将法律规则结构化分解以贴近技术发展的尝试，也是回溯过往呈现规则本真，实现法律要素联动的法律自创生过程。〔4〕重拾霍姆斯在《法律的道路》中的判断，也许可以给予未来更多期待：“在法律理性研究的过程中，文字精通者也许掌握现在，但是未来属于统计学家和经济学家。”〔5〕法律的过去、现在和未来，都是不可或缺的。

---

〔1〕李昌麒主编：《经济法理念研究》，法律出版社2009年版，第18页。

〔2〕严存生：《论法的理念——兼论法哲学的研究对象》，载郑永流主编：《法哲学与法社会学论丛》（二），中国政法大学出版社2000年版，第18—21页。

〔3〕高翔：《人工智能民事司法应用的法律知识图谱构建——以要件事实型民事裁判论为基础》，载《法制与社会发展》2018年第6期。

〔4〕［德］托依布纳：《法律：一个自创生系统》，张骐译，北京大学出版社2004年版，第38—40页。

〔5〕For the rational study of the law, the blackletter man may be the man of the present, but the man of the future is the man of statistics and the master of economics. See Oliver Wendell Holmes, The Path of the Law, Harvard Law Review, 1897(10).

第六节 我国人工智能的法律规制概况

一、人工智能法律规制的必要性

作为工业4.0背景下科技创新突破的决胜性因素，各国对人工智能技术的发展都高度重视。目前前沿的人工智能技术已经不断进入应用领域，越来越多的人工智能产品进入大众生活的视线之中，电子商务平台利用算法实现的个性化推荐、减轻人类驾驶压力的自动化驾驶汽车都是目前人工智能技术在实用领域的应用。毋庸置疑，人工智能技术的出现能够不断促进经济发展与社会进步，为人类生活带来诸多便利。但机遇与风险总结伴而行，人工智能技术强大的计算、推理、分析能力是改造人类社会的强大推动力，同时也蕴含极大的风险，对信息安全、法律规范、社会伦理甚至是国家安全乃至人类生命安全都带来了巨大的挑战。

面对人工智能技术发展的风险，法律需要未雨绸缪，从国家层面予以一定的回应，对相关的技术应用实行约束和风险管控，对人工智能的未来发展道路进行规划和保护。总体来说，人工智能的法律规制问题既是当下的热点，也是难点，需要我们从多个角度出发，集思广益，形成适应中国国情、具有中国特色的人工智能法律规制体系。

二、我国目前人工智能法律规制的现状

就人工智能的法律规制而言，目前我国尚未有规制人工智能技术的专门的、完整的法律，更多的是从产业政策促进、扶持和发展的角度对人工智能提供行政指导，以及结合人工智能实用领域进行分散式规制。下文将从中央和地方两个层面介绍我国目前已有的人工智能法律规制。

（一）中央层面

中央层面的人工智能法律规制主要是国务院、各部委以及人工智能主管机构的行政指导。此外，在人工智能实用领域也有相应的分散式法律规制措施。

1. 行政指导

2017年国务院发布的《新一代人工智能发展规划》（以下简称《发展规

划》）突出地体现了中央对人工智能的行政指导，对人工智能的发展提出了总体规制要求。在对人工智能的发展进行“三步走”规划的同时，为了加强人工智能相关法律、伦理和社会问题研究，建立保障人工智能健康发展的法律法规和伦理道德框架，《发展规划》明确了我国人工智能法律规制的发展进程。第一步是到2020年部分领域的人工智能伦理规范和政策法规初步建立；第二步是到2025年初步建立人工智能法律法规、伦理规范和政策体系，形成人工智能安全评估和管控能力；第三步是到2030年建立更加完善的人工智能法律法规、伦理规范和政策体系。同时，国务院在《发展规划》中也明确提出要重点围绕自动驾驶、服务机器人等应用基础较好的细分领域，加快研究制定相关安全管理法规，为新技术的快速应用奠定法律基础。同时，建立健全公开透明的人工智能监管体系，实行设计问责和应用监督并重的双层监管结构，实现对人工智能算法设计、产品开发和成果应用等的全流程监管。促进人工智能行业和企业自律，切实加强管理，加大对数据滥用、侵犯个人隐私、违背道德伦理等行为的惩戒力度。

此外，2015年国务院发布的《促进大数据发展行动纲要》提出要研究推动网上个人信息保护立法工作，界定个人信息采集应用的范围和方式，明确相关主体的权利、责任和义务，加强对数据滥用、侵犯个人隐私等行为的管理和惩戒。推动出台相关法律法规，加强对基础信息网络和关键行业领域重要信息系统的安全保护，保障网络数据安全，研究推动数据资源权益相关立法工作。2016年，国务院发布的《“十三五”国家信息化规划》明确要建立健全国家数据资源管理体制机制，建立数据开放、产权保护、隐私保护相关政策法规和标准体系。制定政府数据资源管理办法，推动数据资源分类分级管理，建立数据采集、管理、交换、体系架构、评估认证等标准制度。

国务院一系列规划文件的出台表明，人工智能发展过程中可能存在的问题已经引起了国家的高度重视。同时，这些发展规划也对我国人工智能的法律规制作出了总体安排，为中国人工智能的法律规制指明了发展方向。除国务院的发展规划外，各部委结合我国相关应用领域的实践，对我国的人工智能法律规制工作作出了安排。

中央各部委也迅速跟进。2017年，工信部发布的《大数据产业发展规划（2016—2020年）》提出要坚持发展与安全并重，增强信息安全技术保障能力，建立健全安全防护体系，保障信息安全与个人隐私，要在2020年促成国家数据安全保护体系的基本建成,数据安全技术保障能力和保障体系基本满足国家战略和市场应用需求,数据安全和个人隐私保护的法规制度较为完整。随后,工信部出台的《促进新一代人工智能产业发展三年行动计划(2018—2020年)》明确提出要开展人工智能相关政策和法律法规研究,为产业健康发展营造良好环境。

教育部在《高等学校人工智能创新行动计划》中提出高等院校要围绕人工智能发展对教育、经济、就业、法律、国家安全等重大、热点、前瞻性问题开展战略研究与政策研究,为人工智能的法律规制提供智力支持。科技部关于印发《国家新一代人工智能创新发展试验区建设工作指引》的通知中提出国家新一代人工智能创新发展试验区建设,要在人工智能发展的体制机制、政策法规、标准规范等方面发挥先行先试作用,促进创新政策与产业政策、社会政策的协调,加强政策储备,形成更加完备的政策体系,为人工智能的创新发展营造健康的环境。

2016年国家发展和改革委员会印发的《促进大数据发展三年工作方案(2016—2018年)》、2018年印发的《促进大数据发展2018年工作要点》和《国家大数据专家咨询委工作机制和2018年工作要点》等文件指出,通过各部门、各地区共同努力,我国实施大数据战略、推动政务信息系统整合工作取得了一系列的重要成果。顶层设计初步完成,体制机制逐步健全。已取得的成绩应该充分肯定,同时也要清醒看到存在的问题。下一步工作中,依然要抓好网络和数据安全保障,完善制度设计。

另外,国家新一代人工智能治理专业委员会于2019年6月17日发布《新一代人工智能治理原则——发展负责任的人工智能》(以下简称《治理原则》),也提出了人工智能治理的框架和行动指南。要求在个人信息的收集、存储、处理、使用等各环节应设置边界,建立规范,完善个人数据授权撤销机制,反对任何窃取、篡改、泄露和其他非法收集利用个人信息的行为。人工智能系统应不断提升透明性、可解释性、可靠性、可控性,逐步实现可审核、可监督、可追溯、可信赖。高度关注人工智能系统的安全,形成人工智能安全评估和管控能力。

2. 法律法规

目前,我国在人工智能领域法律层面的规制主要集中于数据治理。数据作为人工智能的三大支柱之一,在我国中央层面也有了相关的法律规范。

2016年出台的《网络安全法》第40条至第50条专章规定数据保护与网络信息安全，对网络运营者提出“应当对其收集的用户信息严格保密”的要求，并建立健全用户信息保护制度。[1] 2000年出台的《互联网信息服务管理办法》同样涉及了数据保护的内容，但由于出台较早，对当下现象的调整力度不足。2019年4月26日《国务院关于在线政务服务的若干规定》对在线政务的重要问题作出明确规定，其中也涉及政府数据共享的问题，提出“促进政务服务跨地区、跨部门、跨层级数据共享和业务协同，并依托一体化在线平台推进政务服务线上线下深度融合”的政府数据共享目标。[2]

当前，除了《网络安全法》《互联网信息服务管理办法》等法律法规外，我国对于数据治理的法律框架亟待搭建。2019年5月底，国家网信办会同有关部门发布了《数据安全管理办法（征求意见稿）》，其中第20条[3]、第22条[4]、第23条[5]也对信息的获取和利用进行了规范，同时也规定了网络经营者利用大数据和算法进行新闻合成、新闻推送时的信息披露义务。此外，我国的《数据安全法》《个人信息保护法》也提上日程，预计将于近年出台。[6]

---

[1] 《网络安全法》第40条规定：“网络运营者应当对其收集的用户信息严格保密，并建立健全用户信息保护制度。”

[2] 《国务院关于在线政务服务的若干规定》第2条规定：“国家加快建设全国一体化在线政务服务平台（以下简称一体化在线平台），推进各地区、各部门政务服务平台规范化、标准化、集约化建设和互联互通，推动实现政务服务事项全国标准统一、全流程网上办理，促进政务服务跨地区、跨部门、跨层级数据共享和业务协同，并依托一体化在线平台推进政务服务线上线下深度融合。”

[3] 《数据安全管理办法（征求意见稿）》第22条规定：网络运营者不得违反收集使用规则使用个人信息。因业务需要，确须扩大个人信息使用范围的，应当征得个人信息主体同意。

[4] 《数据安全管理办法（征求意见稿）》第23条规定：网络运营者利用用户数据和算法推送新闻信息、商业广告等（以下简称定向推送），应当以明显方式标明“定推”字样，为用户提供停止接收定向推送信息的功能；用户选择停止接收定向推送信息时，应当停止推送，并删除已经收集的设备识别码等用户数据和个人信息。网络运营者开展定向推送活动应遵守法律、行政法规，尊重社会公德、商业道德、公序良俗，诚实守信，严禁歧视、欺诈等行为。

[5] 《数据安全管理办法（征求意见稿）》第20条规定：网络运营者利用大数据、人工智能等技术自动合成新闻、博文、帖子、评论等信息，应以明显方式标明“合成”字样；不得以谋取利益或损害他人利益为目的自动合成信息。

[6] 梁晓辉：《中国2020年将制定个人信息保护法、数据安全法》，载百家号网：https://baijiahao.baidu.com/s?id=1653489251325332814&wfr=spider&for=pc，2020年1月24日最后访问。

3. 具体应用领域的法律规制

对于人工智能的法律规制，在中央层面，除了行政指导外，目前在人工智能具体应用领域已经有相关的规定对人工智能技术的应用进行规制。但以下仅主要介绍电子商务、金融以及区块链技术三个领域的法律规制，并不意味着已经穷尽我国法律对人工智能应用领域的规制。

首先，关于电子商务领域。

在电子商务领域，于2019年1月1日生效的《电子商务法》第18条第1款〔1〕、第77条〔2〕的规定，就是法律层面对算法杀熟的回应，是对消费者合法权益的尊重和平等保护。所谓“大数据杀熟”，其实质就是一种利用大数据技术所实现的差别化定价，导致一种同样的商品或服务，老客户看到的价格反而比新客户要贵出许多。据媒体报道，目前在机票、酒店、电影、电商、旅游等多个网络平台都普遍存在“大数据杀熟”情况，近年在司法实务领域也出现了相关的案例。《电子商务法》第18条第1款要求电子商务平台经营者向消费者提供不针对其个人特性的选项，实现对消费者权益的平等保护。此外，《电子商务法》第40条〔3〕规定，也对电子商务平台经营者提出了算法的信息披露义务，保障了消费者的知情权、自主性和选择权，促进电子商务的健康良性发展。

其次，关于金融领域。

目前，人工智能在金融领域几大典型应用成果——“智能支付”“智能风控”“智能普惠”“智能投顾”“智能保险”“智能信贷”已经充分展现了智能金融领域商业应用的前景。但人工智能在提高金融效率、便利金融消费者以及促进社会进步的同时也伴随不可避免的风险，如算法失控可能导致的金融系统性风险、算法歧视将加剧贫富两极分化、算法黑箱侵害金融消费者的知情

〔1〕《电子商务法》第18条第1款规定：电子商务经营者根据消费者的兴趣爱好、消费习惯等特征向其推销商品或服务的搜索结果的，应当同时向该消费者提供不针对其个人特征的选项，尊重和平等保护消费者合法权益。

〔2〕《电子商务法》第77条规定：电子商务经营者违反本法第18条第1款规定提供搜索结果，或者违反本法第19条规定搭售商品、服务的，由市场监督管理部门责令限期改正，没收违法所得，可以并处五万元以上二十万元以下的罚款；情节严重的，并处二十万元以上五十万元以下的罚款。

〔3〕《电子商务法》第40条规定：电子商务平台经营者应当根据商品或者服务的价格、销量、信用等以多种方式向消费者显示商品或者服务的搜索结果；对于竞价排名的商品或者服务，应当显著标明“广告”。

权、算法为高精尖人士垄断所导致的不公平竞争等。这些问题都需要从法律层面作出回应，目前我国也已经有相关的条款对其进行规制。

2018 年 3 月 28 日，中国人民银行、银保监会、证监会、外汇局联合发布《关于规范金融机构资产管理业务的指导意见》（以下简称《资管新规》）。该指导意见旨在规范人工智能在金融领域的应用，并提出对智能投顾中的算法进行穿透式监管的要求。《资管新规》明确，运用人工智能技术开展投资顾问业务应当取得投资顾问资质，这意味着智能投顾必须要取得行政许可。此外，报备智能投顾模型的主要参数意味着算法黑箱的打开，算法透明得到了一定程度的贯彻。

此外，中国人民银行发布的《金融科技发展规划（2019—2021 年）》也明确提出要强化金融科技的合理应用，完善人工智能金融应用的政策评估、风险防控、应急处置等措施，健全人工智能金融应用的安全监测预警机制，研究制定人工智能金融应用监管规则，强化智能化金融工具安全认证，确保把人工智能应用规制在安全可控范围之内。

最后，关于区块链技术领域。

2016 年《“十三五”国家信息化规划》首次列入了区块链技术，为区块链技术在我国的研究、发展和应用带来巨大的支持力量和机遇。此后，国家陆续出台了一些文件对区块链的应用进行规制。

在中央层面，2019 年，国家互联网信息办公室发布的《区块链信息服务管理规定》提出，区块链信息服务提供者应当落实信息内容安全管理主体责任；配备与其服务相适应的技术条件；制定和公开管理规则和平台公约；落实真实身份信息认证制度；不得利用区块链信息服务从事法律、行政法规禁止的活动或者制作、复制、发布、传播法律、行政法规禁止的信息内容；对违反法律、行政法规和服务协议的区块链信息服务使用者，应当依法依约采取处置措施。

总体来说，中央层面对人工智能的法律规制采取的是国务院、各部委以及人工智能主管机构的行政指导与实用领域的分散式规制，其具有自身的独特性，可以在多层级的规制人工智能的同时为其提供政策支持。但目前行政规章为主、法律规范较为缺乏的现状，反映出规制力度与规制效果方面稍有欠缺。

（二）地方层面

就人工智能的法律规制而言，除了中央层面的行政指导与立法规制之外，各个地方政府为了营造人工智能产业的健康良性发展环境，在这场科技创新突破攻坚战中取得胜利,也相继出台了一系列规范文件。目前相关规定主要是集中在大数据和区块链技术的应用两个方面。

在大数据的规制方面,2019 年 9 月 27 日,海南省第六届人民代表大会常务委员会第十四次会议通过了《海南省大数据开发应用条例》,在大数据共享、开放和安全保障的基础上,立足建设中国特色自由贸易港的时代要求,突出了大数据开发、应用和产业促进,特别是将区块链等新技术应用写入法规,着力于打造安全可信的数据交易环境,为数据资产化奠定了坚实的法规基础。2019 年 8 月 1 日贵州省第十三届人民代表大会常务委员会第十一次会议通过了《贵州省大数据安全保障条例》,对大数据安全责任人的安全责任、监督管理、法律责任等进行了明确。2018 年 12 月 14 日天津市第十七届人民代表大会常务委员会第七次会议通过了《天津市促进大数据发展应用条例》,为天津市大数据发展应用提供了重要的法治保障。

此外,各地方政府对于区块链技术的应用也有相关的规定。2016 年 12 月 31 日,贵阳市人民政府新闻办公室正式发布《贵阳区块链发展和应用》白皮书,其中明确规定数字经济倡导安全的发展理念,坚决反对侵犯个人隐私,侵害知识产权等各类网络违法犯罪活动,要构建其自主可控的网络安全体系,建立网络社会信用体系,完善互联网治理。

2017 年 6 月,山东省青岛市市北区人民政府印发了《关于加快区块链产业发展的意见(实行)》,其中明确规定要加强顶层设计。围绕区块链重点企业以及研发、教育培训、应用推广和会展服务等发展需求,规划、制定技术和产业发展路线图,出台扶持政策、研究技术标准、制定区块链市场的管理制度和规范性文件。

除了以上提及的地方政府已经出台相关规定对大数据、区块链技术的应用进行明确规制之外,上海、北京、成都、重庆等省、市对相关领域的规制也在酝酿之中。总体来说,目前虽已有一些省、市对人工智能的应用作出了明确的法律规制,但这些地方规制效力范围有限,并不能在整个社会层面形成对人工智能的规范化整体保护。

三、我国人工智能法律规制的展望

党的二十大报告指出:“推动战略性新兴产业融合集群发展,构建新一代信息技术、人工智能、生物技术、新能源、新材料、高端装备、绿色环保等一批新的增长引擎。"发展人工智能技术,是贯彻习近平新时代中国特色社会主义思想和党的二十大精神的重要举措,是加快产业升级转型、推动经济社会高质量发展的客观要求,是促进科学技术进步、建设创新型国家的题中之义。当前,人工智能已成为新一轮科技革命和产业变革的重要驱动力量,要加强潜在风险研判和防范,强化对人工智能技术应用的约束和治理,促进人工智能同经济社会发展深度融合,推动我国新一代人工智能健康发展。

(一)立法——兼顾产业规范与产业促进

第一,渐进式完善法律框架。现阶段人工智能技术发展尚处于弱人工智能阶段。人工智能领域发展速度快、法律问题新、覆盖面广,制定一部总括性的"人工智能法"时机还不成熟。在当前阶段,立法应当把握现实需要,优先考虑对人们生活已经有影响的领域,比如自动驾驶、服务机器人领域,〔1〕然后针对该领域进行渐进式的完善,其主要方式是对现有法律制度进行必要的修改、补充,如在《道路交通安全法》中增加无人驾驶汽车的驾驶人资格、归责原则等相关规范,在《著作权法》《专利法》中对人工智能生成物之著作权归属等相关问题作出界定。

第二,促进性立法与规范性立法并重。人工智能科技作为新兴科技,在应用上具有许多其他科技无法比拟的迭代效应,存在巨大的应用场景和产业化空间,此外还具有渗透其他几乎所有领域的效用,即通过"人工智能+"方式,可以放大其他领域的效用。〔2〕因此,在人工智能立法上,应当促进性立法,尊重科学技术的发展规律,重视人工智能的产业发展,建构有效的制度安排,以良法处理产业发展带来的多种复杂关系和重大问题,从而促进人工智能产业有序、健康发展,实现经济的增长。同时,智能革命的出现,对当下的伦理标准、法律法规、社会秩序以及公共管理体制带来了一场前所未有的危机和挑战,〔3〕例如,改变就业结构、冲击法律与社会伦理、侵犯个人隐私、挑战国际关系准则等问题。因此,在促进性立法的同时,还应当进行规范性立法,创新与规范二者不能偏废,高度重视可能带来的安全风险挑战,加强前瞻预防与约束引导,强化防范和治理方式,最大限度降低风险,确保人工智能安

〔1〕张清、张蓉:《"人工智能+法律"发展的两个面向》,载《求是学刊》2018年第4期。

〔2〕龙卫球:《人工智能立法的"技术—社会+经济"范式——基于引领法律与科技新型关系的视角》,载《武汉大学学报(哲学社会科学版)》2020年第1期。

〔3〕吴汉东:《人工智能时代的制度安排与法律规制》,载《法律科学(西北政法大学学报)》2017年第5期。

全、可靠、可控发展。[1]

(二)执法——加快构建政策体系

第一,明晰职责分配。目前我国人工智能发展的统筹协调部门未予明确,部门具体职责尚未厘清,对人工智能的监管也还处于事前监管于法无据,事后监管缺乏标准的状况。面对监管部门自身职责不明这一现状,应厘清人工智能技术发展中产生风险的不同阶段,合理分配职责,[2]确保人工智能技术从研究到运用中产生的负面效应可控。[3] 具体而言,研发设计阶段由科技部门主管,中期数据采集与算法运用阶段由工信部门监管,成果应用阶段由质监部门负责质检。此外,可以对监管进行"再监管",对审查"再审查",对过度干预的监管部门细化追责机制和程序,[4]确保人工智能技术发展具有良好的市场环境和制度安排。

第二,完善相关标准。标准对人工智能的发展具有基础性、支撑性和规范性的作用,[5]标准的制定一方面可确保人工智能技术更好实现互操作性的关键目标;另一方面,将对人工智能技术的可靠性和安全性进行规范,从而提高技术的可信度,促进企业扩大市场份额。[6] 具体而言,应当对人工智能的行业准入标准、技术安全规制标准、伦理标准、审核与评估等标准进行完善。通过完善标准,有利于加快人工智能技术创新和成果转化,也有利于切实保障用户安全、营造良性的产业生态。[7]

(三)司法——建立有效的应对举措

第一,进行司法解释。法律的滞后性导致现有的人工智能领域的法律问题无法得到有效的解决,在法律尚不明确而人工智能领域又不断涌现新问题新争议之时,积极进行相应的司法解释具有必要性。通过司法解释,将已有的具体规则运用于无法可依的疑难案件中,不仅能够弥补法律的漏洞,还能为相应的立法争取时间、积累经验。例如,目前我国尚无关于自动驾驶汽车

---

〔1〕 龙卫球:《人工智能立法的"技术—社会 + 经济"范式——基于引领法律与科技新型关系的视角》,载《武汉大学学报(哲学社会科学版)》2020 年第 1 期。

〔2〕 倪楠:《人工智能发展过程中的法律规制问题研究》,载《人文杂志》2018 年第 4 期。

〔3〕 袁曾:《人工智能有限法律人格审视》,载《东方法学》2017 年第 5 期。

〔4〕 张守文:《人工智能产业发展的经济法规制》,载《政治与法律》2019 年第 1 期。

〔5〕 参见:中国电子技术标准化研究院编写的《人工智能标准化白皮书(2018 年版)》。

〔6〕 杜传忠、胡俊、陈维宣:《我国新一代人工智能产业发展模式与对策》,载《经济纵横》2018 年第 4 期。

〔7〕 参见:中国电子技术标准化研究院编写的《人工智能标准化白皮书(2018 年版)》。

的相关法律规定，当自动驾驶汽车导致交通事故时，应当由驾驶者、生产者还是制造者承担侵权责任，现有的《道路交通安全法》《侵权责任法》都无明确的针对性规定，而法院通过对相关法律条文进行解释，能够明确责任主体，从而化解纠纷，同时还能为未来自动驾驶汽车领域的立法提供经验。

第二，重视典型案例。人工智能作为一个新的领域，在尚无人工智能统一性高层次立法的情况下，该领域的法律争议应当被当作典型案例加以重视并对重点问题、突出问题、争论焦点加以分析，从而总结经验。重视典型案例，一方面为法官提供参考标准，在遇到类似案件时可以按照简易程序，并按照类似案件类似处理的原则作出判决，这样，既可以节省大量的司法资源，也可以保证审判的公正和法制的统一；另一方面，还能够使法官在裁判中受到更加具体的先例的拘束，并可从先例中领悟到解决同类问题的正确思维模式和方法，从而使相同案情获得大体相同的裁擎，[1] 从而规范司法裁量，确保司法公正。

未来几年，人工智能会被更多地应用于现实生活之中，对于其持续发展可能带来的其他挑战与问题，需要国家以及相关研究者予以高度重视，更需要对可能引发的法律问题、社会问题、伦理问题进行制度创新与理论创新，确保科学技术和制度规范的和谐发展，为我国科技事业发展的深入推进提供良好的支持。

问题与思考

1. 知识图谱在案例研究中的应用。
2. 司法裁判智能化的困境与突破。
3. 知识图谱对司法权行使的影响。

参考文献

[1]吴汉东：《人工智能时代的制度安排与法律规制》，载《法律科学（西北政法大学学报）》2017 年第 9 期。

[2]高奇琦、张鹏：《论人工智能对未来法律的多方位挑战》，载《华中科技大学学报（社会科学版）》2018 年第 32 卷第 1 期。

[3]李晟：《略论人工智能语境下的法律转型》，载《法学评论》2018 年第 1 期。

[4]夏纪森：《关注人工智能对法律领域的影响》，载《中国社会科学报》2017 年第 6 期。

[5]江必新、郑礼华：《互联网、大数据、人工智能与科学立法》，载《法学杂志》2018 年

[1] 刘作翔、徐景和：《案例指导制度的理论基础》，载《法学研究》2006 年第 3 期。

第 5 期。
[6][美]尼古拉斯·卡尔:《玻璃笼子:自动化时代和我们的未来》,杨柳译,中信出版集团 2015 年版。
[7][日]小仓志祥编:《伦理学概论》,吴潜涛译,中国社会科学出版社 1990 年版。
[8]龚群:《社会伦理十讲》,中国人民大学出版社 2008 年版。
[9]李伦:《人工智能与大数据伦理》,科学出版社 2018 年版。
[10]沈向阳、[美]施博德:《计算未来——人工智能及其社会角色》,北京大学出版社 2018 年版。
[11]Wikipedia. Knowledge graph. https://en. wikipedia. org/wiki/Knowledge_Graph.
[12]Pan J. Z. , Vetere G. , Gomez - Perez J. M. , et al. , Exploiting Linked Data and Knowledge Graphs in Large Organisations, Springer International Publishing, 2017.
[13]Thirunaratan Sheth. Semantics empowered Web 3. 0: managing enterprise, social, sensor, and cloud—based data and service for advanced applications. Morgan and Claypool, 2013.
[14]Tim Berners - Lee, James Hendler, Ora Lassila, The Semantic Web, Scientific American, 2001.
[15]Tim Berners - Lee, Semantic Web Road Map, https://www. w3. org/DesignIssue/Semantic. html.
[16]Oliver Wendell Holmes, The Path of the Law, Harvard Law Review, 1897(10).
[17][德]托依布纳:《法律:一个自创生系统》,张骐译,北京大学出版社 2004 年版。
[18]王昊奋等:《知识图谱:方法、实践与应用》,电子工业出版社 2019 年版。
[19]蔡自兴等:《人工智能及其应用》(第 5 版),清华大学出版社 2017 年版。
[20]马俊彦:《案例归约模式——公司法案例指导与知识图谱》,法律出版社 2018 年版。
[21]李昌麒主编:《经济法理念研究》,法律出版社 2009 年版。
[22]王知津等:《论知识组织的十大原则》,载《国家图书馆学刊》2012 年第 4 期。
[23]索传军:《网络信息资源组织研究的新视角》,载《图书馆情报工作》2013 年第 7 期。
[24]钟翠娇:《网络信息语义组织及检索研究》,载《图书馆学研究》2010 年第 17 期。
[25]徐增林等:《知识图谱技术综述》,载《电子科技大学学报》2016 年第 4 期。
[26]高翔:《人工智能民事司法应用的法律知识图谱构建——以要件事实型民事裁判论为基础》,载《法制与社会发展》2018 年第 6 期。
[27]胡凌:《人工智能的法律想象》,载《文化纵横》2017 年第 2 期。
[28]刘雅琦、贾利芳:《知识图谱视角下的个人信息保护热点及前沿研究》,载《科技管理研究》2019 年第 18 期。

[29]汪家焰、钱再见:《国内政策议程研究的"知识图谱":趋势、热点与展望——基于CiteSpace的文献计量学分析》,载《学习论坛》2019年第11期。
[30]顾理平、范海潮:《网络隐私问题十年研究的学术场域——基于CiteSpace可视化科学知识图谱分析(2009—2017年)》,载《新闻与传播研究》2018年第12期。
[31]陈悦等:《科学知识图谱的发展历程》,载《科学学研究》2008年第3期。
[32]萧方训、曾宪未:《裁判智能化生成的模式选择与实现路径》,载《人民法院报》2019年12月6日。
[33]王禄生:《司法大数据与人工智能技术应用的风险及伦理规制》,载《法商研究》2019年第2期。
[34]严存生:《论法的理念——兼论法哲学的研究对象》,载郑永流主编:《法哲学与法社会学论丛(二)》,中国政法大学出版社2000年版。
[35]汪庆华:《人工智能的法律规制路径:一个框架性讨论》,载《现代法学》2019年第2期。
[36]龙卫球:《人工智能立法的"技术—社会+经济"范式——基于引领法律与科技新型关系的视角》,载《武汉大学学报(哲学社会科学版)》2020年第1期。
[37]吴汉东:《人工智能时代的制度安排与法律规制》,载《法律科学(西北政法大学学报)》2017年第5期。
[38]张守文:《人工智能产业发展的经济法规制》,载《政治与法律》2019年第1期。
[39]涂永前:《规制人工智能:一个原则性法律框架研究》,载《人工智能法学研究》2018年第1期。
[40]彭中礼、刘世杰:《从"特殊性"到"去特殊性"——人工智能法律规制路径审视》,载《济南大学学报(社会科学版)》2019年第4期。
[41]倪楠:《人工智能发展过程中的法律规制问题研究》,载《人文杂志》2018年第4期。
[42]王成:《人工智能法律规制的正当性、进路与原则》,载《江西社会科学》2019年第2期。
[43]杨勤法、丁庭威:《新时代人工智能技术发展的法律规制》,载《科技与法律》2019年第5期。
[44]杜传忠、胡俊、陈维宣:《我国新一代人工智能产业发展模式与对策》,载《经济纵横》2018年第4期。
[45]金梦:《中国人工智能立法的科学性探析》,载《中共中央党校(国家行政学院)学报》2019年第1期。
[46]马治国、徐济宽:《人工智能发展的潜在风险及法律防控监管》,载《北京工业大学学报(社会科学版)》2019年第6期。

第二章　人工智能与宪法

教学要点

1. 人工智能与公民基本权利
2. 智慧司法的运行现状与“瓶颈”
3. 共享经济背景下的劳动保护

第一节　人工智能对基本权利的影响

未来的我们将会怎样生活？是否如《未来简史》所描述的，“数以亿计的人工智能或机器人会对我们俯首帖耳、唯命是从；3D 打印机会被用来大量制造各种各样的产品，甚至可以直接打印出人类的各种器官，就像现在打印照片那样……”高级人类文明发展悬而未决，是否让我们恐慌？现行的法律，特别是作为具有前瞻性的根本法，宪法所能够预设的范围有多大，是我们本章要说明的问题。

一、人工智能对基本权利的影响总论

我们的大前提是，将人工智能视为广义的弱人工智能，强调进入各类日常生活场景分散运用的算法，[1] 从而视之为与互联网产生关系紧密结合的一种架构。[2] 面对人工智能的发展，立法的回应显然是必要的，但是，立法也不能陷入一种误区，即认为只要出现新现象就要新立法。应该认真评估规

---

〔1〕 算法（Algorithm）原本是指解题方案的准确而完整的描述，是一系列解决问题的清晰指令，算法代表着用系统的方法描述解决问题的策略机制。换言之，算法能够对一定规范地输入，在有限时间内获得所要求的输出。无论是人工编程抑或是所谓的机器深度学习，都是通过算法（优化）来利用有限输入获得理想的输出结果。

〔2〕 李晟：《人工智能的立法回应：挑战与对策》，载《地方立法研究》2019 年第 5 期。

则制定的成本和收益，保证在理论上梳理清晰、在立法上科学合理。从根本法的层面来看，其主要聚焦的是技术变革与基本权利之间发生何种关系，即人工智能介入生产生活场景造成的利益关系重构。

（一）人工智能对基本权利的正面效应

既然对人工智能的现实应用限定在基于互联网将个人与云端相连接这一领域，人工智能对基本权利产生的效应，可以从不同的生活场景中发挥连接作用的算法引发的立法回应来理解。

当下，人工智能技术的发展，就是用算法的改进来提升机器学习的水平，通过对人类社会中已经生成的大量数据进行学习，为人类提供某一特定功能的服务，并不等于新创造具有通用功能的独立智能体。尽管大众愿意将 AI 设想为有形体的“机器人”，但目前相当多的 AI 应用都依托现有的互联网服务，而且出现硬软件垂直整合的趋势。按照通行的互联网商业模式，可将 AI 分解为“算法 + 第三方应用（场景）+ 硬件终端”，从这个意义上看，AI 不单纯是一个“大脑”或终端产品，而是一整套生产流程，甚至就是架构本身。〔1〕 AI 作为整个架构演变的引擎，对外开拓架构的疆界，对内塑造生产关系和生产活动，与平台规则、评分机制、用户协议等一并构成了架构权力，形成较为完美的控制、生产体系使文字规则与代码规则保持一致，外在用户协议与平台规范能够精确描述变动中的算法功能。〔2〕 这种模式从良性效应上来看，便利了消费者，将更多熟悉数字环境的消费者转变为可产生价值的灵活劳动者，即基本权利所涵盖的各项权利的实现更为便利和多样化。

就互联网的生产架构而言，人工智能用于创作将会成为一种新模式，因此对于权利的界定需求也会更进一步彰显。〔3〕 例如，消费者与生产者在数字环境中实处于同构状态，个人的信息权与企业数据权表现出高度的重叠，如果每一个个体都通过算法获得预期，并且依据这样的预期来确定行为，算法在某种意义上成为能直接操控人类行为的微观层面的规则。这一规则是“连接一切”的有益表现形式，一方面帮助传统企业组织改造信息技术，另一方面经由“免费 + 增值 + 广告”的商业模式，逐渐把传统的生产要素吸引到更大范围的平台组织上来。传统生产性企业组织仍然存在，但必须依赖信息

〔1〕 胡凌：《人工智能视阈下的网络法核心问题》，载《中国法律评论》2019 年第 2 期。

〔2〕 参见胡凌：《人工智能的法律想象》，载《文化纵横》2017 年第 4 期。

〔3〕 李晟：《人工智能的立法回应：挑战与对策》，载《地方立法研究》2019 年第 5 期。

平台才能更有效地接触市场和消费者。从这个意义上讲，互联网新经济是传统工业经济的新阶段，为传统经济提供了更强有力的信息基础设施，加速了生产资料的流动增值，[1]最终实现权利的多样化和便利化。

（二）人工智能对基本权利的负面效应

人工智能的理想架构模式带来了三方面的挑战：第一，对消费者而言，需要确保交易公平，防止消费者剩余被过度剥夺，出现隐性歧视；第二，对劳动者而言，需要在灵活用工环境中得到社会保障；第三，对竞争者而言，需要划定平衡创新与秩序的架构边界。[2] 如果每一位个体都可以通过算法获得预期，并且依据这样的预期来确定行为，算法也在某种意义上成为法律，或者说成为比法律更为强大的、能够操控个人行为的微观权力技术。这意味着人工智能的运用不仅有可能侵害现实权利，造成权利重叠与模糊，也会进一步对权利生成与实现机制形成冲击。在各类生活场景中，人工智能将输入的海量数据作为学习资料，从中提炼出规律与模式，进而为人类的行为提供预测性的指引。当其在人类生活中无处不在时，人类在形成策略时对于人工智能的依赖程度会逐渐提高，甚至将其作为一种外部的监管来对待。[3]

在这种意义上，互联网商业模式下形成的消费者与生产者同构关系，使权利冲突成为一种更为普遍的状态。因而，产生谁实现权利的问题。国家如果不能在其中发挥很好的调节作用，仅依靠企业的自我约束和技术竞争，给基本权利带来的负面效应将不仅存在于对传统职业的影响，更涉及更广泛的个体权益、企业竞争和生产关系层面的问题。从国家竞争的角度来看，权利保护和技术进步更加凸显对立关系。例如，在个人信息保护这一领域，部分国家如采取严格的权利保护会导致其本国企业缺乏足够用于人工智能学习的数据输入，在与规制宽松的国家的竞争中将处于劣势，因而，本国用户仍然有可能放弃对权利的严格保护而寻求更好的服务。[4] 在这个意义上，对于传统的基本权利而言，人工智能所带来的国家法律层面的治理是与它冲突的，但若回到我们前面提到的建构模型，则基本权利的视角更为开放。实际

---

〔1〕 胡凌：《"连接一切"：论互联网帝国意识形态与实践》，载《文化纵横》2016 年第 1 期。

〔2〕 胡凌：《人工智能视阈下的网络法核心问题》，载《中国法律评论》2019 年第 2 期。

〔3〕 李晟：《人工智能的立法回应：挑战与对策》，载《地方立法研究》2019 年第 5 期。

〔4〕 李晟：《人工智能的立法回应：挑战与对策》，载《地方立法研究》2019 年第 5 期。

上,我们仍更多地立足于开放性的权利冲突,进行实用主义的平衡。[1] 从宪法基本权利的层面出发,由于人工智能对安全与权利产生了挑战,应对现有法律制度进行小幅度的调整,并兼顾技术发展激励的保障。这样才能在互联网生产框架模式不完美的情境下,保证人工智能对基本权利所带来的正面效应能适应国家治理,并及时弥补其对基本权利的负面效应。

二、人工智能影响基本权利的典型表现

如前所述,人工智能技术在"AI 向善"(AI for Social Good)[2] 的规制伦理指导下广泛运用,可以消除基本权利实现的行为能力障碍和物质障碍,有利于国家治理现代化。但由于人工智能技术以算法为核心,算法黑箱必然受开发者价值观所左右,至少在弱人工智能时代很难真正实现技术理性。因此,人工智能对基本权利仍然存在负面影响,由于基本权利的范围过大,本章主要撷取对平等权、人格尊严、劳动权等权利的影响来展开(其他未涉及的权利并非不重要或不受影响)。人工智能对平等权的影响主要体现在算法歧视;人工智能对人格尊严的影响主要体现在从隐私权扩展到复合型的数据权利侵害;人工智能对劳动权的影响主要体现在劳动者的界定[3] 与互联网经济背景下休息权的保障;人工智能对政治权利的影响主要体现在技术滥用对言论自由、集会自由的误导和选举公正等问题。

(一)人工智能对平等权的影响

结合基本权利理论和宪法的规定,平等权的核心致力于消除一切形式的歧视(因职业需求所进行的必要且公开的区分并不属于歧视),如德意志联邦共和国《基本法》规定男女平等,国家促进男女平等的实现并力求消除现有的不平等现象。任何人不得因性别、门第、种族、语言、籍贯和来源、信仰、宗教或政治见解受到歧视或优待。任何人不得因残疾受到歧视。因此,公民在政治、经济和社会一切领域内依法享有同其他公民同等的权利,不因任何外在差别而予以区别对待。我国《宪法》第 33 条强调:"中华人民共和国公民在法律面前一律平等。"同时,平等权还要求对特殊主体给予特别保护。如

---

〔1〕[美]托马斯·格雷:《财产权的解体》,许可译,载黄宗智、田雷选:《美国法的形式主义与实用主义》,法律出版社 2014 年版,第 19—33 页。

〔2〕欧盟在 2019 年提出"AI 向善"的人工智能规制伦理。

〔3〕以外卖经济和网约车的兴起为例,被冠名为"零工经济"的人工智能与互联网经济的深度融合,外卖从业者和网约车司机的劳动者身份界定与保障阻碍重重。

我国《宪法》第 48 条对妇女的特别保护:“中华人民共和国妇女在政治的、经济的、文化的、社会的和家庭的生活等各方面享有同男子平等的权利。国家保护妇女的权利和利益,实行男女同工同酬,培养和选拔妇女干部。”我国《宪法》第 49 条对妇女和儿童予以特别保护:“婚姻、家庭、母亲和儿童受国家的保护……禁止虐待老人、妇女和儿童。”我国《宪法》第 50 条对华侨和侨眷的特别保护:“中华人民共和国保护华侨的正当的权利和利益,保护归侨和侨眷的合法的权利和利益。”我国《宪法》第 45 条第 3 款对残疾公民的特别保护:“国家和社会帮助安排盲、聋、哑和其他有残疾的公民的劳动、生活和教育。”

毋庸置疑,随着脑机接口等技术的迅猛发展,“人机交互”在康复和养老场景的应用将成为可能,甚至人类基因层面的进化也指日可待。但由于人工智能在民用方面的进展主要依赖资本,以至于即使以比较成熟的教育资源跨域投送为例,其背后仍然是资本收益最大化;还有公权职能强化及行政理性数字化等问题,若脱离了基本权利保障的指导,其可能朝着“数字利维坦”的方向发展,如基于大数据基础上的分类识别技术和轻罪案件司法智慧辅助决策同质化[1]等。与以往以生理、性别为核心的歧视不同,平等权在人工智能时代所面临的挑战反而来自为消除平等权实现障碍的技术进步。

(二)人工智能对人格尊严的影响

我国《宪法》第 38 条规定:“中华人民共和国公民的人格尊严不受侵犯。禁止用任何方法对公民进行侮辱、诽谤和诬告陷害。”人格乃是人作为人必须具有的心理和精神品质的总和,是公民做人所必须具有的资格。从法律上讲,人格是指公民作为权利和义务主体参与法律关系的自主性资格,它与公民的人身密不可分。当然就权利的位阶而言,人格尊严本应处于基本权利保护的首要位阶。在德意志联邦共和国《基本法》中,平等权由第 1 条“人的尊严”和第 3 条“平等”条款复合而成。一般而言,公民的人格权主要包括姓名权、肖像权、名誉权和荣誉权等。由于个人数据与以身份标识号码(Identity Document,ID)为核心的早期互联网虚拟权利相比,还保护基因层面的生物数据,在人工智能技术滥用的背景下,人工智能对人格尊严的影响反而不是传统的诸如肖像权等单一权利,反而是对复合型数据权利的侵犯。如人脸识别技术的核心不是传统的肖像复刻,而是以人脸大数据为核心的个人数据的

---

〔1〕 基于检察院和法院系统量刑精准化驱动,司法智慧辅助系统在大数据技术的迅猛发展和智慧政法打破藩篱的要求之下,日益同质化,不利于个案衡平与救济。

精准、分类识别。因此,数字化时代对人格尊严的保障相对于平等权保障而言,反倒成了后来居上的迫切要求。鉴于人工智能对人格尊严的影响已经冲击了基本权利的基石,甚至阻碍了人工智能技术的进展,如无人驾驶技术存在侵犯以乘客或用户隐私权为核心的数据安全[1]风险,很可能成为无人驾驶技术真正成熟的掣肘,因此,就规制层面而言,无论正在进行中的数据安全立法,还是现实生活中制止无孔不入的个人数据的侵害,皆有必要借鉴欧盟《一般数据保护条例》(General Data Protection Regulation, GDPR)的经验进行规制。

(三)人工智能对劳动权的影响

我国《宪法》第42条第1款规定:"中华人民共和国公民有劳动的权利和义务。"一般而言,劳动权是指公民依法有获得劳动的机会和取得适当劳动报酬的权利。但当前的研究侧重关注充分就业、获取报酬和劳动条件适当以及劳动保障实现的问题,缺乏对共享经济尤其"零工经济"兴起以来,全球范围内以劳动者身份确认困难为核心的劳动权保障的考察。就实践层面而言,该问题亟待解决。域内之所以尚未显露该问题,源自共享经济从业者难以获得工会救济或自身维权意识的缺乏;而域外(以美国为代表)的相关问题已经引发关注,源于劳动基准法要求较高。在人工智能技术兴起的背景之下,劳动者身份的认定与否直接关系到前述劳动权利和保障能否实现,一旦域外类似外卖小哥不属于劳动者的判例引入国内,共享经济的底层从业者无论是劳动机会还是劳动报酬都只能屈服于"算法霸凌"[2]。例如,国内的网约车司机不仅同样遭受"算法霸凌",其劳动自由亦受到算法严密而隐形的限制,难以对抗网约车公司远程派单、垄断性提成、劳动报酬滞留等行为。此外,我国《宪法》把休息权与劳动权分开列举:"中华人民共和国劳动者有休息的权利。国家发展劳动者休息和休养的设施,规定职工的工作时间和休假制度。"

---

[1] 如贾开认为,驾驶数据的采集和使用存在着侵害用户隐私权为核心的基本权利的可能。详见贾开、赵彩莲:《智能驾驶汽车产业的治理:发展、规制与公共政策选择》,载《电子政务》2018年第3期。

[2] 如《大西洋月刊》最近关于数据工人在"算法霸凌"下,被迫进行的数据工人带来的Race to the bottom(打破底线的一种竞争方式,包括以剥夺本国劳动阶层的各种劳动保障、人为压低他们的工资,或者放任自然环境的损害为代价,从而赢得竞争中的价格优势),除了乡愿的倡议,从理论界到公权机关缺乏类似GDPR式的泛互联网规制应对措施。载The Online Gig Economy's "Race to the Bottom", https://www.theatlantic.com/technology/archive/2018/08/fiverr-online-gig-economy/569083。

学界认为,休息权虽然与劳动权有关但不属于劳动权的范畴,休息权的主体不是普通公民而是劳动者,休息权的保障与劳动者的经济性权利联系日益紧密,必须正视数字化时代下劳动者权利的保障。可借鉴域外经验,促进诸如集体诉讼等以劳工保护为核心的劳动权保障。

(四)人工智能对政治权利的影响

一般来说,政治权利和自由是公民参加国家政治生活所享有的权利和自由。根据我国《宪法》的规定,公民的政治权利主要包括选举权和被选举权以及政治自由。我国《宪法》第34条规定:“中华人民共和国年满十八周岁的公民,不分民族、种族、性别、职业、家庭出身、宗教信仰、教育程度、财产状况、居住期限,都有选举权和被选举权;但是依照法律被剥夺政治权利的人除外。”我国《宪法》第35条规定:“中华人民共和国公民有言论、出版、集会、结社、游行、示威的自由。”人工智能技术在政治方面尤其是选举权方面的运用应当在严格规制的前提下审慎进行,并加大合规审查力度,消解人工智能技术滥用的危险。

第二节 人工智能对公权力的影响

人工智能技术的飞速发展,不仅对公民权利构成实质性影响,也在一定程度上对公权力产生冲击。这导致了两种不同的结果:一方面,人工智能解放了人的劳动力,间接提升了国家和社会的治理能力,相较于庞杂的人力管理,精准、快速、高效的人工智能无疑有助于治理能力的提高;另一方面,人工智能在辅助社会秩序管控的同时,也对传统的基本权利体系产生挑战。

一、人工智能对公权力配置的影响

在马克思主义理论中,技术进步能够在很大程度上推动社会的发展。技术进步解放了生产力,促进劳动资源的进化,对基于传统生产力基础之上的上层建筑产生直接影响。在人类漫长的发展历史中,农业发展促使人类从原始社会步入国家状态,蒸汽机的发明和社会化大生产的到来则深刻影响了近代历史的发展轨迹。抛开伦理争议,人工智能本质上乃是一种生产工具和生产方式,由于这种生产工具带来了巨大的生产力提升,势必会对社会发展产生深远影响。

（一）人工智能将重新定义国家与社会的关系

在传统宪法学理论中，宪法的产生与国家和社会的二元对立有着密切的关联。传统宪法学理论源自西方社会，在基督教传统之中，宗教和世俗政权分别管理不同的领域，在思想上构成宗教理念与国家权威的对立，导致即使在所谓黑暗的欧洲中世纪，也存在藐视国家权威的思想传统；[1] 在社会结构上，中世纪的封建种植园经济虽然占据主导地位，但在资本主义工商业逐步萌发和兴起的城市中，却奉行截然不同的制度逻辑，如果说封建庄园经济代表了一种严苛的他治或者专制，那么，城市则形成了崇尚自治和自由的社会风气。基于城市自治传统的市民社会天然抱持针对国家的微妙敌意，而这种敌意形成了传统宪法学理论中十分重要的有限政府、控制政府的思想传统。因此，在市民社会和政治国家之间，就形成了十分特殊且复杂的关系。第一，国家具有高于社会之上的统治权威。第二，国家以市民社会为基础。[2] 第三，市民社会对奠基于其上的国家的道德期待值很低。简单来说，社会应当为国家提供生存的资本，但社会并不希望国家全面插手社会事务，而应当留给社会充分的自我发育和自我平衡的空间。第四，为了防止国家过分干预社会事务，社会需要通过各种手段直接或间接地控制国家权力。这种关系在《联邦党人文集》中有经典表述："如果人都是天使，就不需要任何政府了；如果是天使统治人，就不需要对政府有外来的或内在的控制了。"[3]

当代中国的状况与西方国家宪法得以生成的环境不尽相同。中国自古以来不存在社会与国家之间的二元对立，毋宁说，家国同构、国家与社会的同构才是中国社会的本质特征，一些学者将这一特征命名为"国家在社会中"。[4] 尽管西方宪法思想与我国"土壤"存在不同，但随着时代的发展，二者也出现了一定的同步。国家将原属于自己的部分权力交还给社会，社会也

[1] 参见[美]哈罗德·伯尔曼：《法律与革命——西方法律传统的形成》，贺卫方译，中国大百科全书出版社1993年版，第359页。

[2] 参见《马克思恩格斯全集》第3卷，人民出版社1995年版，第11—12页。

[3] [美]汉密尔顿、[美]麦迪逊、[美]杰伊：《联邦党人文集》，程逢如等译，商务印书馆1980年版，第264页。

[4] Joel S. Migdal, *The state in socity*, in Joel S. Migdal, Atul Kohli and Vivienne Shue (eds.), *State Power and Social Forces: Domination and Transformation in the Third World*, Cambridge University Press, 1994, p. 7.

因此初步具有制衡国家的权力。因此，在强调提升国家治理能力的同时，中国则面临一个宪法中的前现代命题：如何实现对国家权力的控制。

人工智能的横空出世在很大程度上将会影响国家与社会之间的复杂关联。一方面，人工智能时代形成的权力多中心化或者去中心化将导致国家更为深刻地受到社会的影响，社会控制国家的渠道更加多元化。在人工智能发展的不同阶段，其对国家与社会关系的影响是不同的。在当前的弱人工智能时代，能够独立思考的人工智能尚未问世，而人工智能的基础条件，如开放的信息渠道、网络、大数据、算法等要素已然出现。在这种背景之下，国家对信息的垄断较之从前更为困难。信息生产的多元化意味着获取信息将比以往的任何时代都更加容易，当人们能够从多元化的渠道获取信息，并自由地对这些信息进行加工和分析时，国家将丧失通过垄断信息来规控社会的手段。由此，更为多元化的信息、思想、政治主张等将呈现出弥散状态，从而形成一种"意见的自由市场"[1]。这样，每一个公民都具有了参与的动机和手段，当公民声音形成一种风潮时，社会对国家权力的外在控制强度将会提升。但人类历史的吊诡之处在于，乐观与悲观、好事和坏事常常是会相互转化的。宏观层面上，人工智能发展强化了社会控制国家的能力，国家权力进一步受制于多元社会力量。但在微观层面上，社会却也会因此更加碎片化。在自由资本主义时代，人们恪守自由的市场规则，似乎将政府权力控制在了一个狭小的空间之内，但带来的问题是，资本可能取代政府奴役了广大人民，贫富分化的现象在老牌资本主义国家肆意蔓延，造就了一系列社会问题和困境。人工智能也如此。在社会之中，掌握人工智能核心技术的资本和有知阶级很难慷慨地将其资本和知识分享给普罗大众，有可能会利用这种资本和技术垄断扩大自身的既得利益。由于人工智能技术存在超乎传统技术的知识壁垒，大部分民众对其往往知其然而不知其所以然，从而在人工智能这一问题上形成有知阶级和无知阶级。这种对立，将导致无知阶级与有知阶级进行交流和博弈的可能性降低。在立场对立中，如果说社会强化了对国家的影响和控制，那么人数众多的无知阶级很容易陷入被动的局面。有知阶级通过设置议程、预设立场、舆论引导等诸多方式，对社会中多数人的行为举止产生影响。现代资本主义国家通过法律手段，弱化了贫富分化和阶级对立的锐性，在一定程

---

〔1〕［英］弥尔顿：《论出版自由》，吴之椿译，商务印书馆1989年版，第41页。

度上缓解了根深蒂固的社会问题。在未来的强人工智能时代,如何让社会通过技术手段控制国家权力,使之为人民的福祉而运转,同时,也让国家通过法律手段敉平社会阶级的差异和对立,保障国家和社会的相对平衡,将是一个恒久的话题。

另一方面,在存在阶层或者阶级对立的社会中,如果掌握知识、资本的社会阶层与国家权力相勾连,将产生消极的后果。在社会分化的背景之下,阶级或阶层对立的现象会出现。在人工智能时代,掌握人工智能的群体和无法掌握人工智能的群体在话语权上存在鸿沟,国家权力需维系自身的权威和统治能力,就必须将人工智能技术掌握在自己手中。可见,权力天然具有与技术结合的趋势,产生权力集中的趋势。而这种集中则会将权力与知识紧紧关联。国家权力可能采取两种方式掌握人工智能。其一,权力与知识的合作,即国家权力与人工智能技术的掌握者合作。借助技术掌控者的技术优势,国家权力可以实现对社会的全面治理,但随之而来的问题是,技术掌控者也必然会在此过程中分享国家权力,甚至对国家权力产生较大影响力。在现实社会中,科技公司在与国家权力合作的过程中,可用技术能量左右社会思想,产生一定的政治影响力。其二,当人工智能技术成为国家治理手段之一时,技术理性可能强化权力的集中,也对民主政治产生了一定的排斥反应。政府治理具有专业性,这一点是众所周知的,但就当代社会来看,政府治理和国家权力的专业化水准并没有高到让民众无法接受。这也意味着,公民在政治过程中,可以依照自身的利益诉求和知识水平,对国家权力的运作方向提出自己的意见和建议,以此影响国家决策。但如果政府治理的专业化水平进一步上升,上升到让越来越多的民众无法参与其中,民主政治将会岌岌可危。例如,当代社会,在城市建设化工厂仍然在民众的常识范围内,不论民众提出支持或者反对的声音,都意味着民众对此享有和实际行使了民主参与权。但在人工智能普及的时代,如果人工智能通过算法得出的决策更具有科学性和合理性,普通公民对政府决策的参与程度将降低。

因此,从积极的方面来看,人工智能带来了国家治理能力的现代化和治理效能的显著提升,多中心化的权力格局也可能影响国家权力的运作逻辑,从而强化社会对国家权力的约束,让民主政治更为容易地实现;从消极的方面来说,由于人工智能技术存在天然的壁垒,国家权力一旦与人工智能技术相结合,又会形成国家权力的高度集中和社会阶层的显著分化。这两种趋势都可能存在,决定其走向的根本要素在于,在现有条件下,我们如何防止知识和技术合谋所可能带来的国家权力集中化的未来倾向。

(二)人工智能将挑战传统的科层制权力组织

科层制(也称官僚制)是现代国家权力结构的基本特征之一。之所以说是现代国家,乃是因为科层制带有十分明确的法治化特征,这一特征与传统国家的人治格格不入。在韦伯看来,传统中国既具有以国为家、家国同构的家产制特征,也具有强调官僚统治的合理之处,他因此将传统中国称为"家产官僚制"国家。[1] 家产制自然意味着国家属于皇室的私产,而官僚制则意味着权力依循法律所设定的轨道运行。科层制的这种缘法而行的制度化特征,成为现代法治国家重要的权力运行模式。在科层制下,从事公务的人员一般被分为两个部分,在行政法领域,一般称为政务官和事务官。所谓政务官,是由民众通过选举的方式产生的、代表民众利益行使公权力的政府官员,在行使职权时也必须向民众负责。所谓事务官,则是在科层制的政府组织结构中,依据法律的指令而行使权力的政府公务员。事务官不必向民众负责,而是服从法律,并依据法律,服从于合法的来自政务官的命令。事务官与政务官的角色存在较大区别,概言之,如果将政府机构比作一架结构精密的机器,沿着固定的算法,即法律而运行,那么,事务官则相当于机器内部的零件,他们遵循中立、独立的法则,免受机器外部的影响。政务官则相当于这架机器的操作者,他们虽然能够决定机器的开动与否,但不能介入机器的内部,从而对机器产生实质性影响。正所谓,铁打的事务官,流水的政务官。

然而,人工智能时代将改变这一传统格局。事务官相当于政府机器的零件,因而原则上说,事务官不应当具有自我意志,而只是遵循科层制的基本组织原则,遵循法律的意志来行使其职权。但事务官毕竟是人,不可能是机器,让事务官甘心做机器的一个零件也是万万不能的。尽管韦伯担心,科层制剥夺了个性自由,让人的自由意志服从于某种技术理性和工具化目标,[2] 但人所具有的人文关怀,始终是不可能完全退却的。人工智能时代则不然。一种理性化的政府建构有赖于手段的理性化,有赖于技术水平的发展,在理性化

---

〔1〕 参见[德]马克斯·韦伯:《儒教与道教》,洪天雷译,凤凰出版传媒集团、江苏人民出版社2010年版,第50页。

〔2〕 参见[德]马克斯·韦伯:《支配社会学》,康乐、简惠美译,广西师范大学出版社2004年版,第22页。

的过程中,不可控的意外因素自然是越少越好。作为公务员的人尽管可以服从于工具理性,但不可能做到百分之百服从,人工智能则可以做到完全服从于预设的算法,而不去理会算法之外的任何事情。在人工智能高度发达的时代,为提高政府效率起见,将专业化、规则化、重复性较高的工作交给人工智能来完成,无疑是十分合适的。相反,代表民意的政务官,或者从事具有较高创造性、平衡性特质工作的事务官,则由自然人担任。这样的政府一方面将会变得更为理性与效率,另一方面也将丧失人文关怀,丧失在个案中的感性衡平,从而使整个政府机构变得冰冷生硬。韦伯所担忧的由技术理性宰制的社会,可能因人工智能的引入而得以实现。

人工智能对科层制的另一重影响在于,当从事机械劳动的事务官为人工智能所取代后,政府的扁平化趋势将更为明显。传统科层制具有等级化的特征,这是因为从事具体事务的公务员和从事管理的公务员存在天然的区隔,在管理人员效率不高的前提下,必须将管理人员多层级化,从而形成叠床架屋的复杂结构。人力有时而穷,根据管理学的原则,管理人员所对接的被管理人员的数量必然是有限的,故而科层制中的等级化也无法避免。而在人工智能时代,管理的成本将大幅度下降。在预设算法较为科学的基础上,人工智能无须进行多层级化的管理;相应地,相比于人管理人的复杂情势,人管理人工智能也势必更为高效。由此,政府中长期所形成的管理层管理被管理层、被管理层又作为次一级管理层管理下一级被管理层的等级化结构,将转变为人工智能时代更为先进的人管理大量人工智能的结构。这样做的好处是大幅提高政府效率,相应地大幅减少政府的运营成本,从而使政府的财政收入更能用之于促进社会福利,从而构建一个更为平等和美好的社会。其风险则在于,若没有相应的制度规范对政府中的管理者进行有效规制,政府权力集中化的趋势也将更为明显。

(三)人工智能导致公权力的进一步膨胀

人类社会进入20世纪之后,各国政府的权力都有了较为明显的增长。这与新时代所面临的复杂课题息息相关。如果说在资本主义国家刚刚建立时期,保障公民权利不受国家权力的侵害乃是当时的时代课题的话,那么,在20世纪,构建一个更为美好平等的社会则成为施加在各国政府身上的道德要求。在这种情况下,各国政府的权力不再限于消极地尊重公民的权利和自由,而是逐步向促进福利、实现平等的方向迈进。为此,各种社会福利权应运而生，政府也因此频繁地动用其社会财富再分配的权力介入社会发展过程之中。在这种情势下，政府权力的膨胀实乃一种必然趋势。

与人工智能时代的公权力膨胀相比，20 世纪的权力膨胀显然是小巫见大巫。人工智能时代的公权力膨胀包括两种不同的类型。第一种为被动膨胀，即随着人工智能时代的到来，政府权力为因应时代发展而不得不予以扩张的现象。这种现象在人类社会发展过程中并不罕见，从古至今，政府的权力一直处于膨胀的趋势之中。在原始社会，人们不必让政府关心核废料的随意堆砌；在资本主义发展初期，政府也无须考虑数字鸿沟。显然，随着社会的发展，鉴于应当由政府进行控制和权衡的新事物越来越多，政府的管制权必须随之而扩张，否则，游离于固有政府统治秩序之外的新事物必然会对社会秩序产生冲击。人工智能亦如此，诸如对人工智能的伦理规制、人工智能的使用规则、人工智能的发展禁区、防止人工智能时代的新的阶层分化破坏社会平衡等，都成为政府必须关心和直面的问题。由此，政府权力也必然将迈向它以前所不熟悉的领域。这种权力膨胀乃是回应型社会的基本特征，是社会发展的必然规律，无须过多讨论。更值得人们担忧的是第二种膨胀，即主动膨胀。人工智能伴随着一系列只能为社会中的少数人、少数组织所掌握的技术手段的发展，例如大数据的收集技术、算法的创制和更新。然而，由于此类技术一方面具有巨大的实用价值，另一方面也具有潜在的风险，若有能力持有此类技术的组织垄断和滥用这些技术，都将形成高度垄断的公共权力，从而对公民社会造成严重威胁。此类组织主要包括两类：一类为科技公司；另一类即为政府。科技公司可以动用其能力对公民生活进行实时监控，甚至对民主政治产生明显影响；而政府对人工智能技术则具有天然的管控优势，若政府滥用其所掌握的新技术和新资源，无疑将威胁公民的权利。例如，政府可以借用分析大数据不加区分地掌控公民言行举止；政府可以通过对人工智能技术的垄断，让社会丧失与政府的议价权，从而改变互动关系。在这种背景下，与人工智能技术相结合的国家，要警惕“数字利维坦”。[1]

(四)人工智能影响国家权力的配置

在人工智能技术发展的背景下，国家权力的配置也会因之而产生变化。人工智能在改变国家与社会关系、对科层制形成冲击之时，也相应地对国家

---

〔1〕 肖滨：《信息技术在国家治理中的双面性与非均衡性》，载《学术研究》2009 年第 11 期。

权力的形塑产生实质性影响。这种影响主要包含两个方面。

其一,如前文所论,国家权力显现出集中与分散两种相互矛盾的趋势。国家权力的集中,意味着随着人工智能技术的发展,国家权力的集中将日趋明显。在社会发展的过程中,一些新兴事务需要得到国家权力的规制,国家权力因此得以膨胀。而在国家与资本相结合、共同垄断人工智能技术和其他相关技术时,国家通过此类技术实行社会控制的可能性将随之增大。与此同时,在社会中形成有知阶级和无知阶级的背景下,无知阶级相对于有知阶级和国家的弱势地位将日趋明显,相应地,国家权力的集中相较于传统社会而言将更为容易。此外,国家权力也面临分散的趋势。所谓分散,系指在人工智能时代,如果数据共享、信息流通等促成社会多元化发展的因素超出了国家权力垄断人工智能技术的发展趋势,国家权力将会因之在国家与社会之间实现重新分配,许多原本属于国家的公共权力逐步向社会领域转移。这两种截然不同甚至矛盾的趋势,取决于在社会发展的过程中,促成权力多元化的要素和促成权力集中的要素在多大程度上能够战胜对手,从而取得主导性作用。

其二,国家权力内部将会实现一定的重新洗牌。传统西方民主内含权力分立和制衡的原则,概言之,一个国家的权力应当分为三个不同的组成部分,即立法权、行政权和司法权。三种权力的相互关系在不同的国家有着不同的表现形式,但就总体而言,各国的国家权力难出其窠臼。三种权力之间或有高下之分,例如在法国,行政权占主导地位;在英国,立法权占主导地位;在美国,三种权力原则上不分轩轾。不过在一般意义上,三者都十分重要。然而在人工智能时代,三种权力的地位将会发生令前人意想不到的变化。由于这三种权力的机械性、重复性和创造性具有较大的区别,因而各自为人工智能所取代或部分取代的可能性是不尽相同的。

最容易为人工智能所影响的权力是行政权。行政权是一种执行性的权力,即执行法律的权力,若将法律替换为算法,将执行法律更替为执行算法,几乎可以说,人工智能的行为模式与行政权的执行模式具有天然的相似之处。不仅如此,大部分的行政权在行使过程中不可避免地具有重复性、机械性的特质,而这种特质使行政权的行使者最容易为人工智能所取代。由此,将导致行政机关的明显缩编和行政权的收缩。在可预见的将来,缺少创造性和裁量空间的行政机关及其人员可能会减少,少量行政机关公务员管理大量人工智能的局面可能会逐步出现。当国家将行政权的大部分从人的掌控中剥离时,这种权力是否还能称之为权力都可能需要打上问号,或者我们只能将其称为执行"机能"。当然,行政事务也并不全部都是机械地重复劳动,其中需要由自然人来进行个案裁量的部分,需要由人类借用其情感要素来调剂的部分,自然不能为人工智能所全面取代。但无论怎么说,在技术手段发展迅速的时代中,行政机关的限缩几乎是无可避免的。而当人工智能逐步占据法律执行的领域时,如何制定法律、确定规则和规制算法等问题的重要性将逐步凸显。这也意味着,具有天然民主特征的立法机关的地位可能伴随着行政机关收缩而日益重要。当然,这仅仅是一种只存在于理论之中的设想,但可以预见,随着人工智能从弱到强逐步发展,在立法权和行政权之间,必然会发展出一种新的平衡。

与前述两种权力都不同,司法权面临更为复杂的境遇。一方面,部分司法事务缺少创造性,而与行政事务一样,具有重复机械劳动的特征,这也意味着,这类司法事务可能会逐步为人类转交予人工智能,例如立案、案例检索、法条的机械适用等。甚至某些无须进行裁量的简单案件,也可以交由人工智能直接进行判决。另一方面,部分司法事务则具有高度创造性,且需要人类借助复杂的情感、权衡系统进行更为精细化的个案分析,此类事务显然不能交给人工智能来办理。由此,司法权也会出现某种意义上的革新,即部分案件交由人工智能审理,部分案件交由人类法官审理。如何协调这两者的关系,则是智能司法的关键议题之一。对此,容后详述。

综上所述,人工智能带来了国家角色改变和公权力重新配置的契机,这种契机一方面蕴含了社会进步、国家治理效能提升的美好愿景,另一方面也内嵌了国家权力更趋集中、公民权利面临冲击的潜在风险。

二、人工智能对公权力运行的影响

人工智能在深刻影响国家的角色和公权力配置的同时,也将在细节层面对公权力的具体运作产生一系列影响。借助传统的权力分立理论,我们可以从立法权、行政权和司法权三个方面,分别讨论人工智能对权力运行的影响。

(一)人工智能与科学立法、民主立法

对于立法权的运作而言,人工智能的影响是多方面的。

第一,人工智能的发展将为立法提供新的内容。立法权的行使目标是为

社会秩序提供规则依据,当一种新的社会现象出现,并且此种社会现象可能会对社会秩序产生直接的影响时,立法机关应当尽量将此类现象纳入法律规制的范畴之内。毕竟,在没有既有秩序的前提下,新的社会现象有引发社会脱序的风险。在现代社会,这种风险举不胜举。例如,人工编辑婴儿势必会对社会产生深远影响,若没有立法规制,行政机关的某些政策性规定显然无法对相关社会风险进行全面管控。人工智能也不例外。人工智能的广泛应用固然有利于社会发展,但也可能产生不可预测的风险,如人工智能技术可能导致阶层分裂、科技巨头借助人工智能深度介入公民生活、权力对公民权利边界的突破等。为此,立法机关应当对社会普遍关心的人工智能社会问题进行全面权衡,从而将人工智能纳入可控和良性发展的轨道之中。对此,西方各国已开始行动,如 2017 年 5 月,德国参众两院对《道路交通法》进行修改,允许自动化汽车上路行驶,但禁止无人驾驶汽车上路;同年,美国通过《自动驾驶法》,对自动驾驶问题也进行了规范。我国目前相关的规范性文件尚处在政府规章及其他规范性文件层面。

第二,人工智能将提升立法的科学性。立法机关的代表虽然主要应当代表人民的意志行使其立法权,但在行业分工日益精细的当代社会,不少应予立法的事项具有高度专业化的特征,普通民众很难在其中发挥有效作用和产生正面影响。因此,要提升此类立法事项的科学性,应当从更为专业的角度出发,慎重思考法律规范问题。相比于自然人和作为自然人之集合的民众,人工智能在科学性方面的优势是无可比拟的。其一,人工智能具有信息收集的天然优势。立法固然应当回应民意诉求,但也应立足于客观的社会现实,公民可能基于自身的立场描摹社会现实的某一方面,但不能洞察社会现实的全貌。相反,人工智能可以收集社会中存在的各种信息,并对其进行归并整理,从中得出最符合社会现实的全景式数据,将这些数据和信息作为立法的基础,无疑能有效提升立法的科学性。其二,人工智能的运算能力超越一般的自然人。立法是一项权衡利弊的综合性行动,立法的基本目标应当是以最小的代价获取最大的利益,就这一点而言,立法机关和自然人并无实质性区别。但吊诡之处在于,囿于自身的运算能力,一个理性人往往未必能够通过自己的利益权衡作出一个最符合自己利益的选择。人工智能则不然。相比于自然人,人工智能出现错误的概率更小,运算能力较之一般自然人也要高得多。如果立法机关应用人工智能技术去进行利益权衡,自然也能够有效提升立法的科学性。其三,由于人工智能不具有人类必要的情感系统,较之人类,其决断的合理性将免受情感要素的影响。在人类社会发展的漫长历史中,情感取代理性而支配人类思想从而导致悲剧的例子举不胜举,如果代表理性的人工智能帮助人们进行立法,自然可以将非理性的情感影响降到最低程度。当然,这种理性有时候又可能表现得过于冷静,甚至冰冷,因此立法者应当将人工智能的决断与人类的情感和人文关怀进行必要的权衡。

第三,人工智能也能够提升立法的民主性。让人工智能全面取代人类来进行立法,无疑是不妥当的。实际上,作为一种工具,人工智能从来都不能代替人类作出民主决断,而只能辅助人类进行决断。立法机关的政治决断乃是民主的决断,人工智能技术则可以让民主更为有效地实现。例如,人工智能可以让立法者们进行更为充分的讨论。在立法机关开会期间,人工智能可以更好地将各种观点进行梳理和汇总,使立法更好地代表公众的意见。人工智能也可以让立法者们突破时间和空间的界限,扩大立法调研和立法讨论的范围。更为重要的是,假以时日,当人工智能的信息联络技术能够达到无远弗届的水平时,全体人民甚至可以直接就某些立法事项进行低成本的公共讨论和集会,这也意味着,人民亲自为自己立法,将有可能借助日新月异的技术手段得以实现。

除此之外,人工智能也能够帮助立法机关确立更为科学、严谨的立法讨论程序,辅助会议讨论,筛选讨论议题等,从而让立法机关更好地从事立法工作。

(二)人工智能与大数据背景下的行政执法

如前文所述,人工智能对行政执法可能产生两种截然不同的影响。

一方面,由于一部分行政事务具有较为突出的重复性和机械性特征,这些行政事务完全不必由人类来完成,而可以直接交由人工智能来完成。从某种意义上说,由于行政执法与人工智能依照算法而运行具有天然的共通性,人工智能可以在较大程度上取代行政机关,成为行政执法中的“非人”主体。当某些行政事务的执行从人转为机器时,我们已经很难将此类事务的执行称之为“行使权力”。例如,在当代社会,我们必须通过复杂的驾校培训和驾驶考试,然后由行政机关为我们颁发驾驶证之后,我们才能在道路上驾驶车辆。此时,行政机关在行使其行政许可的权力。但在人工智能技术发展到我们不需要面对行政机关,只需要经过人工智能的审核就能够拿到驾驶证时,很难将人工智能发放驾驶证的行为界定为传统意义上的行政行为，自然也很难说人工智能是在行使行政权。当这种自动化的流程渐次普及时，行政机关的收缩不可避免，而行政权的适用空间也将因之而受到限制。

另一方面，在弱人工智能时代，人工智能尚不足以大规模取代从事重复劳动的广大事务官群体，相反，人工智能及其所蕴含的各种技术，成为当代行政机关提升行政效率的重要手段。在行政机关借重这些技术时，不可避免地将会引发行政权的扩张。其基本表现在于：就其广度而言，行政权可以借助大数据、无所不在的监控系统等技术手段，将其权力触角延伸到以前从未触及的领域，如公民的隐私领域，从而加剧对社会的全面管控，使公民的自由空间更为逼仄。就其深度而言，行政权也可以通过各种技术手段对公民形成全方面监控。例如，行政机关在借用监控系统调查某个犯罪嫌疑人的盗窃行为时，可以通过监控系统查清犯罪嫌疑人的一举一动，并通过人工智能的数据分析能力，清晰描绘出犯罪嫌疑人的行为模式、生活习惯、社会交往、感情经历，甚至从中推导出犯罪嫌疑人的思想状态和更为潜在的人格特质。这种结果无疑是可怕的。问题的关键在于：我们如何一方面让行政权在借用人工智能技术时为公共利益服务，另一方面又恪守不触及公民人格尊严的底线。对于这一可能成为现实的前景，需要法律的持续关注和警惕。

（三）人工智能与智慧司法

较之于立法事务和行政事务，司法事务较为复杂。在人工智能逐步发展的时代，智慧司法已经成为一个具备鲜明时代特征的口号，在我国法学界和法律实务界也广为人知。但严格来说，目前的智慧司法仍停留在较低的水平上，从某种意义上说，司法权的核心内容并不适合由人工智能来把控。我们需要将司法事务进行分类，才能说明这一问题。

第一类司法事务，为司法辅助性事务。此类事务不需要创造性，也不需要附设复杂的条件，可以依照法律的明确规定简单地予以解决。此类事务，十分适合交由人工智能来解决。其中较为简单的事项如立案登记、当事人权利告知、司法文书的送达等，完全可以由人工智能完成。事实上，此类事项的人工智能化水平已在稳步提升中，假以时日，必然可以实现类似程序性事项的自动化处理。当然，司法辅助性事务并不全然如此简单，其中也包括较具技术含量的事项，如法条查明、案例检索及参照适用等，需要具有相对较高智能水平的人工智能方能完成。但实际上，即使是这些技术含量较高的司法事项，也缺少不可取代性，在可预见的将来，是可以由人工智能完成的。

第二类司法事务，为简单案件的判决。所谓简单案件，即事实清楚明确，证据确实充分，法律对此具有高度明确规定的案件。法律虽然不能事无巨细地规范社会生活的全部，但依然可以通过一系列复杂的设定将某些经常出现的案件予以程式化处理。当法律规定足够明确和完备时，我们可以直接输入一个法律问题，继而得出一个明确的法律后果，这样，某些经常出现的简单案件，就可以由人工智能代替人类法官进行判决。近些年来在刑法学界对标准化量刑的研究，可以视为解决简单案件的基本方式。当法律完备到可以依照一个事前确定的公式，去决定某个犯罪嫌疑人最终的刑事处罚时，法官只需要依照公式就可以办案，而运算能力超出一般自然人的人工智能自然也能取代人类法官的工作。

第三类司法事务，为疑难案件的判决。法律条文毕竟不是万能的，在司法实践中，人们总能碰到根据法律条文无法得出明确结论的情况。在这种情况下，就需要借助法律原则、法律精神等并未明确规定在法律条文中的依据来判决，易言之，即在判决过程中，进行价值判断。当然，在疑难案件中，价值判断显然并不仅仅只涉及某一个价值，而是涉及多个价值之间的排序、权衡，需要法官最终依据法律的精神和自己对于价值的自我判断，最终作出一个符合正义标准的判决。遗憾的是，由于正义本身并不存在永恒正确的标准，不同的法官也可能对同一个案件得出完全不同的关涉正义的答案，此类关涉正义的司法命题，便无法由人工智能来为我们提供答案。毕竟，人工智能的算法乃是人类所预设的，当算法涉及正义观时，算法仅仅能代表算法制造者个人的正义观，而不能代表所有人的正义观。司法之所以充满争议，其根本原因恰恰在于人类对于正义存在永恒的争议，而追求唯一正解的人工智能无疑无法理解这一事实。此类事项，无疑不能由人工智能代替人类作出决断。

我们可以得出一个简单的结论。对于司法辅助类事务，人工智能是可以胜任的；对于简单的可以依据法律条文直接得出结论的案件，人工智能也可以做得比人类更出色。但涉及司法核心领域的价值判断和对正义的追求，人工智能是不能染指的。虽然人工智能可以在多方面做到超越人类，但复杂的人性不能交给机器来作出诠释。这个世界上不存在通过流水线就能产出的正义，自然也不能存在完全机械化的司法。这一点，或许可以称为人类法治社会的底线所在。

第三节 人工智能的宪法规制

如前两节所述,在缺乏伦理规制的前提下,人工智能技术在社会生活中运用得越广泛,则社会生活的潜在风险越高,尽管以欧盟为代表的国际社会已经提出"AI 向善"的 AI 伦理要求,但实践中以人脸识别为代表的数据权利被肆意侵害的现象却屡禁不止。AI 伦理规制的实现固然有赖于行政与执法的及时性,但根本上还需要从"元规范"——宪法层面规制着手,方能保障人工智能技术在社会生活整体的善好。数字化时代社会生活的善好亟待伦理维度的宪法精神与社会需求维度的宪法要求的"耦合"。

一、宪法精神对人工智能的规制

宪法的基本精神或称宪法精神,在我国习惯用"宪法的指导思想"来表达。所谓宪法的指导思想是国家占统治地位的意识形态和特定时代精神在宪法中的反映[1]。2018 年的宪法修正案将社会主义核心价值体系写入,这是当代善好生活的构建在宪法精神层面的投影,是党中央在深刻把握我国社会转型时期价值冲突的前提下,为规范价值失序等宪法问题提出的,以集体主义为核心价值取向的中国宪法的品格,[2]这对于回应数字化时代人工智能技术滥用对社会整体生活的冲击有着伦理规制的纲领性意义。

因此,就数字化时代而言,人工智能规制伦理的主旨是当代中国占主导地位的价值准则与当代中国公民的生存和发展需求的"耦合",即由当代中国的国情所决定的中国宪法的集体主义品格与平等权为基石(劳动权等问题)的基本权利保障的迫切需求的"耦合"。其决定了人工智能规制伦理的逻辑起点不是西方所谓的人格尊严,而是"人的生存和发展"。这才不至于使数字化时代社会整体生活的问题的解决沦为空洞的宣言。人工智能规制

〔1〕 参见刘茂林:《中国宪法导论》,北京大学出版社 2005 年版,第 33 页。

〔2〕 如刘茂林、李炳辉、周叶中和陈明辉等人的相关研究。详见刘茂林等:《中国宪法权利体系的完善:以国际人权公约为参照》,北京大学出版社 2013 年版,第 78—131 页;李炳辉、周叶中:《论我国宪法与社会主义核心价值体系建设:寻找当代中国的共识基础》,载《法学论坛》2012 年第 4 期;陈明辉:《中国宪法的集体主义品格》,载《法律和社会科学》2017 年第 2 期。

伦理对其逻辑起点进行最本质、一般或共性的抽象，所得出的是不因人类共同体时空的改变而发生变化的，共同体生活的总纽结——基本权利。[1] 人工智能规制伦理的主旨和基石范畴唯有立足于基本权利保障的路径，方能为消解数字化时代人工智能技术迅猛发展产生的社会转型价值冲突提供可能的解决之道。

正如宪法学的基石范畴根据不同社会特殊的时空条件所演化出的开放的宪法学普通范畴一样，[2] 尽管域外在数字化时代社会整体生活所面临的现实问题或有差异，但仍不失为当代中国可资借鉴的样本。如欧盟以维护数字时代人格尊严为核心价值去架构自身人工智能战略，与域外其他国家相比确实立意高远，甚至站在“人类命运共同体”的高度。又如欧盟《通用数据保护条例》（General Data Protection Regulation，GDPR）和欧盟最高法院将欧盟公民“被遗忘权”的保护范围扩至全球的雄心。但尤其值得注意的是，与美国相比，欧盟更关注数字时代中共同体在宪法层面的改良和重塑，无论是早在 2014 年确立的“被遗忘权”判例，还是 2018 年生效的 GDPR，都是基本权利层面的欧盟公民个人数据保护立法，是二十年来数据隐私条例的最重要变化，它将取代《欧盟个人资料保护指令》95/46/EC，并将协调全欧洲的数据隐私法律，对所有欧盟民众的数据隐私给予保护和授权，并将重塑整个地区的数据隐私保护形式。2018 年 4 月 25 日通过的《欧盟人工智能战略》（Artificial Intelligence for Europe）也清晰地反映了欧盟的这一核心价值倾向，尽管这一倾向甚至影响了支撑大量人工智能应用赖以进行的深度学习。[3]

因此，2018 年宪法修正案于宪法序言第 12 自然段“和平共处的五项原则”后增加“坚持和平发展道路，坚持互利共赢开放战略，发展同各国的外交关系和经济、文化交流，推动构建人类命运共同体”，更是从宪法精神尤其是宪法序言层面引领了数字化时代人工智能伦理规制的价值观取向，[4] 为在

---

[1] 更准确地说应当是人权，但人权保障的实现最根本还需要共同体公民权利保障的实现，因此此处用基本权利来进行界定。

[2] 宪法范畴体系可参见刘永的相关研究，参见刘永：《中国宪法学范畴体系研究》，载《创新》2011 年第 1 期。

[3] 在 GDPR 关于大数据管制的规定中，有关“算法公平性”的条款要求所有公司必须对其算法的自动决策进行解释，这意味着目前大量 AI 应用依赖的深度学习算法不再符合法规。

[4] 如杨蓉关于宪法序言的研究。参见杨蓉：《论合宪性审查的整体性标准》，载《广东行政学院学报》2018 年第 4 期。

数字化时代人工智能技术迅猛发展的背景下实现人类命运共同体生活的善好指明了解决之道。

二、宪法要求对人工智能的规制

如前所述,只有宪法精神与宪法要求的“耦合”才能实现社会生活的善好。除了需要在宪法精神维度确立人工智能伦理规制的原则,还需在宪法要求层面回应人民日益增长的美好生活需要和不平衡不充分的发展之间的矛盾,方能实现人工智能时代社会生活的善好。这就决定了人工智能技术的广泛运用旨在消除实现善好社会生活的技术和物质障碍,而非与其相反。当前亟待从以下几方面着手:

(一)消除“数字鸿沟”

“数字鸿沟”与知识商品[1]一样,其本质是资本对数据和知识的垄断与商品化,资本假借创新权的保障,追逐利润最大化,妨碍了数字化时代人人平等发展的可能,进而形成无法逾越的“数字鸿沟”。以乡村振兴视野下的人工智能在教育中的运用为例,诸如远程高清视频投送为核心的人工智能技术在乡村教育中的运用,本是旨在为消除城乡教育资源不均提供技术支持,但在实际中的运用往往沦为科技公司唯利是图的工具。具体而论,消除“数字鸿沟”应当从以下两方面进行:

一是从基本权利保障层面着手。在基本权利保障层面应当将消除“数字鸿沟”纳入以受教育权为核心的发展权的内涵和高度。可以参照知识产权保护公益性免责条款,推动相关立法的进行,规定凡是用于义务教育为核心的人工智能技术的运用,不应视为侵犯人工智能技术创新的阻碍,使人工智能技术成为实现社会成员发展权的助力而非阻碍。

二是从公权履职方面着手。一方面,对可能造成“数字鸿沟”的人工智能技术进行严格的合规监管;另一方面,由公权层面对相关技术或应用进行基于市场前提下的统一招标与采购,并与义务教育相结合,防止“数字鸿沟”的出现。

如此,方有消除“数字鸿沟”实现数字化时代善好生活的可能。这也是中国宪法的“集体主义”品格的旨趣之所在,即保障全国人民在数字化时代

[1] 参见刘永:《宪法视野下的知识产权保护研究》,载《湖北民族学院学报》2013年第3期。

平等发展的可能。

（二）防止"算法歧视"

从前述人工智能对公权力的影响可知，无论是公权力的配置还是公权力的运行，人工智能都极有可能借助基于大数据的机器学习，在公权力进行社会治理的过程中，对社会成员进行"算法歧视"。这就亟待从宪法层面进行诸如 GDPR 类型的基本权利立法，尽快推进《数据安全法》等有关社会成员数据为核心的立法工作[1]（尤其是在当前对数据的界定涵括人的生物、基因数据在内的背景之下），严格限制个人数据被用于可区分性的公权在社会治理的过程中运用，并在社会成员的合理申请之下进行"被遗忘权"类似的操作。

算法治理是数字化时代法治发展的必然趋势，但法治数字化并非如机器人法官等科幻小说所想象的冰冷、机械。相反，律师、检察官、法官与当事人甚至犯罪嫌疑人之间的关系是基于人道的基本原则而架构起来的，而人工智能本身是否能真正排除偏见尚无实验支持。[2] 同时，即使就法治数字化最核心的算法而言，也绝非是逻各斯主导下的价值中立的裁断，反而会基于经验层面的数据的积累进而产生逻辑层面的偏见，或受预先植入其内核的价值判断的影响而在经验层面衍生出事与愿违的结果。甚至，作为法律人工智能学习基础的大数据亦不能避开这种"偏见"。例如，最高人民法院 2018 年 9 月 6 日发布的《校园暴力司法大数据专题报告》，仅将视角集中在刑事一审判决，范围仅限于故意伤害，地点拘囿于宿舍和教室，却对网络欺凌视而不见，并得出显著下降的结论。

---

[1] 2018 年 9 月 7 日，第十三届全国人大常委会公布立法规划（共 116 件），《数据安全法》位于第一类项目：条件比较成熟、任期内拟提请审议的法律草案。然而在数据安全几乎处于监管之外的当下，即使列于第一类项目在千呼万唤之下仍没有进展。

[2] 1955 年，美国科幻作家弗兰克·莱利发表了一篇名为"赛博和霍姆斯法官"的短篇小说，虚构了一个机器人取代人类充当法官的故事。根据这种想象，机器人理性、高效，很少犯错（至少在形式逻辑意义上），不受情感干扰，更不会有动机去徇私舞弊、枉法裁判，因此比人类更适合操持司法。参见岳林：《机器人法官的用途》，载《法律和社会科学》2017 年第 2 期。但此假定本身必须预设 AI 本身是逻各斯或上帝，然而 AI 的成长与基于人类社会大数据汲取的深度学习密切相关，因此即使在逻辑层面 AI 都有可能向具有偏见的方向演化。但据 2018 年 9 月 6 日美国每日科学网站的报道，英国加迪夫大学和美国麻省理工学院的计算机科学和心理学专家关于捐献策略的一组实验表明，即使经验层面（虽然尚停留在实验阶段），有偏见的 AI 也是无法避免的。

（三）规制“算法霸凌”

正如前文在人工智能时代劳动权保障的困境中所提到的，“算法霸凌”已经在全球范围内成为威胁劳动者权利实现的“技术利维坦”，尽管域外已经从试点移动福利[1]、支持集体诉讼和加强平台监管等方面进行了有益的探索，但对基于资本与互联网经济合谋的“算法霸凌”却无法从根本上予以解决。在借鉴域外有益经验的基础之上，可以从以下两方面进行探索：

一是基本权利保障方面。改变自《劳动法》修改以来劳务派遣的弊端，明确共享经济底层从业者“劳动者”的身份，围绕劳动权的充分实现，反过来督促和改变相关平台在侵害共享经济底层从业者“劳动者”身份的现状，并对相关平台的“算法黑箱”进行公开化处理，消除“算法霸凌”依托的技术可能。

二是公权履职方面。促进充分竞争，从垄断法的角度防止“算法霸凌”的可能，对以网约车为代表的共享经济型企业进行严格的合规审查，在立法和执法方面加大力度，为从制度层面解构“算法霸凌”提供制度可能。

案例解读

一、欧盟遗忘权案

被遗忘权是由欧洲法院在2014年的一项判决中确立的，这一判决允许欧洲公民要求搜索引擎删除“不适当、不相关或过度”内容的链接。

自判决生效以来，尤其自GDPR生效以来，欧盟公民甚至全球范围内人的数据权利的安全与人的尊严得到了有力的保障。当然，由于欧盟在基本权利保障方面的审慎，欧洲法院分庭在2018年12月谷歌一案中关于欧盟隐私法适用范围，即欧洲公民是否享有在整个互联网搜索结果中删除相关链接的权利，还需欧盟委员会和谷歌的抗辩最终生效才能决定。值得注意的是，欧盟委员会反对将被遗忘权扩展到欧盟之外的抗辩理由不同于谷歌，其认为自身并无欧盟之外的长臂管辖权，否则将违反国际法保护基本权利实现的精神。

对于被遗忘权的基石——GDPR而言，其在欧盟生效的制度动因亦源自AI技术与大数据的结合，若缺乏合规控制将彻底摧毁法治的基石，资本和政

[1] 即为救济无法被认定为劳动者的共享经济底层从业者的社会保障而试点的福利申请。

客(以及一切追求利益最大化的主体[1])根本无法拒绝"算法霸凌"的诱惑(如基于遗忘权的保护,反而可能成为当政者侵害言论自由的帮凶)。[2]

值得振奋的是,2019 年 5 月 28 日比利时数据保护局发出当局针对市政人员个人的 GDPR 处罚,[3]或许可管窥欧盟实现其人工智能战略中所贯穿的以人为本的价值观的决心,[4]并为防止因人工智能技术的滥用从而侵害政治权利和自由的实现提供了先例。

二、美国外卖者不是劳动者案

2018 年 2 月 9 日,美国旧金山地方法院认定共享平台 Grubhub 公司的外卖者不属于劳动者,而属于独立承包人,进而无法获得劳动者基本权利的保障。

本案以劳动者的认定源自是否受公司控制为标准,然而外卖者与公司的关系并不存在传统的控制关系,更接近于自主的独立承包人,因此很难认定外卖者是劳动者。本案裁判的背景与美国劳动者认定标准较高有着极为密切的联系,当然,为鼓励人工智能方面的创新,尤其与互联网经济结合,也是本案裁判的重要背景。

因此,美国劳工部在 2019 年 4 月 29 日,发布一封 Opinion Letter(意见书,劳工部工资工时部门经常使用意见书来发布指导)明确网络平台下的网约工没有法律意义上的劳动者身份。在此背景下,劳动关系委员会也持相同

---

[1] 如最近大火的"原谅宝"事件,公权机关应积极作为乃至处罚,就基本权利层面而言,其对科技伦理的破坏并不逊于基因编辑婴儿。

[2] 据《互联网前沿法律动态周报》2018 年 9 月 9 日的信息,言论自由组织警告称,欧洲法院(ECJ)的一宗案件有将被遗忘权(right to be forgotten)转变为全球性审查工具的风险。在欧洲法院在周二将在卢森堡审理的案件中,法国数据监管机构正在寻求扩大这一权力,以使其能够普遍适用。这将允许各国监管机构隐藏那些来自国内外网络域名中的被认为不可接受的文章。法国国家信息与自由委员会(CNIL)认为,如果不普遍适用,不准确的数据仍然可以通过伪造 IP 地址的方式被人们搜索到,被遗忘权将变得毫无价值。人权组织官员表示,这个案件可能会使被遗忘权威胁到全球言论自由,法院应该限制被遗忘权的范围,以保护全球互联网用户在网上获取信息的权利。

[3] 2019 年 5 月 28 日,比利时数据保护局发出针对一名市长滥用市民个人数据(个人邮箱)进行拉票行为的处罚。

[4] 2018 年 4 月 25 日,欧盟委员会发布政策文件《欧盟人工智能》(Artificial Intelligence for Europe),在技术和产业不占优势的情况下,欧盟人工智能战略的重头戏放在了人工智能价值观,希望以此彰显欧盟发展人工智能的独特优势。具有人权传统的欧盟秉持以人为本的人工智能发展理念,希望通过人工智能价值引导人工智能发展,塑造其社会影响,造福个人和社会。

的态度，通过行政行为否认共享经济从业者的劳动者地位；美国商会也起诉西雅图市议会立法允许Uber司机成立公会违反联邦法。

尽管如此，美国已经开始探索创新与劳动保护的平衡。进行诸如对未能认定为劳动者的Uber司机给予移动福利[1]的立法和支持Uber司机参与集体诉讼[2]等有益尝试，并从联邦层面加大对网络平台责任的监管。[3]这对于当代中国以劳工保护为核心的基本权利保障有着诸如集体诉讼等微观层面的借鉴意义。

问题与思考

1. 人工智能时代宪法根本任务的变与不变？

2. 宪法如何确定人工智能的规制伦理？

延伸阅读

[1] Terrell McSweeney, FTC 2.0: Keeping Pace with Online Platforms, 32 Berkeley Tech. L. J. 1027.

[2] 李晟：《通过算法的治理：略论人工智能语境下的法律转型》，载《法学评论》2018年第1期。

[3] 於兴中：《算法社会与人的秉性》，载《中国法律评论》2018年第2期。

[4] 郑戈：《国家治理法治化语境中的精准治理》，载《人民论坛·学术前沿》2018年第10期。

[5] 岳林：《机器人法官的用途》，载《法律和社会科学》2017年第2期。

---

[1] 2019年5月24日，民主党参议员Mark Warner和众议员Suzan DelBene向国会提交了名为《独立劳动者移动福利试点项目法》(The Portable Benefits for Independent Workers Pilot Program Act)的草案，草案要求国会拨款2000万美元用于移动福利的各类社会试点。其中500万美元用于现有的试点，1500万美元用于鼓励新的项目，非政府组织和工会都可以申请。A Senator Just Introduced The First – Ever National Gig Economy Bill，链接：https://www.buzzfeed.com/carolineodonovan/a – senator – just – introduced – the – first – ever – national – gig? utm_term = .kyyrX1m3r#.mnayNzpqy。

[2] 联邦法院的法官(Judge Edward Chen)支持了原告发起集体诉讼的全部请求，Uber案有可能演变为一场涉及160,000名司机的集体诉讼。载Federal Judge Rules to Expand Class – Action Lawsuit Against Uber. Gawker Dec. 9, 2015。最终，在2016年4月，Uber与司机集体诉讼案达成和解，并支付1亿美元的和解金。

[3] 如FTC(联邦贸易委员会)对网络平台的监管，载Terrell McSweeny, FTC 2.0: *Keeping Pace With Online Platforms*, 32 Berkeley Tech. L. J. 1027。

[6]丁晓东:《平台革命、零工经济与劳动法的新思维》,载《环球法律评论》2018 年第 4 期。

[7]吴汉东:《人工智能时代的制度安排与法律规制》,载《法律科学(西北政法大学学报)》2017 年第 5 期。

[8]欧盟政治战略中心:《人工智能时代:确立以人为本的欧盟人工智能战略》(The Age of Artificial Intelligence:Towards a European Strategy for Human – Centric Machines) https://ec. europa. eu/digital – single – market/en/news/communication – artificial – intelligence – europe。

参考文献

[1]赵彩莲:《智能驾驶汽车产业的治理:发展、规制与公共政策选择》,载《电子政务》2018 年第 3 期。

[2]陈小刚、王毅军、张丹:《2018 年脑机接口研发热点回眸》,载《科技导报》2019 年第 1 期。

[3]张妮、杨遂全、蒲亦非:《国外人工智能与法律研究进展述评》,载《法律方法》2014 年第 2 期。

[4]陈永伟:《人工智能与经济学:近期文献的一个综述》,载《东北财经大学学报》2018 年第 3 期。

[5]郑戈:《在鼓励创新与保护人权之间:法律如何回应大数据技术革新的挑战》,载《探索与争鸣》2016 年第 7 期。

[6]郑戈:《算法的法律与法律的算法》,载《中国法律评论》2018 年第 2 期。

[7]郑戈:《区块链与未来法治》,载《东方法学》2018 年第 3 期。

[8]岳林:《超越身份识别标准:从侵犯公民个人信息罪出发》,载《法律适用》2018 年第 7 期。

[9]胡凌:《论赛博空间的架构及其法律意蕴》,载《东方法学》2018 年第 3 期。

[10]丁晓东:《算法与歧视从美国教育平权案看算法伦理与法律解释》,载《中外法学》2017 年第 6 期。

[11]丁晓东:《什么是数据权利:从欧洲〈一般数据保护条例〉看数据隐私的保护》,载《华东政法大学学报》2018 年第 4 期。

[12]余盛峰:《法律的"死亡":人工智能时代的法律功能危机》,载《华东政法大学学报》2018 年第 2 期。

[13]刘振宇:《人工智能权利话语批判》,载《自然辩证法研究》2018 年第 8 期。

[14]陈景辉:《人工智能的法律挑战:应该从哪里开始》,载《比较法研究》2018 年第

5 期。

[15]贾开:《跨境数据流动的全球治理:权力冲突与政策合作——以欧美数据跨境流动监管制度的演进为例》,载《汕头大学学报(人文社会科学版)》2017 年第 5 期。

[16]杨立新:《人工类人格:智能机器人的民法地位——兼论智能机器人致人损害的民事责任》,载《求是学刊》2018 年第 4 期。

[17]刘茂林:《中国宪法导论》,北京大学出版社 2005 年版。

[18]Mc Farland D J,Wolpaw J R. Brain – computer interface use is a skill that user and system acquire together[J]. PLo S Biology,2018,16(7):e2006719.

[19]He Online Gig Economy's "Race to the Bottom",https://www. theatlantic. com/technology/archive/2018/08/fiverr – online – gig – economy/569083.

[20]Terrell McSweeney, FTC 2. 0: Keeping Pace with Online Platforms, 32 Berkeley Tech. L. J. 1027.

第三章　人工智能与行政法

教学要点

1. 自动化行政行为的性质与类型
2. 数据治理存在的问题与未来的制度设计
3. 我国平台监管的法律政策框架与未来发展趋势
4. 人工智能技术监管的困境与未来展望

第一节　自动化行政行为

一、自动化行政行为概述

自动化行政是人工智能在行政领域中的具体运用,是指行政程序中的特定环节或所有环节由人工智能代为处理,而无须人工的个别介入,从而实现部分或全部无人化的行政活动。运用这种自动化行政方式作出的行政行为,也就被称为自动化行政行为。需要注意的是,这里的无人化主要是从行政机关的角度来看,而非相对人的角度。从相对人的角度可能仍然需要相对人的人工参与。

这样的自动化行政正在世界范围内蓬勃展开。例如,2017 年前后德国对《联邦行政程序法》《社会法典(第十篇)》《税收通则》进行了修订,规定了完全自动化的行政行为,允许行政行为可以完全通过自动化设备作出,而无须人工处理。我国在自动化行政的运用方面也走在了世界前列,产生了大量实践。例如,深圳市于 2018 年 5 月发布了关于普通高校应届毕业生引进和落户的工作方案,其中引人注目的一点是采用了被称为“无人干预自动审批”的行政审批方式。该方式取消了现场报到环节,申请引进和落户的申请人通过系统提交学历学位和身份信息,由系统自动核查材料完整性并比对学历信息,如果申请人提交的材料完整并通过学历信息比对,系统将自动审批,无须人工审核。审批通过后,系统将会把人才引进审批文件、入户人员信息卡、农转非指标卡等相关信息推送至公安部门,并通过系统信息或手机短信的方式将审批结果及后续办理流程告知申请人,不再发放人才审批结果的纸质材料,申请人凭系统信息或手机短信内容可直接办理后续落户手续。申请人如需纸质人才引进审批文件,可通过系统自行打印。这就是一项典型的自动化行政行为,实现了落户行政许可全流程的无人化。

二、自动化行政行为的分类

(一)自动化行政行为的横向分类

按照自动化行政行为所涉及的行为具体内容,可以将自动化行政行为区分为自动化行政许可、自动化行政处罚、自动化行政指导等。换言之,可以将其与行政许可、行政处罚等一般性的类型化行政行为一一对应起来。现在实践中运用最为广泛、产生影响最为深远的主要是自动化行政许可与自动化行政处罚两类。这两类将在后文进行更详细的介绍。

(二)自动化行政行为的纵向分类

根据自动化行政行为中的自动化程度,可以将其纵向分类为:无自动化行政行为、自动化辅助行政行为、部分自动化行政行为和完全自动化行政行为。(1)无自动化行政行为。该级别中行政任务的各个部分均由人工完成。(2)自动化辅助行政行为。自动化系统在不同部分可以辅助人工完成一些任务,但是自动化系统尚不能独立承担行政程序中的特定环节。(3)部分自动化行政行为。自动化系统可以独立地完成行政程序中的特定环节,在该环节中,不再需要人工干预。部分自动化行政行为的典型代表就是交通抓拍方式下的行政处罚。在交通抓拍中,自动化系统可以对车辆的违章情况进行识别与取证,但最终的分析决定仍然由人工完成,实现了部分自动化。(4)完全自动化行政行为。所有环节均由自动化系统完成,不再需要人工干预。由于行政过程中,分析与决定环节是人工保留的最后阵地,因此这一级别的核心判断标准就是自动化系统能否进行分析和决定。深圳市"无人干预自动审批"就属于完全自动化行政行为。

此外,完全自动化行政行为又可以进一步区分为无裁量能力的完全自动化行政行为与有裁量能力的自动化行政行为。前者中自动化系统可以对不需要裁量的行政活动进行独立的全程处理,但对于需要裁量的事项不能适用;而后者中自动化系统具有了裁量的能力,可以在一定的裁量空间中进行自动化决策。

三、自动化行政行为的性质

(一)自动化后行政活动的定性

自动化行政行为性质问题的核心在于自动化行政方式下的这些行为是否属于一种传统行政法上所认为的行政行为。换言之,自动化系统的介入是否改变了行政行为的本质。

在自动化辅助行政行为中由于各个环节仍然是由人工主导和控制,其法律性质变化不大;而在部分自动化行政行为中,自动化系统可以独立接管特定环节的工作任务,此时是否会对行政活动的性质产生本质性的影响存在争议。虽然有部分德国学者认为应当区分行政人员作出的"行政行为"与机器制作的"行政产品",但这一理论未获得学界的支持。德国主流观点认为自动化系统参与并不影响行政行为的成立。行政机关一方面可以通过预先的程序和数据输入来控制和预先设定自动化系统所能进行的工作;另一方面,可以通过通知等行为来使自动化系统完成的工作产生拘束力。因此,行政机关也应该将自动化系统参与产生的决定视为"自己的"行政行为,要求得到遵守,并予以实施。在德国法上,不仅部分自动化行政所产生的结果属于行政行为,符合条件的完全自动化行政的行为也同样属于行政行为。该观点在近期德国法律修改中也得到了立法支持。

从理论上解答这一问题的关键在于,确认自然人在行政行为的各个环节中是否为必要条件。如果在所有环节中都为必要条件,则部分和完全自动化行政都不得作出行政行为;如果仅仅是在决定环节中自然人的处理为必要条件,那么部分自动化行政可以作出行政行为,而完全自动化行政不可;如果在所有环节中都不为必要条件,则部分自动化和完全自动化行政都可以作出行政行为。

行政行为概念的主体构建始终是围绕着行政主体(或者行政机关)来进行。但是因为行政主体仅仅是一个观念性的拟制存在,其真正行动起来仍然需要具体的承载和手段。作为自然人的公务员在绝大多数时候就成了行政行为的具体载体,但并非唯一载体。事实上,我们对于"非人"作出的行政行为早就司空见惯，没有给予足够的认识。例如，通过“集体决定”作出的行政行为。乍一看，作为组织的集体仍然是由个体自然人组成，认为“集体决定”“非人”，这似乎是“白马非马”的逻辑诡辩。但仔细分析，两者之间确实存在本质区别。集体决定是通过特定程序和组织结构完成的，这样的程序与结构本身就形成了组织体的自有特征，从而将其与自然人区分开来。

因此，即使是在分析与决定这样的核心环节中，自然人的处理也并非是行政行为的必要条件。将包括完全自动化行政在内的自动化行政纳入行政行为的范畴在我国也同样不存在理论障碍。确认了自动化行政行为的性质，也可以确认其相应的效力与法律控制，从而将自动化行政纳入行政法的整体框架中。

（二）自动化系统设立行为的定性

交通抓拍中，摄像头捕捉违章车辆，经过人工审核后，作出行政处罚决定并送达当事人。这成立了一个行政行为。那么，行政机关设立交通摄像头这一自动化系统的行为又该如何定性？对于其性质，有两个关键问题需要解决。

其一，它是事实行为还是法律行为？从形态上看，安装交通抓拍摄像头这样的自动化系统设立行为与建设街道、铺设草地这样的事实行为类似。从法律关系上看，自动化系统的设立并不会直接设定、变更或消灭行政法律关系，而只是对后续行政活动的处理流程产生影响。由此可见，单纯的设立行为应当属于事实行为。但自动化系统的设立又有特殊性：第一，会对相对人的程序性权利义务产生重要影响，如交通抓拍对于案件证据方面的决定性改变。第二，在特定情况下也会对当事人的实体性权利义务产生一定影响，如对交通抓拍程序在什么情形下自动启动的设置，实际上就形成了一个判断什么时候构成违章的标准。由于这些特殊性，自动化系统的设立应该受到比一般事实行为更高的法律规制。

其二，它是具体行为还是抽象行为？严格来说，抽象和具体的区分是法律行为的下位概念，但若作更广义的理解，将该区分讨论适用于自动化系统的设立上仍然有其意义。一般认为，抽象与具体的区分标准在于行为所针对的事件和相对人是否特定。但自动化系统设立行为的特殊性在于，它针对的是特定事项，但这里的特定事项却是不特定人。一个自动化系统设立后，将会针对该系统工作范围内的不特定相对人的设定事项反复适用。这种行为在一定程度上类似于设定公物上相应使用规则的所谓“对物行政行为”或者说“属物性的一般处分”。因此,自动化系统的设立在法律规制上也会与一般的具体行为不完全相同,一些对抽象行政行为的法律控制手段也应适用于自动化系统的设立上。

由上两点可知,自动化行政的设立具有较高的特殊性,在法律控制上也与一般的事实行为和具体行为不同,需要进行特殊的调整。可喜的是,行政立法实践已经在一定程度上体现出了这种重视,如《道路交通安全违法行为处理程序规定》中对交通抓拍设施设置的一些特殊规定。

四、自动化行政许可

行政许可领域是自动化行政方式适用的一个主流领域,是自动化行政在授益行政中的代表方式。深圳“无人干预自动审批”就是一种典型的自动化行政许可。这种行政许可方式现在还有许多其他名字,比如“智能审批”“秒批秒办”等。而在近年以来如火如荼的“只跑一次”的改革中,也存在大量自动化行政许可的身影。

在自动化行政许可实践中,不仅上传材料、通知推送等环节已经实现了自动化,在许多许可程序中甚至连分析比对、决定作出等核心环节也交由人工智能完成,实现了完全自动化。例如,深圳的户籍“无人干预自动审批”中,如果申请人的材料齐备,则提交申请、审批、送达等环节均无须人工干预,由系统自动作出,效率极大提升。

然而,自动化行政并不是万能的。在当前技术水平下,人工智能通常只能在给定特定输入的情况下,输出固定的结果,完成一些静态的任务;而无法在输入信息不完全的情况下,通过持续地与环境进行交互、收集反馈、优化策略,进而作出理解和决策,完成动态任务。而裁量恰恰就是一种典型的不完全信息下的决策。出于立法成本、立法技术、政治考量等原因,立法很难对所有问题予以绝对精确的规定,因此必然存在一定的模糊空间。这种模糊可能是不确定的法律概念,也可能是立法授予行政机关对法律后果的自行选择。这种模糊就是一种信息的不完全,在此情况下,不能根据确定的前提就必然得出确定的结果,需要进行裁量。

因此,当前自动化行政许可的适用范围主要集中在不需要裁量的领域,属于一种限定规则下的审批。适用自动化行政许可的前提条件就是细化量化审批许可条件，提出可供智能化审批信息系统自动评判的行政许可具体标准。在自动化行政许可中，能够完全自动化的通常是一般程序，一旦审批中发现需要裁量或可能出现争议的难点问题，则需要自动切换到人工模式进行进一步处理。

为了克服自动化行政中出现的可能偏差，需要强化许可事中和事后的监督。事中环节中，一旦发现与预设程序不符合的情况，如遇到材料不完整、未通过信息比对等情况，将转入人工处理流程。事后环节则包括审批结果公开和网上投诉、材料抽查、信用记录等措施。强调实施审批和监管信息系统一体化，审批结果出来后，信息即同步传递到智能监管系统，智能监管系统即按照预先制定好的监管规则，采取电脑自动检查、人工抽查、现场督查等模式，对智能审批结果进行核验，核验结果同步反馈回智能审批系统，为往后的智能审批提供信用依据。如发现有不符合审批条件的，立即标注为无效；申请人有提交虚假材料等失信行为的，失信信息自动推送到公共信用信息平台，列入失信名单。

五、自动化行政处罚

自动化行政处罚是自动化行政方式在负担行政中的典型代表。自动化行政处罚的普及很早，典型代表就是交通抓拍处罚。以一个闯红灯的交通抓拍行政处罚为例，对过线车辆进行识别和证据固定，这属于证据的识别与信息的输入；对有关证据进行审核、对比、确认、分析，最终判断是否存在违章、是否需要处罚、如何处罚，属于分析与决定；而最终发出违章的通知，进行相应处罚则属于信息的输出与决定的实现。电子抓拍过程中，自动化系统最重要的是承担了识别与输入的职能，通过交通摄像头对哪些车辆违章进行识别，并拍照形成证据。另外在输出与实现部分，现今的技术也通过数据系统查询、短信通知、自动处理机器上销分并缴款等方式提供了部分自动化的形式，仅仅在当事人不主动履行职责时需要人工干预进行相应处理。不过依据现行的法律法规和实践，交通抓拍中的分析与决定部分仍然需要由人工进行。此时就构成了一个典型的部分自动化行政行为。

与行政许可逐渐开始普及完全自动化不同，在行政处罚中，部分自动化仍然是主要方式，对于完全自动化行政方式（即使是无裁量的情况下），仍需高度谨慎。与一般性的行政许可不同，行政处罚是负担行政，将会对相对人的权利产生结果性的不利影响。因此,其在正当程序上比一般性的授益行政行为的要求更高。在行政处罚的过程中,应当详细说明理由、展示证据,充分保障相对人的申辩权。这是现阶段的自动化行政难以做到的。更进一步说,即使技术上可以实现,还需要考虑相对人的可接受度。行政处罚中行政主体与相对人的关系相对紧张,新技术手段的运用需要更为谨慎,以降低相对人的疑虑。

第二节　数据治理

一、数据治理的历史、概念与特征

(一)发展历史

早在1988年由麻省理工学院的两位教授启动的全面数据质量管理计划(TDQM),可以认为是数据治理最初的雏形。同年,国际数据管理组织协会(DAMA)成立。2002年,数据治理概念首次出现在学术界,美国两位学者发表题为《数据仓库治理》的研究探讨了Blue Cross和Blue Shield of North Carolina两家公司的最佳实践,由此拉开了“数据治理”在企业管理中的大幕。在美国学者发表《数据仓库治理》的第二年,2003年国际数据治理研究所(DGI)成立,研究数据治理理论框架,与ISO国际标准化组织对数据管理与数据治理进行定义。直到2009年,DAMA国际发布数据管理知识体系指南DMBOK,至此数据治理的理论框架基本固定。

我国数据治理实践始于2003年,在2008年之后进入快速发展阶段,至今已覆盖政府、通信、银行、证券、保险、能源、制造、互联网等主要领域。伴随着数据仓库的建设,主数据管理与BI(商业智能,即Business Intelligence)的实施,国内也逐步开始接受并利用数据治理的概念进行推广实践。我国数据治理之路在DMBOK基础上不断延伸和扩展,里程碑事件为2015年提出的《数据治理白皮书》国际标准研究报告和2018年发布的《银行业金融机构数据治理指引》,这标志着数据治理在我国银行金融机构中全面实践时代的到来。

(二)基本概念

所谓数据治理,是指运用数据科学的技术手段,采集、清洗、整理、利用数据,用数据说话、用数据决策的问题分析及解决机制。大数据治理体系建设是一项系统工程，不是简单地针对一个单独的个体、组织或者某一个领域，而是一个全生态体系的运作，大到大数据技术平台的搭建、组织的变革、政策的制定、流程的重组，小到元数据的管理、主数据的整合、各种类型大数据的个性化治理和大数据的行业应用，无不需要艰苦细致的工作。

数据治理还涉及数据治理和数据管理能力，国家标准《信息技术 大数据 术语》(GB/T 35295－2017)对数据治理的定义是，“对数据进行处置、格式化和规范化的过程”。数据治理是数据和数据系统管理的基本要素；数据治理涉及对数据全生存周期管理，无论数据处于静态、动态、未完成状态还是交易状态。

(三)五个特征

数据治理具有如下特征：(1)数据治理以量化分析减少不确定性和降低风险，弥补个体经验、直觉及智慧的不足。(2)数据治理主张相关比因果更重要，通过量化不同事物之间的数理关系，以相关关系捕捉现在和预测未来。(3)数据治理以数据科学为基础，以统计软件和数学模型为分析工具。(4)数据治理认为政府处于数据化的环境中，政府的治理活动应以数据为依据，实现决策数据化，即“采集及整理数据—量化分析—相关性测算—预测或决策”。(5)数据治理尊重事实、推崇理性、强调数据创新，倡导一种数据治国的数据文化。数据治理以量化分析减少不确定性和降低风险，弥补个体经验、直觉及智慧的不足。

二、意义作用：引领国家治理大变革

(一)提高科学民主决策

大数据作为一种理念、一种技术、一种战略资源，正成为政府坚持科学决策、民主决策、依法决策的新手段、新工具，大数据能够更加准确、动态地反映客观事实，对治理对象有着更加科学、深入的认知，为决策过程提供科学精准的决策依据，使治理主体能够精准把握相关事件发展的规律和倾向，从而提高治理主体科学决策的能力。

(二)重塑城市治理模式

大数据时代的到来带来的不仅仅是技术的变革、应用的变革，更是思维方式的创新、行为模式的创新，因此，大数据应用于城市治理的同时，也推动着城市治理理念和治理模式的创新。治理从线下走到线上，从电子政府发展到云政务，大数据推动行政流程再造，治理模式呈现网络化、互通化、数字化、扁平化、标准化、快捷化以及高效化，加快提升政府工作的效率和水平。

（三）提高政府服务效能

党的十九大报告提出“转变政府职能，深化简政放权，创新监管方式，增强政府公信力和执行力，建设人民满意的服务型政府”，大数据能够提升城市公共服务的质量和范围，加速服务型政府建设目标的实现。利用大数据可以进一步了解、挖掘城市居民的需求，提供更加全面具体、精准有效的公众服务，满足公众的多元化需求；可以加强部门之间的信息及时共享和沟通，打破部门之间信息孤岛，厘清权限和职责，改变部门间各自为政的割裂状态，从而提升政府部门的办事效率，使政府部门能够为公众提供更加高效的服务；可实现对政府决策过程的实时动态监控与预警，减少差错和舞弊行为，对建设阳光、高效、服务型政府具有积极意义。

（四）提高民生服务水平

对相关大数据的分析挖掘，能够有效确定优抚对象，准确、及时、公平、有效地制定帮扶措施；能够全面地了解城市养老现状，优化调节养老服务资源；为优化城市环境提供科学依据，打造城市绿色家园；有助于缓解交通压力，让市民享受便捷、畅通的交通服务；可以调节医疗资源分布不合理、改善医疗服务质量差的问题、缓解看病难的问题，使公众能够享受到更加公平、便捷、有效的医疗服务，同时大数据让智慧医疗走进群众生活；丰富教育的模式，扩展了知识获取的途径，缓解了教育资源分配不均衡带来的问题。大数据在各民生服务领域的探索应用，成为政府改善民生、服务群众的有效手段，使政府向市民提供方便、精准和快捷的民生服务保障成为可能。

三、主要问题：公民隐私权与公众参与权

作为一种新型公共治理模式，数据治理主要是基于公民和政府越来越多地进行数字化办公和生活，这些数据痕迹为政府快速、准确决策提供了巨大的信息基础。与传统公共治理模式对公民需求不敏锐、决策效率低下等特点相比，大数据治理带来了前所未有的机遇，同时也带来很大的风险。如果侧重公权力行使和公共治理的便捷化而忽视公民权利保护的话，大数据社会治理很可能形成一个新的风险社会，主要涉及公民隐私权和公众参与权两个方面。

(一)公民隐私权的保护

公民隐私权是公民的基础性权利,即个人信息不受侵犯的消极权利。数据治理中对公民隐私权的保护要在法律制度框架的基础上对个人可识别信息进行隐私数据生命周期的全流程保护,并在数据的采集、使用和转移过程中加入匿名化的隐私保护技术,这些要素共同构成了政府作为数据掌控者所采取的主动隐私保护框架。

(二)公众参与权的保障

除了公民数据隐私权之外,数据治理通常还涉及公民的另一项重要权利——公众参与权。公众参与权是公民大数据权利中另一个极为重要的权利,即公民可以主动获取政务数据的积极性权利。政府大数据治理中公众参与权的事实基础是:公民在大数据治理中的角色不仅仅是数据的来源端,也是数据的使用端。公众参与权的法理基础是:政务数据是政府以财政支出为代价取得的资源,因此纳税人是这些数据真正的所有权人。作为数据的使用者和所有权人,公众应当享有对政府信息的了解、反馈以及监督的权利。

四、基本原则:激励相容原则

随着大数据时代的到来,从实证出发探讨个人信息保护的有效实施机制,而不仅仅是关注法律规定的差别,已经成为近几年国际尤其是美国隐私法律研究的新热点。无论名称叫新治理、合作规制、合作治理还是叫回应性规制、激励规制等,其背后的机理均在于发现有效的激励机制,调动被管理对象参与治理的积极性,提高执法效果。

数据治理的基本逻辑是政府规范、市场主导。大数据产业的创新发展,主要靠两股力量的推动:一方面,是以政府主导的社会公共管理和服务,涉及医疗、交通、环保、科技服务等与社会公共管理和民生有关的行业。目前,美国政府正在加大大数据发展战略部署。另一方面,则是以互联网为代表的自由消费数据市场,涉及金融、证券、电力、电子商务、互联网等行业,这一部分以自由市场化驱动为主体。政策或立法能够激励相容,调动被管理对象参与治理的积极性,提高执法效果。政府与业界合作治理,即外部治理与内部治理相结合。

(一)内部治理

内部治理指的是信息控制者的内部治理机制。发育激励相容的内生机制,核心在信息控制者的自律。对于所有信息控制者而言,最基本的需求是发展与安全。发展是目标,安全是实现目标的保障;缺乏安全保障,不可能有发展。信息控制者如果能有效地保护个人信息会成为市场主体的核心竞争力,价值会逐步外溢,成为无形资产。在大数据环境下,不从源头设计个人信息保护,无法真正防范信息安全风险。近年来国内外发生的各种个人信息安全事件,如中国专业 IT 社区 CSDN 网站遭受攻击、12306 网站信息泄露、徐某玉被诈骗致死案、支付宝年度账单事件、雅虎(Yahoo)邮箱泄露案、美国艾可菲信用公司(Equifax)征信信息窃取案等,根源大多是信息控制者内部安全防范环节出现了问题,尤其是疏于防范、遭黑客攻击、内部人员非法提供、新业务开发与安全保护脱节等。

信息控制者通过改变过去合规与业务流程设计相互分离、就合规谈合规的传统做法,从业务流程设计开始就将个人信息保护要求嵌入产品与服务之中,体现"设计即隐私"理念,实现个人信息保护全流程覆盖、全业务贯通的行为方式转变。通过构建有效运转的内部治理机制,将个人数据安全纳入整体安全防范体系中,绝大部分类似事件都应该能预防、避免。

(二)外部治理

构筑有效的外部执法威慑,并不是为了执法而执法,更不是为了增加信息控制者的负担,而是为了推动信息控制者形成有效的内生治理机制。在信息控制者利用激励与保护激励明显失衡的结构下,如果缺乏外部干预与政府监管,势必产生"丛林法则"和对个人信息的肆意滥用。通过构建有效的外部执法威慑,促使信息控制者积极履行法律责任,并对违法处理个人信息的行为予以制裁。为此,个人信息保护法应从明确行为规范、加大违法成本、增强信息披露、提高违法行为被发现的可能性、完善行政处罚与刑事责任的衔接、推进合作治理等多角度,构筑有效威慑机制,构筑"胡萝卜 + 大棒"的激励约束格局。首先是扩大责任原则的边界,与内部治理机制相衔接,通过行业领先者的标杆作用提升行业整体保护水平。其次是确立并贯彻落实透明原则,个人信息处理过程公开透明。再次是明确信息控制者行为底线,完善行政执法手段和合作治理机制,及时发现违法行为。最后是加大民事责任追究力度,解决个人信息被滥用后民事维权成本高、收益低问题。

五、制度设计:数据治理体系

数据治理体系是国家和地区间数字经济竞争的制高点,以欧美为代表的发达国家正在加紧推进其数据治理理念的全球化，意图主导全球数字经济和数据治理规则。我国从国家数据安全、数据产业发展和个人隐私保护三个方面，尝试建构我国的数据治理体系。

首先，中国数据治理体系的构建需要应对日趋严峻的全球网络空间安全威胁和挑战，需要对诸如大规模的基因和生物识别数据、医疗健康数据、地理测绘数据、矿产资源数据等重要数据的收集、存储、利用及转移等提出严格限定，切实有效地保障国家数据安全。

其次，要高度重视数据产业的发展，掌握核心数据技术是保障国家数据安全，提高个人隐私保护能力的基本前提。数据治理的法律规则要支持和促进数据技术与产业的发展，不断提高数据控制能力，同时将最新的技术运用于数据安全防护和个人隐私保护之中，从而实现国家安全、产业发展和隐私保护的协调统一。

最后，数据治理需要以人为本，加强对个人隐私的保护，构建起人们发展数字经济的信心。寻求对个人隐私的保护是国际数据治理中普遍的基本原则之一，有助于各国在进行数据治理对话过程中能够处于相同的话语体系之中。欧美国家非常重视数据隐私权的保护，世界大部分国家对个人隐私需要采取保护的态度是一致的，但是在立法层面和司法层面有显著的差异。

第三节　平 台 监 管

一、网络平台发展的基本情况

（一）网络平台的定义

我国现行法律规范中的网络平台最初是指电子商务中的第三方交易平台，后来这一概念又扩展至社交、信息推送、资源搜索等领域。在我国网络法领域的正式法律文件中，最早使用“平台”一词的是 2007 年商务部发布的《关于网上交易的指导意见（暂行）》，该文件使用了“网上交易平台”这一概念，并将其界定为“平台服务提供者为开展网上交易提供的计算机信息系统，该系统包括互联网、计算机、相关硬件和软件等”。而后在 2013 年修订的《消费者权益保护法》中，第一次将“网络交易平台”的概念带入法律层面，在之后修订的《食品安全法》《广告法》中都出现了"平台"的概念,但均未对这一概念作出明确界定。在2018年8月31日通过的《电子商务法》中使用了"电子商务平台经营者"的概念,它是指"在电子商务中为交易双方或者多方提供网络经营场所、交易撮合、信息发布等服务,供交易双方或者多方独立开展交易活动的法人或者非法人组织"。平台作为一种组织形式并非互联网世界所独有,但在网络法领域下,我们可以认为其专指利用互联网技术链接多方,并为相关各方提供互动机制的中介或"第三人"。

（二）网络平台发展历程

自1994年接入因特网以来,我国正式迈入了互联网时代,网络平台由此诞生。例如,1997年网易成立,1998年搜狐、京东、腾讯、新浪相继成立,1999年阿里巴巴成立等。同时,在1998年10月,美商网进入中国电子商务市场,开创全球B2B(企业对企业,即Business to Business)先河。1999年我国首家C2C(个人对个人,即Consumer to Consumer)网络平台易趣网诞生,同年中国建设银行推出网上支付功能。我国在互联网时代的初阶尚显稚嫩,但也实现了巨大的突破,为以后社会发展的方向和大众生活方式的改变奠定了基础。

在2000年以后,互联网开始普及,阿里巴巴于2003年正式推出淘宝网和支付宝,其后人人网、开心网、QQ等社交网络平台接踵而至,截至2008年我国网民数量首次超越美国。此后网络平台陆续出现在社会各领域,逐步成为推动社会发展的原力。

随着智能化时代的到来,网络平台的发展从PC(个人电脑,即personal computer)端迈向移动端。据2012年中国互联网络信息中心发布的报告显示,我国手机网民数量已达4.2亿人,渗透各行各业。2018年我国第43次《互联网发展状况统计报告》指出,中国网民规模达8.29亿人。以电子商务平台为例,自1998年3月我国完成第一笔互联网网上交易以来,电子商务一直持续并稳定地发展,到2019年上半年,网络零售总额已达到195,209.7亿元,占社会零售总额的24.7%,截至2019年,中国移动电商用户规模将突破7亿人,各类电商平台更是超过百家。[1]

如今,人工智能、大数据、区块链、5G等技术的创新和推广应用,给互联

[1] 参见中国互联网络信息中心(CNNIC):第44次《中国互联网络发展状况统计报告》。

网产业开创了更为广阔的空间，为网络平台提供了更为精良的武器。例如，人工智能技术包括深度学习、自然语言处理、匹配算法等，淘宝、京东等电子商务平台所运用的数据采集和分析的功能，将各用户在平台内所遗留的信息进行收集整合，在经过人工智能的技术处理后，将本来鱼龙混杂的信息转变为一个个资源包，就是我们经常所见的内容推荐等。又如，网约车平台所运用的匹配算法，借助人工智能技术，网约车对传统出租车行业造成了颠覆性的冲击，形成了独立于传统出租车企业的产业组织。各类平台所使用的智能客服机器人，在进行深度学习、大数据处理以及自然语言处理技术、语义分析技术等各种人工智能技术手段后，根据用户所表达的语言或图片等多种内容进行判断后，便能提供代替真实客服提供拟人化的贴心服务。这样的场景屡见不鲜，并且已经深入我们的日常生活中。相信在未来这些技术普遍运用时会给网络平台带来更成熟、更科学、更智能化的变革，并为市场经济创造更多的价值。

二、平台监管的政策与法律框架

我国对网络平台的监管初步形成了涉及法律、行政法规、司法解释、规章及规范性文件等在内的一套法律体系，其中又衔接各部门法，形成综合性监管体系。相对而言，行政法规、规章及文件数量尤其庞大，所以该体系以调整行政法律关系为主，侧重行政监管，以行政处罚为主要管控手段。监管内容包括数据安全、网络安全、信息内容安全、电子商务、个人信息保护等，涉及国家互联网信息办公室、工信部、公安部、中国人民银行等，同时，也涉及各地政府及行政主管职能部门。

（一）中央层面的规定

就总体性规范而言，由于缺乏统一的上位法，具体内容的表述散见于其他法律、行政法规和政策之中。但可以看出，大部分立法参考了《计算机信息网络国际联网安全保护管理办法》中确立的“九不准”规则，从而整合、衍生出了《网络安全法》《全国人大常委会关于维护互联网安全的决定》《电子商务法》等相关法律规范。

在法律层面,《网络安全法》第 12 条针对网络的使用提出了原则性的规定,[1]其后在第四章中明确规定了网络运营者的义务和责任,在第 40 条规定了网络运营者对于用户信息的保密义务,[2]第 41 条和第 42 条规定了网络运营者对用户信息的收集和使用所遵循的基本原则。[3]《电子商务法》第 9 条明确指出,"本法所称电子商务经营者"包括了平台经营者、平台内经营者以及通过自建网站、其他网络服务销售商品或者提供服务的电子商务经营者。其后,该法第二章第二节和第六章对电子商务经营者的义务和责任进行了细化与梳理。新的《食品安全法》对网络食品交易(包括网络订餐)第三方平台的提供者规定了相关法律义务和法律责任。[4] 我国于 2005 年通过了《电子签名法》,之后在 2015 年和 2019 年进行了两次修正,赋予了电子签名与手写签名或签章相同的法律效力,并且设立和明确了数字认证服务的市场准入制度。

在行政法规层面,2005 年国务院办公厅发布了《关于加快电子商务发展的若干意见》,这是我国网络交易发展的基础政策性文件,之后又相继出台了

---

〔1〕《网络安全法》第 12 条规定:国家保护公民、法人和其他组织依法使用网络的权利,促进网络接入普及,提升网络服务水平,为社会提供安全、便利的网络服务,保障网络信息依法有序自由流动。任何个人和组织使用网络应当遵守宪法法律,遵守公共秩序,尊重社会公德,不得危害网络安全,不得利用网络从事危害国家安全、荣誉和利益,煽动颠覆国家政权、推翻社会主义制度,煽动分裂国家、破坏国家统一,宣扬恐怖主义、极端主义,宣扬民族仇恨、民族歧视,传播暴力、淫秽色情信息,编造、传播虚假信息扰乱经济秩序和社会秩序,以及侵害他人名誉、隐私、知识产权和其他合法权益等活动。

〔2〕《网络安全法》第 40 条规定:网络运营者应当对其收集的用户信息严格保密,并建立健全用户信息保护制度。

〔3〕《网络安全法》第 41 条规定:网络运营者收集、使用个人信息,应当遵循合法、正当、必要的原则,公开收集、使用规则,明示收集、使用信息的目的、方式和范围,并经被收集者同意。网络运营者不得收集与其提供的服务无关的个人信息,不得违反法律、行政法规的规定和双方的约定收集、使用个人信息,并应当依照法律、行政法规的规定和与用户的约定,处理其保存的个人信息。第 42 条规定:网络运营者不得泄露、篡改、毁损其收集的个人信息;未经被收集者同意,不得向他人提供个人信息。但是,经过处理无法识别特定个人且不能复原的除外。网络运营者应当采取技术措施和其他必要措施,确保其收集的个人信息安全,防止信息泄露、毁损、丢失。在发生或者可能发生个人信息泄露、毁损、丢失的情况时,应当立即采取补救措施,按照规定及时告知用户并向有关主管部门报告。

〔4〕例如《食品安全法》第 62 条规定:网络食品交易第三方平台提供者应当对入网食品经营者进行实名登记,明确其食品安全管理责任;依法应当取得许可证的,还应当审查其许可证。网络食品交易第三方平台提供者发现入网食品经营者有违反本法规定行为的,应当及时制止并立即报告所在地县级人民政府食品安全监督管理部门;发现严重违法行为的,应当立即停止提供网络交易平台服务。

《互联网信息服务管理办法》《网络商品交易及有关服务行为管理暂行办法》等行政法规,意在要求平台服务提供者所发布的内容不得违反其他各领域的法律法规。《互联网信息管理办法》第16条和第23条分别规定了互联网信息服务提供者的义务和责任。2016年中共中央办公厅、国务院办公厅发布的党内法规《关于进一步深化文化市场综合执法改革的意见》对平台监管的主体作出了总体性规定,“中央宣传部、中央网信办、文化部、新闻出版广电总局要根据本意见要求统筹推进改革,涉及互联网信息内容的执法工作由中央网信办统筹协调”,多部门联合对涉及互联网平台的信息内容进行监管,全面落实行政执法责任制。

关于“第三方支付平台”,随后中国人民银行在《电子商务法》的基础上出台的《电子支付指引(第一号)》对商业银行从事关于电子支付业务作出了指导性规定,但二者对网络第三方支付的监管均未作出明确规定。2010年中国人民银行出台了《非金融机构支付服务管理办法》以解决网络第三方支付平台的相关问题。同年12月中国人民银行出台了《非金融机构支付服务管理办法》的实施细则,对其中较为复杂和模糊的规定作了进一步解释和补充,主要内容涉及网络第三方支付平台的定位、业务范围、市场准入制度、监管主体和惩罚措施。

在近年来发展势头异常迅猛的网约车领域,自2010年出现以来,针对它的监管和规制办法可以分为“政策放任——严格限制——谨慎规制”三个阶段。2010年至2014年,我国对于网约车采取“先发展,后治理”的放任式管理。例如,交通部在2014年发布的《关于促进手机软件召车等出租汽车电召服务有序发展的通知》里主要提到积极鼓励各类出租汽车店招服务方式的协调发展,保障人民群众享有均等化出行服务,结合我国国情,当时正处于互联网产业的高速前进中,便赋予其较为宽松的竞争环境。但在之后的两年,交通部意识到网约车与传统出租车之间的矛盾激化给传统的出租车行业带来了巨大的冲击。2015年3月,交通部部长杨传堂在“两会”接受采访时表示“专车有发展的空间,但没有说不控制”,[1]其意见传递出交通部将会大力整治网约车行业的信号,并调和与传统出租车行业之间的僵硬关系。随后在同

---

〔1〕 杨牧、关萌:《交通运输部部长:“专车有发展的空间,但是没有说不控制”》,http://lianghui.people.com.cn/2015npc/n/2015/0312/c393680-26684340.html,2019年12月29日最后访问。

年的10月,交通部发布《关于深化改革进一步推进出租汽车行业健康发展的指导意见(征求意见稿)》和《网络预约出租汽车经营服务管理暂行办法(征求意见稿)》,并向社会公开征求意见,虽然还未提出新的监管办法和规制技术,但已将网约车平台看作被监管的对象。2016年7月交通部等七部委联合发布《网络预约出租汽车经营服务管理暂行办法》,明确了主体责任,单独设立《网络预约出租汽车经营许可证》等。在之后的几年中,重庆市、深圳市、武汉市陆续发布了针对本地实际情况的网约车管理办法。与此同时,2018年2月交通部根据《网络预约出租汽车经营服务管理暂行办法》制定了《网络预约出租汽车监管信息交互平台运行管理办法》,对于网约车平台收集的数据监管作出了相关规定。

(二)地方层面的规定

随着大数据时代下互联网产业的快速发展,各领域的平台接踵而至,各地方也相继出台法律规范、管理办法等以应对已经发生的或将要发生的问题和困境。

在地方性法规中,近年来各地陆续发布了关于促进电子商务发展的规范性规定。例如,《杭州市跨境电子商务促进条例》《云南省信息化促进条例》《江苏省信息化条例》等,均用专章如"平台服务和体系建设"或"法律责任"对相关主体的监管规定了相应措施及后果。新疆、辽宁、重庆、杭州、山西等地在计算机信息系统安全保护方面分别发布了《新疆维吾尔自治区防范和惩治网络传播虚假信息条例》《辽宁省计算机信息系统安全管理条例》《重庆市计算机信息系统安全保护条例》等。

在地方性规章中,各地也分别发布了《杭州市网络交易管理暂行办法》《贵阳市计算机信息网络安全保护管理办法》《黑龙江省计算机信息系统安全管理规定》《重庆市网络预约出租汽车经营服务管理暂行办法》等规范性规定,加强对网络平台的监管。

在地方规范性文件中,早在2000年,北京市就发布了《北京市工商行政管理局关于规范网站销售信息发布行为的通告》,该通告对电子商务交易行为中的虚假信息进行限制,但在具体操作执行方面存在一定的局限性。上海等地方政府根据《网络预约出租汽车经营服务管理暂行办法》建立监管机制和规制框架,并结合本行政区域制定细则,如《上海市关于规范本市私人小客车合乘出行的实施意见》《南昌市关于规范私人小客车合乘出行的实施意见》等。

上述平台均是互联网产业迅猛发展的产物，在大数据时代的背景下，各类平台正是因为将数据资源作为发展的“推手”才能长久屹立于竞争激烈的经济市场中，占据不可或缺的重要地位。例如，为解决跨地域的供需信息精准匹配，新兴平台在技术上通过采集或留存供需双方主体信息、产品或服务信息、用户点评信息等各类数据，借助软件算法提供搜索、竞价、调度、支付、信用等服务撮合供需双方，提升交易效率。但每一次的更迭就伴随问题的发生，特别是数据资源的确权、个人隐私的保护、人工智能等技术的合理使用等问题发人深省，我们需要从源头入手，使问题自诞生之日起就受到“照顾”，以便在真正出现差错时也能及时挽救，保护国家、社会或个人的合法权益。平台代表着时代的发展、科技的更新，作为产生问题的来源，仅靠行业内自身规范是远远不足的，正如近日国务院办公厅印发的《关于促进平台经济规范健康发展的指导意见》所表示，“要求推动建立健全适应平台经济发展特点的新型监管机制，着力营造公平竞争市场环境”。量身定制监管模式，完善平台治理，促进平台经济的良性发展。

三、平台监管的发展趋势

网络平台企业极大地改变着社会结构，也改造着科层化的监管体系，我们必须结合平台经济时代互联网市场的双边市场特性、动态创新、平台竞争、技术更迭以及监管的成本和收益等因素，制定对所有市场参与主体一视同仁的公平市场规则，构建适应平台经济发展特点、激励相容的新型监管治理体系。法学家庞德曾说过，“法律必须稳定，但又不能静止不变”。[1] 作为公共利益的守护者与规制秩序的管理者，政府监管部门应处于主导地位，在新时代的背景下应当摒弃原有落后手段，向多元意义的治理转变，积极推动建立协同监管治理机制，创新监管治理技术和手段，甚有学者提出“以科技治理科技”，[2] 综合运用“互联网 + 监管”、信用监管、监管科技等新模式，分类推进精准监管、公正监管，避免简单或片面套用传统的、成熟的针对网络型基础设施的监管框架，对新兴互联网平台进行直接干预，干扰市场机制正常运行，损害市场动态效率。

---

〔1〕 [美]罗科斯·庞德：《法律史解释》，邓正来译，中国法制出版社 2002 年版，第 2 页。

〔2〕 杨东：《监管科技：金融科技的监管挑战与维度建构》，载《中国社会科学》2018 年第 5 期。

（一）监管范围的扩大化

《新一代人工智能发展规划》明确提出："人工智能发展的不确定性带来的挑战表现在各个方面，这将对政府监管、经济安全和社会稳定乃至全球治理产生深远影响。在大力发展人工智能的同时，必须高度重视可能带来的安全风险挑战，加强前瞻预防与约束引导，最大限度降低风险，确保人工智能安全、可靠、可控发展。"其中在政府监管方面已经凸显其重要性，政府作为监管的主体，不仅需要其发挥相应职能，还必须严格限制监管的范围等，否则会出现过度干预或抑制平台这样的第三方企业在社会中发展的毒果，而当今市场上的各类平台既是时代进步的产物，也是人工智能技术应用层面的载体，除了对人工智能进行技术层面的规制，对于平台的监管也不可缺少。这些平台在不遗余力地宣扬自身的价值立场、加速进入市场竞争、健全和完善自身组织架构和管理规范的同时，也在暗地里不断与法律规范博弈，依据自己强大的传播力、与社会发展的完美契合、同大众生活方式的默契提升，平台企业逐渐壮大，极大地改变着社会结构，同时也改变着原有的监管体系。为了应对它们的诞生，政府监管不失为一种有效措施。

目前，关于平台应用人工智能技术的政府监管暂无相关规定出台，但自从2015年国务院发布《关于积极推进"互联网＋"行动的指导意见》明确人工智能在"互联网＋"产业发展中的重要地位后，中央和地方层面陆续发布各种落实文件、配套政策，林林总总，不一而足。《新一代人工智能发展规划》明确提到"应建立健全公开透明的人工智能监管体系，实行设计问责和应用监督并重的双层监管结构，实现对人工智能算法设计、产品开发和成果应用等的全流程监管"。又如，2018年发布的《人工智能标准化白皮书》也指出，"在技术开发和应用两方面都建立明确的责任体系，以便在技术层面可以对人工智能技术开发人员或部门问责，在应用层面可以建立合理的责任和赔偿体系。在责任原则下，在技术开发方面应遵循透明度原则；在技术应用方面则应当遵循权责一致原则"。

这样的例子比比皆是，为我们传递出人工智能应用层面的监管迫在眉睫的信号，平台作为当前人工智能技术应用载体中最发达、最繁多的一类更应及时采取针对性的监管措施。除了人工智能技术，大数据、区块链等也应被纳入监管对象中，故需扩大原有监管体系，以契合科技时代的快速发展。

(二)监管方式的多元化

近年来,以平台企业为代表的数字经济集体的发展越来越迅猛,给传统的政府监管模式提出了巨大的挑战,其独特的开放性和跨界趋势加大了政府主管部门的监管难度,故亟须创新监管模式,打破旧式壁垒,以适应当前的社会发展和市场需求。

正如当前我国大力推进的"放管服"改革,简政放权创新监管方式,以代替传统的以罚为主、以罚代管的方式。目前主流观点认为除了由政府主导监管措施外,还应当加强各行业自律,发挥行业自身优势,并且弥补单一主体监管的缺失,在合法化的基础上实现多元化主体的平衡监管。而平台企业已然成为链接政府与多方市场主体之间的重要纽带,平台企业凭借其强大的科学技术掌握了海量的各项数据,一方面,作为市场活动的参与者,其对于技术的把控和熟练程度高于政府,对平台上的用户进行管理,拥有了事实上的处置权力;另一方面,作为数据的收集者具备了先天性优势,弥补了政府监管中信息不对称的不足。例如,阿里巴巴研究院报告显示,其利用大数据资源,每年向浙江执法部门推送大量制售假货信息,并协助政府部门破获了数起标的额上亿元的要案。〔1〕 在2017年它更是公开披露了"售假账户操控人"和"假货生产企业"两张大数据地图,并公布了首批"百家售假企业黑名单",〔2〕显著提升了政府监管效率和执法精准度。《电子商务法》也用专节规定了电子商务平台经营者应当向市场监督管理部门、税务部门等报送平台内经营者的相关信息并定期核验,对于该规定的性质到底是"授权"还是"义务"尚有争议,但并不影响政府与平台企业合作的创新型监管方式。在赋予平台企业监管地位的同时,政府主管部门对平台进行适当的监管和辅助,也符合政府维护公共利益的初衷,让平台在个人利益和公共利益之间找到平衡点。

除引入其他监管主体外,还可以在技术、手段上实施创新,如充分利用互联网信息技术,建立网上巡查平台打破地域限制,不定期地抽取市场主体进行审查的智能监管方式,同时也适应平台在网络空间的发展环境。在2019年7月,教育部等六部委出台《关于规范校外线上培训的实施意见》,提出要

---

〔1〕 阿里巴巴研究院:《阿里"云剑行动"打假战果展》,载阿里研究院:http://www.aliresearch.com/Blog/Article/detail/id/20943.html,2019年12月29日最后访问。

〔2〕 王思思:《依靠大数据挖掘阿里巴巴首次披露"售假账户操控人""假货生产企业"打假地图——造假企业数粤浙闽前三》,载和讯网:http://news.hexun.com/2017-07-09/189963684.html,2019年12月29日最后访问。

建设全国校外线上培训管理服务平台,为开展备案和监管工作提供技术支撑,依托平台对校外线上培训中存在的突出问题进行动态监管。不仅如此,我国在电商行业、教育行业、医疗行业、互联网信息行业等多领域也已经建立网上监管平台,说明该监管方式符合社会发展和平台特点,浸入其他领域已经是大势所趋。

第四节 监管困境及展望

一、人工智能技术的监管困境

(一)技术内部因素

1.“算法黑箱”与“算法歧视”困境

当代社会,信息智能推荐算法已经通过智能终端设备深嵌社会公众的日常生活中,在看到其提高信息生产和传播效率、重塑社会生产要素的同时,也应该意识到其中出现的“算法黑箱”风险。

一般来说,算法首先会构建一个基于历史数据的模式作为后续运行的基础,这里的“黑箱”指的是人工智能算法基于这些输入的历史数据,通过算法程序及机器学习而输出结果,在输入数据与输出结果这一过程中,机器学习神经网络中存在无法认知的“隐层”。“黑箱”并不只是意味着我们无法对这一“隐层”进行观察,更重要的问题是对于其中极其复杂的内部运行过程,人们依据现有的认知难以理解和解释。这阻碍了社会对于算法内在运行机制的控制和监管,也在很大程度上影响了社会对于算法歧视问题的有效控制。算法输入的数据来自社会之中,这些数据往往带有社会既存的偏见与歧视,算法自主学习的过程实际上也是继承社会既存偏见与歧视的过程,同样不排除这一既存的歧视与偏见被恶意利用,从而放大这种不利因素的影响。特别是通过标签化生成用户画像是目前得到较多运用的算法设计,这种设计更容易固化已有的社会偏见,产生“物以类聚、人以群分”的输出结果,如基于性别、种族、年龄对职业发展能力、犯罪概率做出预测,经由算法对社会“刻板印象”的清晰化和固化，就很容易对群体中的个体作出误判和伤害。[1] 早有研究指出，在谷歌搜索器中搜索黑人的名字相较于搜索白人的名字更容易出现暗示具有犯罪历史的广告。

而即便是算法的设计者，也很难通过输入变量来预测输出变量的结果，因为黑箱运作的关系，算法的输入变量与输出结果之间没有显而易见的因果关系，这一因果关系可能存在也可能不存在，[2] 而作为算法基础的数据是否存在歧视性数据，本身也难以识别，这造成有关部门对算法歧视的监管困境。

2. 算法公开性困境

在人工智能技术广泛应用于政府决策的今天，面对政府信息公开的要求，是否应当将作为政府决策依据的算法进行公开成为当下的议题。这一公开要求如今面临多方面的阻碍，一方面源于作为算法设计者的商业主体通常不公开他们的算法模型，这一点已经开始饱受社会的批评。[3] 这更多的是出于商业主体对于商业秘密的保护要求，算法作为商事主体的重要商业秘密，向社会公开算法对商事主体可能带来不利影响。另一方面，是否有必要公开？实际上显示为代码的算法即使向社会公开，普通公众同样难以理解，至于对作出执法结果的算法进行审查更是不切实际。此外，通过对算法的解密达到算法透明化目标并对其进行审查所需要的成本极高，但这并不代表一定会获得超越成本的收益。就“成本—效益”分析的角度而言，完全解密算法并不明智。[4]

然而，算法的非公开化给政府监管与社会公众监督带来极大的不便，这一方面体现在借助人工智能技术的政府决策者可能通过拒绝公开算法的方式逃避决策责任，抵消决策监督机制带来的影响，另一方面则表现为社会公众尤其是决策直接影响的相对人无从挑战政府的决策。但算法公开的实现是需要政府与技术提供者通过合作实现的，这需要政府转变行政理念。

---

[1] 袁祥、王一：《算法促进人工智能时代的信息传播》，载《社会科学报》2019 年 7 月 4 日，第 2 版。

[2] Coglianese C. and Lehr D.,“Regulating by Robot: Administrative Decision Making in the Machine - Learning Era”, *Social Science Electronic Publishing*, 105 (5), 2017, pp. 1147 - 1223.

[3] Brauneis R. and Goodman E. P.,“Algorithmic Transparency for the Smart City”, *Social Science Electronic Publishing*, 2017.

[4] 参见胡敏洁：《自动化行政的法律控制》，载《行政法学研究》2019 年第 2 期。

3. 隐私保护困境

数据是算法的基础,机器通过对数据库获取和储存的信息进行分析从而输出结果。这意味着算法技术的发展依靠海量的数据,数据规模越大,算法精确程度越高。而数据的来源往往是社会普通公众通过各种途径有意或无意中提供的,这些数据最后集中在企业的手中。但作为数据集中者的企业却不能保证数据的合理利用。实际上,企业未经许可滥用用户数据并利用智能技术挖掘其背后的价值,达到商业目的的现象屡见不鲜,数据安全和隐私保护问题开始成为监管的重点。2020 年通过的《民法典》强调了对公民个人数据的保护,并重点关注了掌握社会数据的组织对于公民个人数据的非法滥用问题。[1]

除了市场主体的数据滥用行为可能造成公众个人信息泄露之外,技术本身的运行逻辑同样将对数据使用的监管置于复杂的境地。因为在很多情况下,为构建更为精准的算法模型,往往需要在不同部门之间实现数据的共享,这造成了数据泄露的可能漏洞,这种漏洞需要从技术层面提供解决方案,直接禁止数据的共享并不适当。同时,统一性隐私保护立法和专门性的数据保护机构的缺乏也加剧了监管的难度。

(二)技术外部因素

1. 监管模式未明晰

传统的行政监管主要通过事前与事后两种模式的组合使用解决问题,即事前通过行政许可设置准入规制排除可能对人类健康或生存环境造成威胁的风险,同时辅之以一系列的预防性手段。事后则通过行政处罚等制裁性手段扭转不良影响,回复损害之前的状态。在人工智能时代,这种监管模式的适用面变得狭窄。一方面,监管者在批准人工智能产品的准入时往往无法在准入与否与准入条件等方面进行准确的判断,这导致监管者很可能倾向于禁止新产品的商业化以回应公众担忧,即使没有证据证明这种担忧有可靠依据。[2] 另一方面,事后监管模式的应用取决于因果关系的证明和损害的大小。然而,由于算法的不透明性以及数据集中于企业,导致证明因果关系的

---

〔1〕《民法典》第 111 条规定:“自然人的个人信息受法律保护。任何组织和个人需要获取他人个人信息的,应当依法取得并确保信息安全,不得非法收集、使用、加工、传输他人个人信息,不得非法买卖、提供或者公开他人个人信息。”

〔2〕郭传凯:《人工智能风险规制的困境与出路》,载《法学论坛》2019 年第 6 期。

信息获取极其困难。

目前,我国关于人工智能技术监管的专门性法律尚未出台,在监管模式方面并无规范文本的具体规定,监管模式的各方面内容也没有通过法律文本的形式加以固定。这导致目前监管部门依然使用传统的监管模式进行技术监管,监管的效果无法满足技术发展的要求。

2. 监管主体未明确

专业的监管机构是保障人工智能技术有序发展的关键。目前在政府机构设置方面,对于作为人工智能技术监管主体的公权力机构尚未明确,具体的职责划分同样较为混乱。这主要是因为人工智能技术各个环节跨度较大,需要保障和监管的领域较多,且专业性较强,技术环节之间互相牵连,各个环节的专业监管机构事权划分难以细分,监管权力较为分散而缺乏统一、集中的梳理。统一性的专业监管机构的缺乏导致当前政府对人工智能技术的有序应用的监管力度较小,监管目标也并不明确。例如,目前具有人工智能技术或其产品的监管部门就有科技部、工信部、质量监督管理部门等,部门与部门之间缺少明确的管辖范围划分,部门的监管倾向性也是大相径庭。

社会层面同样没有固定可以协助政府对人工智能进行监管的社会组织或者社会主体,[1]行业自我规制的潜力没有得到发挥。行业自律同样是监管人工智能技术的重要力量,也是协同治理的要求。人工智能技术的复杂性与较广的领域覆盖面要求监管机构无法独自承担监管责任,需要与相关行业进行合作,这也是因为相关行业掌握了包括算法技术、数据等在内的大量信息和资源。目前,需要明确监管机构与行业协同治理的具体方案,明确行业自律的边界与作用,搭建政府与行业的协同治理机制。

3. 监管责任未固定

权责相统一是行政法的基本原则之一。监管机构在掌握人工智能技术的监管权力的同时,也应当为监管不力造成的不良影响承担责任。造成如今人工智能技术监管困境的一个原因即监管机构的责任没有固定,这表现在三个方面:首先,当前并无法律详细规定人工智能技术的监管责任划分、责任种类、责任形式以及责任的落实机制。其次,缺少对于监管中的违法行为以及不当行为,包括违法程度、追责主体的详细规定,导致违法监管行为的责任大

---

〔1〕 参见胡元聪、辛茹茹:《人工智能对法律监管带来的挑战及制度因应》,载《人工智能法学研究》2018 年第 2 期。

小与责任主体难以厘清。最后,缺少对于监管工作的考核标准的规定。[1]

监管责任未固定、监管主体未明确,最终导致在需要监管机构承担监管责任时出现各部门推卸监管责任、逃避行政追责的情况。

二、人工智能技术监管的未来展望

(一)明确监管主体与责任,促进监管专业化与统一化

人工智能技术涉及领域繁多,监管事项庞杂。一方面,需要对各个监管领域与相关事项进行统一安排,以防监管部门"多点开花",导致不同部门各行其是,监管倾向相互冲突,市场主体无所适从。另一方面,又不能各领域严格统一而失其专业性与特殊性,还应当贯彻权责相统一原则。所以首要问题是重点明确人工智能技术的监管主体与监管责任问题。

其一,在政府层面成立专门性的人工智能监管部门。由于人工智能技术领域专业性较强,且目前在国际竞争中的地位凸显,而目前主要负责人工智能技术监管的科技部和工信部监管的科技领域较广,无法对人工智能技术进行侧重。成立专门性的人工智能监管机构是各国的通行做法。例如,美国成立了统一的机器人委员会集中负责人工智能技术监管,英国同样成立了 AI 委员会(AI Council)和政府 AI 办公室(Government Office for AI)协调人工智能技术的发展。我国同样可以借鉴他国的做法,通过设置中央层面和地方层面的专门性人工智能技术监管机构,吸纳人工智能技术领域的专业人士,中央机关统筹全国人工智能发展,地方机构负责地方人工智能技术事务安排,中央与地方实现垂直领导。监管主体的安排需要立法层次较高的法律文件加以梳理和固定,这个问题可以考虑通过后续的专门性立法或完善当前现有法律加以解决。

其二,需要明确监管主体的监管责任问题。为破解当前权责不相统一的困境,应当在后续规范性文本制定或修订中明确人工智能技术监管的权责划分、监管者的违法与不当行为的形式、违法主体与具体承担的责任以及详细的正当性监管程序规定。同时,明确监管的具体考核模式与考核指标,明确监管者的考核侧重点,以及未达到考核标准的处理措施。

[1] 参见胡元聪、辛茹茹:《人工智能对法律监管带来的挑战及制度因应》,载《人工智能法学研究》2018 年第 2 期。

（二）强制披露智能产品安全信息，推进算法原理透明化

为了保障人工智能产品效果与设定的目标一致性，确保人工智能产品的安全可控，监管部门对人工智能研发者应进行认证审批，强制要求其公布或提供与人工智能产品相关的安全信息。[1]

同样在其中值得关注的是，算法的不透明往往源于技术承包商对于其商业秘密保密特权的主张，这是政府公开算法时所需要考虑到的重要因素。一种可行的方式是算法的原理透明化。通过自主学习的算法代码往往存在认知障碍并动态变化。一般认为，算法代码公布后无助于消除社会的担忧，而由此带来的副作用却更加明显，例如，公开的算法代码可能被恶意利用，导致国家、社会以及企业的安全利益受损的风险产生。而算法原理的透明化不纠缠于代码这一过程性的中间环节，体现了目标管理和结果导向的思维。[2]算法原理公开的重点是算法模型设计维度与策略等算法核心问题，也有学者提出应当提供涉及公共服务的算法的合同和要求供应商提供解释和验证关键决策的记录，但不必透露精确的算法代码，考虑到商业秘密特权的保护，这些记录可在不影响承包商竞争地位的情况下被公开讨论和说明，这不会削弱算法供应商的竞争力。[3]

这在欧盟《通用数据保护条例》（GDPR）中有所体现，其并不直接要求算法提供者公开算法代码，但需要算法提供者"如果个人数据将用于自动化决定，那么至少应当向个人提供相关决定的重要性、对个人预期的影响以及有关运算逻辑的'有用信息'"。[4]

（三）规范数据采集与使用，推动数据保护

应当重点保障商业和个人的数据安全。首先，需要在国家层面的立法中制定专项条款保护涉及国家秘密、个人信息和商业秘密的数据资源，合理设置安全等级，对数据进行等级化区分，同时完善数据安全风险测评与应急防范等制度，明确任何单位或者个人不得非法采集涉及国家利益、公共安全、商

---

〔1〕 魏平、卢强：《创新监管方式　防范人工智能风险》，载赛迪网：http://www.ccidnet.com/2018/0327/10371160.shtml，2019年12月10日最后访问。

〔2〕 袁祥、王一：《算法促进人工智能时代的信息传播》，载《社会科学报》2019年7月4日，第2版。

〔3〕 Brauneis R. and Goodman E. P.，"Algorithmic Transparency for the Smart City"，*Social Science Electronic Publishing*，2018.

〔4〕 See General Data Protection Regulation，Article 13(g) and Article 14(g).

业秘密、个人隐私等相关数据；对数据采集进行严格规范，数据采集不应损害被采集人的合法权益，并在立法文本中明确危害数据安全行为的法律责任以及处罚形式。其次，要在立法中限定数据应用边界。应当探索设立企业数据的利用与分享准则，〔1〕具体化数据应用的边界。数据应用边界的作用在于为个人隐私数据构建一个可靠的“沙箱”，除有相应权限的用户外，排除其他任何人的访问要求。再次，立法中设置义务主体保护个人信息的义务。通过程序控制等规制工具以规范义务主体采集或处理个人信息的行为，设置违反法定义务的处罚方式与手段，保障信息主体的合法数据权益。同时，借鉴欧盟立法经验，探索信息保护影响性评定程序在我国的设置，对可能发生的违反信息保护规定的行为进行事前规范和预防。最后，从个人信息到对数据的保护，应该设置专门的数据保护机构并在立法中予以明确。成立专门负责个人数据保护的机构是各国的普遍做法，〔2〕统一与专门的数据保护机构有利于使包括个人信息在内的数据，在存储、传输、交易等各个环节受到监督，提高整体数据保护水平，更有利于为用户建立维权申诉的一站式服务。〔3〕

（四）确立合作监管模式，提高行业与公众参与水平

如前所述，传统的监管方式可能带来对于技术发展的极端限制的结果，需要对事前与事后的监管模式加以革新。考虑到行业作为技术的拥有者与数据资源的掌握者，政府的顺利监管很大程度上需要与行业进行合作。而社会公众作为数据的原始提供者以及行业提供服务的对象，同样应当以监管参与者的姿态加入人工智能技术的监管当中来，从而建立合作监管模式。行业协会应当在监管中扮演重要角色，通过利用其专业性与人才优势，辅助监管部门对人工智能技术的研发与使用的监管。行业协会的介入体现了行业内部自我规制的力量，很大程度上减轻政府的监管压力，弥补了监管部门在知识和人才资源上的不足，提升监管的水平和质量。在此情况下，“行业协会辅助监管”模式同专门性人工智能监管机构的协调、对接，实际上是对人工智能领域高技术特征的创新性回应，也能够有效地做到人工智能技术风险的预先

---

〔1〕 姚佳：《企业数据的利用准则》，载《清华法学》2019 年第 3 期。

〔2〕 杨震：《加快个人信息保护法立法，促进信息社会健康发展》，载《中国人大》2017 年第 19 期。

〔3〕 杨震：《加快个人信息保护法立法，促进信息社会健康发展》，载《中国人大》2017 年第 19 期。

控制。[1] 行业协会可以制定行业规范对技术发展进行规制，这种规范往往并不具有强制拘束力，更多体现的是市场对于技术的调整，属于软法手段。

公众的作用在于对政府监管与行业自律的监督，政府与行业的合作在一定程度上可能导致规制俘获的发生，此时需要第三方力量的监督与平衡，而公众往往是人工智能技术影响最大的群体，也是人工智能技术滥用的直接受害者，赋予公众参与监管人工智能技术发展的权利，有利于消解社会对技术的质疑，推动技术发展和政府决策的民主化与正当化。

（五）建立包容审慎的监管理念，采取渐进式监管

监管的总体理念应当与社会发展相契合。人工智能技术领域的行政监管应当特别注重监管的包容性。科技创新需要自由包容的评价环境，成功的创新固然值得称颂，但更需要容许默默探索、反复试错和大量实验的氛围。[2] 监管的尺度与覆盖面是监管环境是否宽松的体现。监管的创新同样重要，人工智能领域的技术性与专业性较强，监管部门往往倾向于采用传统监管方式，这可能导致技术发展的停滞，所以需要探索创新型监管方式，但步子不能迈得太大。

针对人工智能领域的监管，应当体现包容审慎的理念，采取渐进方式进行监管创新，以确保监管规则的连续性。例如，对于自动驾驶汽车，采取包容的监管态度，在试点示范中逐步探索规范相关领域产品、服务及安全标准，倡导企业自律和社会监督。英国政府提议将汽车强制险的适用范围扩大到自动驾驶模式，在驾驶者将汽车控制权完全交给自动驾驶系统时能为其安全提供保障。而美国在自动驾驶汽车领域则逐步推动州层面的立法向联邦层面立法的过渡，并在 2017 年 9 月经众议院通过《自动驾驶法案》，为美国自动驾驶汽车上路监管提供了统一的标准。[3]

参考文献

[1]马颜昕：《自动化行政的分级与法律控制变革》，载《行政法学研究》2019 年第 1 期。

---

〔1〕 张玉洁：《论我国人工智能的法治化进程：现状、挑战与革新》，载《广州大学学报》2019 年第 2 期。

〔2〕 参见戈峻、刘维：《创新与规制的边界》，法律出版社 2018 年版，第 210 页。

〔3〕 魏平、卢强：《创新监管方式　防范人工智能风险》，载赛迪网：http://www.ccidnet.com/2018/0327/10371160.shtml，2019 年 12 月 10 日最后访问。

[2]査云飞:《人工智能时代全自动具体行政行为研究》,载《比较法研究》2018 年第 5 期。

[3]胡敏洁:《自动化行政的法律控制》,载《行政法学研究》2019 年第 2 期。

[4]应松年主编:《当代中国行政法》,人民出版社 2018 年版。

[5]陈敏:《行政法总论》,新学林出版股份有限公司 2011 年版。

[6][德]哈特穆特·毛雷尔:《行政法学总论》,高家伟译,法律出版社 2000 年版。

[7]腾讯研究院等:《人工智能》,中国人民大学出版社 2017 年版。

[8]Joshua A. Kroll, Solon Barocas, Edward W. Felten etc., Accountable Algorithms, 165 U. Pa. L. Rev. 633, 696 – 697 (2017).

[9]周雪峰、李平:《网络平台治理与法律责任》,中国法制出版社 2018 年版。

[10]戈峻、刘维:《创新与规制的边界:科技创新的政策法律调控之道》,法律出版社 2018 年版。

[11]刘鹏:《互联网金融监管与规范:在竞争与规制之间》,知识产权出版社 2019 年版。

[12][美]罗科斯·庞德:《法律史解释》,邓正来译,中国法制出版社 2002 年版。

[13]王磊、马源:《新兴互联网平台的设施"属性"及监管》,载《宏观经济管理》2019 年第 10 期。

[14]郭海、李永慧:《数字经济背景下政府与平台的合作监管模式研究》,载《中国行政管理》2019 年第 10 期。

[15]沈岿:《互联网经济的政府监管原则和方式创新》,载《国家行政学院学报》2016 年第 2 期。

第四章 人工智能与民商法

教学要点

1. 人工智能侵权责任的认定标准
2. 人工智能对民事权利的影响
3. 人工智能投资顾问的法律规制
4. 商业保险在人工智能风险领域面临的挑战和机遇
5. 人工智能知识产权保护路径

第一节 人工智能时代的民法

一、民法在人工智能风险风控中的重要作用

(一)事前预防人工智能发展风险

有学者从民法基础理论出发,提出民法能够并且应当在事前阶段预防人工智能发展风险。[1] 一方面,民法可以对人工智能的发展进度予以制度层面的管控。伦理准则是民事法律制度的重要基础,它可以在很大程度避免人工智能的发展违反社会伦理道德的局面发生。因为人工智能没有道德观念,所有结论都是通过算法和程序得出的,如果未来真的发展到强人工智能时代,很可能对人类的自主性、公正性甚至人类自身生存造成巨大的威胁。民法可以对可能出现的伦理风险予以有效控制。另一方面,人工智能还存在技术滥用的风险,特别是当这些新兴技术成为社会的主导力量时,技术滥用的危机可能会成为人类共同的危机,进而导致社会的变革,最终会演变成对文明的颠覆和对社会格局的重整等。民事法律制度应当将技术应用限定在合

---

〔1〕 杨立新:《民事责任在人工智能发展风险管控中的作用》,载《法学杂志》2019 年第 2 期。

理的范围,保障技术能够服务于人类而不是引发灾难。

(二)事后救济人工智能风险损害

除了事前预防人工智能发展风险,民法可以通过民事权利义务以及民事责任的分配在事后环节对人工智能风险损害进行有效救济。[1] 从民事权利的角度来看,人工智能技术催生了许多新型民事权利以及更新了既有的民事权利的内容。例如,许多互联网技术企业早已实现了信息的精准分发,人们毫无隐私可言。而数据的开发者、利用者掌握了海量个人信息,通过与政府部门的合作也可能让公权力与私权利的界限模糊。不仅限于此,个人隐私、肖像、声音、表情、肢体动作等诸多人格利益的保护都面临挑战。[2] 从民事责任主要是侵权责任来看,人工智能技术产生了许多新型的侵权事件。特别是在强人工智能时代,当这些智能系统具备了自主意识和自我意志,可能会超出开发者的设计范围实施行为,究竟应当如何界定,如何对损害进行赔偿,是一个颇具争议的问题。民法应当通过民事责任制度对这些新型侵权行为进行制裁,以维护被侵权人的利益和保障安全秩序。

二、人工智能的民事主体地位之争

(一)人工智能可以成为民事主体

一些国家、政府组织在实践中已经在不同程度上肯定了人工智能是人,[3]部分学者认为人工智能可以成为民事主体,应当被赋予法律人格。有

---

[1] 杨立新:《民事责任在人工智能发展风险管控中的作用》,载《法学杂志》2019 年第 2 期。

[2] 王利明:《人工智能时代对民法学的挑战》,载《东方法学》2018 年第 3 期。

[3] 2010 年 11 月 7 日,日本宠物机器人帕罗获得户籍,户口簿上的父亲是发明人。这意味着日本政府在一定程度上认可了智能机器人的主体地位。机器人已超越"财产"定位,获得作为有感知力的存在体享有权利的法律地位。2016 年 2 月 4 日,美国国家公路交通安全管理局(NHTSA)在给谷歌公司的回函中表示,根据美国联邦法律,谷歌自动驾驶汽车中的自动驾驶系统可视为"驾驶员"。2016 年 5 月 31 日,欧洲议会法律事务委员会发布《关于机器人民事法律规则立法建议致欧盟委员会的报告草案》,2017 年 1 月 12 日草案由该委员会表决通过成为决议。决议第 59 段建议,当对未来法律文件的影响进行评估时,应探索、分析并考虑所有可能的法律举措的意蕴,举措之一就是:从长期着眼为机器人创立特定的法律地位,明确最精密的自主机器人拥有"电子人"地位,能够承担弥补其引发的损害的责任,并可能把"电子人格"适用于那些机器人自主决定或其他独立于第三方交互的案件。2017 年 10 月 25 日,在"未来投资计划"大会上,沙特政府授予"女性"机器人索菲亚公民身份,开历史先河。索菲亚属于对话式人工智能机器人,采用语音识别技术,能够理解人类语言,与人类互动,识别人脸,模拟 62 种面部表情,但不能自由移动。

的主张人工智能是其所有人的代理人，主要依据是《欧盟机器人民事责任法律规则》第52条明确提出了“非人类的代理人”这一概念，[1]人工智能与其所有人或者使用人的关系可以被视为是代理关系中代理人与本人的关系。需要进一步考虑的是如何对这种代理关系进行定性，因为它不是法定代理，也很难发现有意定代理的意思表示，并且代理权限之类的问题也需要进一步明确。[2] 有的主张人工智能可以拥有电子人格，因为人工智能有一定的“行为”和一定范围的“决定权”。法律可以通过赋予一定的权利和义务而确立其“电子人格”的法律地位，让其在一定范围内有自主权是合理的。历史上，自然人、动物或无生命体法律主体的演化表明，存在充足的法律主体制度空间容纳“电子人”；法理上，现有法律主体根植之本体、能力与道德要素，“电子人”皆备。由外部视之，人工智能现有及潜在的经济、社会、文化、伦理影响以及对哲学范式的冲击，促使既有观念、模式、体系开始转换，“电子人”的法外基础已然或正在生成并强化。[3] 有的主张，人工智能可以具有“有限人格”，是特殊的法律主体，具有独立自主意识的智能工具属性，享有权利并承担责任的独特特点，决定了其具有法律人格。但这种法律人格同自然人或现有的拟制法人并不完全相等，人工智能具有独立思考的能力，这是与其他科技最主要的区别，因此可以考虑使其具有有限的法律人格。[4]

（二）人工智能不能成为民事主体

多数学者持否定论。这种观点主要立足于当下弱人工智能的发展现状提出。多数国家的立法和司法实践大多将人工智能视为民事法律关系的客体。有的主张人工智能仍然属于由人类创造、服务于人类的工具。[5] 智能机器人也只是机器，还是属于人的工具，对于索菲亚这样的高端智能机器人，即使它取得了公民身份，终究还是工具而不是人。有的主张，人工智能是算

---

〔1〕 The European Parliament, With Recommendations to the Commission on Civil Law Rules on Robotics, 2015/2103(INL), http://www. europarleuropa. eu/sides/getDoc. do? Language = ENaereference = A8 - 2017 - 0005&type = REPORT, last visited on 22 December 2019.

〔2〕 See Samir Chopra, Laurence F White, A Legal Theory for Autonomous Artificial Agents, University of Michigan Press, 2011.

〔3〕 郭少飞：《“电子人”法律主体论》，载《东方法学》2018年第3期。

〔4〕 袁曾：《人工智能有限法律人格审视》，载《东方法学》2017年第5期。

〔5〕 彭诚信、陈吉栋：《论人工智能体法律人格的考量因素》，载《当代法学》2019年第2期。

法等软件的代理,只是在传递用户要求的信息,并不具有人格。[1] 有的从哲学维度论证了不应当赋予机器人以与人相同的法律主体地位。机器人就其生成机理来说不可能产生生命和生命权。享有生命和生命权是自然人取得民事主体地位的基础和前提。机器人不具有自然人那样的个体差异性。从本质上说机器人具有简单性(可归类性),而自然人具有复杂性。机器人没有自然人所具有的道德、良心、良知、伦理、宗教、规矩和习惯。具有道德、良知、良心等是自然人区别于动物的又一标志,也是自然人独立承担民事责任的基础和前提。机器人无法实现与自然的和谐相处,也无法在与自然的相处中实现对自然界的改造目的。[2] 还有学者从认定标准的角度提出了优化建议。理性主义学派以认知能力、道德能力、意识能力等具体理性特质为内容的判定标准体系有较重的人类中心主义倾向;人文主义学派以生命价值、生命脆弱、感知痛苦等具体人性特质为内容的判定标准体系在司法实务中可操作性不强。适用于智能社会法律人格判定的标准体系应在算法化的基础上独立于任何物种的具体特质而存在,并同时具有本土性、衔接性、可行性、包容性四个特征。[3]

三、人工智能对民事权利保护的挑战

(一)人工智能对人格权保护的挑战

1. 个人信息

收集海量数据是人工智能技术发展的基础,这对个人信息的保护提出了挑战。人们无论是工作还是生活,一点一滴都会被各类系统记录下来。特别是智能手机的普及,更是让每个人的准确定位不再是秘密。在大数据时代,现代人就好像在“裸奔”。不仅如此,人工智能系统的数据分析功能更会对人们的个人信息构成重大危险。例如,在全国第一例运用人工智能技术侵犯个人信息的案件中,侵害人利用人工智能“打码”技术在毫秒间快速破解网站防范措施,将获取的大量受害人个人信息拿去贩卖。随着大数据的收集越

---

[1] Susanne Beck,“The Problem of Ascribing Legal Responsibility in the Case of Robotics ”,31 & Soc 473 –481(2016).

[2] 赵万一:《机器人的法律主体地位辨析——兼谈对机器人进行法律规制的基本要求》,载《贵州民族大学学报(哲学社会科学版)》2018 年第 3 期。

[3] 徐文:《反思与优化:人工智能时代法律人格赋予标准论》,载《西南民族大学学报》2018 年第 7 期。

来越低价便捷,个人信息面临的威胁日益严重,对这项权利的保护也日趋紧迫。《民法典》明确规定,自然人的个人信息受法律保护。收集使用自然人个人信息的,应当遵循合法、正当、必要原则,并应当征得被收集者同意等。有学者提出,在民法典中加强个人信息保护极具必要性,未来在个人信息部分应当继续强化,例如明确规定个人信息权,将其上升到民事权利的高度。〔1〕

2. 个人隐私

对个人隐私的保护一直是个备受关注的问题,伴随着人工智能技术的发展,个人隐私保护更是成为一个热点话题。无论是针孔摄像机还是无人机,都很可能成为轻易窥探个人隐私的工具。《民法典》明确规定,除法律另有规定或者权利人同意外,任何组织或者个人不得搜查、进入、窥视、拍摄他人的住宅、宾馆房间等私密空间。

3. 其他人格权和人格利益

除了个人信息和隐私,对肖像权的保护也是一个典型表现。近年来,人工智能人脸识别技术在刷脸支付、抓捕罪犯等方面的广泛运用也产生了大量肖像权被搜集,引发了可能被侵犯的风险。另外,人工智能对自然人声音、表情、肢体动作等人格利益的保护也提出了新挑战。最常见的是人工智能产品对自然人的声音、动作的模仿,也可能造成对他人人格权的侵害。

(二)人工智能对数据权利保护的挑战

作为人工智能的一种重要分析工具,大数据引发了对数据权利的关注。作为信息网络科技发展的产物,数据表现为存在于计算机及网络上流通的在二进制的基础上由 0 和 1 组合的比特形式,无法脱离载体而存在。通常认为,数据根据来源不同可以分为传统信息系统产生的数据、环境状态的数据、社会行为的数据以及物理式实体数据。与传统财产不同,数据不属于物(动产和不动产),也非智力成果或权利。数据的交易也必须依附于平台、代码、服务协议、交易合同等。并且,数据的占有和转移占有是无形的,同时也没有有效的权属证明,再加上人工智能还可以进一步将收集的数据加工成衍生数据。因此,数据的权属是一个难点问题。另外,不同主体对数据的相应权益都应得到保护。一方面,自然人的数据应当获得保护;另一方面,相关企业通

〔1〕 王利明:《人工智能时代对民法学的新挑战》,载《东方法学》2018 年第 3 期。

过合法方式收集获得的数据应当受到法律保护,并且该权利既不依赖于被收集者的授权,也不依赖于其他在先权利或许可。如何在个人信息权的保护与数据开发者、合法利用者的数据财产权的保护之间寻求平衡,是民事法律制度需要关注的。

(三)人工智能对知识产权保护的挑战

人工智能技术的发展也引发了知识产权的争议问题。对人工智能创作产生的成果是否应当给予著作权保护,引起了热烈讨论。[1] 无论是百度的创作诗歌机器人,微软公司的“小冰”还是日本的作家机器人,都指向了一个问题,它们创作的诗歌、音乐、小说等作品的著作权究竟归属于谁?

此部分详细内容见本章第四节。

四、人工智能侵权责任的认定——以自动驾驶机动车为例

(一)自动驾驶机动车侵权责任认定的不同观点

自动驾驶机动车发生交通事故,该由谁来承担责任?这是一个颇具争议的问题。目前主要有以下几种观点。

第一,应当由机动车使用人承担责任。这是传统交通事故侵权法律制度的做法,也可以适用到自动驾驶机动车,因为自动驾驶行为还是由驾驶者来主导的。并且,即使是由系统完全操纵的情况下,美国加州等立法仍然明确将开启自动驾驶模式的人为驾驶者,原因在于,驾驶者应当为选择开启自动驾驶模式之后的一系列后果承担责任。[2]

第二,应当由机动车制造商或系统开发商承担责任。这种观点拥有许多的支持者。论证的方式也有多种。较为普遍的是适用产品责任规则,无论是自动驾驶机动车还是自动驾驶系统都是制造商或开发商提供的产品或服务。如果驾驶者没有实际驾驶就发生了交通事故,最大的可能性就是机动车或者系统出现了故障,此时驾驶者并没有过错,由制造商或者开发商承担较为合理,也可以督促其在技术研发中更加注重安全问题。又如,根据一般过失责任原则,从过失的角度来看,驾驶者如果仅仅因为在自动驾驶模式中没有实

---

〔1〕 张惠彬、刘诗蕾:《挑战与回应:人工智能创作成果的版权议题》,载《大连理工大学学报(社会科学版)》2020 年第 1 期。

〔2〕 Carrie Schroll, “Splitting the Bill: Creating a National Car insurance Fund to Pay for Accidents in Autonomous Vehicles”, 109 *Nw. U. L. Rev*, 803, 2015, p. 815.

施驾驶行为而被判定是责任方则有些不公,因此更好的做法还是由机动车制造商承担责任。又如,参照电梯事故规则,自动驾驶机动车类似于电梯,都是一种按照既定程序和算法的运输工具,乘坐人除了能够选择目的地,无法控制具体的运输过程。此时制造商或者开发商类似于公共承运人,应当承担责任。

第三,应当由机动车所有人承担责任。有学者参照的是雇主责任,自动驾驶机动车可以被视为是所有人雇佣按照其指示运行的"司机",如果发生交通事故,所有人应当承担责任,就如同雇主应当为其雇员的职务行为买单。还有学者从动物侵权法律规则进行论证的。从机动车侵权法律规则的历史发展来看,法院曾经将机动车与动物类比作出裁判。并且,即使到现在,自动驾驶机动车与动物都有许多相似之处,二者都是为了更好地服务人类,却都能在没有人类的控制和干预下进行行动或引起损害。

第四,应当赋予自动驾驶机动车法律人格,由其自身承担责任。此观点的前提是承认并肯定人工智能具有民事主体资格。最常见的说法是,自动驾驶机动车完全可以像公司那样得到一个法定的法律人格。具体到责任承担的方式,可以考虑由相关方设立特定的责任基金账户,为其独立承担责任提供经济保障。

(二)自动驾驶机动车侵权责任认定的几个重要问题

1. 机动车级别

目前,对自动驾驶机动车侵权责任的认定首先要考虑的问题是自动驾驶机动车的级别。不同级别的自动驾驶机动车适用的责任认定标准可能存在差异。目前,多数国家采用的是美国国际自动机工程师学会的 6 级分类。L0 级机动车也就是传统的机动车,它是完全无自动化的,完全由自然人驾驶,无论是制动、转向还是油门控制、动力传动,机动车本身不能进行任何干预,只能根据驾驶者的自我判断执行命令。L1 级机动车属于辅助驾驶类型,即它有自动驾驶系统,但通常能够帮助驾驶员完成某一项特定的驾驶任务,一般是通过驾驶环境对方向盘和加减速中的一项操作提供驾驶支持,其他的驾驶动作都仍由驾驶员进行操作,例如常见的车道保持系统、定速巡航系统等。L2 级机动车属于部分自动化类型,即在驾驶过程中,自动系统除了能控制加减速,同时还能对方向盘进行控制,一般是通过驾驶环境对方向盘和加减速中的多项操作提供驾驶支持,驾驶员可以放弃主要控制权,但仍需要观察周围情况，并提供安全操作，例如自适应巡航系统。L1级和L2级是属于低自动化的。L3级机动车属于有条件自动化类型。自动驾驶系统可以依据系统要求完成所有的驾驶操作，驾驶员需要在适当的时候提供应答。换句话说，自动驾驶系统在条件许可的情况下可以完成所有的驾驶动作，并具备提醒驾驶者功能。驾驶者无须监控驾驶环境，但需要随时能够接管车辆，以便随时应对可能出现的自动驾驶系统应对不了的情况。L4级机动车属于高度自动化，虽然还是具有方向盘等界面让驾驶者可以实时操作，但基本不需要干预，除非是在特定区域或特定条件下才有必要。L5级机动车是全自动化的驾驶，人类完全成为乘客。根据设想，车辆完全通过电脑感知与运算来驾驶车辆，不需要方向盘等操作界面，不论任何环境、路况，都不需要人类驾驶介入操控。

2. 主观状态

相关方的主观状态被认为是认定责任的一个重要因素，即自动驾驶机动车侵权责任的认定应当采取过错责任原则还是严格责任原则。目前，支持对制造商、开发商采取严格责任，对驾驶者、所有人采取过错责任的较多。也有学者主张引入机动车保有人以风险为基础的严格责任，并罗列了一系列优势，例如，可以适应自动驾驶汽车逐渐由自动系统承担驾驶任务这一变化；使受害人在求偿时不必困扰于人机混合驾驶时驾驶员是否有过失；与商业保险设计的思路可以进行更好的衔接。[1]

3. 价值取向

包括自动驾驶机动车在内的人工智能侵权责任的认定都需要回归到价值取向的基点。如何激励技术发展的同时强化对受害方的救济是相关民事责任制度应当平衡的利益。也就是说，法律需要在消费者、制造商、开发商与受害人之间进行微妙而细致的利益平衡。对于受害方来说，提供充足的救济保障是必然要求，由制造商和开发商来承担让他们的救济更容易得以实现；对于消费者来说，让制造商一方承担责任可以增强他们的购买信心，使其没有后顾之忧的享受技术带来的便利。但如果过度强化制造商或开发商的责任，实践中一旦发生相关事故，制造商或开发商往往容易成为众矢之的，长此以往，可能挫伤其创新技术的积极性，对我国人工智能技术发展以及提升国际竞争力也可能产生不利影响。

---

〔1〕 冯珏：《自动驾驶汽车致损的民事侵权责任》，载《中国法学》2018年第6期。

第二节　人工智能对企业法律制度的影响

一、人工智能董事

（一）人工智能董事的概念和分类

人工智能董事是指运用人工智能技术辅助或者代替董事承担公司经营业务的人工智能系统。根据技术的发展程度，人工智能董事可以分为两类：一是辅助型人工智能董事，即辅助董事处理相关事务的人工智能系统；二是独立型人工智能董事，即自己作为独立的董事个体的人工智能系统。

辅助型智能董事目前已经在公司企业中出现，主要的应用场景是投资银行。瑞士联合银行集团伦敦分行与德勤（Deloitte）会计事务所及金融科技公司 Tradelegs 合作开发了一套人工智能及机器学习（Machine Learning）系统，帮助交易员分析数据及调度资金。它可以针对金融市场变动趋势为瑞银制定投资策略以供参考，也被称作人工智能投资顾问。此外，瑞士联合银行集团还与亚马逊合作，聘请其为瑞士联合银行集团的客户解答相关问题。此时的人工智能可以被看作辅助真人董事进行决策。

独立型人工智能董事目前还停留在理论探讨层面。除受技术之限，它在法律制度层面还面临诸多争议。一方面，人工智能系统是否可以成为法律主体，能够以独立个体履行义务并承担责任。另一方面，根据公司法的规定，只有自然人才可以担任董事，即使人工智能系统的法律主体可以得以确定，也还仍然面临非自然人主体是否具有担任董事的主体资格的问题。

（二）人工智能董事在法律适用中的授权问题

辅助型智能董事因为具有挖掘分析数据的强大优势以及本身无情感的中立立场在实践中获得青睐。基于公司利益最大化的角度，人工智能天生基于算法的优势以及绝对公正的态度，谋求公司利益最大化，聘请人工智能提供决策咨询无疑是董事积极履行董事义务的途径之一。但董事可否对人工智能董事进行授权，则是一个有争议的问题。

董事可否对人工智能董事进行授权，即真人董事是否可以委托人工智能董事让其代为行使自身职权，例如在董事会上就公司某一项决议进行决策。我国《公司法》仅规定董事可以委托他人代为出席董事会，但是受托方必须是公司的其他董事，而不能是本公司董事之外的人，并且该董事还必须出具书面的授权委托书，载明授权范围以及遵循法定程序。对于可否委托人工智能系统，没有明确规定。另外，如果允许授权，如何限定授权范围和具体事项，如何认定董事是否履行了法定义务特别是勤勉义务，如何认定相关法律责任等都是一系列需要解决的问题。

（三）人工智能董事对公司治理的未来潜在影响

伴随着人工智能技术的发展，人工智能董事的广泛运用也许会在不远的未来实现，届时将不仅仅局限于董事授权这一个问题，它可能会对公司治理的基础理论产生一系列变化，进而对具体制度的变革带来深远的影响。

1. 公司治理结构

目前的公司治理结构是在“委托—代理”关系的基础上构建起来的，通过将公司所有权和经营权的分离，构成表意机关、执行机关和监督机关三权分离的局面，在我国，它们分别对应的是股东会或股东大会、董事会或执行董事、监事会或者执行监事。人工智能技术的发展可能会让既有的治理结构发生变化，例如，独立型人工智能董事会直接冲击“委托—代理”这一基础关系，在降低代理成本的同时可能让监督机关失去原本存在的意义，既有的三权分立构想也可能被重构。

2. 董事义务

根据通说，董事义务分为忠实义务和注意义务。人工智能董事的广泛运用可能会降低忠实义务存在的必要性，因为智能系统完全可以通过代码和算法的设置避免利益冲突，并且基本也不会像真人一样可能存在损人利己、监守自盗等恶意心态，因此，有学者认为忠实义务可能失去规范价值。[1] 注意义务通常强调董事应当符合合理注意的标准，即善意决策与知悉信息。对于人工智能董事，重点在于决策的输出是基于充分的信息之上，这会使注意义务的重要性更加凸显。未来公司法应当多关注人工智能董事的注意义务的履行标准，这也会涉及对多方主体例如智能系统开发者的合理规制。

3. 股东派生诉讼

股东派生诉讼是针对董事、监事、高管违反法定义务损害公司利益的一种替代性救济措施，即由满足法定条件的股东替代公司对侵害人提起诉讼。

---

〔1〕 林少伟：《人工智能对公司法的影响：挑战与应对》，载《华东政法大学学报》2018 年第 3 期。

股东派生诉讼在我国司法实践中一直存在许多难点问题，因此《最高人民法院关于适用〈中华人民共和国公司法〉若干问题的规定（四）》专设条文进行了明确规定。在人工智能技术背景下，相关方的关系更为复杂。例如，股东派生诉讼的前提条件是董事、监事、高管违反法定义务，人工智能技术的介入本来就会让义务违反的认定成为一个难题，股东派生诉讼能否提起随之也就存在争议。如果能够提起，因此可能涉及多方主体进而导致前置程序、被告的范围以及事实认定的标准都会更加复杂化。

二、人工智能投资顾问

（一）人工智能投资顾问概念与特征

作为一种为客户提供辅助型的投资顾问服务的智慧系统，人工智能投资顾问，简称智能投顾（Robot - Advisor），其雏形是美国金融公司所提供的自动化资产管理服务，[1]是指一种自动化、数字化的投资建议算法或程序，能够基于投资者的相关信息为投资者提供个性化的投资建议，或受投资者委托对其账户进行管理。[2] 与传统的自然人投顾不同，智能投顾取代了与投资者面对面沟通的自然人投顾，通过标准化问卷、投资建议的输出为投资者提供个性化的投资建议和资产管理。从法律关系来看，之前的智能投顾运营者、自然人投资顾问、投资者的三方主体转变为了智能投顾运营者和投资者两方主体。从本质上来看，这样的转变只是改变了提供服务的形式，服务内容并没有很大的不同。

人工智能投资顾问的特征有以下几方面。

第一，智能投顾运营商的多样化。智能投顾运营商也就是智能投资顾问服务的提供者，并不仅限于某一类特定公司，它可以是传统证券期货投资咨询机构、科技公司、互联网金融公司等。与传统投资顾问服务提供者相比，目前智能投顾运营商的准入条件较低，因此呈现出多样化的特性。

第二，客户群体的分散化。与传统投资顾问服务相比，智能投资顾问相对来说是一种普惠型的服务，服务的对象较为大众化。原因在于，传统投资

---

〔1〕 Baker, T., Dellaert, B. G. C., "Regulating Robo Advice across the Financial Services Industry", ERIM Report Series Research in Management Erasmus Research Institute of Management, pp. 8 - 9.

〔2〕 王灏：《智能投资顾问服务之法律风险承担》，载《暨南学报（哲学社会科学版）》2019 年第 8 期。

顾问服务的人工成本较高,投资咨询机构往往通过设置最低投资额要求限定服务对象。而智能投资顾问的成本被大大降低,再加上目前国内大多数的智能投顾运营者为开拓市场往往采取免费的营销手段,吸引了众多投资者。

第三,功能的拓展化。根据我国《证券法》《证券投资顾问业务暂行规定》《证券、期货投资咨询管理暂行办法》等相关规定,证券投资顾问不得代客户作出投资决策。在智能投资顾问服务中,投资顾问的功能得以拓展,除了纯粹地给出投资建议,还可以提供资产管理的金融服务。据此,智能投顾可以分为建议型智能投顾和代理性智能投顾。前者通过大量的数据分析以及客户的投资喜好和目的给予建议。后者基于投资建议结果,直接为客户代为管理资产。在代理型智能投顾中,这种兼具双重功能的特征得到了充分体现。

第四,工作方式的智能化。智能投顾是人工智能技术在企业活动中的应用成果,它从本质上来说,是由一系列指令和代码组成的计算机系统。工作方式是对采集的数据进行分析,生成类似于人类思维的成果,简言之就是一个模仿人类思考的计算过程。目前来说,这样的智能化是相对的,它是一种智能投顾服务的辅助工具。

(二)人工智能投资顾问的法律性质

关于人工智能投资顾问的法律性质,被学者认为是一个重要问题,因为对它的准确定性将直接关系如何看待智能投资顾问服务适用哪些法律,如果发生损害由谁承担民事责任等一系列问题。有客体说和主体说两种观点。

支持客体说的学者认为,智能投顾是投顾服务关系中的客体,原因在于人工智能尚不能取得独立的主体地位,智能投顾也同样如此。智能投资顾问在实质上是其经营者在向投资者提供投资顾问服务中运用到的一种技术工具,从法律关系的要素来看,主体是经营者和投资者,内容是经营者和投资者依照投资服务合同各自享有的权利和承担的义务。

支持主体说的学者认为,应当有限承认智能投顾的主体地位。尽管人工智能不可能具有自然人的积极自我认知、情感意志以及对个人尊严隐私的感知,但这并不能完全否定它不应该被赋予主体资格,基于现实需要,它可以像公司一样成为一类可以独立表达意思、拥有独立财产、独立承担责任的特殊主体,只是它所享有的法律人格较为有限。

目前,客体说的支持者较多。重要原因之一在于它与现阶段人工智能技术发展水平较为符合,在弱人工智能的当下,智能投顾仍然属于工具的范畴。这样的计算机系统在工作中都只是在执行人类预先输入的算法和程序,所有行为并未超出人类可以预期的范畴。

(三)人工智能投资顾问的特殊风险

除了传统投资顾问服务本身具有的金融风险,智能投顾基于其特性还面临以下几类特殊风险。

一是算法风险。主要表现为算法缺陷和策略有效性缺陷。算法缺陷主要是指因编程设计错误或者网络维护不周等原因造成的智能投顾不能按照原有的算法提供正常、持续服务。策略有效性缺陷是指因市场环境等因素的变化,智能投顾所依据的投资策略的有效性降低,进而无法提供有效的投资组合建议。由于智能投顾整个算法运作体系以一系列经济假设为依托,如果该假设是错误的,或至少不适用于特定个体,那么由此得出的运算结果将不利于投资者。即使该假设是正确的,也难以完全抵挡市场的系统性风险。另外,算法部分应当采取何种合理的监管方法,对监管者也是挑战。缺乏监管的金融科技容易自我形成高深的技术壁垒,虚拟性使市场风险更加隐蔽。[1]

二是网络风险。除了算法风险,还有一类技术风险就是网络风险,这是包括智能投顾在内的所有智慧系统都普遍面临的,即互联网环境所产生的风险。智能投顾的研发与运行都离不开互联网技术,同样也无法避免其固有的病毒入侵、黑客攻击、网络瘫痪等风险。

三是人为操作失误风险。智能投顾服务离不开人为操作,也无法避免人为操作失误的零概率。运营商常见的操作失误风险包括指令发送错误、指令执行错误等;投资者的操作实务风险往往更多,典型的如投资者因为法律意识不强,对格式条款特别是免责条款并未关注就同意接受,造成实质不公的结果。并且,伴随着互联网和智能设备例如智能手机的普及,投资者可以随时随地进行交易,这种便捷性更容易大大增加错误操作的概率。

四是道德风险。智能投顾法律关系的主体之间存在利益冲突,有可能引发相关的道德风险。运营商与投资者订立的智能投顾服务合同通常是电子化的格式条款。除了电子合同的特殊性,由于我国立法尚未对智能投顾的合规业务范围进行类型化和标准化,同时也未规定标准化的授权委托书,完全

---

〔1〕 赵吟:《智能投顾的功能定位与监管进路》,载《法学杂志》2020年第1期。

取决于合同约定,更容易让运营者利用其自身优势地位拟定不公平的免责或者不当的减责条款,损害处于弱势地位的投资者特别是散户群体的利益。更重要的是,很多时候运营者在交易中往往担任多重角色,例如,证券公司作为智能投顾运营者的同时还可能开展证券投资咨询顾问业务、证券经纪业务、证券承销业务等。这样不仅会导致相关责任认定更为困难,也更容易滋长其违反信义义务,成为损害投资者权益的不良动因。

(四)人工智能投资顾问的风险防控措施

针对上述智能投顾的特殊风险,学者们在以下几方面提出了未来可以采取的风险防控措施。

其一,信义义务。根据智能投顾的特性明确运营者及相关方的信义义务是一个必然趋势。应当要最大限度地履行注意义务、忠实义务,以用户利益最大化为原则,保护信息安全,给予最合适的投资建议。

其二,分层监管。智能投顾服务突破了地域限制,这对监管提出了更高的要求。未来,在兼顾智能投顾业务特性的同时对分层监管手段进行本土优化,确立以资金管理规模为主,地域、跨界为辅的分层标准,建议可由专家结合各因素考量制订量化标准。

其三,信息披露。主要是指细化信息披露的标准。监管部门应尽快制定智能投顾信息披露的细化标准,根据信息披露的真实、准确、完整、及时与易解等特点,并结合智能投顾的特性作出具体化的特殊性要求。

其四,监管沙箱。监管沙箱是指 2016 年 5 月英国金融行为监管局(FCA)针对智能投顾、区块链等金融科技创新发布了关于“监管沙箱”的报告。“监管沙箱”专为扩大金融项目创新而设,即企业可以在“一个安全的空间”内测试其创新的产品、服务、商业模式和交付机制,并且不会因该创新立即招致不利的监管后果。也就是说,通过提供一个缩小版的真实市场和宽松版的监管环境,在保障金融消费者权益的前提下,允许金融科技初创企业对创新的产品、服务、商业模式和交付机制进行大胆试验。[1]

---

[1] 李文莉、杨玥捷:《智能投顾的法律风险及监管建议》,载《法学》2017 年第 8 期。

第三节　人工智能相关商业保险制度

一、自动驾驶机动车相关保险

（一）我国自动驾驶机动车的险种

如前所述，机动车根据自动化程度的不同分为 L0 至 L5 六个等级，相应险种也有所区别。并且，为了开拓和发展市场，国内外部分汽车生产商也开始涉足保险业，为其自动驾驶机动车提供保险服务。

1. 机动车交通事故责任强制保险、第三者商业责任险、车损险等传统险种

机动车交通事故责任强制保险（以下简称为交强险）、第三者商业责任险（以下简称商业三者险）以及车损险是自动驾驶机动车出现之前就存在的传统险种。在我国，L0、L1、L2 等级的机动车已经普及，这些传统险种也适用于这三类无自动化和自动化程度较低的机动车。

交强险是指由保险公司对被保险机动车发生道路交通事故造成受害人（不包括本车人员和被保险人）的人身伤亡、财产损失，在责任限额内予以赔偿的强制责任保险。交强险是我国首个法定的强制险种，《机动车交通事故责任强制保险条例》对投保、赔偿和监督管理进行了专门规定；《机动车交通事故责任强制保险费率浮动暂行办法》对交强险费率与道路交通事故相挂钩、实行“奖优罚劣”的费率浮动机制进行了明确。

商业三者险是指由保险公司对被保险人或其允许的合法驾驶人员在使用被保险车辆过程中发生的意外事故，对第三者造成的人身伤亡或财产损失予以赔偿的任意责任保险。它与交强险都属于责任保险，但它是任意险种而非强制险种，无论是赔偿范围还是赔偿金额都较交强险更广、更高，通常被视为是对交强险的补充，缓解交强险赔付范围有限、责任限额较低远远不能满足实际赔偿需求这一问题。

车损险是指由保险公司对被保险人或其允许的驾驶员在驾驶保险车辆时发生保险事故而造成被保险车辆受损的经济损失予以赔偿的任意财产保险。它的赔偿范围主要包括碰撞、倾覆、坠落等意外事故以及暴风、龙卷风、雷击、雹灾、暴雨、洪水、海啸等自然灾害。而政治事件、驾驶人的不当、违法

行为等通常被列为责任免除条款。

2. 自动泊车责任保险、特斯拉保险等某一特定自动驾驶机动车的特有险种

目前,我国已有少数汽车生产商与保险公司合作开发了专门针对自动驾驶机动车的特有险种。典型例子是长安汽车公司联合太平洋保险公司推出了一款名叫“放心泊”的自动泊车保险产品。这被称为我国第一个面向消费者的自动驾驶保险产品。它主要适用于几款搭载有长安汽车 APA 自动泊车系统的车型。根据保险条款的规定,驾驶者在严格按照说明书要求使用长安汽车自动泊车系统的前提下,由于自动泊车系统质量问题而导致人身或财产损失,由保险公司在责任限额内(财产损失限额 40 万元,人身伤害限额 15 万元)进行相应赔偿。换句话说,只要消费者严格按照相关要求使用自动泊车系统,因其质量问题发生事故,可以拨打长安汽车客服电话报案,最高可以获得 55 万元的赔付。多数学者认为,此险种的推出是一个全新的尝试,尽管它仅仅针对的是长安汽车的自动泊车功能,并且在严格意义上来说算不上是真正的自动驾驶保险,但对于未来此领域保险市场的发展具有重要意义。[1]

特斯拉公司也开始针对自己的产品提供保险服务。根据相关报道,特斯拉公司在两年前就已经制订了一项汽车保险计划,主要对象是澳大利亚、我国香港地区的消费者。2018 年,特斯拉与美国利宝保险公司开展了合作,专为其美国电动汽车提供汽车保险计划。2019 年 4 月,特斯拉首席执行官马斯克表示,特斯拉将尽快推出自己的保险产品,并表示其在保险方面的独特优势。2019 年 8 月,特斯拉公司在官网上发布声明,正式宣布在美国加州推出名为“特斯拉保险”的产品。未来将拓展至美国其他州。根据其公开声明的内容,此款产品在价格和服务方面均具有优势和竞争力,它旨在为购买特斯拉汽车的消费者提供 20% 至 30% 的降价优惠。因为作为生产商,特斯拉最了解其车辆的性能,能够为保险产品开发提供最多最准确的信息,同时该保险产品能够利用特斯拉汽车的先进技术、安全性与可维护性降低保险成本。并且,无论是投保还是理赔都非常便捷和透明。现有车主可以通过官网快速下单,并且可以随时取消或更改保险合同,没有隐藏费用或额外收费。

3. 测试车辆的交通事故责任强制保险

对于自动化程度较高的自动驾驶机动车即 L4 及以上等级的机动车,我

---

[1] Luo Can, Chinese Perspective on Insurance of Autonomous Vehicle (paper represented at the 21st Annual Conference of AIDA Sebia, Sebia, September 2020).

国目前基本还处于测试阶段。对此,全国和地方都出台了规范性文件。

2017年,为规范北京市自动驾驶测试行为,北京市发布了《北京市关于加快推进自动驾驶车辆道路测试有关工作的指导意见(试行)》以及《北京市自动驾驶车辆道路测试管理实施细则(试行)》,这是国内首次专门针对自动驾驶测试的立法。其中明确规定每台测试车需要购买不低于500万元的交通事故责任保险。2018年,上海也出台了《上海市智能网联汽车道路测试管理办法(试行)》,成为我国第二个为自动驾驶机动车测试专门立法的城市,其中也同样明确要求每车不低于500万元人民币的交通事故责任保险凭证或不少于500万元人民币的自动驾驶道路测试事故赔偿保函是测试主体申请测试的必要条件。

2018年,我国《智能网联汽车道路测试管理规范(试行)》生效实施,这也是我国第一个专门针对自动驾驶机动车的全国性立法文件,其第9条规定:"测试主体向拟开展测试路段所在地的省、市级政府相关主管部门提出道路测试申请。申请材料应至少包括:……交通事故责任强制险凭证,以及每车不低于500万元人民币的交通事故责任保险凭证或不少于500万元人民币的自动驾驶道路测试事故赔偿保函。"总体来说,无论是全国还是地方立法都对测试车辆应当投保交通事故责任强制保险提出了明确要求。这也是国际同行的做法,典型的如美国加州明确要求制造商应当在上路测试前为测试车辆购买500万元的保险。

(二)英国《自动与电动汽车法》的相关规定

作为现代保险制度的发源地,英国较早地推行包括机动车强制责任保险在内的机动车保险制度。面对自动驾驶机动车带来的一系列变化,英国率先对自动驾驶机动车保险进行了专门规定,这也是世界上第一个专门针对自动驾驶机动车保险的法案。2018年,《自动与电动汽车法》正式生效实施。主要内容有:

1. 适用范围

根据该法的规定,不是所有的自动驾驶机动车都属于适用范围。能够适用于该法的自动驾驶机动车要满足两个条件:(1)该机动车被设计或者改装成至少在某些场景或环境下能够实现安全的"自我驾驶";(2)该机动车能够在英国的道路或者其他公共场所在"自我驾驶"的状态下被合法驾驶。重点在于如何界定"自我驾驶",该法对"自我驾驶"也做了明确界定,是指自动驾驶汽车在没有人类控制,也不需要人类监控的模式下运行。根据相关学者的解释,该法应该不适用 L1、L2 等级的自动驾驶机动车。但是,对于 L3 等级的自动驾驶机动车是否适用尚不明确。

2. 保险责任

根据该法规定,保险公司承担保险责任须满足几个条件。根据第 2 条的规定,自动驾驶汽车在“自我驾驶”的状态下发生事故的情形下,根据车辆是否投保,分别由保险人和车辆所有人首先对事故造成的损失承担赔偿责任。具体而言,保险人承担理赔责任的条件有三个:(1)自动驾驶机动车在道路或其他公共场所进行“自我驾驶”而发生事故;(2)车辆在发生事故时已经投保;(3)被保险人或其他人因事故而遭受损失。车辆所有人对事故承担责任也须满足四个法定条件:(1)自动驾驶机动车在道路或其他公共场所进行“自我驾驶”而发生事故;(2)车辆在事故发生时车辆未投保;(3)符合英国 1988 年《道路交通法》第 143 条的规定;(4)有人因事故而遭受损失。另外,该法对损失的范围也进行了明确。[1]

3. 共同过失

作为英国普通法中的法定责任减免事由,共同过失主要是指,如果受害方对侵权后果的发生也有过错,那么将根据过错的程度相应抵减致害人的赔偿数额,这是公平原则的体现。这也被适用到了自动驾驶机动车保险中,根据规定,包括两种情况:(1)当保险人或车辆所有人按照规定对自动驾驶汽车发生的事故承担法律责任,且事故或损害在一定程度上是由受损害方所造成的情况下,可以在相应程度上减免保险人或车辆所有人的责任数额;(2)当事故的发生是完全由于驾驶者因疏忽而在不适宜的情况下允许车辆进行“自我驾驶”所导致时,保险人或车辆所有人则无须向车辆控制者负法律责任。

4. 免责条款

除了共同过失,保险人也可能在其他情况下被免除或减轻保险责任,主要是指被保险人或第三人违反合同约定更改软件或未及时更新软件而造成事故。分为两种情形:(1)被保险人或者第三人在被保险人同意的情况下对软件做了保险条款所禁止的更改;(2)未能进行安全攸关的软件更新,且被

[1] 所谓“损失”指的是死亡、人身损害以及任何财产损失,但不包括自动驾驶汽车本身、车载货物以及在被保险人或者车辆控制者所保管或控制下的财产遭受的损失。

保险人明知或应知该软件更新是安全攸关的。这也表明无论是车辆所有人还是驾驶者对自动驾驶机动车的维护负有注意义务，否则可能面临自担风险的后果。

5. 对侵害人的追偿权

如果第三人也就是侵害人对事故损害的发生负有责任，在保险人或者车辆所有人承担赔偿责任后可以向其主张追偿。追偿权制度是保险法中的特有制度，可以在很大程度降低或避免可能出现的道德风险。根据该法，追偿权的行使需要满足一系列条件，例如保险人或车辆所有人对受损害方所负责任的数额已经确定，既可以通过法院裁决也可以仲裁、强制执行协议等得以确定；又如保险人或车辆所有人的追偿权限于第三人的责任范围之内。

二、网络安全保险

（一）网络安全保险概述

网络安全保险是指保险公司对于投保人通常是企业因发生网络安全事故和信息泄露事故导致电子数据等损失承担赔偿责任的新兴险种。一般来说，网络安全保险根据承保风险不同可以分为两类：一类是对企业自身的资产遭受网络袭击、网络瘫痪等原因产生的损失；另一类是企业对用户应当承担的赔偿责任，例如因遭受盗窃、网络安保系统失效、计算机系统事故所引发的第三方索赔。相比于传统保险险种，除了保险保障，网络安全保险的服务范围更为多元化，增加了多种附加服务，包括事前的评估、检测等以及事故后的鉴证、谈判等。

（二）网络安全保险国内外市场发展情况

欧美国家很早就开始探索和发展网络安全保险市场。美国美亚保险公司美国国际集团（AIG）早在 1999 年就为企业提供了名为“CyberEdge”的网络安全保险。劳合社于 2016 年发布的《劳合社网络攻击风险应对战略》明确了网络安全保险的发展目标。[1] 现在，劳合社提供了多元化的产品，例如数据泄密响应险、网络安全责任险、法律监管和处罚险、网络敲诈险、业务中断

---

〔1〕 例如，在恰当的承保和资本的支持下，鼓励网络攻击保险和再保险产品的不断创新；加深对网络攻击风险累积的全面理解，包括衡量匿名网络攻击的潜在损失；鼓励适当地对除外子条款的修订，可以考虑延伸现有战争和恐怖主义保险的除外责任；通过一些具体措施减少匿名网络攻击的潜在风险累积等。

险、声誉损失险与第三方支付数据安全标准的评估和处罚险等。慕尼黑再保险公司、瑞士再保险公司、苏黎世保险集团等都研发了专门的产品。

我国网络安全保险的引入和开发始于几年前。根据相关报道,2015 年美国美亚保险公司将其网络安全保险引入我国,成为首批为我国提供网络安全保险服务的险企。美亚保险条款明确承保范围包括敏感数据泄露、黑客入侵、计算机病毒、雇员恶意破坏数据或处理数据失当等。苏黎世保险集团也推出了名为"安全与隐私保护综合险"的产品。2016 年,安达保险推出了网络安全产品,承保网络安全、隐私数据、媒体责任、网路勒索、数据修复、营业中断、版权、商标等一系列风险;同年,众安保险开始提供数据安全险。也有不少保险公司针对个人开发了相关险种。[1] 关于附加服务,国内保险公司也进行了一系列有益的探索。人保财险与 360 企业安全集团合作推出网络信息安全保险,可以为用户提供动态风险管理、全程监控,全天候报案响应以及突发事件应急服务等。安达保险公司设立了网络事件应急响应平台,为用户遇到突发网络事件提供全天候的响应服务。

网络安全保险在未来具有巨大的市场空间,被誉为是新兴的蓝海市场。特别是相关立法的出台,它的重要意义日益受到关注。以美国为例,美国的网络安全保险市场之所以如此发达,一个重要原因是《违反安全通知法》在各州的实施,网络法律责任的强化,大大促使了美国互联网企业通过购买保险分散潜在的巨大商业风险。在我国,2017 年《网络安全法》的生效实施是一个里程碑事件,它对于各方认识网络风险具有标志性的意义,也凸显出防控网络安全风险的必要性。2019 年《最高人民法院、最高人民检察院关于办理非法利用信息网络、帮助信息网络犯罪活动等刑事案件适用法律若干问题

---

[1] 例如,华泰财险与京东金融合作推出的专门针对互联网个人账户资金安全的"个人账户安全保障保险",该产品可全年保障个人名下所有银行卡、网银、第三方账户因盗刷等造成的资金损失;平安财险开发了一款个人账户资金损失保险,能保障网络上第三方账户被盗刷等损失,按照保费标准不同,提供保障;人保财险推出虚拟财产险业务,保障网络游戏玩家虚拟财产的交易安全;众安保险联合百度推出专门针对手机支付安全的保险产品"百付安",保障病毒木马、电信诈骗、网络钓鱼等严重威胁用户支付信息和财产安全。

的解释》明确了拒不履行信息网络安全管理义务罪的入罪标准。[1] 这些规定将促使网络服务提供者积极履行相关的信息网络安全管理义务,在强化法律责任的同时对保险市场防范网络安全风险带来了更多的机遇。

(三)我国网络安全保险的现存问题与完善方向

目前,我国网络安全保险市场还处于初级发展阶段。根据相关统计,欧美国家企业每年的网络安全系统投入可以达到整体 IT 投入的 10%,但是国内企业在网络安全系统的投入不到 3%。从产品供给、专业服务到市场接受度等方面都存在亟待解决的问题。

关于产品供给和专业服务。目前国内网络安全保险存在大量缺口,主要表现为产品数量少、种类单一、承保范围较窄、附加服务缺乏专业性等诸多问题。究其原因,保险公司的经营技术还没有完全达到市场需要的发达程度。与发达市场一样,国内保险公司存在同样的数据收集和风险识别难题,典型表现是建立网络风险模型难。与传统风险相比,网络安全风险建模和定价方式有自身特殊性,黑客技术、黑客攻击目标都是动态现象,历史数据很难提供风险识别经验,这种属于动态变化的风险,跟技术更迭直接相关,一旦发生事

---

〔1〕 其第 4 条规定:"拒不履行信息网络安全管理义务,致使用户信息泄露,具有下列情形之一的,应当认定为刑法第二百八十六条之一第一款第二项规定的'造成严重后果':(一)致使泄露行踪轨迹信息、通信内容、征信信息、财产信息五百条以上的;(二)致使泄露住宿信息、通信记录、健康生理信息、交易信息等其他可能影响人身、财产安全的用户信息五千条以上的;(三)致使泄露第一项、第二项规定以外的用户信息五万条以上的;(四)数量虽未达到第一项至第三项规定标准,但是按相应比例折算合计达到有关数量标准的;(五)造成他人死亡、重伤、精神失常或者被绑架等严重后果的;(六)造成重大经济损失的;(七)严重扰乱社会秩序的;(八)造成其他严重后果的。"第 5 条规定:"拒不履行信息网络安全管理义务,致使影响定罪量刑的刑事案件证据灭失,具有下列情形之一的,应当认定为刑法第二百八十六条之一第一款第三项规定的'情节严重':(一)造成危害国家安全犯罪、恐怖活动犯罪、黑社会性质组织犯罪、贪污贿赂犯罪案件的证据灭失的;(二)造成可能判处五年有期徒刑以上刑罚犯罪案件的证据灭失的;(三)多次造成刑事案件证据灭失的;(四)致使刑事诉讼程序受到严重影响的;(五)其他情节严重的情形。"第 6 条规定:"拒不履行信息网络安全管理义务,具有下列情形之一的,应当认定为刑法第二百八十六条之一第一款第四项规定的'有其他严重情节':(一)对绝大多数用户日志未留存或者未落实真实身份信息认证义务的;(二)二年内经多次责令改正拒不改正的;(三)致使信息网络服务被主要用于违法犯罪的;(四)致使信息网络服务、网络设施被用于实施网络攻击,严重影响生产、生活的;(五)致使信息网络服务被用于实施危害国家安全犯罪、恐怖活动犯罪、黑社会性质组织犯罪、贪污贿赂犯罪或者其他重大犯罪的;(六)致使国家机关或者通信、能源、交通、水利、金融、教育、医疗等领域提供公共服务的信息网络受到破坏,严重影响生产、生活的;(七)其他严重违反信息网络安全管理义务的情形。"

故,巨大的损失难以精确计算。从另一个角度来讲,保险机构并非专业网络安全机构,无法确保完全知晓不断演变的网络安全风险,也无法时时明了目标客户群的业务安全风险。保险条款的设计是一个复杂的专业精算过程,可能存在大量的网络安全事件出于多种原因未被公开披露,导致可查询的事件数量、事件详情和事件损失等信息非常少,多数中小保险机构很难设计开发及运营相应的业务产品。这也阻碍了相关专业的附加服务的推进。

关于市场接受度。企业网络安全保险在国内的市场知晓度较低。现代商业保险在我国是舶来品,并且引入的时间较短。不同于欧美国家,我国民众的保险意识并不强,缺乏自身的保险文化。对于网络安全风险这一新兴风险就更加缺乏认识了。许多企业仍然还停留在重视硬件、轻视数据的认识局限上。即使意识到了网络风险损失的严重性,但多数都不会将保险作为分散风险的必备途径。更严重的是,对绝大多数用户来说,网络风险呈现范围扩大,边界模糊、入侵途径多元化的趋势。但绝大多数中小机构通常都没有进行过较为全面的安全风险评估,通常是因为缺乏专业人士以及专业评估模型,他们对网络安全风险和当前机构安全机制缺乏完整的认识,直接导致他们难以辨别哪些是需要通过保险转嫁的风险,也无法为自身确定合理的风险管理策略。即使决定投保,也可能难以选择到适合自身的保险产品。如果发生事故后没有达到预期,自然又会对购买网络安全保险产品更为懈怠和消极。

(四)智能产品责任保险

人工智能技术的兴起引发了学者们对产品责任保险的热烈讨论。所谓产品责任保险是指由保险人对于因产品在使用过程中因其缺陷而对他人造成的人身或财产损失提供承担保险责任,标的是产品制造者、销售者、维修者的产品责任。随着各类人工智能产品的产生,强化生产商一方的责任已经被视为是降低相关事故发生概率、保障产业健康有序促进的必要措施,这也符合公平的价值理念。学者们认为,包括自动驾驶机动车在内的一切人工智能都属于生产商、开发商提供的产品,未来此类针对智能产品的产品责任保险会得到飞速扩张。学者们以自动驾驶机动车为例,论证产品责任保险会成为未来数量最多的类别之一。

一方面,包括自动驾驶机动车在内的保险最终都可能走向产品责任保险。例如,有学者从疫苗不良反应损害救济中得到启示,在详细论述了"产品责任+机动车交通事故责任"的侵权责任框架,为鼓励人工智能产业发展,认为应搭建“责任保险 + 赔偿基金”的配套制度。主张建立生产者强制责任保险制度相对来说是一种更为理想的模式，即保护的重心从消费者转向生产者，保护的内容从人类的驾驶失误风险转向汽车的产品设计风险。理由在于，这使风险在同一行业的生产者分散，并且可以激励生产者投入更大的热情进行研发以提高自动驾驶汽车的安全性能，最终使保费减少，最终形成良性循环，从而使无人驾驶汽车产业不断发展进步。[1] 有的学者通过分析自动驾驶机动车技术进步过程中乘客作用逐渐减弱甚至消失，以及交通事故发生的低概率，提出投保人从个体消费者转向汽车制造商和采纳实时保险模式的方案。[2]

另一方面，产品责任保险会与其他险种例如车险结合，为事故风险提供共同保障。有学者详细阐释了研发者、生产者、监管者和使用者的责任及归责方式后，主张对无人驾驶的研发、生产、使用、监管必须投保强制责任保险，由强制责任保险覆盖基本的侵权责任风险，当强制责任保险无法完全覆盖风险尤其是生产者风险时，由监管者建立的无人驾驶汽车基金承担无过错赔偿责任。同时，使用者在使用时，可以根据实际需要，投保相应的使用保险。原本由机动车所有人作为投保主体的强制责任保险需要作出调整，强制责任保险的投保主体可以扩展至研发者、生产者、使用者，通过不同阶段的责任保险，共同覆盖侵权风险。另外，也有学者以自动驾驶机动车保险为例，提出可在现行交强险制度基础上进行升级改造，同时发展汽车商业险与产品责任险，体现为“交强险—商业险—产品责任险”三层结构。[3] 为兼顾生产者在交通事故责任与产品责任中应承担的责任，生产者的商业保险亦可包括产品责任险的内容。销售者作为产品责任主体亦可购买相关产品责任险。由此，自动驾驶汽车保险将体现为独特的三层结构，包括汽车所有人或管理人投保的交强险、使用人或生产者投保的商业险以及生产者或销售者投保的产品责任险。在保险赔付的顺位上，交强险的赔付无疑应属第一顺位，在交强险赔付后的不足部分应由商业险进行赔付；在涉及产品责任的承担或追偿时，由产品责任险赔付。

---

〔1〕 田野、胡笛：《自动驾驶汽车致损的规范进路：守成与创新》，载《中国应用法学》2019 年第 4 期。

〔2〕 郑志峰：《自动驾驶汽车的交通事故侵权责任》，载《法学》2018 年第 4 期。

〔3〕 韩旭至：《自动驾驶事故的侵权责任构造——兼论自动驾驶的三层保险结构》，载《上海大学学报（社会科学版）》2019 年第 2 期。

第四节 人工智能知识产权保护

一、人工智能知识产权保护的现实需求

随着人工智能技术的进一步发展,其在内容创作领域硕果累累。例如,微软以人工智能机器人“小冰”[1]创作诗歌,大卫·库伯(David Cope)以其智能创作软件“Emily Howell”[2]创作曲子,美联社以智能写作软件“Wordsmith”[3]撰写财经类新闻稿件。另外,还有一些人工智能辅助创作平台,如百度“为你写诗”[4]平台、英国“Jukedeck”[5]音乐创作平台、微软“电脑对联”[6]平台等。此外,随着人工智能深度学习能力的加强,人工智能的创造潜力逐渐突显,其在发明创造领域也表现卓群。例如,2016 年谷歌研发的“神经编程解释器”(NPI),取代了部分初级程序员的工作,可以生成一些技术方案。德国威斯特法伦威廉大学与上海大学团队报道了用深层神经网络及人工智能算法规划新的化学合成路线。[7] 新技术形成了新产物,新技术和新的产物能否获得法律保护,是人工智能产业发展所关注的重要问题。知

---

[1] “小冰”是微软亚洲互联网工程院于 2014 年在中国推出的智能机器人,主打聊天、写诗、唱歌等功能,于 2017 年出版了诗集《阳光失了玻璃窗》,售价 49.9 元。

[2] “Emily Howell”是大卫·库伯(David Cope)编写的人工智能程序,半人马公司(Centaur Records)2009 年发行了“Emily Howell”创作的第一张音乐专辑“Form Darkness, Light”,2012 年发行了其第二张专辑“Breathless”,两张专辑中有 3 首曲子是免费的,其他曲子在亚马逊网站的售价是每首 0.99 美元。参见[美]John Frank Weaver:《机器人也是人——人工智能时代的法律》,郑志峰译,元照出版公司 2018 年版,第 17—19 页。

[3] “Wordsmith”是美国北卡罗来纳州的自动化洞察力公司(Automated Insights)开发的人工智能写作软件,美联社于 2014 年 7 月开始使用该软件。参见徐曼:《国外机器人新闻写手的发展与思考》,载《中国报业》2015 年第 23 期。

[4] “为你写诗”是百度公司 2013 年推出的创作社交平台,用户可以免费利用平台的创作软件生成诗歌并发布。

[5] “Jukedeck”是英国一家人工智能音乐创作平台,该平台为用户设置了类型化创作通道,并通过服务合同的方式许可用户免费使用其人工智能创作软件进行创作,音乐版权归平台所有,用户若要下载使用该音乐,应支付相应费用。

[6] “电脑对联”是由微软亚洲研究院自然语言计算组研发的计算机自动对联系统。目前该系统免费对用户开放,并通过用户须知的形式约定用户利用该网站所提供之“电脑对联”功能生成的文本及图片的版权归微软所有。

[7] Marwin H. S. Segler, “Planning chemical syntheses with deep neutral networks and symbolic AI”, *Nature*, 555, 604 - 610, 2018 Mar 28.

识产权制度是科技和产业发展的产物。[1] 人工智能算法能否获得专利权保护，人工智能生成内容能否获得著作权保护，人工智能发明创作能否获得专利法保护等问题则成为新技术发展趋势下知识产权法律制度必须面对的现实需求。

事实上，制度无法直接调整技术本身，只能影响人的行为。"只有在技术对原有社会关系产生了影响，且以人的行为为介质被反映出不适之后，才属于现行法律制度回应的范畴。"[2] 人们对于人工智能的关注也正是因为它的出现可能对人类产生一定的效用，并因其效用而对人类生活产生的一定影响。本节在介绍人工智能对人类生活产生的影响基础上，将着重围绕人工智能算法、人工智能生成内容、人工智能发明创造在现实中引发的知识产权保护问题展开具体讨论。

二、人工智能算法知识产权保护

人工智能的三大核心：数据、算法、算力。数据是人工智能的素材基础，算法是人工智能的核心，算力是人工智能发展的技术保障，是人工智能发展的动力和引擎。可以说人工智能时代是算法技术引导社会发展、变革的时代。人工智能算法技术的不断推陈出新，在电子商务、无人驾驶、智能投顾、慈善救助、教育招生、司法审判等多个领域的应用，推动了智能社会进程。然而，随着人工智能算法的迅速发展与广泛应用，其高度专业性和不透明性，"算法黑箱""算法歧视""算法合谋"等案例时有发生。这在很大程度上引起了社会大众对人工智能算法的担忧，同时使相关立法研究主要集中在算法规制层面，且主要集中在风险防控和监管方面，而对于人工智能算法本身的保护关注度相较不足。人工智能算法作为人工智能时代的关键创新技术，从根本上决定着智能社会、智能经济的发展，也决定着在世界智能革命的格局中，中国的角色定位和话语主导地位。人工智能算法的创新激励是人工智能产业发展中的重要内容。科技革新进程中，知识产权法发挥着"创新之法"和"产业之法"的制度功能。[3] 因此，在知识产权体系中探讨人工智能算法保

---

[1] 参见孔祥俊：《人工智能知识产权保护的现状与前瞻》，载《光明日报》2019 年 8 月 30 日，第 11 版。

[2] 李琛：《论知识产权法的体系化》，北京大学出版社 2005 年版，第 95 页。

[3] 参见吴汉东：《试论知识产权制度建设的法治观和发展观》，载《知识产权》2019 年第 6 期。

护的法律路径选择成为当务之急。

(一)人工智能算法的界定

“算法”一词源于数学领域,指代数字解算的方法与步骤。传统的数学算法表现为数字运算的定理、公式、数字关系的逻辑分析等。传统的数学算法常常被认为是一种抽象的思维规则和运算方法。[1] 随着计算机学科的兴起,算法这一概念被引入到计算机科学领域,指解题方案的准确而完整的描述,是一系列解决问题的清晰指令。算法代表着用系统的方法描述解决问题的策略机制。[2] 2016 年,以计算机学科为基础的人工智能技术全面“爆发”,其技术的核心在于算法。人工智能算法对物理世界的影响主要体现在两个方面。一方面,算法应用在对自动驾驶车辆、智能机器人等现实物理装置进行控制,对物理世界产生直接影响;另一方面,算法处理的数据和决策对象可以通过认证机制和算法识别机制来与物理世界中的人、事、物建立直接映射,进而,算法在信息空间中的分析和决策也将对物理世界产生实质影响。[3]

(二)人工智能算法知识产权保护路径探索

1. 人工智能算法著作权保护路径的有限性

人工智能算法与计算机软件、程序、代码密切相关,由于计算机软件在大陆法系国家知识产权体系中通常采用著作权保护方式,人工智能算法也可考虑著作权保护路径。世界各国著作权法律制度均遵循“思想表达二分法”原则,保护作品的表达,而非保护作品思想。用代码表达的人工智能算法尽管可以获得著作权保护,但极容易被绕开。例如,人工智能算法 B 可以绕开算法 A 代码表现形式,而采用其他代码编译从而实现与算法 A 相同或类似功能,甚至优化算法 A。而恰恰人工智能算法的价值主要表现在具体功能实现。因此,人工智能算法著作权保护显得极为有限。

---

〔1〕 “算法”中文名称出自《周髀算经》;而英文名称 Algorithm 来自 9 世纪波斯数学家 al - Khwarizmi,因为 al - Khwarizmi 在数学上提出了算法这个概念。“算法”原为“algorism”,意思是阿拉伯数字的运算法则,在 18 世纪演变为“algorithm”。欧几里得算法被人们认为是史上第一个算法。

〔2〕 参见[美]Thomas H. Cormen 等:《算法导论》(第 3 版),殷建平等译,机械工业出版社 2012 年版,第 3 页。

〔3〕 参见张吉豫:《智能社会法律的算法实施及其规制的法律基础——以著作权领域在线内容分享平台的自动侵权检测为例》,载《法制与社会发展》2019 年第 6 期;参见胡凌:《超越代码:从赛博空间到物理世界的控制/生产机制》,载《华东政法大学学报》2018 年第 1 期。

2. 人工智能算法商业秘密保护路径的局限性

在美国刑事诉讼领域，算法被广泛应用于预测嫌疑人的犯罪概率、定罪量刑等。在 State V. Looomis, 881 N. W. 2d 749 (Wisconsin, 2016) 一案中，Loomis 因驾车枪击案被刑事指控。威斯康星州法院在量刑时借助了 COMPAS软件的评估，[1] 对 Loomis 判处了六年监禁外加五年监外执行。后 Loomis 提起上诉认为法院对评估报告的依赖侵犯了其正当程序权利和平等保护权，COMPAS 智能辅助系统的评估报告系他人公司的商业秘密，无法被验证其客观性和可靠性，最后威斯康星州最高法院称评估报告并非量刑的唯一依据，对其要求的个别化对待的权利得到了保障。有学者指出，此案中，法院没有公开 COMPAS 算法，回避了算法公平与商业秘密的博弈问题，可以看出法院对算法商业秘密的保护持赞成态度。[2]

我国《民法总则》第 123 条将商业秘密明确纳入了知识产权保护客体。此外，商业秘密也是我国《反不正当竞争法》第 9 条所保护的对象。从我国现行法律制度来看，人工智能算法作为商业秘密保护具有相当的合理性。然而，在未来人工智能法律规制进程中，为解决"算法黑箱""算法合谋""算法歧视"等问题，其很有可能被要求公开且受监管。而对于算法公开，尽管可以设置公开的范围、公开的程序等，但始终与其作为商业秘密保护的目的相背离。因此，本书认为，人工智能算法作为商业秘密的竞争法保护路径具有局限性，不适应人工智能产业发展需求。

3. 人工智能算法专利权保护路径的可行性

其一，我国专利法律制度的相关规定。

2006 年，国家知识产权局发布的《专利审查指南》(2006 年版) 第九章规定了"关于涉及计算机程序的发明专利申请审查的若干规定"。自此，我国计算机程序可以申请专利保护，但需要与其硬件结合申请。然而，人工智能算法往往被认为是智力活动的规则和方法，根据我国《专利法》第 25 条，智力活动的规则和方法不被授予专利权。国家知识产权局发布的《专利审查指

---

[1] COMPAS (Correctional Offender Management Profiling for Alternative Sanctions) 系美国俄亥俄州 equivant 公司 (原密歇根 Northpointe 公司) 开发的智能辅助系统，主要用于美国刑事司法领域的风险评估。目前该系统已经升级。参见 https://www. equivant. com/our - solutions/, 2019 年 12 月 5 日最后访问。

[2] 参见汪庆华：《人工智能的法律规制路径：一个框架性讨论》，载《现代法学》2019 年第 2 期。

南》(2006 年版)区分了技术方案和智力规则。自此,人工智能算法有望避开智力规则,纳入技术方案的范畴,从而获得专利权保护。[1]

2020 年 2 月 1 日之前,涉及人工智能算法的专利申请,为了符合当时的专利审查要求,申请人通常都采用"算法 + 设备"模式进行申请。例如,百度公司采用算法与设备结合的方式申请并被成功授予的"一种对搜索结果进行排序的方法及设备"发明专利。[2] 需要注意的是,也并非将算法包装成"算法 + 设备"模式就可以获得专利授权。比如,中国科学院声学研究所作为申请人的"基于马尔科夫决策过程模型的生物芯片出错检测方法"专利申请案例中,算法没有与设备紧密结合,该算法并不对生物芯片及其操作过程直接检测,而是对生物芯片的检测数据进行算法处理。该专利申请仅仅将权利要求的描述限定于算法参数和算法模型本身,被视为是单纯的算法而归入"智力活动的规则和方法"的范畴,因此未获得专利授权。[3]

2020 年 2 月 1 日起,我国开始实施的新《专利审查指南》(2020 年版)。该指南第二部分第九章专门增加了第 6 节内容,对人工智能等新业态新领域专利申请的审查规则作出了细化规定,旨在及时响应创新主体需求,并解决审查实践中的问题。根据《专利审查指南》(2020 年版)6.1.1 条规定,如果是为了解决技术问题而利用技术手段并获得技术效果的包含算法特征或商业规则和方法特征的发明专利申请,属于专利法第 2 条第 2 款规定的技术方案,因而属于专利保护的客体。[4] 自此,我国专利法律制度明确了人工智能算法可获得专利授权的问题。

其二,世界人工智能算法专利申请现状考察。

随着人工智能技术的进一步发展,国内外各大 AI 科技公司纷纷开始了

---

[1] 参见《专利审查指南》(2006 年版)第九章第 2 条。需要注意的是,该指南(2006 年版)已经被废止,最新版的是《专利审查指南》(2020 年版),其第九章第 2 条依然区分了技术方案和智力规则。

[2] 参见赵鹏:《搜索引擎对信息传播的影响及其法律规制》,载《比较法研究》2018 年第 4 期。

[3] 参见杜鹃、尹海霞:《涉及算法的专利申请文件的撰写技巧》,载《专利代理》2017 年第 3 期。

[4] 根据《专利审查指南》(2020 年版)第 6.1.1 条规定,如果权利要求涉及抽象的算法或者单纯的商业规则和方法,且不包含任何技术特征,则这项权利要求属于专利法第二十五条第一款第(二)项规定的智力活动的规则和方法,不应当被授予专利权。如果权利要求中除了算法特征或商业规则和方法特征,还包含技术特征,该权利要求就整体而言并不是一种智力活动的规则和方法,则不应当依据专利法第二十五条第一款第(二)项排除其获得专利权的可能性。

人工智能算法专利布局。世界知识产权组织（WIPO）在2019年1月31日发布了《2019技术趋势——探究人工智能报告》（以下简称《报告》）。《报告》显示，中国、美国、日本三国在全球人工智能领域的专利申请活动中处于领先地位。[1]

从全球人工智能专利总体数量来看，截至2018年年底，IBM在美国企业中处于领先地位（部分专利授权情况见表4－1），共有3000项人工智能专利，微软以1995项位居第二，谷歌为1659项，位居第三。百度在中国企业中位居首位，专利申请数量达到1522项，国家电网公司人工智能专利数量为1173项，腾讯人工智能专利总数为766项。整体数量包括了人工智能基础算法专利和人工智能产品专利，人工智能产品专利则是以算法和硬件设备结合申请专利保护方式。从人工智能算法专利数量来看，2018年全球深度学习领域新增专利数量为7429项。以谷歌公司为例，其人工智能专利布局主要集中在基础算法领域，已经拥有Dropout算法专利、自然语言处理中的Word2vec专利和视频压缩中的ANS专利等。[2] 就人工智能产品专利数量而言，近年来，以计算机视觉、自然语言处理、智能驾驶三类典型人工智能产品的专利申请呈逐年递增趋势。[3]

表4－1　IBM 2018年人工智能机器学习领域关于训练预测、分类回归算法专利授权情况

企业名称	2018年人工智能机器学习领域中关于训练预测、分类回归算法专利授权情况
IBM	Patent No. 10055485 扩大使用中未结构化资料中查询标准决定系列词语之处理器（Terms for query expansion using unstructured data）
	Patent No. 10055400 以智能电脑翻译多种语言之类比检测解决（Multilingual analogy detection and resolution）

〔1〕 World Intellectual Property Organization, "Technology Trend 2019, Artificial Intelligence", 2019, pp. 86－87.

〔2〕 参见郑子亨：《谷歌人工智能算法Dropout专利申请》，载《中国计算机报》2019年7月29日，第014版。

〔3〕 参见清华大学中国科技政策研究中心：《中国人工智能发展报告（2018）》第23页，载http://cistp.sppm.tsinghua.edu.cn/publish/cistp/1480/2019/20190110191638602300002/20190110191638602300002_.html，2019年12月18日最后访问。

续表

企业名称	2018 年人工智能机器学习领域中关于训练预测、分类回归算法专利授权情况
IBM	Patent No. 10042625 结合情感分析的软件补丁管理(Software patch management incorporating sentiment analysis)
	Patent No. 10025846 识别跨数据资产的实体映射(Identifying entity mappings across data assets)
	Patent No. 9990414 基于内容提供者管理语料库的认知体系结构(Cognitive architecture with content provider managed corpus)
	Patent No. 10007643 使用随机变量指数的稳健回归分析技术(Robust regression analysis techniques using exponential random variables)

综上所述,人工智能算法的专利保护无论从在专利法制度供给还是从全球人工智能企业知识产权布局来看,都是必然趋势。人工智能算法专利在具体申请中,应参考《专利审查指南》(2020 年版),相应权利要求书中列明的技术特征,不能仅仅反映算法计算规则的内容,而应全面体现解决技术问题而包含的全部算法特征。此外,世界各国较为关注专利的伦理问题,在人工智能算法专利领域也比较突出。世界各国将把公序良俗条款纳入了专利法中,我国《专利法》第 5 条将违反社会公德或者妨害公共利益的发明创造,排除在专利授权范围之外。[1] 但是,人工智能算法专利伦理审查制度仍然阙如,我国《专利审查指南》在将来进一步完善中需要考虑将算法伦理标准纳入其中。

三、人工智能生成内容著作权保护

(一)人工智能生成内容的界定

当前,学界对人工智能生成内容的讨论,名称尚未统一,主要包括人工智能生成内容、人工智能创作物、人工智能生成物、算法创作、人工智能作品几种名称。尽管不同名称具体定义不同,近乎都是对人工智能生成内容的讨论。本书中,对于人工智能在内容创作领域中形成的成果采用最为广泛的概

[1] 我国《专利法》第 5 条第 1 款规定:“对违反法律、社会公德或者妨害公共利益的发明创造,不授予专利权。”《日本专利法》第 32 条规定:“有害于公共秩序、善良风俗或者公共健康的发明不授予专利权。”《欧洲专利公约》第 53 条(1)款和《欧洲专利公约实施条例》第 28 条(3)也分别作了规定。

念,即人工智能生成内容,这也跟人工智能基础学科计算机科学中讨论的计算机生成内容相对应。人工智能生成内容指采用人工智能技术自动生成的文字、图片、音乐、动画等内容。广义上的人工智能生成内容既包含了无人类参与生成过程的内容,也包含了有人类参与输出的内容。学界讨论得较多的是,在未来人工智能技术发展到更高阶段中,无人类参与生成过程的人工智能生成内容,即狭义的概念。

(二)人工智能生成内容著作权保护的理论争议

早在20世纪下叶,一些国家就已经对计算机生成内容法律属性及归属问题进行过讨论并在制度上做出回应。较为典型的为英国版权法的认定规则,即将计算机生成的内容认定为作品,版权归属于对其作出"必要安排"的人。[1] 新西兰、爱尔兰、我国香港特别行政区的版权法也有类似规定。[2] 上述规则的基本要义是遵循著作权法对创作的激励,将"必要安排"的人视为对作品赋予了实质创意的人。这主要是由于版权体系国家[3]对于独创性标准相对较低,满足最低程度的创造性,则可能享有该作品著作权。[4] 如今随着科技的进步,人工智能神经网络技术取得长足发展,借助大数据、云计算等技术已经具备深度学习能力并实现自主创作。深度学习计算过程为黑盒操作,模型计算及规则选取均由程序自行完成。[5] 使用人只需要按开启键或者输入一些简单的信息便可生成"作品",编程者和使用人都无法预计内容。使用人没有创意输出,作品也并非体现使用人的创意,该生成的内容系谁做出的"必要安排"?无论是版权体系国家,还是作者权体系国家对于

〔1〕 参见英国《版权、外观设计与专利法1988》第9条第3款。

〔2〕 参见新西兰《版权法1994》第5条第1—2款、第22条第2款,爱尔兰《版权与邻接权法》(2000年第28号)第22条、第30条,香港特别行政区《版权条例》(第528章)第11条第3款、第17条第6款。

〔3〕 版权体系和作者权体系是学界对不同著作权制度的划分。英美法系的版权法和大陆法系的著作权法均产生于18世纪工业革命前夕,以作品系个人独立创作为立法前提。进入19世纪后,著作权法和版权法因遵循不同的法理,分别演变成作者权体系和版权体系。版权体系,对应英美法系的版权法律体系,作者权体对应大陆法系的著作权法律体系。参见孙新强:《论作者权体系的崩溃与重建——以法律现代化为视角》,载《清华法学》2014年第2期。

〔4〕 参见万琦:《论英国版权法上的独创性》,载《知识产权》2017年第11期。

〔5〕 参见中国信息通信研究院中国人工智能产业发展联盟:《人工智能白皮书技术构架篇》,2018年版,第28页。载 http://www.catr.cn/kxyj/qwfb/bps/201809/t20180906_184679.htm,2018年9月6日最后访问。

此问题均未形成权威解释。诚然，在讨论人工智能产业发展的同时，学界已经将人工智能主体资格纳入了人工智能法哲学研究范畴，[1]对人工智能的主体性问题进行探讨，一旦法律承认了其主体资格，则可适用已有的著作权法律制度。

人工智能创作的出现，把著作权制度研究视域从复制传播领域拓展到文化生产领域。对于人工智能创作软件生成内容，是否构成著作权法中的作品，学界普遍关注其是否具有独创性和可复制性。世界各国著作权法多以独创性作为作品的核心要素，只有具备相应独创性的智力创作成果才可成为著作权客体，受著作权法保护。[2] 除独创性外，可复制性也是各国著作权法给予作品保护的基本条件。我国著作权法以列举的方式概括了作品的形式，在作品满足法律列举的形式并具备独创性和可复制性即可达到著作权法保护的标准。[3] 其中可复制性要求作品承载于有形载体且能被复制传播；独创性要求作品是作者独立创作且与在先作品不构成实质性相似；对表达的安排体现了作者的选择和判断。人工智能生成内容通常表现为诗词、绘画、音乐、小说等，这些生成内容形式上与《著作权法》第3条所列举的相应的人类创作作品完全相同，也能满足可复制性这一标准。因而，从生成内容形式和可复制性角度，似乎并不能发现否认对人工智能生成内容按“作品”给予保护的任何理由。于是，人工智能生成内容是否具备独创性，便成为学界关注的焦点。从独创性的视角出发，学界对人工智能生成内容是否具有独创性形成了各种不同的认识，并基于各自不同的认识对人工智能生成内容的保护路径提出了不同的看法，归纳起来主要包括以下几种：

其一，不具独创性说及其保护路径主张。人工智能因具备深度学习能力而被应用到内容创作领域。有学者将其生成内容的过程表述成一个不断迭代、不断抽象的计算过程，以便确定最优算法。[4] 尽管人工智能创作软件基于各种深度学习技术已经具备一定“创作力”，但这种“创作力”实际为计

---

〔1〕 参见龙文懋：《人工智能法律主体地位的法哲学思考》，载《法律科学》2018年第5期。

〔2〕 参见美国《版权法》第102条，日本《著作权法》第2条，意大利《版权及邻接权保护法》第1条。

〔3〕 参见《中华人民共和国著作权法实施条例》第2条。

〔4〕 参见蔡自兴等：《人工智能及其应用》，清华大学出版社2016年版，第290—291页。

算。[1] 计算是利用算法和规则的过程,其结果可以重现。而创作是个性化的表达,需要一定灵感。因此,人工智能生成内容的过程是计算而非创作,利用相同的算法采用相同操作可以重复内容。另外,整个计算过程是自主运行的,使用人无法在生成内容生成过程中添加自己的个性表达。[2] 这种计算从根本上抹杀了人类使用过程的创作空间,排除了处理结果具有个性化特征的可能性。此外,人工智能创作软件虽然生成了内容,却因自身不是民事主体而无法成为权利主体。[3] 任何人对人工智能生成内容版权的主张都是值得质疑的,他既不是这些表达的创作者,也没有付出任何具体的创造性努力,这些生成内容应该归属于公共领域。[4] 否定人工智能生成内容独创性,并非同时否定人工智能生成内容的利用价值。因此,也有学者主张,著作权法保护的是人类的表达,对于机器的表达可以由不正当竞争法来保护。[5] 也有学者提出对于人工智能生成内容可以选择单独立法进行特殊保护。[6]

其二,具有独创性及其保护路径主张。2006 年以来,以深度学习为代表的新一代智能学习算法技术的运用,[7] 使人工智能生成内容不仅是基于既定算法、程序作出的指令性输出,且能够在没有预先算法或者规则的设定下,通过主动学习来进行创作。[8] 基于此,有人认为,人工智能程序可以利用随机数生成器,使不同次运行的生成内容各具个性。[9] 人工智能生成内容的

---

〔1〕 参见[加]Simon Haykin:《神经网络与机器学习》(原书第三版),申富饶等译,机械工业出版社 2011 年版,第 398 页。

〔2〕 See Philip Galanter, *Thoughts on Computational Creativity*, Dagstuhl Reserch Online Publication Server2, (July 7, 2009). http://drops. dagstuhl. de/opus/volltexte/2009/2193/. 2018 年 7 月 5 日最后访问。

〔3〕 有学者在讨论人工智能生成内容是否构成作品时,为避免陷入逻辑循环,先对其内容进行定性,其次再考虑其主体问题,从不同角度论证人工智能生成内容不构成作品。参见王迁:《论人工智能生成内容在著作权法中的定性》,载《法律科学》2017 年第 5 期。

〔4〕 See Ralph D. Clifford, *Intellectual Property in the Era of the Creative Computer Program Will the True Creator Please Stand Up?*, 71Tulane Law Review. 1675, 1694 - 1695(1997).

〔5〕 参见杨延超:《为人工智能筹划法律保护》,载《经济参考报》2017 年 12 月 5 日,第 8 版。

〔6〕 See Jani McCutcheon, *Curing the Authorless Void: Protecting Computer - Generated Works Following Ice TV and Phone Directories*, 37 Melbourne University Law Review. 46, 78 - 79 (2013).

〔7〕 参见腾讯研究院、中国信通院互联网法律研究中心:《人工智能:国家人工智能战略行动抓手》,中国人民大学出版社 2017 年版,第 49 页。

〔8〕 参见易继明:《人工智能生成内容是作品吗?》,载《法律科学》2017 年第 5 期。

〔9〕 See James Grimmelmann, *Copyright for Literate Robots*, 101(2) Iowa Law Review. 657, 659 - 660(2016).

创作过程能够满足独立创作和独具特色的要求。在对人工智能生成内容的保护路径问题上,由于区分人工智能生成内容与人类作品的成本较高,通常需要完备的登记制度和监管机制,[1]因此,在不区分来源的情况下,基于生成内容表现形式和其独立创作过程,人工智能生成内容可以成为著作权客体受到法律保护。[2] 可将人工智能生成内容视为人工智能程序的编程者的人类创作,[3]该生成内容是否构成作品可以适用与人类作品一样的独创性标准进行判断,权利归属也可以适用著作权法中的法人作品制度。[4]

其三,独创性不足及其保护路径主张。人工智能利用公共领域作品以及不构成作品的素材,学习先有作品的风格进行创作,生成内容与在先作品不构成实质性相似,其在作品类型中最为接近于演绎作品。基于著作权法不保护思想,而在先作品风格属于思想的范畴,因此人工智能生成内容并非对在先作品的演绎。[5] 考虑到人工智能创作软件对生成内容不可替代的作用,可以尝试比照"剧本"作品进行分析。具体而言,可把人工智能创作软件当作"剧本",把使用人视为"表演者",人工智能生成内容系使用人对"剧本"进行"表演"后的作品。基于此,人工智能生成内容法律属性应为演绎作品,权利归属可以参照现行著作权法中的演绎作品制度处理。

通过对上述观点及相应论据的考察,我们可以发现,人工智能创作软件是生成内容的根本,对于具有"创作力"的人工智能创作软件,能否作为生成内容的作者,答案应是否定的。"至少,在可以预见的将来,因为情感微妙而重要的存在,算法智能既不能完全解决语言智能的问题,更不能完全解决想象智能的问题。"[6]目前,各国建立的以人为中心的著作权制度,均未将机器的表达纳入其中。各国司法实践建立起的独创性标准虽有不同,但都是建立在对人的智力成果的评价基础之上的。人工智能生成内容并非人的创作,既不能称其为编程者的智力成果,也不能将其作为使用人的智力成果。如此一

---

[1] 参见曹源:《人工智能生成内容获得版权保护的合理性》,载《科技与法律》2016 年第 3 期。

[2] 参见吴汉东:《人工智能时代的制度安排与法律规制》,载《法律科学》2017 年第 5 期。

[3] See Annemarie Bridy, *Coding Creativity: Copyright and the Artificially Intelligent Author*, 5 Stanford Technology Law Review. 1,21(2012).

[4] 参见熊琦:《人工智能生成内容的著作权认定》,载《知识产权》2017 年第 3 期。

[5] 参见陶乾:《论著作权法对人工智能生成成果的保护——作为邻接权的数据处理者权之证成》,载《法学》2018 年第 4 期。

[6] 盛学军、邹越:《智能机器人法官:还有多少可能和不可能》,载《现代法学》2018 年第 4 期。

来,如果著作权法中的作品只能是人类创作的作品,那么,人工智能生成内容即便具有独创性,同时具备可复制性,也不能将其纳入著作权法中作品的范围而对其进行保护。也就是说,人工智能生成内容是否满足独创性标准,从某种意义上说,与其在著作权法中应否将其作为作品而进行保护,实际上并无关联。

但既然人工智能生成内容作为一种新生事物已经出现,就必须在法律上对此做出回应。因为,在立法不明确的情况下,投资人(或其他利益相关人)为人工智能生成内容形成而做出的投入可能无法得到应有的回报,同时,还可能因利益驱动而激励某些人以人工智能生成内容冒充人类作品,并因为其形式与人类作品难以区分,使实践中出现大量人工智能生成内容被作为人类作品而得到保护的情况。这不仅与著作权法保护人类作品的宗旨背道而驰,而且可能引发市场的混乱。

对人工智能生成内容进行单独立法保护,似乎是一种更为可取的保护路径,但是,一方面,人工智能生成内容仅仅是人工智能应用产出的一种,由于当前商业模式创新有限,对人工智能生成内容采用单行立法保护,似乎时机还不够成熟。只有当人工智能技术发展到一定程度,同时,对包括人工智能生成内容在内的应用产出有充分的了解和认识后,专门的立法似乎才会有必要和可能。此外,即便是专门立法,以何种方式对人工智能生成内容进行保护,也是必须回答的。

不正当竞争法的保护路径似乎回避了对人工智能生成内容定性、归属等基本法律问题。诚然,反不正当竞争法对著作权及其客体商业运用过程中权利人的利益保护具有不可替代的作用。但是如果对人工智能生成内容的法律属性等基本问题缺乏明确的认识。一方面,对人工智能生成内容的法律保护难免会失之周全;另一方面,在人工智能生成内容法律属性不明确的前提下,通过反不正当竞争法对其进行保护也无法正常的实现。即便是在市场运行领域,要适度保护人工智能生成内容,也必须以明确谁对其享有权利,享有什么权利,该权利与其他相关权利的界限在哪,否则,我们将不知道谁的利益应当得到保护,在什么情况下给予保护,在什么程度上给予保护,以什么方式来进行保护,等等。

演绎作品的保护路径具有一定的合理性,但人工智能生成内容与演绎作品具有明显的区别:首先,人工智能生成内容本质上并非演绎作品,它可能并不是基于特定的先有作品而形成的，也可能并非仅仅是对先有作品的翻译，它可以是完全在没有先有作品前提下独立形成的生成内容。其次，由于演绎作品基于先有作品而形成，因此，有关演绎作品的法律制度必然以调整先有作品与演绎作品著作权人之间的关系为基础和主体。由于人工智能生成内容可独立形成的品性，因此，法律调整的基础和重心是不同的，将其作为演绎作品而给予保护，似乎在制度安排上也很难与法律对其他演绎作品的保护相协调。最后，著作权法中的演绎作品同样是人类的作品，而非机器的作品，将人工智能生成内容作为演绎作品进行保护同样绕不开保护对象性质差异性这个基本的问题。

（三）人工智能生成内容著作权保护的制度回应

目前，我国《著作权法》尚未对人工智能生成内容进行直接的制度回应。我国关于人工智能的立法主要采取"分布式"立法模式，散见于各个单行法律法规等规范性文件中。例如，我国《数据安全管理办法》（征求意见稿）也涉及人工智能生成内容规制问题。该办法第24条规定："网络运营者利用大数据、人工智能等技术自动合成新闻、博文、帖子、评论等信息，应以明显方式标明'合成'字样。"这表明使用人工智能生成内容的使用者应承担披露义务。[1] 也即表明未来的制度完善应将人工智能生成内容与人类作品保护区别开来。

值得注意的是，在2019年9月举行的国际保护知识产权协会（AIPPI）伦敦世界知识产权大会形成了如下决议：(1)统一或协调对人工智能生成物的保护是有必要的。(2)人工智能生成内容只有在其生成过程有人类干预的情况下，且该生成内容符合受保护作品应满足的其他条件情况下，才能获得著作权保护。对于生成过程无人类干预的生成内容，其无法获得著作权保护。(3)人工智能生成内容所具备的独创性（具体由各国国内法规定）产生于形成过程中人类干预，该独创性应是受著作权保护的条件之一。(4)在人工智能生成内容受著作权保护情况下，权利包含财产权、人身权（具体由各国国内法规定）、保护期限、保护的例外与限制以及原始权利归属。(5)即使人工智能生成内容过程并无人类干预，该内容也可能受到《尼泊尔公约》规定的版权保护以外的其他层面保护。人工智能生成内容不应因为其由人工智

---

〔1〕 参见于雯雯：《人工智能生成内容的著作权》，载《学习时报》2019年8月21日，第3版。

能生成而被排除在现有邻接权的保护范围外，只要该人工智能生成内容符合获得邻接权保护所满足的条件，就应该获得相应的邻接权保护。倘若，各国及地区已经将人工智能生成内容纳入其版权保护制度，则按当地制度受保护。

大会形成的决议表示，人工智能尚处于不断发展中，当前探讨人工智能生成内容应受邻接权专有权保护还是受著作权专有权保护为时尚早。本书认为，随着人工智能技术进一步发展，制度将不得不回应人工智能生成内容著作权具体保护问题，以应对人工智能生成内容侵权、市场竞争、产业发展等各类问题。对人工智能生成内容，一方面法律应当给予一定的保护；另一方面，这种保护又应当考虑其特有的性质，体现与对人类作品保护的区别。人工智能生成内容保护路径的选择应当秉持这一基本的理念。

四、人工智能发明创造专利权保护

如前所述，人工智能技术本身作为人类的发明创造，具备一定的创造力，其算法技术可以申请专利权保护。在弱人工智能时代，人工智能技术作为发明创造工具为人类社会提供了创新支持。随着人工智能技术的飞速发展，人工智能技术在发明创造领域的应用将越来越广泛，人工智能参与完成的技术方案能否被授权专利权？人工智能自主生成的技术方案能否被授予专利权？这些问题引发了理论界和实务界的热烈讨论。

（一）人工智能发明创造的界定

人工智能发明创造即人工智能在发明创造领域参与或自主生成的技术方案。根据人工智能在发明创造活动中的贡献大小不同，分为人工智能辅助发明、人机合作发明和人工智能自主生成发明。也有学者将智能产业分为不同的层级：基础层，如数据存储、机器算法等；技术层，如机器学习、语音识别、图像处理等；应用层，如无人驾驶，智能硬件等。[1] 此外，也有学者按照人工智能发明创造的应用领域，分为了人工基因编程（Genetic Programing）[2]、人

〔1〕参见张平等：《人工智能对知识产权法律保护的挑战》，载《中国法律评论》2018年第2期。

〔2〕基因编程是一种仿效生物进化过程的人工智能形式。它可以通过一种自动生成和选择程序，创造出生物遗传工程所需要的新一代解决方案。例如，对基因进行排列组合，在重组、改变、繁殖和删除中反复实验，从中得到性能最好的解决方案。

工神经网络(Artificial Neural Network)[1]和“机器人科学家”(Robot Scientists)[2]三种典型类型。[3]

(二)人工智能发明创造专利权保护的理论争议

作为新技术方案的产出工具,人工智能算法位居发明创造活动的上游,其本身就是一种突出的技术创新,因此世界各国专利法律制度均认可了其属于专利权客体范畴。然而,关于位居下游的产品,即工具产出成果的“发明创造”能否获得专利权保护,则存在理论争议。

关于人工智能发明创造能否获得专利权保护,学界主要从制度成本和社会效果展开讨论,且形成了“支持论”和“否定论”两类观点。

“否定论”认为,人工智能发明创造不应获得专利权保护。该类主张的主要理由包括以下两个方面。其一,人工智能发明创造如要获得专利权保护,将增加专利制度成本。人们借助人工智能系统势必以自身最低的成本(时间、精力、花费)获取海量多样的技术方案,这将增加投机性专利申请的数量,以此也增加了专利审查机构工作量,影响专利的整体授权质量。其二,人工智能发明创造如果获得了专利权保护,会影响专利市场竞争秩序,大量专利囤积,可能造成垄断或形成壁垒。[4]

“支持论”认为,人工智能发明创造应该获得专利权保护。其主要理由是,专利法律制度旨在鼓励创新,推动发明创造的产业应用。无论是上游技术,还是下游产品,只要符合专利创新要求,均应被专利法所保护。[5] 另有学者提出,如果否定了人工智能发明创造可专利权保护的可能性,很有可能

---

〔1〕 人工神经网络是一种应用类似于大脑神经的结构来进行信息处理的数学模型。神经网络是一种运算模型,拥有类似于人类大脑神经突触连接的结构,由大量的节点(或称神经元)相互连接构成,通过调整内部大量节点之间相互连接的关系,从而达到处理信息的目的。这种网络具有学习功能、联想存储功能和高速寻找优化解的能力。将人工智能应用于神经网络,旨在模拟人脑的神经元模型,经过单层到双层直至多层神经网络,形成强于大脑神经系统的模拟能力,从而进行独特性的知识表达和智能化的信息处理。

〔2〕 机器人科学家是一种将人工智能算法与物理实验机器人技术相结合,使机器能够自主地进行科学实验的系统。

〔3〕 英国学者 Erica Fraser 在《计算机作为发明者———人工智能对专利政策和专利法律的影响》一文中列举了最有代表性的基因编程、人工神经网络、机器人科学家三个实例。参见 Erica Fraser:“Computers as Inventors—Legal and Policy Implications of Artificial Intelligence on Patent Law”,Scripted,Volume 13. Issue 3,December 2016,305。

〔4〕 参见曹建峰等:《人工智能对专利制度的影响初探》,载《中国发明与专利》2018 年第 6 期。

〔5〕 吴汉东:《人工智能生成发明的专利法之问》,载《当代法学》2019 年第 4 期。

造成“搭便车”行为，不利于激励市场创新。如果人工智能创造发明不能获得专利权保护，则可能采取商业秘密保护模式。倘若，发明创造采用商业秘密保护模式，则容易导致重复开发，造成资源浪费。由此，将人工智能发明创造纳入专利权客体范畴，更加符合市场需求。而对于“否定论”担心的专利审查效率问题，也将因技术更替迎刃而解。

（三）人工智能发明创造专利权保护的制度回应

《专利审查指南》（2020 年版）并未回应人工智能发明创造专利申请问题。2020 年 1 月，全球首例人工智能“发明人”Dabus[1]向英国知识产权局和欧洲专利局申请专利被驳回，已表明了专利审查机构主流观点。即人工智能自主生成的发明创造不符合当前的专利授权标准，且给当前专利法律制度提出挑战。当前世界各国专利法律制度均以人类为中心，保护和激励人类的技术创新。对于人工智能相关技术领域的专利申请，已经给予了肯定，目前尚未区分人类自身的发明创造和人类以人工智能为工具进行的发明创造。但是对于人工智能自主生成的发明创造，是否应该被授予专利权，需要制度作出新的回应。

随着人工智能技术的进一步发展，人工智能自主生成发明创造在未来的强人工智能时代会更加普遍。选择人工智能发明创造的专利权保护路径，也已成为世界各国特别是发达国家促进技术创新的知识产权战略。人工智能技术发展的种种表现，已经破除了原有技术中立立场。未来的专利法修改，将围绕促进技术发展和技术风险规制展开。在基本理念上，秉承效率和安全理念；在基本原则上，遵循利益平衡原则；在制度安排上，一方面表现为对技术创新的保护，另一方面则为对技术风险的防控，体现在人工智能发明创造专利权归属、人工智能发明创造性、新颖性和实用性标准等具体制度安排之中。

---

〔1〕 Dabus 是一个基于人工智能技术的设计系统，由美国密苏里州人工智能专家斯蒂芬·泰勒博士创建，之前泰勒博士向 Dabus 输入了海量的设计相关信息，包括各种设计、颜色、表情、实用规则等方面的抽象概念，逐步将 Dabus 培养成为一个人工智能设计高手。Dabus 目前已经完成了两个主要设计项目，第一个是饮料容器，它能够改变形状，令使用假肢的残障人士或机器人手臂的手更容易抓握。第二个设计是一款闪烁的灯，设计被命名为“神经火焰”，顾名思义，这款灯能够模拟人类大脑活动，在紧急情况下可以吸引人们更多的注意力。

延伸阅读

[1]王利明:《法律解释学导论:以民法为视角》,法律出版社 2017 年版。

[2]赵旭东:《中国商事法律制度》,法律出版社 2019 年版。

[3]梁慧星:《民法典编纂中的重大争论——兼评全国人大常委会法工委两个民法典人格权编草案》,载《甘肃政法学院学报》2018 年第 3 期。

[4]孙宪忠:《当前我国民法典分则编纂的几点思考》,载《华东政法大学学报》2019 年第 5 期。

[5]钱明星、张帆:《网络虚拟财产民法问题探析》,载《福建师范大学学报(哲学社会科学版)》2008 年第 5 期。

[6]崔建远:《混合共同担保人相互间无追偿权论》,载《法学研究》2020 年第 1 期。

[7]杨立新:《民事责任在人工智能发展风险管控中的作用》,载《法学杂志》2019 年第 2 期。

[8]李永军:《论民法典"合同编"与"总则编"和"物权编"的体系关联》,载《华东政法大学学报》2019 年第 2 期。

[9]朱慈蕴:《论中国公司法本土化与国际化的融合——改革开放以来的历史沿革、最新发展与未来走向》,载《东方法学》2020 年第 2 期。

[10]陈甦、刘小妹:《以法律规制和引领"短视频"长效发展》,载《人民论坛》2020 年第 4 期。

[11]范健:《公司法改革中的泛民法化风险——兼谈〈民法总则〉颁布后的〈公司法〉修订》,载《环球法律评论》2019 年第 4 期。

[12]顾功耘:《法治:建设科技强国的有力支撑——以科技公司的上市为主要观点》,载《证券法苑》2018 年第 1 期。

[13]雷兴虎、温青美:《论目标公司董事违反信义义务的救济路径》,载《时代法学》2019 年第 1 期。

参考文献

[1]赵万一:《机器人的法律主体地位辨析——兼谈对机器人及逆行法律规制的基本要求》,载《贵州民族大学学报(哲学社会科学版)》2018 年第 3 期。

[2]杨震:《俄罗斯交付制度及其对我国的镜鉴》,载《求是学刊》2018 年第 5 期。

[3]陈小君:《规制中国农村土地侵权行为之制度完善》,载《东方法学》2020 年第 2 期。

[4]刘士国、熊静文:《健康医疗大数据中隐私利益的群体维度》,载《法学论坛》2019 年第 3 期。

[5]温世扬:《民法典人格权编草案评议》,载《政治与法律》2019 年第 3 期。

[6]马新彦:《民法典家事财产法制的教育功能——以社会主义核心价值观为价值理念的研究》,载《当代法学》2020 年第 1 期。

[7]谭启平:《三权分置"的中国民法典确认与表达》,载《北方法学》2018 年第 5 期。

[8]孟勤国:《论人格权的伦理价值》,载《财经法学》2019 年第 4 期。

[9]王轶:《民法典物权编规范配置的新思考》,载《法学杂志》2019 年第 7 期。

[10]谢鸿飞:《民法典担保规则的再体系化——以〈民法典各分编(草案)二审稿〉为分析对象》,载《社会科学研究》2019 年第 6 期。

[11]刘凯湘:《司法助力大数据产业健康发展》,载《人民法院报》2019 年 1 月 14 日,第 2 版。

[12]石少侠:《对〈公司法〉司法解释(四)若干规定的理解与评析》,载《当代法学》2017 年第 6 期。

[13]徐卫东、包英夫:《论强制村医执业责任保险的实施——以乡村振兴战略为背景》,载《当代法学》2018 年第 4 期。

[14]叶林:《股东派生诉讼规则之司法解释的逻辑和要点》,载《人民法院报》2017 年 9 月 5 日,第 2 版。

[15]周林彬:《商法入典标准与民法典的立法选择——以三类商法规范如何配置为视角》,载《现代法学》2019 年第 6 期。

周友苏:《中国特色国有公司治理的特征、要点和实现路径》,载《经济法论坛》2017 年第 2 期。

[16]李建伟:《董事会规模强制规制模式的解释与反思》,载《法学杂志》2019 年第 10 期。

[17]吴汉东:《人工智能生成发明的专利法之问》,载《当代法学》2019 年第 4 期。

[18]许明月、谭玲:《论人工智能创作物的邻接权保护——理论证成与制度安排》,载《比较法研究》2018 年第 6 期。

[19]吴汉东:《人工智能时代的制度安排与法律规制》,载《法律科学》2017 年第 5 期。

[20]蔡自兴等:《人工智能及其应用》,清华大学出版社 2016 年版。

[21]杨延超:《机器人法:构建人类未来新秩序》,法律出版社 2019 年版。

[22]陈家骏:《AI 人工智慧深度、强化学习相关专利及美国先期机器学习侵权诉讼案例分析》,载《月旦民商法杂志》2019 年第 9 期。

[23]Erica Fraser, "Computers as Inventors – Legal and Policy Implications of Artificial Intelligence on Patent Law", SCRIPTed, 2016.

[24]James Grimmelmann, Copyright for Literate Robots, 101(2) Iowa Law Review. 657, 659 – 660(2016).

第五章　人工智能与经济法

教学要点

1. 人工智能时代的价格歧视及其对消费者权益保护立法的影响
2. 基于算法的垄断协议场景及其对竞争法的挑战
3. 智能金融的法律规制

第一节　人工智能对消费者权益的影响

随着互联网、大数据、算法和人工智能的发展，商品和服务的定价和营销出现了个性化的趋势。完全价格歧视和个性化推荐的出现日益普遍化，在给消费者带来诸多便利的同时，也引发了社会公众对消费者权益保护的担忧。现行消费者权益保护立法是否足以有效保护人工智能时代的消费者权益，需要进一步检视。

一、基于算法的价格歧视

（一）经济学与法学语境中的价格歧视

1. 经济学语境中的价格歧视

经济学语境中的价格歧视（Price Discrimination）是一个中性概念，通常是指企业对同一商品或服务针对消费者不同的需求进行差异化定价。例如，有学者认为歧视性定价行为指的是商家在向不同的消费者提供相同等级、相同质量的商品或服务时，基于后者的购买意愿与支付能力，实行不同的收费标准或价格政策。〔1〕 经济学上通常把价格歧视分为一级价格歧视、二级价

---

〔1〕［英］阿里尔·扎拉奇、［美］莫里斯·E. 斯图克：《算法的陷阱》，余潇译，中信出版集团2018年版，第113页。

格歧视和三级价格歧视三种类型。

一级价格歧视,也称为完全价格歧视,是指卖方针对不同的消费者设定不同的产品售价,即所谓的个性化定价。通过一级价格歧视,卖方可以获得全部的消费者剩余。〔1〕 典型表现为同一商品或服务实行“一人一价”。

二级价格歧视,也称为数量歧视,是指卖方根据消费者购买数量的不同来确定不同的价格。通过数量歧视,卖方可以获得一部分消费者剩余。所谓的第二杯咖啡半价就是典型的一个例子。

三级价格歧视,也称为不完全价格歧视,是指卖方针对归属于不同群体的消费者设定不同的产品售价。例如,电影院对成年人、儿童、学生和老人收取不同的票价。

2. 法学语境中的价格歧视

法学语境中的价格歧视是一个带有贬义色彩和否定性评价的概念,通常是指无正当理由的差别化定价。我国立法虽未对价格歧视进行法律定义,但作出了禁止性规定。例如,我国《反垄断法》第17条规定:“禁止具有市场支配地位的经营者没有正当理由,对条件相同的交易相对人在交易价格等交易条件上实行差别待遇。”又如,我国《价格法》第14条规定:“经营者提供相同商品或服务,不得对具有同等交易条件的其他经营者实行价格歧视。”需要注意的是,经济学语境中的价格歧视比法学语境中的价格歧视的范围要大得多。换言之,并不是所有价格歧视行为都属于违法行为。

(二)人工智能时代的价格歧视

传统商业社会中,由于所掌握的消费者个人信息有限等原因,完全价格歧视难以实现,企业大多实行非完全价格歧视,即二级价格歧视和三级价格歧视。例如,基于年龄段或销售时段的歧视性定价。

在人工智能时代,基于互联网、大数据和定价算法等工具,“一人一价”的完全价格歧视成为可能。一方面,企业通过交易记录、会员卡、互联网和手机应用程序等各种方式收集全面的消费者个人信息;另一方面,企业可以利用数据库建设来辅助自学习算法,实现个性化推荐和个别化定价。伴随大数据和自学习算法的出现,线上商家不断探索优化价格歧视的方法。例如,2012年,《华尔街日报》曝光了史泰博公司的价格歧视行为。记者发现,该公

〔1〕 在经济学上,消费者剩余一般指的是消费者购买一定数量的某种商品愿意支付的最高价格与这些商品的市场售价之间的差额。

司的线上销售平台的定价算法正在基于消费者的所在位置呈现不同的产品价格目录。史泰博是美国三大办公用品零售商之一,另两家为麦克斯公司和家得宝公司。“如果竞争对手的实体店与史泰博网站访客的住地相距不足20英里,史泰博网站上的产品就会自动显示折扣价格。”又如,2000年,亚马逊向购买相同DVD的消费者索取了不同的价格。对此,亚马逊的官方说法是:这不过是一次线上测试行为,公司已将相关费用返还给了为此付出更高价格的消费者。[1]

欧盟数据保护监督局的研究表明:经济学理论研究显示,当商品的供给者可以有效地对不同消费者进行区分(也就是开展价格歧视)时,它将实现利润的最大化。大数据的作用就是更好地实现消费者的细分。大数据的应用可以有效地转化为实实在在的收益。在大数据技术自我增强的趋势下,利润的递增也将反过来助推大数据市场的壮大,同时强化人们的个人信息保护意识。[2]

二、人工智能时代的价格歧视对消费者权益的影响

从经济学的角度看,价格歧视的社会经济影响既有好的方面,也有不好的方面。关于价格歧视的正面影响,有学者归纳出以下三点影响:“第一,价格歧视有助于厂商扩大销售、增加利润。厂商利润增加,政府税收也可增加;第二,厂商只有将部分产品价格定高才有可能将另一部分产品价格定得更低,价格有高有低,方能满足不同层次的消费者需求;第三,高价格要靠高品质支撑,可以激励厂商创品牌。”[3]关于价格歧视的负面影响,有研究指出价格歧视会损害公平竞争和消费者权益。例如,英国的垄断管理机构归纳了价格歧视负面影响的几个例子:一是歧视定价由寡头企业实施;二是价格歧视的形式非常复杂,或是令消费者没有意识到市场中存在的价格歧视;三是企业无法负担价格歧视的开支,只得将成本转嫁给消费者;四是这种行为导致消费者对互联网市场的信任度下降。[4]

从消费者权益的角度看,基于大数据和定价算法的价格歧视主要产生了

---

〔1〕 Valentino - Devries et al. ,“Websites Vary Prices, Deals Based on Users' Infirmation”.

〔2〕 European Data Protection Supervisor, Mobile Health: Reconciling Technological Innovation with Data Protection, Opinion 1/2015(May 21,2015).

〔3〕 马朝钧:《经济学不反对“价格歧视”》,载《中国经济时报》2019年9月9日,第5版。

〔4〕 Competition and Markets Authority, The Commercial Use of Consumer Data, 90.

以下几个方面的影响：

首先，基于大数据和定价算法的价格歧视容易触发消费者的“公平感”。关于价格歧视对消费者公平交易权的影响，社会和学界主要有两种观点。一种观点认为产品和成本相同而定价不同，对高收入者实行较高定价，对低收入者则实行较低定价，这对高收入者不公平。另一种观点认为价格歧视能更好地满足不同层次的消费者需求。因为对高收入者来说，价格高也是他们的需求。有钱人买名牌服装，除了质量好，另一个原因就是大家都知道名牌服装价格高。再比如请客吃饭，明知包间与大厅相同的饭菜价格有别，有人仍选择包间，也是因为价格高，可满足他尊重客人的需求或者赢得客人的尊重。[1]

其次，基于大数据和定价算法的价格歧视通常是在消费者不知情或难以及时发现的情况下发生。针对个性化的产品和服务，企业往往故意限制价格的透明度，针对不同的客户设定不同的报价。关于价格歧视对消费者知情权的影响，主要存在两种观点。一种观点认为“一人一价”缺乏透明度，同样的商品或服务，消费者在自己的网页或手机终端看到的价格与其他消费者看到的价格不同，消费者对此事先并不知情也难以及时发现，因而是一种“价格欺诈”。另一种观点认为价格歧视与价格欺诈这二者有本质上的不同。价格欺诈是经营者利用虚假或使人误解的价格条件，诱骗消费者与其进行交易的违法行为。只要企业定价行为公开透明，且价格一经确定，消费者也愿意接受，这样的行为就不存在欺诈。

最后，企业实施定价算法的价格歧视需要收集大量的消费者个人信息。由此，企业通常通过互联网、App 甚至数据黑市等各种途径收集消费者大量的个人信息，这容易触发消费者的“被侵入感”。基于此，人工智能时代的算法定价也对消费者个人信息保护提出了挑战。

三、人工智能时代消费者保护立法的局限与展望

（一）我国涉及价格歧视的相关法律

1.《价格法》的相关规定

价格法是规范经营者价格行为的重要立法。我国《价格法》第 7 条规定

---

〔1〕 马朝钧：《经济学不反对“价格歧视”》，载《中国经济时报》2019 年 9 月 9 日，第 5 版。

了经营者定价的基本原则,即应当遵循公平、合法和诚实信用的原则。该法第 8 条规定了经营者定价的基本依据,即生产经营成本和市场供求状况。该法第 13 条规定了经营者的明码标价义务,即规定经营者销售、购买商品和提供服务,应当按照政府价格主管部门的规定明码标价,标明商品的品名、产地、规格、等级、计价单位、价格或者服务的项目、收费标准等有关情况。经营者不得在标价之外加价出售商品,不得收取任何未予标明的费用。

在价格法中,价格歧视属于不正当价格行为的一种。我国《价格法》第 14 条对价格歧视行为作出了禁止性规定,即经营者在提供相同商品或服务时,不得对具有同等交易条件的其他经营者实行价格歧视。同时,该法规定了价格歧视行为的法律责任,包括民事责任和行政责任。在民事责任方面,该法第 41 条规定,经营者因价格违法行为致使消费者或者其他经营者多付价款的,应当退还多付部分;造成损害的,应当依法承担赔偿责任。在行政责任方面,该法第 40 条规定,经营者有价格歧视行为的,责令改正,没收违法所得,可以并处违法所得五倍以下的罚款;没有违法所得的,予以警告,可以并处罚款;情节严重的,责令停业整顿治理,或者由工商行政管理机关吊销营业执照。

2.《反垄断法》等的相关规定

在反垄断法中,价格歧视是差别待遇行为的典型表现,属于滥用市场支配地位行为。我国《反垄断法》第 17 条禁止具有市场支配地位的经营者在没有正当理由的情况下对条件相同的交易相对人在交易价格等交易条件上实行差别待遇。

国家市场监督管理总局于 2019 年 6 月 26 日发布了《禁止滥用市场支配地位行为暂行规定》(国家市场监督管理总局令第 11 号)(以下简称《暂行规定》)。关于差别待遇,《暂行规定》列举了具有市场支配地位的经营者实施的四种具体的差别待遇行为:一是实行不同的交易价格、数量、品种、品质等级;二是实行不同的数量折扣等优惠条件;三是实行不同的付款条件、交付方式;四是实行不同的保修内容和期限、维修内容和时间、零配件供应、技术指导等售后服务条件。上述这些差别待遇均是比较重要的交易条件,直接影响交易相对人公平参与市场竞争。根据《反垄断法》规定,构成差别待遇的一个重要前提是交易相对人"条件相同"。实践中并不存在严格意义上条件完全相同的交易相对人。《暂行规定》对"条件相同"予以明确,即交易相对人之间在交易安全、交易成本、规模和能力、信用状况、所处交易环节、交易持续时间等方面不存在实质性影响交易的差别。在执法实践中，交易相对人如果在上述方面不存在实质性差异，这些交易相对人应视为条件相同，具有市场支配地位的经营者不能对交易相对人实行差别待遇。考虑到差别待遇在一些情况下可能具有正当性，《暂行规定》列举了两方面的正当理由：一是根据交易相对人实际需求且符合正当的交易习惯和行业惯例，实行不同交易条件。这主要是考虑定制化交易的情况，经营者根据交易相对人需求提供不同的商品和交易条件。二是针对新用户的首次交易在合理期限内开展的优惠活动。需要注意的是，该正当理由有严格的限定条件：(1)针对的是新用户；(2)在首次交易时；(3)在合理期限内。上述三个条件需要同时满足。在执法实践中，需要由经营者证明其行为具有上述正当理由。[1]

3.《消费者权益保护法》的相关规定

我国《消费者权益保护法》规定了消费者享有安全权、知情权、自主选择权、公平交易权、依法求偿权、反悔权、结社权、受教育权、受尊重权、个人信息受保护权、监督权等权利。

涉及价格歧视的消费者权利主要包括公平交易权、知情权、个人信息受保护权三项权利。关于消费者的公平交易权，该法第10条规定，消费者享有公平交易的权利。消费者在购买商品或者接受服务时，有权获得质量保障、价格合理、计量正确等公平交易条件，有权拒绝经营者的强制交易行为。关于消费者知情权，该法第8条规定，消费者享有知悉其购买、使用的商品或者接受的服务的真实情况的权利。消费者有权根据商品或者服务的不同情况，要求经营者提供商品的价格、产地、生产者、用途、性能、规格、等级、主要成分、生产日期、有效期限、检验合格证明、使用方法说明书、售后服务，或者服务的内容、规格、费用等有关情况。关于消费者个人信息受保护权，该法第29条第1款和第2款规定了经营者的以下义务：(1)经营者收集、使用消费者个人信息，应当遵循合法、正当、必要的原则，明示收集、使用信息的目的、方式和范围，并经消费者同意。(2)经营者收集、使用消费者个人信息，应当公开其收集、使用规则，不得违反法律、法规的规定和双方的约定收集、使用信息。(3)经营者及其工作人员对收集的消费者个人信息必须严格保密，不

[1] 《市场监管总局反垄断局主要负责人就〈制止滥用行政权力排除、限制竞争行为暂行规定〉答记者问》，载《中国市场监管报》2019年8月30日，第4版。

得泄露、出售或者非法向他人提供。(4)经营者应当采取技术措施和其他必要措施,确保信息安全,防止消费者个人信息泄露、丢失。在发生或者可能发生信息泄露、丢失的情况时,应当立即采取补救措施。

关于个性化推荐,该法第 29 条第 3 款规定经营者未经消费者同意或者请求,或者消费者明确表示拒绝的,不得向其发送商业性信息。

4.《电子商务法》的相关规定

关于个性化推荐,我国《电子商务法》第 18 条第 1 款规定:"电子商务经营者根据消费者的兴趣爱好、消费习惯等特征向其提供商品或者服务的搜索结果的,应当同时向该消费者提供不针对其个人特征的选项,尊重和平等保护消费者合法权益。"该法同时规定了违反第 18 条第 1 款规定的法律责任,即由市场监督管理部门责令限期改正,没收违法所得,可以并处罚款。

5.《广告法》的相关规定

关于个性化推荐,我国《广告法》第 43 条规定:"任何单位或者个人未经当事人同意或者请求,不得向其住宅、交通工具等发送广告,也不得以电子信息方式向其发送广告。以电子信息方式发送广告的,应当明示发送者的真实身份和联系方式,并向接收者提供拒绝继续接收的方式。"关于法律责任,该法规定,违反该法第 43 条规定发送广告的,由有关部门责令停止违法行为,对广告主处五千元以上三万元以下的罚款。

此外,我国《广告法》对互联网广告也作出了规范。该法第 44 条明确规定了利用互联网从事广告活动,适用广告法的各项规定。利用互联网发布、发送广告,不得影响用户正常使用网络。在互联网页面以弹出等形式发布的广告,应当标明关闭标志,确保一键关闭。关于法律责任,该法规定,违反该法第 44 条第 2 款规定,利用互联网发布广告,未显著标明关闭标志,确保一键关闭的,由工商行政管理部门责令改正,对广告主处五千元以上三万元以下的罚款。

(二)人工智能时代消费者保护现有立法的局限与展望

1. 价格歧视现行立法的适用范围具有局限性

我国《价格法》针对所有经营者的价格歧视行为作了规定,但是该法所规制的价格歧视仅限于经营者之间,并不包括经营者与消费者之间。由于《价格法》并未明确禁止发生在经营者与消费者之间的价格歧视行为,因而经营者针对消费者实行的价格歧视并不违反《价格法》。

从司法实践看，消费者在遭遇“价格歧视”时常常诉诸宪法关于平等权的保护。以一个案件为例，2000 年 4 月的一天，四川某大学王某、李某、陈某 3 位同学到粗粮红光店就餐时，发现店门口广告词的表述为每位 18 元，而国家公务员每位 16 元，认为这是对非公务员消费者的歧视，违反了宪法第 33 条关于“中华人民共和国公民在法律面前一律平等”的规定，侵犯了公民的平等权。三人向成都市青羊区人民法院提起诉讼，要求法院判令粗粮红光店返还多收三人的 6 元钱；撤除广告中对消费者的歧视对待，向原告赔礼道歉，并承担本案的诉讼费。法院受理后认为，粗粮红光店广告中对不同消费者实行不同的优惠是商家经营促销的一种手段，并没有违反宪法的相关规定，况且店方的定价也是合法的，并没有“多收”。于是对 3 位原告的诉讼请求不予支持，驳回他们的诉讼请求，案件受理费 100 元，由 3 位原告承担。[1]

随着基于算法的价格歧视行为对消费者权益损害的现象日益普遍，是否将经营者与消费者之间的价格歧视行为纳入法律规制范围，值得进一步探讨。

2. 个性化推荐行为的法律责任单一

我国《电子商务法》从尊重和平等消费者合法权益的角度，对电子商务经营者的个性化推荐行为，一方面确认了电子商务经营者个性化推荐行为的合法性，另一方面通过设定法定义务的方式进行了“纠偏”，即要求电子商务经营者应当同时向该消费者提供不针对其个人特征的选项。但是，在法律责任的设定方面，该法仅规定了违反该义务的行政责任，未规定民事责任，法律责任形式过于单一。我国《广告法》从保护个人的知情权和同意权等合法权益角度，对定向广告行为进行了规范，但在法律责任设定方面也仅规定了违反法定义务的行政责任，未规定民事责任，同样存在法律责任形式过于单一问题。未来的立法修改是否设定违反前述法定义务的民事责任，以及如果要设定民事责任又应如何设定等问题，值得进一步探讨。

第二节　人工智能对竞争法的影响

人工智能时代，大数据、云计算、智能算法等现代科技在提升企业效率和

---

〔1〕 殷啸虎：《两元钱的平等权诉讼》，载《新民晚报》2012 年 4 月 15 日，第 B11 版。

市场透明度的同时，也在悄悄地改变市场竞争的原有形态。当下，智能算法与大数据实施的各种反竞争行为，对传统竞争法提出了新的挑战。

一、人工智能时代基于算法的垄断协议场景

（一）垄断协议及其危害

垄断协议，德国法称为卡特尔，日本法称为不正当交易限制，美国法称为竞争者合谋。我国《反垄断法》所称的垄断协议，是指排除、限制竞争的协议、决定或者其他协同行为。

垄断协议可以分为横向垄断协议和纵向垄断协议。横向垄断协议，是指在产业链上居于同一环节的两个或两个以上经营者所为的垄断协议。[1] 例如，彩电销售商之间的垄断协议。我国《反垄断法》禁止的横向垄断协议形式包括：固定或者变更商品价格；限制商品的生产数量或者销售数量；分割销售市场或者原材料采购市场；限制购买新技术、新设备或者限制开发新技术、新产品；联合抵制交易等。纵向垄断协议是指处于同一产业链上下环节（有交易关系或供求关系）的两个或两个以上经营者所为的垄断协议行为。[2] 例如，电脑厂商与分销商之间的垄断协议。我国《反垄断法》禁止的纵向垄断协议形式包括固定向第三人转售商品的价格和限定向第三人转售商品的最低价格等。

从经济学角度看，垄断协议行为有利有弊。从合理性方面看，在经营者为了提高中小经营者经营效率和增强中小经营者竞争力而达成协议，或者为了改进技术、研究开发新产品而达成协议，或者为了实现节约能源、保护环境、救灾救助等社会公共利益而达成协议等特定情形下，如果不会严重限制相关市场的竞争并且能够使消费者分享由此产生的利益，则具有合理性。从弊害看，横向垄断协议不仅限制了同行业之间的竞争，而且损害其他经营者和消费者利益；纵向垄断协议则限制了下一环节经营者之间的竞争。

从反垄断法规制的角度看，由于横向垄断协议弊害最重，世界各国的反垄断法对大多数横向垄断协议是禁止的；而纵向垄断协议弊害相对较轻，世界各国的反垄断法对其通常分不同情形有条件地允许、限制或禁止。

---

〔1〕 张守文主编：《经济法学》，高等教育出版社2018年版，第242页。

〔2〕 张守文主编：《经济法学》，高等教育出版社2018年版，第243页。

(二)基于算法的垄断协议场景

人工智能时代,在算法经济的驱动下,电子商务具有透明、便利等巨大优势。一方面,功能强大的互联网平台为消费者提供更透明的市场环境、更好的用户体验和更令人满意的服务;另一方面,企业也越来越多地使用定价算法提升经营效率。但是,算法的广泛使用却对竞争造成了负面影响。英国牛津大学法学教授阿里尔·扎拉奇(Ariel Ezrachi)和美国田纳西大学法学教授莫里斯 E. 斯图克(Maurice E. Stucke)于 2016 年出版的《算法的陷阱:超级平台、算法垄断与场景欺骗》一书阐述了算法是如何改变了竞争机制,介绍了定价算法培植共谋的四种场景,认为在共谋场景中,定价算法提高了企业经营者在销量数据上的透明性,这也促使各家企业开展协作化的定价行为。[1]以下主要依据该研究,简要介绍人工智能时代基于算法的垄断协议四种场景。

1. 算法作为执行人的信使场景

在信使场景中,人类是共谋的主脑和共谋的决策者,算法担当了“信使”角色,算法的责任是监督组织成员的售价,并对任何偏离协议价格的背叛予以惩戒。这是一种人为的共谋,是算法通过执行人类设定的计划而进行的共谋。在这种场景下,是人类自己在操纵垄断协议,他们将算法作为辅助垄断协议的得力工具,用来确定价格、监督竞争对手,并捍卫卡特尔组织成员间的合作。

有了算法的帮助,企业之间的垄断协议如虎添翼,给竞争市场带来了更大的危害。例如,2015 年,几家在亚马逊网站上售卖明信片的贺卡制造商被美国司法部指控非法操纵市场价格。为了能够协调价格变更的节奏与幅度,这几家企业采用同一个定价算法,收集小团体外的竞争对手的价格信息,并抄袭对方的定价策略,从而在价格上打压对手。对这项指控,相关企业已经服罪。

2. 算法驱动的中心辐射式场景

在这种形式的垄断协议中,市场中无数的参与者将使用同一个定价算法,而这个定价算法所给出的价格将成为卖家公认的市场价格。在典型的中心辐射式场景中,由多个市场竞争对手共同参与的垄断协议将通过缔结多个

---

〔1〕［英］阿里尔·扎拉奇、［美］莫里斯·E. 斯图克:《算法的陷阱》,余潇译,中信出版集团 2018 年版。

纵向协议的方式达成，其中定价算法的开发者作为一个枢纽中心，它的任务是精心策划一个全行业范围内的垄断协议，从而实现更高定价。

在传统的中心辐射式垄断协议场景中，通常发挥沟通协调作用的枢纽中心处在一个较高层级的市场组织结构中，并会潜入较低层级与其中的市场参与者达成控价协议。[1] 而在算法驱动的中心辐射式场景中，由于单一算法充当了枢纽中心，造成了实质上的垄断协议效果。例如，随着大数据的发展和动态定价对技术要求的提升，市场中的诸多企业均选择将定价工作外包给某一家定价算法服务商。虽然这些企业并未事先商量，但是由于它们使用同一个定价算法处理市场数据并对市场价格波动作出回应，结果导致企业的市场行为奇迹般地趋同。需要指出的是，这种由算法驱动的中心辐射式垄断协议既有可能是为了故意限制竞争而生，也可能是因为广泛使用同一个定价算法而造成的无心之失。

算法驱动的中心辐射式场景的另一个典型例子与交易平台有关。当经营者与消费者的交易通过某互联网平台进行时也可能形成算法驱动的中心辐射式垄断协议。当产品或服务的价格是由平台设计的定价算法确定，并且交易双方都对这个价格表示同意时，这种行为同样有损公平竞争秩序，令同业间的横向竞争大打折扣。以美国优步为例，作为一家提供快车预订服务的科技公司，优步在全国300个城市开展业务。优步利用装载在智能手机上的优步应用程序拉近了司机和乘客之间的距离；运用独家定价算法，为每一笔打车服务单独定价。[2]

3. 基于算法预测的默示垄断协议场景

在这种场景中，企业高管隐去了自己的身影，定价算法充当起了代理人，它们持续监控市场价格的变化，并不断根据竞争对手价格的变化与市场数据的更新调整自己的定价。在这种场景中，虽然企业之间无须秘密签署垄断协议或者交流，各个企业单方面创建定价算法，但是由于算法在同业内的普及增强了企业之间有意识的平行行为，这种默示垄断协议威力巨大。

关于默示垄断协议，美国最高法院曾作出如下解释：默许共谋，又称寡头垄断价格协调或有意识的平行行为，指的是处在一个集中市场环境中的几家

[1] United States v. Apple, Inc., No. 13 – 3741 – CV, 2015WL3953243, para. 28 (2nd Cir., June 30, 2015).

[2] Rohit Joshi, "How Doses Uber's Dispatch Algorithm Work?" Quora (December 13, 2014).

企业在实践中共享垄断权力。他们之间以一些心照不宣的方式同时限制产量或提高价格,从而攫取垄断利润。对此,法律并不禁止寡头企业基于彼此的相互依赖性而采取的有意识的平行行为。尽管默示垄断协议与明示垄断协议的后果是一样的,都是高昂的价格,但是区别于明示垄断协议,默示垄断协议并未违反反垄断法。

默示垄断协议需要寡头垄断的市场结构、较高的市场透明度等一定市场条件的支撑,如果缺乏这些条件,默示垄断协议往往难以形成。然而,当市场主体普遍依赖定价算法时,无形中改变了市场条件,并为默示垄断协议的形成创造了高市场透明度、快速调价机制等传统商业社会难以具备的市场条件。首先,基于算法预测的默示垄断协议场景中,各家企业出于利润最大化目的开展定价算法程序的开发,并运用于该企业产品或服务的定价中。其次,当同一市场中的所有经营者都使用定价算法进行产品定价时,市场数据的数字化水平与可获取性都会显著提升,而市场环境将越发透明。消费者通过商品价格查询 App 可以实时地查询到任何一家企业的当天商品价格,这大大降低了消费者的搜寻成本。但是,与此同时,商品价格查询 App 也可能沦为企业尤其是寡头垄断企业获取竞争对手定价的工具。最后,较之于人工调整价格的缓慢,定价算法面对市场环境的变化能够迅速做出反应和调整价格。当企业经营者将定价工作转交给计算机完成后,仅毫秒间,为特定人群、特定时段设定的上千种商品的价格就呈现在了我们眼前。在基于算法预测的默示垄断协议场景中,企业之间的竞争将演化成算法的竞争。

在基于算法预测的默示垄断协议场景中,利用自己开发的定价算法,每家企业都有可能将历史定价数据与竞争对手的回应相结合,从而不断优化自己的经营策略。如果技术升级的趋势进一步放大,当算法软件可以在更透明的信息化环境中运行时,那么计算机还将承担起预测市场动向的工作,做好随时应对竞争对手攻击的准备。在这种情境下,计算机会为企业经营者提供不同的应对方案,分别列明相应的利润空间与可行性方案。有了计算机监督价格偏离,并及时作出惩戒,企业之间的有意识平行行为必将导致产品价格攀升。

4. 基于自主算法的垄断协议场景

在这种场景中,企业独立开发和使用算法去实现利润最大化的既定目标,计算机在机器学习过程中自发找到了优化利润的途径和方式。人类并未给算法设定达成垄断协议的任务,企业仅仅只是依赖人工智能。根据自我学习和从市场上收集数据的反馈,计算机自动执行其认为的最佳策略。如果经营者各自采用追逐利润最大化的定价算法,那么默示垄断协议很可能成为最佳策略。面对算法的默示垄断协议,人类甚至不知道算法会在何时发起默示垄断协议,这个协议又将持续多久。在这个场景中,我们误以为市场处于充分竞争的状态,即便人工智能自动达成了垄断协议,人类甚至察觉不到任何垄断协议的痕迹。

在基于自主算法的垄断协议场景中,一方面,计算机具有超强的实时处理大量数据的能力,拥有掌握所有市场信息的能力;另一方面,人工智能在商业中的应用意味着具有自主决策与学习能力的复杂算法在企业经营活动中发挥了重要作用。基于自主算法的垄断协议场景超越了实施默示垄断协议的诸多条件制约,默示垄断协议可以侵入更多的市场、算法的功能也不再局限于定价。

二、竞争法面临的挑战与展望

(一)竞争法规制对象的新变化

竞争法长久以来都是以人类为规制对象的,然而随着算法在商业中的广泛应用,传统的竞争机制发生了根本的变化,算法成了竞争法规制的新对象。尤其是在基于自主算法的垄断协议场景中,企业行为由自学习算法自动作出,与企业经营者的关联性很低。在现有监管技术条件下,竞争执法者往往难以发现算法的默示垄断协议行为,更谈不上对其进行规制。有学者提出,如果在算法模型被搭建之初就将遵循反垄断法的任务植入其中,是否就可以避免自主算法达成默示垄断协议呢?对于算法来讲,禁止价格操纵的指令或许易于操作,但在算法的强化学习过程中,它可能会从无数个协调互动的方法中,找到一条法律认可范围内的共谋路径。[1]

(二)垄断协议意图的认定难度增加

在算法作为执行人的信使场景中,由于存在垄断协议,算法仅是执行工具,因而证明存在垄断协议的证据越充分,就越不需要证明存在合谋的意

〔1〕 Casey C. Sullivan, "As Machines Learn, Will They Learn the Law ? Will They Follow It ?", *Findlaw*(September 8,2015).

图。[1] 但是，在算法驱动的中心辐射式场景中，由作为枢纽中心的算法既有可能是为了故意限制竞争而设计，也可能只是因为广泛使用同一个定价算法而无心造成的结果。该场景对传统反垄断执法的挑战在于，执法机构须确认该定价算法的设计是否具有反竞争意图。同样，在基于算法预测的默示垄断协议场景中，对企业的限制竞争意图的认定也是重要一环。在算法充当代理人的情况下，如何认定企业的限制竞争意图，对反垄断执法机构提出了巨大的挑战。

（三）反垄断法干预的尺度如何把握

在基于算法预测的默示垄断协议场景中，企业高管无须秘密签署垄断协议甚至不需要交流，由于算法在同业内的普及增强了企业之间有意识的平行行为，这有可能导致限制竞争效果。在该场景中，虽然不存在书面或口头的垄断协议，但是市场上存在默示垄断协议形成的条件。没有了垄断协议就没有了确凿的证据，这令反垄断执法难度大为提高。反垄断法是否应将基于算法的默示垄断协议纳入规制范围内呢？基于算法的垄断协议场景，反垄断法提出了干预尺度的把握难题。

（四）违法垄断协议的归责难题

从法律责任的角度，基于算法的垄断协议场景提出了许多挑战性问题。例如，在算法驱动的中心辐射式场景中，如果作为中心枢纽的单一算法在设计之初就是为了限制竞争而设计，那么，谁来承担责任？对此，主要有以下选择：一是算法开发者承担责任；二是算法使用者（受益者）承担责任；三是算法开发者与算法使用者共同承担责任，但如果是算法开发者和算法使用者都要承担责任，又该如何划分他们的责任？四是都不承担责任。

（五）垄断协议合法与违法的边界更加模糊

在基于算法预测的默示垄断协议场景中，默示垄断协议是通过各个企业的算法达成的，合法与违法的边界在哪里，又应如何追究法律责任？对于反垄断执法机构而言，它们的主要挑战在于判断有意识的平行行为的合法性。如果说在企业没有互相通气或者达成任何协议的前提下，商品和服务的均衡价格高于竞争市场中的一般水平，那么这仍是一种合理的存在，并不触犯竞争法。[2]

---

〔1〕 李振利、李毅：《论算法共谋的反垄断规制路径》，载《学术交流》2018 年第 7 期。

〔2〕 Case C – 199/92, P Huls AG v. Commission, (1999) ECR I – 4287, (1999) 5 CMLR 1016.

第三节 人工智能与金融市场规制法律制度

一、金融市场的人工智能技术发展概述

从阿尔法狗和李世石的人机大战,到支付宝的刷脸支付;从无人超市的市场投放到24小时银行的城市布局,人工智能的应用已逐渐深入到日常生活的方方面面且呈加速态势。人工智能技术的发展正影响着人类社会生活。在机遇与风险相伴而生的当下,用法治手段保障人工智能的健康发展是历史和现实的必然选择。

(一)金融市场的认定

市场是商品经济的范畴,是买卖双方进行商品交换的场所。市场有一般市场与特别市场之分。各国政府为了实现经济稳健运行和市场的良性竞争,逐步构建了具有本国特色的市场竞争行为规制法律制度体系。我国现有的市场竞争法律制度,大体分为两部分:适用于各类市场的制度与适用于某一类或几类特殊市场的制度。前者称为一般市场规制制度。比如,反垄断法中的滥用市场支配地位行为规制制度、行政性垄断行为规制制度等;反不正当竞争法中的侵犯商业秘密规制制度、诋毁商誉行为规制制度、商业贿赂行为规制制度等。后者即为特别市场规制制度。比如金融市场规制制度、食品药品市场规制制度、房地产市场规制制度等。相应地,本书将人工智能技术应用市场分为一般市场与特别市场。受篇幅所限,本节仅就特别市场中的金融市场加以阐述。

金融市场,是指经营货币资金借款、外汇买卖、有价证券交易、债券和股票的发行、黄金等贵金属买卖场所的总称。金融市场可以从不同的角度进行分类:按融资期限,可分为短期金融市场和长期金融市场;按有无固定交易场所,可分为有形市场、无形市场;按交易地域,可分为国内金融市场和国际金融市场等;按交易对象,可分为货币市场、外汇市场、保险市场、证券市场等。本节主要从交易对象角度讨论金融市场中的银行业市场、保险业市场以及证券业市场的人工智能应用。

(二)人工智能技术在金融市场的发展

随着人工智能技术的日臻成熟,社会普遍对金融领域的人工智能应用前

景持乐观态度。美国通用人工智能学会主席 Ben Goertzel 认为,十年以后人工智能可能会介入世界上大部分的金融交易。美国科尔尼(A. T. Kearney)管理咨询公司预计,未来 3—5 年机器人顾问将成为主流,到 2020 年其管理的资产规模有望达到 2.2 万亿美元。花旗银行研究预测,未来十年人工智能投资顾问管理的资产将实现指数级增长,总额将达到 5 万亿美元。目前,人工智能在金融领域的应用主要包括投资顾问、交易预测、信用评估、业务优化等方面。

1. 投资顾问

人工智能在金融投资顾问方面的运用,通常被称为智能投顾,主要是指为客户提供基于算法的在线投资顾问和资产管理服务。如本书第四章第二节所述,相较于传统投资顾问,智能投顾有着主动投资和量化投资的特点,它不仅可以主动选择合适的标的类型以及投资风格,也具有规模化投资优势。美国智能投顾发展时间已有十年,2019 年管理的资产已达到 7497.03 亿美元。以美国两大"机器人投资顾问"公司 Wealthfront 和 Betterment 为例,Wealthfront 掌控的资金已超过 20 亿美元。在欧洲,也涌现出大量"机器人投资顾问"公司,如英国的 Money on toast、德国的 Finance Scout 、法国的 Marie Quantier 等。根据花旗集团 2016 年发布的研究报告指出,智能顾问所掌握的资产在 2015 年年底达到 187 亿美元。

近几年,我国智能投顾市场发展迅速,主要参与者包括传统金融机构、互联网公司、金融 IT 公司三类。目前,国内银行开展智能投顾的主要有招商银行摩羯智投、中国银行中银慧投、兴业银行兴业智投等;就券商而言,截至 2017 年 9 月,已有 8 家券商推出智能投顾产品或服务;华夏基金与微软签订战略合作协议,发力人工智能投顾,并于 2018 年 1 月推出"华夏查理智投"。互联网公司在智能投顾市场具有强大的流量和技术赋能优势,代表产品主要有京东智投、蚂蚁聚宝、雪球蛋卷基金等。金融 IT 公司作为金融和 IT 的接口,具有技术和业务双重优势,目前入局智能投顾的主要有同花顺、恒生电子、金证股份等。虽然智能投顾在我国起步较晚,但发展速度惊人。预计到 2022 年,中国的智能投顾管理资产总额将超 6600 亿美元,用户数量超过 1 亿,行业空间巨大。智能投顾已然成为智能财富管理的一大热点。

2. 交易预测

人工智能技术在金融市场的应用还包括进行交易预测。有人曾通过数百个因子测试了传统因子方法和人工智能方法，在80%的因子上，人工智能都表现出更好的收益。全球第一个以纯人工智能驱动的基金Rebellion曾预测了2008年股市崩盘，并在2009年9月给希腊债券F评级，比惠誉提前了一个月。日本三菱公司发明的机器Senoguchi，每月10日预测日本股市在30天后将上涨还是下跌。经过四年左右的测试，该模型的正确率高达68%。掌管900亿美元的对冲基金Cerebellum也使用人工智能技术进行交易预测，自2009年以来一直处于盈利状态。国内长信基金旗下的量化先锋混合基金，运用模型智能选股也取得了良好业绩。截至2016年3月15日，长信量化近一年的收益率为39.23%，居同类451只基金的第2位；近两年的收益率为125.57%，居同类428只基金第1位。

3. 信用评估

人工智能不仅应用于投资顾问，交易预测，还用于信用评估等领域，打通金融机构、供应商和客户之间的信息壁垒。阿里旗下的蚂蚁金服已将人工智能运用于互联网小贷、保险、征信、资产配置、客户服务等领域并取得良好效果。腾讯优图是腾讯旗下人脸检测应用，与腾讯征信、微众银行、财付通开展合作，实现了对用户的信用评估。

4. 业务优化

传统的银行、证券业务有着成本高、效率低等诸多弊端，已经无法满足人们日益增长的需求。随着人工智能技术的发展，银行、证券的业务也实现了优化。在各大银行营业网点，到处可见智能柜台、服务机器人的身影。如招商银行的可视柜台（VTM），通过人机互动可以实现一卡通开户、卡片激活、定期业务、转账汇款等二十余项非现金银行业务，大大提高了业务办理效率。2015年年底，交通银行推出国内首个智慧型人工智能服务机器人“娇娇”，该款机器人采用了全球领先的智能交互技术，交互准确率达95%以上，是国内第一款真正“能听会说、能思考会判断”的智慧型服务机器人。目前已在上海、广东、重庆等近三十个省市的营业网点上岗。

经济基础决定上层建筑。人工智能技术在金融市场的应用或多或少改变了银行、证券、保险等金融机构传统的业务模式，推动了相关法律规范的出台。

二、人工智能与金融市场规制法律制度

人工智能在金融领域的普遍应用是大势所趋。我们既要正视这种趋势，

积极抢占人工智能发展高地，又必须重视人工智能普及带给金融稳定、信息安全的冲击和挑战。人工智能在银行业市场规制制度主要包括市场准入制度、风险评估制度、信息保护制度、信息披露制度、监管制度和法律责任制度。

（一）市场准入制度

市场准入制度，是指由国家行政机关依照法律法规对申请人是否具有市场主体资格和相应能力从事经营活动进行审查核准，对符合条件的申请人与具体的经营范围和事项给予批准和许可的一种法律制度。市场准入制度是国家管理市场、干预经济的制度安排。它不仅能够通过设置门槛，建立起投资者免受不具备相应资质经营者骚扰的第一道防线，也通过制定行为准则和标准，防止市场主体的经营活动偏离正常轨道。综观全球，世界各国大都对金融业有着严格的市场准入规定。从事人工智能业务的市场主体，应当满足以下条件：

1. 实体条件

能够从事人工智能金融业务的市场主体必须是依法设立的金融机构。金融机构一般是指依照我国《公司法》《商业银行法》《证券法》《保险法》等成立的，从事金融业务的机构。例如银行、证券公司、保险公司、互联网金融公司等。我国《商业银行法》第 12 条规定："设立商业银行的须有符合本法规定的注册资本最低限额。"第 13 条规定："设立全国性商业银行的注册资本最低限额为 10 亿元人民币。"我国《证券法》第 122 条规定："设立证券公司，必须经国务院证券监督管理机构审查批准。同时还规定了严格的设立条件。"[1] 随着人工智能在金融领域应用的深入，各大商业银行推出了多项人工智能服务。金融主管部门相继出台多项规范性文件。2018 年，中国人民银行联合保监会、证监会、国家外汇管理局发布了《关于规范金融机构资产管理业务的指导意见》（以下简称《指导意见》）。《指导意见》第 23 条规定："运用人工智能技术开展投资顾问业务应当取得投资顾问资质，非金融机构不得借助智能投资顾问超范围经营或者变相开展资产管理业务。"显然，非金

[1] 《证券法》第 124 条规定："设立证券公司，应当具备下列条件：（一）有符合法律、行政法规规定的公司章程；（二）主要股东具有持续盈利能力，信誉良好，最近三年无重大违法违规记录，净资产不低于人民币二亿元；（三）有符合本法规定的注册资本；（四）董事、监事、高级管理人员具备任职资格，从业人员具有证券从业资格；（五）有完善的风险管理与内部控制制度；（六）有合格的经营场所和业务设施；（七）法律、行政法规规定的和经国务院批准的国务院证券监督管理机构规定的其他条件。"

融机构不能开展人工智能投资顾问业务。

此外，开展人工智能金融服务还应当具备其他资质要求，诸如人才、技术等。以智能投顾为例，为了保证金融机构提供服务的质量，我国除建立牌照制度之外，还设置了从业资格制度，以保证为投资者提供符合约定要求的服务。根据《证券法》，只有经证监会批准，取得证券投资咨询牌照的主体，方能从事证券投资咨询业务。《指导意见》第22条规定，未取得投资顾问资质的金融机构不能开展人工智能投资顾问业务。《证券投资顾问业务暂行规定》（以下简称《暂行规定》）第10条规定，证券公司、证券投资咨询机构从事证券投资顾问业务，应当保证证券投资顾问人员数量、业务能力、合规管理和风险控制与服务方式、业务规模相适应。2016年，澳大利亚证券和投资监管委员会发布了《向零售用户提供的数字金融产品监管指南》（以下简称《指南》），《指南》第三部分规定了证券智能投顾运营商的资质，要求运营商应当符合《公司法》第912A（1）条的规定，应当符合本法规定的人力资源、技术资源和损害赔偿等方面的要求。此外，还应当有能够监控和测试算法、防范网络风险和保障信息安全的风险管理安排。美国货币服务机构须获得许可，并符合关于投资主体、营业场所、资金实力、财务状况、从业经验等相关资质要求。

2. 程序条件

从事人工智能金融业务的市场主体除需具备严格的实体条件外，还应当满足相应的程序要求。对于传统的证券投资顾问业务，我国采取的是双重许可，不仅要求证券投资咨询机构取得相应牌照，还要求证券投资顾问取得从业资格并进行登记。《证券投资顾问业务暂行规定》（以下简称《暂行规定》）第7条规定，从事证券投资咨询服务的人员，亦应取得相应的执业资格，并在中国证券业协会登记注册。对于开展人工智能业务的金融机构，应当进行登记并获得许可。《关于加强对利用“荐股软件”从事证券投资咨询业务监管的暂行规定》第2条规定：“向投资者销售或者提供荐股软件并直接或间接获取经济利益的，属于从事证券投资咨询业务，应当经中国证监会许可，取得证券投资咨询业务资格。”欧盟同时采用许可制、注册制和豁免制；韩国、马来西亚、新加坡等电子货币发行人须得到许可。

目前，我国开展证券智能投顾的三类主体是传统金融机构、传统互联网公司和专门从事证券智能投顾业务的互联网金融公司，其中，除传统金融机构牌照齐全外,另外两类证券智能投顾运营商均因缺少证券投资咨询牌照而面临合法性困境。近年来,我国已基本停发证券投资咨询机构的新牌照,导致这些新兴的证券智能投顾运营商“合规无门”,进而催生了牌照转租、转让乱象,严重威胁我国金融市场的稳健运行。

(二)风险评估制度

人工智能在金融市场的应用无疑会给金融稳定、信息安全带来诸多风险。《指导意见》规定,金融机构运用人工智能技术开展资产管理业务应当严格遵守本意见有关投资者适当性、投资范围、信息披露、风险隔离等一般性规定,不得借助人工智能业务夸大宣传资产管理产品或者误导投资者。

1. 风险评估主体

开展智慧银行、智能投顾等业务的金融机构是当然的风险评估主体。《网络安全法》第26条规定,开展网络安全认证、检测、风险评估等活动,向社会发布系统漏洞、计算机病毒、网络攻击、网络侵入等网络安全信息,应当遵守国家有关规定。金融机构应当向金融监督管理部门报备人工智能模型的主要参数以及资产配置的主要逻辑,为投资者单独设立智能管理账户,充分提示人工智能算法的固有缺陷和使用风险,明晰交易流程,强化留痕管理,严格监控智能管理账户的交易头寸、风险限额、交易种类、价格权限等。金融机构因违法违规或者管理不当造成投资者损失的,应当依法承担损害赔偿责任。行业协会是依法成立的非营利社会团体,是相关行业的自律组织,在本行业起着管理、服务、监督的重要作用。因此,金融行业协会也承担着本行业的风险评估职能。《网络安全法》规定,有关行业组织建立健全本行业的网络安全保护规范和协作机制,加强对网络安全风险的分析评估,定期向会员进行风险警示,支持、协助会员应对网络安全风险。

2. 风险评估范围

智能金融服务的风险评估范围包括:资产管理、授信融资、客户服务、精准营销、身份识别、风险防控等领域。中国人民银行《金融科技发展规划(2019—2021年)》中提到要强化金融科技合理应用。稳妥推动人工智能技术与金融业务深度融合。探索相对成熟的人工智能技术在资产管理、授信融资、客户服务、精准营销、身份识别、风险防控等领域的应用路径和方法,加强金融领域人工智能应用潜在风险研判和防范,完善人工智能金融应用的政策评估、风险防控、应急处置等配套措施,健全人工智能金融应用安全监测预警机制，研究制定人工智能金融应用监管规则，强化智能化金融工具安全认证，确保把人工智能金融应用规制在安全可控范围内。

（三）金融信息保护制度

金融信息，是指金融行政管理部门、金融机构、金融消费者拥有或控制的，与开展金融活动相关的一切信息，包括政府金融信息、金融机构信息、金融消费者信息等。例如，政府金融主管部门掌握的金融机构的信息，金融消费者的身份资料、存贷款情况等具有识别性的个人信息。人工智能在金融市场的应用无疑加大了信息泄露风险。一方面，金融机构需要运用互联网通信技术，容易成为网络攻击的目标，而安全漏洞的修补速度往往慢于不法分子的利用速度，从而面临信息安全隐患。[1] 另一方面，人工智能需要对不同群体的大量客户行为数据进行采集和分析，这一过程可能侵犯到用户隐私，甚至造成公众数据信息的泄露。

1. 金融信息保护主体

金融信息保护主体主要包括金融服务的提供者以及金融行政管理部门、金融消费者。《商业银行法》第 29 条规定，商业银行办理个人储蓄存款业务，应当遵循存款自愿、取款自由、存款有息、为存款人保密的原则。《证券法》第 44 条规定，证券交易所、证券公司、证券登记结算机构必须依法为客户开立的账户保密。我国 2016 年《网络安全法》专设网络信息安全一章，强调网络运营者应当对其收集的用户信息严格保密，并建立健全用户信息保护制度。2019 年 10 月颁布并将于 2020 年 1 月 1 日生效的《中华人民共和国密码法》强调了对密码进行分类管理。任何组织或者个人不得窃取他人加密保护的信息或者非法侵入他人的密码保障系统。各国早已关注到这一问题，加快了立法进程。美国《联邦贸易委员会法》规定，美国联邦贸易委员会（FTC）密切监视金融行业在人工智能运用中，是否存在利用大数据分析技术违反公平性或歧视性、欺诈性等问题，并加强在数据销售、侵犯隐私等领域的执法力度。美国《公平和准确信用交易法案》要求信用报告公司必须以安全的形式提供报告和数据信息。

---

[1] 近年来，针对金融信息方面的网络攻击明显增多。例如，据澳大利亚"新快网"报道，目前有一款恶意软件可植入澳大利亚四大银行的安卓手机客户端，在手机用户不知情的情况下，拦截发送到手机的验证码信息，并将验证码短信转发给黑客。黑客用上述方法获得用户的登录名称、密码以及验证码后，可以绕过银行安全机制，登录用户网上银行账户转移资金。

2. 金融信息保护客体

金融信息保护客体，是指金融信息主体权利义务所指向的对象。金融信息保护客体是我国的金融信息秩序。数字经济时代的金融安全不仅是指资金安全，还包括信息安全、秩序安全。这就要求做到三点：第一，金融机构应建立金融信息安全风险防控长效机制，研究制定金融信息全周期管理制度和标准规范，定期组织对易发生金融信息泄露的环节进行排查，保障身份、财产、账户、信用、交易等数据资产安全。第二，选择符合国家及金融行业标准的安全控件、终端设备、App 等进行金融信息采集和处理，利用通道加密、双向认证等技术保障金融信息传输的安全性，运用加密存储、信息摘要等手段保证重要金融信息机密性与完整性，通过身份认证、日志完整性保护等措施确保金融信息使用过程有授权、有记录，防范金融信息集中泄露风险。第三，强化金融信息保护内部控制管理，健全金融信息安全管理制度，明确相关岗位和人员的管理责任，定期开展金融信息安全内部审计与外部安全评估，防止金融信息泄露和滥用。

3. 金融信息保护内容

金融信息保护内容，是指金融信息保护主体所享有的权利及相应义务。当前，我国有关信息保护的法律制度还不健全，金融消费者的信息保护意识较为淡薄，个人信息泄露的现象时有发生，无论从保护公民基本权利，还是从发展人工智能的需要考虑，都亟须建立和完善我国金融信息权保护制度，加强相关行政监管，明确金融机构相关告知义务、信息安全保障义务，以及出现问题后的赔偿责任，有效保证人工智能在金融领域应用中的信息安全。

（四）信息披露制度

信息披露制度亦称"信息公开制度"，指金融机构为保障投资者利益和接受社会公众的监督而依照法律规定必须公开有关信息和资料的规定。与传统金融相比，智能金融对信息数量和质量的要求更高，加之高科技的介入，规制信息不对称、建立智能金融信息披露制度具有十分重要的意义。

针对近年来发展迅速的互联网金融，国务院、中国人民银行相继出台了规范性文件要求建立信息披露制度。2015 年 5 月，《国务院关于大力发展电子商务加快培育经济新动力的意见》中提出了规范网络化金融服务新产品的一般规定。其中包括"完善互联网保险产品审核和信息披露制度"。在金融消费者权益保护的相关内容中，提出"加强互联网金融产品合同内容、免责条款规定等与消费者利益相关的信息披露工作，依法监督处理经营者利用合同格式条款侵害消费者合法权益的违法、违规行为”。

1. 披露主体

提供智能金融服务的金融机构是信息披露的主体，包括传统金融机构、互联网金融公司。2015年7月，中国人民银行、工业和信息化部、公安部等发布的《关于促进互联网金融健康发展的指导意见》（以下简称《指导意见》）第15条规定了信息披露、风险提示和合格投资者制度。“从业机构应当对客户进行充分的信息披露，及时向投资者公布其经营活动和财务状况的相关信息，以便投资者充分了解从业机构运作状况，促使从业机构稳健经营和控制风险。从业机构应当向各参与方详细说明交易模式、参与方的权利和义务，并进行充分的风险提示。”《证券投资基金销售机构通过第三方电子商务平台开展证券投资基金销售业务指引》规定，基金销售机构通过第三方电子商务平台开展基金销售活动的，应当在第三方电子商务平台的醒目位置披露其工商登记信息和基金销售业务资格信息，并提示基金销售服务由基金销售机构提供。《证券法》第70条规定，依法必须披露的信息，应当在国务院证券监督管理机构指定的媒体发布，同时将其置备于公司住所、证券交易所，供社会公众查阅。

2. 披露内容

披露的内容应当是足以影响金融消费者做出投资决定的信息。比如，鉴于证券智能投顾的专业性，应当针对运营商的牌照持有情况和系统的内在原理、技术局限、关键性假设、模型或算法、可能存在风险、个人信息保密性等细节问题建立全面的披露制度。《证券法》第69条规定，发行人、上市公司公告的招股说明书、公司债券募集办法、财务会计报告、上市报告文件、年度报告、中期报告、临时报告以及其他信息披露资料。

（五）监管制度

健全现行金融监管制度，特别是人工智能介入金融领域后的监管制度势在必行。在2015年国务院发布的《关于积极推进“互联网+”行动的指导意见》中，提出要“最大限度减少事前准入限制，加强事中事后监管”。2018年3月5日，在第十三届全国人大一次会议上，国务院总理李克强在政府工作报告中指出“强化金融监管统筹协调，健全对影子银行、互联网金融、金融控股公司等监管,进一步完善金融监管”。[1] 我国金融监管部门应积极引入人工智能,进一步提高监管效率。美国证券交易委员会(SEC)正在试图打造一个超级交易跟踪系统 CAT。该系统基于银行、证券、保险、期货等金融市场交易数据,利用人工智能判别这些交易是否涉及操纵市场价格,SEC 在此基础上进行判断,以此达到智能监管的目的。2015 年,美国总统奥巴马签署网络安全行政命令,要求国土安全部用一年时间,制定出降低网络安全风险的标准;敦促企业执行更严格的防范措施,保护在线商务的安全性。同年,美国全国期货委员会发布了信息系统安全项目,要求使用人工智能执行自动化清算的机构对网络安全性进行评估,执行网络安全政策和程序,降低被攻击事件的发生概率。

1. 监管主体

明确国务院银保监会、证监会在“人工智能 + 金融市场”中的监管主体地位,对各种类型的银行、证券、保险等涉人工智能、智能投顾运营商进行集中统一管辖。目前,大多国家对证券智能投顾运营商的监管都由一个特定的部门统一进行,并用法律的形式确定下来。以美国为例,为客户进行全权资产管理的机器人顾问需要在美国证券监督管理委员会注册为证券投资顾问,并适用《1940 投资顾问法》的有关规定[2];澳大利亚要求数字化咨询商从事相关业务应当获得金融服务许可牌照,或者成为持照人的授权代表,该牌照由证券监督管理机构颁发。[3] 上述国家以服务内容为标准,将全部类型的证券智能投顾纳入证券监督管理机构监管的范围,这与证券智能投顾属于证券投资咨询服务的本质相符。

如前所述,我国提供证券智能投顾服务的运营商包括传统金融机构、互联网巨头和互联网金融公司三种类型,但目前这三种类型的运营商的监管主体并不统一,除传统金融机构接受我国证监会的监管外,另外两种企业只能按照普通的互联网企业,由市场监管局进行监管,而这种监管往往缺乏针对

---

[1] 李克强:政府工作报告——2018 年 3 月 5 日在第十三届全国人民代表大会第一次会议上[EB/OL].(2018 - 3 - 22)[2018 - 04 - 08],http://www.gov.cn/xinwen/2018 - 03/22/content_5276608.htm。

[2] Securities and Exchange Commission: Investor Bulletin: Robo - Advisers, updated April 8th, 2018.

[3] Australian Securities and Investments Commission, Providing Digital Financial Product Advice to Retail Clients, updated April 8th, 2018.

金融风险的制度设计。监管主体的不一致，使难以统一证券智能投顾监管标准，导致相同的经营行为遭遇不同的对待，一方面有违行政执法公平，另一方面也会给不法分子可乘之机，给金融市场秩序带来隐患。因此，有必要将证券智能投顾纳入现有的监管体系，统一接受监管。

2. 监管方式

人工智能在金融领域的应用，对金融监管模式和手段提出了新的要求。有学者提出了“穿透式”监管、“运动式”监管。

2015年5月，《国务院关于大力发展电子商务加快培育经济新动力的意见》中提出了规范网络化金融服务新产品的一般规定。其中包括“探索建立适应互联网证券、保险、公募基金产品销售等互联网金融活动的新型监管方式”。当前我国“人工智能+金融”的服务内容主要有：智能投顾、智能量化、智能客服、融预测与反欺诈、投资决策和授信融资。不同业务对用户信息的了解、加工程度不同，对用户进行投资决策的影响程度不同，相应地对我国金融秩序的影响程度也不尽相同。应当针对不同的业务分别适用不同的监管方式，进而处理好金融创新、金融安全与监管效益之间的关系。对于智能投顾金融机构，坚持审批制的准入方式，即恢复证券投资顾问的牌照核发，并增设针对证券智能投顾计算机系统的特别要求。监管部门经审查确定其符合法定条件后，即可授予智能投顾牌照。而对于提供普通智慧金融业务的金融机构，适用备案的方式进行监管即可。原因在于这类证券智能投顾并未实质参与到证券投资咨询服务的过程中，仅起到了一个中介或者信息传播的作用，无须要求其具备提供证券投资咨询服务的能力和资格。

3. 监管措施

系统的金融监管包括明确的监管主体、适当的监管方式和完善的监管措施。加强金融网络安全风险管控。严格落实《网络安全法》等国家网络安全法律法规及相关制度标准，持续加大网络安全管理力度，健全全流程、全链条的网络安全技术防护体系，加快制订并组织实施金融业关键软硬信息基础设施安全规划，增强与网信、公安、工信等部门的协调联动，切实提高金融业关键软硬信息基础设施安全保障能力。完善网络安全技术体系建设，健全金融网络安全应急管理体系，优化金融业灾难备份系统布局，提升金融业信息系统业务连续性。加强网络安全态势感知，动态监测分析网络流量和网络实体行为，绘制金融网络安全整体态势图，准确把握网络威胁的规律和趋势，实现风险全局感知和预判预警，提升重大网络威胁、重大灾害和突发事件的应对能力。加强顶层设计和统筹协调，建设跨业态、统一的金融网络安全态势感知平台，支撑金融业网络攻击溯源和精确应对，提升重大网络攻击的全面掌控和联合处置能力。

（六）法律责任制度

徒法不足以自行。完善的法律责任制度是人工智能介入金融市场后，市场主体权益保护的最后屏障。建立科学合理的法律责任制度，既要充分考虑金融法的目的性，也要努力实现法律适用的效益性。应当根据金融市场运行的规律性对金融市场违法行为的发现机制、处罚依据、程序成本、制裁效果及其相互之间的内在联系进行系统性分析，从而选择建构起最为适当的法律防范与制裁机制。

1. 价值目标

法律责任通常具有预防功能、惩罚功能和救济功能。人工智能介入到金融领域的法律责任制度，其基本的价值目标就是通过民事责任制度填补金融消费者损害，通过行政责任制度和刑事责任制度，抑制各种不正当行为以维护金融市场秩序，并对违法行为者施以威慑、惩罚等制裁手段来促进金融市场的健康发展。

2. 责任形式

人工智能介入金融市场的法律责任形式主要包括民事责任、行政责任、刑事责任以及经济法特有的责任形式。

民事法律责任是民事主体对于自己因违反合同，不履行其他民事义务，或者侵害国家的、集体的财产，侵害他人的人身财产、人身权利所引起的法律后果，依法应当承担的民事法律责任。民事责任的内容主要包括：履行责任、返还责任和赔偿责任。人工智能介入金融市场，提供智能金融服务，有着特殊的交易规则。比如，因为人工智能程序错误导致的市场波动、交易失败或者财产损失，责任应该由谁承担。美国金融市场监管部门制定了相关措施。例如，美国《国家证券交易所规则》规定，当交易所电子通信或交易设备发生故障，或为了维护特殊行情下的市场公平和秩序，交易所执行官、高级雇员或被指派人员可以提出动议审查相关交易，并宣布该类情形下交易无效。因行为无效导致的损失由责任人承担。我国《证券法》第十一章，《商业银行法》第八章，《公司法》第十二章专章规定了违反本法的法律责任，但并无对因程序错误或故障导致金融消费者损失的责任由谁来承担的规定。为维护金融市场的稳健运行和正常秩序,人工智能与金融机构业务的融合,主要体现在通过智慧银行提供人工柜台服务,通过证券机构提供智能投顾服务,而不能提供其他非为法律法规所允许的业务。根据我国《证券法》,证券投资咨询机构及其从业人员,在为客户提供证券投资咨询服务时,不得代理客户做出投资决策,不能代理客户从事证券买卖。这就意味着在我国,证券智能投顾的业务范围仅停留在为用户提供投资建议和交易策略方面,不能接受用户的全权委托,为用户提供全流程的资产管理服务。证券全权委托容易导致证券公司实施双方代理行为,同时为其操纵市场提供了便利。双方代理行为为各国法律普遍禁止双方代理行为,我国法律也不例外。《民法典》第168条明确规定在未取得双方当事人同意或追认的情况下,双方代理行为无效。

行政法律责任,是指违反了行政法律规范所应当承担的否定性法律后果。行政责任的具体形式包括:没收违法所得、罚金、行政处罚等。我国《证券法》《商业银行法》具体规定了对违法行为的行政处罚和行政措施有40多条。比如《证券法》第197条,[1]未经批准设立证券公司或经营证券业务将承担相应行政责任。证券公司未经批准开展智能投顾业务等应承担相应行政责任。《消费者权益保护法》第56条规定,对商品或者服务作虚假或者引人误解宣传的,可以根据情节单处或者并处警告、没收违法所得、处以违法所得一倍以上十倍以下的罚款,没有违法所得的,处以五十万元以下的罚款;情节严重的,责令停业整顿、吊销营业执照。

关于刑事责任,金融机构或者行为人利用金融机构提供的智能金融服务侵犯他人合法权益构成犯罪的,应当依法追究刑事责任。《刑法》专设破坏金融管理秩序罪一节,包括擅自设立金融机构罪,编造并传播证券、期货交易虚假信息罪等罪名。《证券法》第231条明确规定:“违反本法规定,构成犯罪的,依法追究刑事责任。”

经济法责任,是指经济法主体因其违反经济法义务或者不当行使经济法权利的行为所应承担的法律上的不利后果。金融机构在提供人工智能服务

---

[1] 《证券法》197条规定:未经批准,擅自设立证券公司或者非法经营证券业务的,由证券监督管理机构予以取缔,没收违法所得,并处以违法所得一倍以上五倍以下的罚款;没有违法所得或者违法所得不足三十万元的,处以三十万元以上六十万元以下的罚款。对直接负责的主管人员和其他直接责任人员给予警告,并处以三万元以上三十万元以下的罚款。

和产品侵犯他人合法权益时，应承担的经济法上的责任，具体包括惩罚性赔偿、资格减免与信用减等。惩罚性赔偿具有赔偿、制裁、遏制、鼓励功能。我国《消费者权益保护法》第 55 条规定，经营者提供商品或者服务有欺诈行为的，应当按照消费者的要求增加赔偿其受到的损失，增加赔偿的金额为消费者购买商品的价款或者接受服务的费用的三倍；增加赔偿的金额不足五百元的，为五百元。法律另有规定的，依照其规定。资格减免与信用减等包括取消各种资格（吊销执照等）信用评级、纳税信息公告制度、黑名单制度。

案例解读

2018 年 6 月 18 日，甲与支付宝公司签订了《支付宝服务协议》、《快捷支付服务协议》，据此甲开立了支付宝账户【账户名甲、账号××××××】。2018 年 10 月，甲发现其名下四张借记卡及支付宝账户余额共计 950,910 元，在 2018 年 7 月至 9 月通过其支付宝账户，全部被转账至八名案外人账户。2018 年 10 月 11 日，甲至所在市公安局某分局报案，该案于 2018 年 10 月 14 日立案，立案案由为被骗。甲亦向支付宝公司主张过赔偿损失，但未能与支付宝公司达成一致。故甲向法院起诉。截至一审庭审时，公安机关的刑事案件仍在侦查中。

另查明，《支付宝服务协议》约定："身份要素"是指支付宝用于识别甲（账户所有者）身份的信息要素，包括但不限于甲的会员号、支付宝账户、密码、数字证书、短信校验码、支付盾、电话号码、手机号码、身份证件号码及指纹信息、人脸信息、眼纹信息等。身份要素是支付宝识别身份的依据，甲务必妥善保管。使用身份要素进行的任何操作、发出的任何指令均视为甲本人做出。《快捷支付服务协议》约定：甲应妥善保管银行卡、卡号、密码、发卡行预留的手机号码以及支付宝账号、密码、数字证书……支付宝账户绑定的手机号码、来自发卡行和/或支付宝向甲发送的校验码或与支付宝账户有关的一切信息和设备，如甲遗失或泄露前述信息和/或设备的，甲应及时通知发卡行及/或支付宝，因甲的原因所致损失需由甲自行承担。

一审法院又查明，甲支付宝账户的指纹验证功能除录入其本人指纹外，还将其丈夫的指纹一并录入。

一审法院审理后认为，甲与支付宝公司签订了《支付宝服务协议》《快捷支付服务协议》，双方之间成立网络服务合同关系，受上述协议的约束，双方当事人理应遵守相应的权利义务。本案争议焦点在于:支付宝公司对甲支付宝账户发生的争议交易是否应向甲承担违约责任。首先,涉案交易是否为案外人盗用甲支付宝账户:当账户持有人与支付宝公司之间就某项交易行为是否系盗用账户所为发生争议时,应由账户持有人首先就其主张提出初步证据,比如涉案支付宝账户是否为账户持有人本人开立、系争交易发生的时间、向支付宝公司提出异议的时间,向公安报案的时间等等。现根据甲提供的证据,涉案支付宝账户为其本人开立并日常使用,系争的67笔交易分别发生于2018年7月至9月,且金额达90余万元,涉及4张银行借记卡及支付宝账户余额。按照常理,对如此高频率、大规模的资金变化甲应有所察觉,而其在系争交易发生的两个月期间内都未向支付宝公司提出异议或报案。同时,一审法院注意到,系争交易发生时间亦属于正常的交易时间,综合考量,不足以对是否案外人盗用支付宝账户进行交易形成重大质疑,故不能断定系争交易系案外人盗用支付宝账户而为。其次,在不能认定盗用的情形下,支付宝公司应否承担责任:本案中,系争支付宝账户需验证身份信息进行交易,根据双方的约定,使用身份信息进行的交易视为甲本人所为,现甲自认支付宝账户身份信息亦录入其丈夫的指纹,且在系争交易发生的近两个月期间内,甲仍可正常使用其支付宝账户进行交易,故不能排除系争交易为甲授权之人所为,现甲无证据证明系争交易并非本人或其授权之人所为。并且,甲如欲主张支付宝公司承担违约责任,则首先应证明支付宝公司存在违约行为,现甲亦未提供证据证实支付宝公司存在泄露其支付宝身份信息的违约行为,因此一审法院认为支付宝公司对于甲资金损失并不负有违约责任。甲既已向公安机关报案,如最终认定确系他人非法盗用其支付宝账户,可通过其他救济途径向该人另行主张权利。

一审法院依照《中华人民共和国合同法》第60条、《最高人民法院关于适用〈中华人民共和国民事诉讼法〉的解释》第90条之规定判决:驳回甲的诉讼请求。一审案件受理费12,269.00元,减半收取计6,134.50元,由甲负担。

二审院经审理查明,一审法院查明的事实正确。

本案争议焦点:支付宝公司在涉案67笔转账交易中是否存在违约?是否违反了服务协议中的账户安全保护义务?应否承担赔偿责任?

解读:

本案涉67笔转账交易所使用的设备为甲持有的手机设备,支付方式符合《快捷支付服务协议》中的约定，该67笔交易依据《快捷支付服务协议》，应视为甲本人的交易。同时，甲关于其支付宝账户款项被盗刷的举证亦不足，相关交易记录，尤其是甲主张部分款项从其丈夫的支付宝账户，在甲及丈夫均不知情的情况下，先被转入甲的支付宝账户，然后再被盗刷，更不符合盗刷的表现形式，而是从客观上看更像是一种付款安排。案涉67笔转账交易在两个月里面分67批操作，被转至多名不同案外人的账户，而非集中一次性转账至固定人员账户，也不符合通常的盗刷方式，据此，甲有关支付宝公司违反了支付宝账户的安全保护义务的举证不足。甲在该期间，无论是对4张银行卡的支付短信提醒，还是对支付宝平台的风险提示信息均表示不知情或者未收到，亦不符合常理。据此，甲主张支付宝公司存在违约，未尽账户安全保护义务，不具备事实依据。

第四节　人工智能对税收征管的影响

近年来，以"国地税合"为标志的税收征管体制发生了重大的变革，为税收现代化改革奠定了体制基础。与此同时，以互联网、大数据、人工智能为代表的新兴技术，逐步应用于政治、经济、社会、文化等各个领域，不断地拓展人类创造和利用信息的空间。面向纳税人政务公开的"阳光税务"、面向办税人手机客户端的"移动税务"、面向税务内部管理的"廉政税务"等智能应用行动，都是打造智慧税务的重要内容，预示着传统税收征管模式在逐步实现互联网深度融合的过程中。以国家税务总局2015年颁布的《"互联网＋税务"行动计划》为标志，智慧税务生态系统建设正式拉开帷幕，其目的在于依托互联网、大数据、人工智能等新兴技术力量，为税收改革发展奠定稳固坚实基础，为税收现代化注入恒久动力，为税收服务国家治理提供强劲支撑。

一、人工智能与智慧税务

（一）智慧税务提出

当前在"互联网＋"已经上升为国家战略的宏观背景下，互联网、大数据、人工智能等新兴技术深刻影响着政府的运行方式，尤以电子政务为代表的模式逐渐向更深入的阶段推进。在税收治理领域，国家税务总局《"互联网＋税务”行动计划》旨在通过“以纳税人需求为导向，加快线上线下融合，逐步实现网上办税业务全覆盖；以提升税收治理能力为目标，深化互联互通与信息资源整合利用，构建智慧税务新局面”，并从社会协作、办税服务、发票服务、信息服务、智能应用等领域构建智慧税务的理论框架。至此，智慧税务（Smart Taxation）概念在我国首次纳入正式文件中。随着“互联网＋税务”行动的逐步探索，电子税局随着金税三期工程〔1〕不断推进，促进了互联网技术与税收业务的深度融合〔2〕，电子税局越发呈现智能化特性，且随着手机税局、税务机器人等新型税务要素的出现，智慧税务建设将从量变到质变，实现“互联网＋移动办税＋智能管理＋精准预测”新形态。

从本质上讲，智慧税务是人类智慧应用在税收领域的体现，是“人脑”与“电脑”高度有机整合的复杂系统工程。〔3〕智慧税务是秉承开放、创新、互动的互联网思维，以金税三期为基础，应用云计算、大数据、人工智能等前沿技术，推动“互联网＋”在税务领域的深度融合和广泛应用，引导社会力量广泛参与，构建社会共同治税的信息共享机制。〔4〕智慧税务由电子税务（E－Taxation）发展而来，相对于电子税务而言，其进一步体现出数据管税的智能化及前瞻性。智慧税务可以从智慧管理、智慧服务、智慧决策、智慧共享等维度加以理解。第一，智慧管理，确立了崭新的税收征管理念，税务机关能够系统运用智慧的能力对涉税智慧资源进行归集，从而确保税收征管的可持续性；第二，智慧服务，体现了高端化的纳税服务，以纳税人需求为中心，确保纳税环境与途径的便捷、高效；第三，智慧决策，基于互联网、大数据、区块链等新兴技术，科学化的适时调整税收政策；第四，智慧共享，智能化的将涉税数据在税、财、银、纳税人、中介等主体之间分级，从而满足各方对涉税数据的需

---

〔1〕金税工程是经国务院批准的国家级电子政务工程，是国家电子政务“十二金”工程之一，是税收管理信息系统工程的总称。金税三期总体目标是要建立“一个平台、两级处理、三个覆盖、四个系统”。一个平台指包含网络硬件和基础软件的统一的技术基础平台。两级处理指依托统一的技术基础平台，逐步实现税务系统的数据信息在总局和省局集中处理。三个覆盖指应用内容逐步覆盖所有税种，覆盖税收工作的主要工作环节，覆盖各级国地税机关，并与有关部门联网。四个系统包括征收管理、外部信息、决策支持和行政管理等系统。

〔2〕刘建徽、周志波：《整体政府视阈下“互联网＋税务”发展研究》，载《宏观经济研究》2015年第11期。

〔3〕张雷宝：《税收治理现代化：从现实到实现》，载《税务研究》2015年第10期。

〔4〕孙存一、谭荣华：《简析大数据支撑下的“互联网＋智慧税务”》，载《税务研究》2018年第4期。

求,同时又符合涉税数据的安保规定。[1]

（二）智慧税务内容

作为一种“创造性破坏”活动,以互联网、大数据、人工智能为核心的智慧税务,可以在以下税收征管领域深度运用。

1. 自助服务纳税人

智慧税务重塑税收征管流程,首先通过语音识别来辨别纳税人的身份权限,纳税人可以语音咨询日常问题,并发出纳税申报、税款缴纳、行政复议等指令。文本输入的需求被减少甚至取消,智能税务可以完全实现用户友好。智慧税务也能够识别文本、支票等涉税资料,并自动检查文本拼写、申报逻辑等是否正确,减少人为错误,从而提高纳税申报质量。

2. 自动识别涉税信息

智慧税务在大量智能设备的支持下进行信息自动识别。例如,摄像头系统支持智慧税务识别固定资产,并实时报送数据。信息分类方面,智慧税务可依照不同标准对涉税信息进行分类。这一过程可类比对垃圾邮件的自动分类,虽然结果并不完全精确,但随着错误不断被发现,信息使用者会进行标错,智能将自动修正系统,防止类似的错误再次发生,智能分类会越来越精确。

3. 初步的决策判断

纳税人申请税收减免、延期纳税、提起行政复议等,智慧税务根据已有涉税信息和纳税人的信誉来判断是否受理、是否支持,从而作出决策判断。智慧税务的决策判断原理更类似于智慧银行。[2]

4. 全面的智能化操作

全面的智能化税务可以系统的收集、整理、分析内外部信息,例如财政收入、审计规模、案件管辖等,研判传统上需要人工关注的税收法律,进而展开实时的模拟税收风险、识别逃避税策略,从而协助税务机关实施税源监控、降

---

〔1〕 向景、姚维保、庞磊:《智慧税务评价体系构建与实证研究》,载《广东财经大学学报》2017年第3期。

〔2〕 例如,中国建设银行“智慧柜员机”覆盖了约50%的柜面交易量,除办理传统的开户、电子银行等业务外,智慧柜员机还拥有一定的贷款权利。客户在柜员机上刷身份证,即可实时判断客户的信用,为客户提供一定的小额贷款。参见《中国建设银行开启智慧服务模式》,http://sc.china.com.cn/index.php?a=show_wap&catid=905&id=258453&m=wap&siteid=1,最后访问日期2017年12月29日。

低税收风险。例如，将库存量信息实时更新到区块链中，当库存小于一定指标，自动在关联企业之间下单采购，并申报缴纳税款，由此转让定价变得更容易追溯、监控。[1]

（三）智慧税务意义

智慧税务发展的最终目标是将人工智能运用到税收治理的各项内容之中，实现各项涉税事务请求的自动化处理，最大限度地减少人工操作，为征纳双方提供智能化的涉税数据收集、处理、分析、利用等全方位服务。具体来看，智慧税务能够在税收征管活动中促进法规、业务、技术之间的有机融合。

第一，实现纳税服务的即时性。囿于工作时间、决定权限、领导关系等方面的限制，税务机关仅能在固定的工作时间处理权限范围内的事项。这不仅降低了税务机关的行政效率，更引发了纳税人与税务机关信息交流不畅的风险。智慧税务可以成为纳税人的“税务管家”，随时随地为纳税人提供智能纳税咨询服务，从而有效普及税法知识。在获得纳税人授权的情况下，还可自动为纳税人完成涉税事项的申报及申请业务。税务机关通过与纳税人的财务软件的对接，可实时比对税务申报数据，通过数据挖掘有效甄别纳税人可能存在的税收违法风险，及时向纳税人发出风险提示，帮助纳税人更好地履行纳税义务，从而促进纳税遵从。

第二，确保税务执法的准确性。在税收征管活动中，税务机关需要实施大量的执法行为，可能因社会关系、利益诱导等外部因素，以及法规条款理解偏差等内部因素，征管人员容易产生执法裁量判断失误的问题，甚至出现事件相同情况下“因人而异”的处理结果。这不仅直接违背了法律规定，降低了法律的权威度与公正性，而且扰乱了正常的税收征管秩序。智慧税务以事件处理为导向而形成的系统，更擅长完成程序化类事务，可以摆脱社会关系、个人利益等桎梏，突破法条理解、行为选择等限制。在统一规范的执法标准体系中，智慧税务自主判断法律条款的适用条件，实现税收执法业务全过程的自动化处理，依据使用者输入的信息与处理规则作出相对公正且一致的执法决定，从而有效避免执法的随意性，从而有助于营造公平、公正的税收法治

---

〔1〕 袁娇、陈彦廷、王敏：《“互联网+”背景下我国税收征管的挑战与应对》，载《税务研究》2018年第9期。

环境，切实保障纳税人的合法权益。[1]

第三，提升税务管理的高效性。税收征管活动涉及信息采集、发票管理、税务稽查、行政诉讼等多个领域，税务机关人力资源相对欠缺，且税收行政活动专业性较强，庞杂的征管事务易产生行政效率低下、行政裁量错误、与纳税人缺乏交流等弊端。智慧税务可以凭借其强大的数据自动化采集、智能分析能力，通过持续工作处理大量已设定处理规则的涉税事务，从而提高税务机关的行政效率。例如，智慧税务能实现税源的精准定位，根据纳税人的行业属性及申报纳税习惯，实时预测税源的变化趋势，分析纳税人的申报行为是否存在风险；智慧税务自主学习新制定的税收政策，通过内部的智能分析系统，对比税收实践经验，来分析税收政策在同比状态下是否切实可行。[2] 税务机关以此为导向，能够规划和调整优化税务征管的工作方式和组织架构，从而提高征管质量与效率。

二、《税收征收管理法》对"智慧税务"的回应

围绕互联网、人工智能、区块链等新兴技术搭建的智慧税务系统，实际是以技术倒逼税收征管改革。智慧税务推进税收征管改革的设想能否实现，很大程度依赖于法规制度的匹配程度。[3] 《税收征收管理法》《税收征收管理法实施细则》是我国专门针对税收征收管理制定的法律法规，主要明确了税务管理、税务登记、账簿凭证管理、纳税申报、税款征收、税务检查、法律责任等内容。随着智慧税务的持续建设，《税收征收管理法》已经显露出较大程度的脱节，有必要进行更新。显然，由于立法天然的滞后性，难以与新兴技术的快速发展保持同步，《税收征收管理法》当前只能在有限范围内逐步改良，率先迎合互联网、电子商务、虚拟货币交易等领域的紧迫需求。

（一）税务登记

互联网经营与实体店铺经营具有巨大差异，其能够充分利用互联网的全球性、无界性和流动性的特点，通过网络完成订购、销售、转账支付等线上服

---

〔1〕 闫晴：《"人工智能＋税收征管"的理念确立与制度建构》，载《当代经济管理》2019年第2期。

〔2〕 翁武耀、倪淑萍：《人工智能促进税收征管现代化的方式与影响》，载《税务研究》2018年第6期。

〔3〕 袁娇、陈彦廷、王敏：《"互联网＋"背景下我国税收征管的挑战与应对》，载《税务研究》2018年第9期。

务，而且可以随时变更网址或者服务器所在地，引发交易地点多重性的问题。《税收征收管理法》第15条规定，企业及企业在外地设立的分支机构和从事生产、经营的场所，个体工商户和从事生产、经营的事业单位（以下统称从事生产、经营的纳税人）自领取营业执照之日起三十日内，持有关证件，向税务机关申报办理税务登记。税务机关应当于收到申报的当日办理登记并发给税务登记证件。第16条规定，从事生产、经营的纳税人，税务登记内容发生变化的，自工商行政管理机关办理变更登记之日起三十日内或者在向工商行政管理机关申请办理注销登记之前，持有关证件向税务机关申报办理变更或者注销税务登记。显然，传统实体店铺的生产、经营所在地的税务登记规则难以适用于互联网经营者。

《税收征收管理法》应当建立适用互联网经营者税务登记规则。例如，除传统的税务登记信息外，还需要登记买卖商品和提供服务所使用的域名、经营网址、服务器所在地、电子邮箱、网络服务提供商名称、资金支付方式及相关的银行账户、计算机密钥备份等有关的真实信息。税务机关对所有信息进行审核，确定互联网经营者的税务登记符合条件，发放统一电子税务登记号作为纳税人唯一的身份识别代码，并将有关纳税人的所有信息储存在全国统一的互联网纳税人数据库之中。[1]

（二）纳税申报

《税收征收管理法》第25条规定，纳税人必须依照法律、行政法规规定或者税务机关依照法律、行政法规的规定确定的申报期限、申报内容如实办理纳税申报，报送纳税申报表、财务会计报表以及税务机关根据实际需要要求纳税人报送的其他纳税资料。第26条规定，纳税人、扣缴义务人可以直接到税务机关办理纳税申报或者报送代扣代缴、代收代缴税款报告表，也可以按照规定采取邮寄、数据电文或者其他方式办理上述申报、报送事项。事实上，现有纳税申报模式多数停留在传统的提交纸质材料。互联网经营者一般采用“无纸化”交易，票据和账簿往往无法提供书面材料。此外，税务机关和互联网经营者之间缺少统一的信息共享平台，造成了信息的极大不对称。互联网经营者出于理性经济人的本质，具有趋利避害的动机而偷逃税款，可能提供不真实或者不完整的申报材料，甚至通过修改、删除或者加密、授权电子数

---

〔1〕 陈兵、程前：《〈税收征收管理法〉修订下网络交易税收征管问题解读》，载《上海财经大学学报》2015年第4期。

据,致使税务机关无法恢复、查询纳税人的交易记录。[1]

《税收征收管理法》第 26 条规定纳税人可以采用数据电文方式进行纳税申报,《税收征收管理法实施细则》第 30 条规定,数据电文方式,是指电话语音、电子数据交换和网络传输等电子方式。因此,搭建统一税务信息平台、制定纳税申报规程成为制度补充,互联网经营者通过纳税申报系统真实填写申报表,系统自动核算交易税额,生成电子发票,税务机关核查申报表的信息和税额,委托互联网经营者的开户银行进行税额扣缴。

(三)税务检查与稽查

《税收征收管理法》第 54 条规定税务检查方式,[2]包括检查纳税人的账簿、记账凭证、报表和有关资料;到生产、经营所在地和货物存放地进行实地检查;提取缴纳税款的有关证据材料以及询问纳税人相关情况。《税务稽查工作规程》第 30 条规定,以电子数据的内容证明案件事实的,应当要求当事人将电子数据打印成纸质资料,在纸质资料上注明数据出处、打印场所,注明"与电子数据核对无误",并由当事人签章。以上检查、稽查方式对互联网经营的规制作用有限。互联网经营者使用"无纸化"凭证、账簿以及报表,如果被修改、被加密、被授权或者被删除,检查和提取有关资料机会造成极大困难,甚至导致实地检查和询问失去目标纳税人。而且,缺少税务登记和纳税申报等前期基础环节,税务稽查的选案将无从下手,即使被举报偷漏逃税,但由于互联网经营者可以变更服务器,稽查机关难以展开有效的追踪。[3]

---

[1] 朱军:《我国电子商务税收流失问题及其治理措施》,载《财政论丛》2013 年第 2 期。

[2] 《税收征收管理法》第 54 条规定:"税务机关有权进行下列税务检查:(一)检查纳税人的账簿、记帐凭证、报表和有关资料,检查扣缴义务人代扣代缴、代收代缴税款账簿、记帐凭证和有关资料;(二)到纳税人的生产、经营场所和货物存放地检查纳税人应纳税的商品、货物或者其他财产,检查扣缴义务人与代扣代缴、代收代缴税款有关的经营情况;(三)责成纳税人、扣缴义务人提供与纳税或者代扣代缴、代收代缴税款有关的文件、证明材料和有关资料;(四)询问纳税人、扣缴义务人与纳税或者代扣代缴、代收代缴税款有关的问题和情况;(五)到车站、码头、机场、邮政企业及其分支机构检查纳税人托运、邮寄应纳税商品、货物或者其他财产的有关单据、凭证和有关资料;(六)经县以上税务局(分局)局长批准,凭全国统一格式的检查存款账户许可证明,查询从事生产、经营的纳税人、扣缴义务人在银行或者其他金融机构的存款账户。税务机关在调查税收违法案件时,经设区的市、自治州以上税务局(分局)局长批准,可以查询案件涉嫌人员的储蓄存款。税务机关查询所获得的资料,不得用于税收以外的用途。"

[3] 刘继虎、王湘平:《"互联网+"语境下电子商务税收征管的立法对策》,载《中南大学学报(社会科学版)》2017 年第 3 期。

《税收征收管理法》需要明确,互联网经营者应当完整保存相关税务资料,包括交易记录、发票存根、财务报表、纳税申报等电子资料,且不能对其进行修改、删除、加密或者授权;互联网经营者不能随意更改使用的域名、经营网址、服务器所在地、电子邮箱、网络服务提供商名称、资金支付方式及相关的银行账户、计算机密钥备份等有关信息。而且,税务稽查属于税收征管活动的"最后一道防线",提升稽查准确度可极大的保障税款征收。机关利用互联网、大数据,通过信息输入与程序预设掌握纳税人的互联网交易状况、实纳税额、信用等级等信息,从而通过综合分析得出纳税人失信的风险度来确定稽查对象,提升税务机关稽查对象确定的准确度。

(四)涉税信息共享平台

《税收征收管理法》第17条规定,从事生产、经营的纳税人应当按照国家有关规定,持税务登记证件,在银行或者其他金融机构开立基本存款账户和其他存款账户,并将其全部账号向税务机关报告。银行和其他金融机构应当在从事生产、经营的纳税人的账户中登录税务登记证件号码,并在税务登记证件中登录从事生产、经营的纳税人的账户账号。税务机关依法查询从事生产、经营的纳税人开立账户的情况时,有关银行和其他金融机构应当予以协助。当前,涉税信息仅在税务机关、纳税人以及金融机构之间进行共享,范围较狭窄,尤其面对互联网经营者的信息复杂性更难以发挥互通作用。

《税收征收管理法》需要拓展涉税信息覆盖范围,打破"信息孤岛"弊端,税务机关不仅要强化与纳税人、金融机构的信息互通,应当建立更多方涉税信息平台,包括提供涉税信息的第三方机构及其他机关的信息共享。这就不仅需要严格规范交易平台、支付平台的交易、涉税记录,而且也需要工商、财政、公安、海关、外贸等机关提供与互联网经营有关的信息,从而丰富共享信息的内容。

(五)涉税数据安保体系

依照智慧税务的建设思路,税务机关依据法律对公民纳税义务的强制性规定,能够直接收集巨大的涉税数据。智慧税务不仅能够提升税收征管水平,同时也会给税收征管带来诸多风险,由于涉税数据与商业秘密、公民隐私、会计账务、资金流水等关联非常紧密,能够反映交易活动或财富状态。计算机病毒和黑客无处不在,经常引发涉税数据被泄露或删除等风险,甚至引发巨大的人身、财产威胁且削弱税务机关公信力。尤其金税三期工程推行后，税务机关掌握的涉税数据大幅度增加，工作人员通过工号、密码就能查阅并拷贝涉税信息，且缺少跟踪记录机制，这更增大了涉税信息的泄露风险。[1]

智慧税务更加需要法治化的安全保障体系。第一，通过制定《税务信息资源目录》，详细划分可共享、附条件共享、不可共享的税务数据类别，以及不同类型涉密数据的安全等级。[2] 第二，在符合数据安全制度的基础上，税务机关可以寻求与专业技术机构合作，共同建设涉税数据安全系统和监控系统。第三，依据“谁经手、谁使用、谁管理、谁负责”的基本原则，特别注重数据安全管理、明确保密责任，对于不能公开和附条件公开的涉税数据，禁止任何理由的对外公布，调取和使用也必须取得授权。而如果因涉税数据泄露、造成损失的，则需要追究相应的法律责任。通过明确涉税数据收集后规范使用和隐私保护的法律依据，[3] 在最大程度利用涉税数据的同时，最低限度的侵犯隐私，即寻求在数据开放和隐私之间寻得平衡。

三、人工智能与区块链电子发票

从技术本身看，区块链与人工智能属于两种不同的技术，分别在各自领域应用。当然，两者也具有相当的关联性：区块链注重于分布式数据库技术，与人工智能在数据领域具有契合空间。区块链技术人工智能与结合，区块链负责在数据层提供可信数据，人工智能负责自动化的业务处理和智能化的决策。进一步来讲，区块链中的智能合约也属于实现某种算法的代码，人工智能能够植入算法中，提高区块链智能合约的智能化程度。同时，区块链可以存放人工智能引擎训练模型结果和运行模型，确保不被篡改，提升了风险控制程度。这恰恰与“税收数据要求完整、真实地反应纳税人经济行为”的特性一致。例如，互联网经营者的各种经济行为都分布式存储在各个节点上，可以完整地反应其经济活动，同时区块链分布式存储通过各个节点达成共识而形成完整的数据，导致数据被记录后就无法篡改，可以有效保证数据的

---

[1] 《地税局人员将 4 万余条个人信息泄露给好友被判刑》，载腾讯网，https://xw.qq.com/c/news/20140925005068，最后访问日期 2014 年 9 月 25 日。

[2] 张勇进、章美林：《政务信息系统整合共享：历程、经验与方向》，载《中国行政管理》2018 年第 3 期。

[3] 陈兵、程前：《人工智能时代应加快智能税收法治系统建设》，载《兰州学刊》2018 年第 11 期。

真实。[1]

（一）区块链技术简介

为了促进区块链技术及相关服务的健康发展，国家互联网信息办公室于2019年1月发布《区块链信息服务管理规定》。2019年10月，习近平总书记在中央政治局第十八次集体学习中强调，"把区块链作为核心技术自主创新的重要突破口"，"加快推动区块链技术和产业创新发展"。由此，"区块链"逐步走进大众视野，成为社会的关注焦点。

2008年，中本聪（Satoshi Nakamoto）在《比特币白皮书：一种点对点的电子现金系统》中首次提及"区块链"概念。目前尚未形成公认的区块链定义。狭义来讲，区块链是一种按照时间顺序将数据区块以链条的方式组合成特定数据结构，以密码学方式保证的不可篡改和不可伪造的去中心化共享总账（Decentralized Shared Ledger），能够安全存储简单的、有先后关系的、能在系统内验证的数据。广义的区块链技术则是利用加密链式区块结构来验证与存储数据、利用分布式节点共识算法来生成和更新数据、利用自动化脚本代码（智能合约）来编程和操作数据的一种全新的去中心化基础架构与分布式计算范式。[2]

从本质上讲，区块链是一个共享数据库，存储于其中的数据或信息，具有"去中心化""不可篡改""可以追溯""公开透明"等特征。第一，去中心化。区块链不存在中心化的硬件或管理机构，加密算法可使得任意节点的权利和义务均等，系统中的数据块由整个系统中具有维护功能的节点来共同维护。第二，不可篡改。一旦经过验证并添加至区块链，信息就会被永久的存储起来，除非能够同时控制住系统中超过51%的节点，否则单个节点上对数据库的修改是无效的。第三，可追溯性。写入区块链的交易一旦被验证认可，就不可再逆转，即交易不存在撤销操作。每笔交易的来龙去脉都通过密码学的方式呈现在区块链中，可追溯性很强。第四，公开透明。在信息记录的每一个环节都实时复制交易数据，录入到区块链上的交易记录，除了交易各方的私有信息被加密外，其他链上的数据对所有人公开，这意味着任何人都可以通过公开的接口获取区块链数据和开发相关应用的信息。

---

[1] 陈旭煜：《智慧税收征管体系构建探究》，载《税收经济研究》2018年第6期。
[2] 袁勇、王飞跃：《区块链技术发展现状与展望》，载《自动化学报》2016年第4期。

(二)区块链电子发票

区块链电子发票属于区块链技术的重要应用领域之一。2018 年 6 月,广州市税务部门联合方欣科技共同推出全国首个电子发票区块链平台税链。广州燃气集团有限公司授权加入区块链网络,开出了首张上链发票,实现全国首张电子发票上区块链存储和流转。2018 年 8 月,深圳国贸旋转餐厅开出首张区块链电子发票,由腾讯金融科技提供了区块链技术支持。2019 年 3 月,杭州地铁联合支付宝、蚂蚁区块链推出了区块链电子发票。2020 年 3 月,北京汉威国际广场停车场开出北京市首张区块链电子普通发票。此外,福建平潭、云南先后启动了区块链电子发票的使用。

作为账务处理的主要凭证,发票属于税收征管的重要工作内容。传统电子发票采用税控码方式进行防伪。相比而言,区块链电子发票能够深度结合区块链技术,将发票开具与线上支付相结合,通过"资金流、发票流"的二流合一,打通了发票申领、开具、报销、报税等全程环节,实现"交易数据即发票"。[1] 区块链电子发票具有以下优点:

第一,区块链维护电子发票数据安全。在区块链系统中,电子发票记录交易信息被打包成单个区块并加密、盖上时间戳,并依据时间戳顺序连接成总账本。区块链使用协议规定的密码机制进行认证,电子发票获得认证后,被传播给链上所有节点,只有获得授权的参与方拥有密钥,可以解密、查看信息,但不可篡改和伪造信息。

第二,区块链解决电子发票重复报销、虚假入账困境。区块链技术能够集体维护、不可篡改交易数据,可以记录发票的开具、报销、报税等全程信息,链上参与各方通过验证信息,实现电子发票在高效流转的同时保持唯一性,有效地避免了重复报销、虚假入账,从而维护参与各方利益。

第三,区块链提升税收征管水平。在区块链上,纳税人实现了"交易数据即发票"。税务机关运用区块链的透明性,实时展开交易验证,高效获取涉税信息,促使征纳流程更加简便化,解决征纳双方信息不对称,进而降低征纳双方涉税成本。

第四,区块链确保电子发票实时查验。区块链电子发票采用哈希值上链,将发票号码、开票人、受票人、内容、金额等信息全部哈希化,再将哈希值

---

〔1〕 蔡磊、吴蜻、张钟月:《用区块链技术升级电子发票管理》,载《中国财经报》2018 年 8 月 14 日。

写入总账。通过发票信息的哈希值与区块链上的哈希值比对,从根本上解决发票的实时验证难题。[1]

第五,区块链实现交易全链条的电子化。区块链电子发票不仅包括传统的开票方和受票方,而且把税务、海关、工商、银行、第三方等其他与交易和发票相关联的机构都全面覆盖,使之成为区块链上的一个节点。当然,其他相关方可以根据需要接入区块链,实现交易全链条生命周期的电子化提升。

问题与思考

1. 个别化定价必然损害消费者利益吗?
2. 政府是否应当干预作为营销策略的价格歧视?
3. 如何认识和把握算法共谋中反垄断法干预的尺度?
4. 如何认识算法作为反垄断法的规制对象?
5. 简述智能金融市场准入制度。
6. 简述金融信息保护制度。
7. 智能金融的监管方式。
8. 简述信息披露制度。
9. 智能金融法律责任制度的价值目标。
10. 智能金融法律责任的具体形式。
11. 智慧税务的提出及其意义。
12. 区块链电子发票的优势。
13. 人工智能时代《税收征收管理法》完善。

延伸阅读

[1][英]阿里尔·扎拉奇、[美]莫里斯·里斯斯图克:《算法的陷阱》,余潇译,中信出版集团2018年5月版。
[2]丁晓东:《用户画像、个性化推荐与个人信息保护》,载《环球法律评论》2019年第5期。
[3][美]保罗·西罗尼:《金融科技创新》,马睿等译,中信出版集团2017年版。
[4]高丝敏:《智能投资顾问模式中的主体识别和义务设定》,载《法学研究》2018年第5期。
[5][美]瑞恩·卡洛、迈克尔·弗兰金等:《人工智能与法律的对话》,陈吉栋等译,上

[1] 董骏、高航:《区块链发票生态链的应用》,载《河北经贸大学学报》2019年第2期。

海人民出版社 2018 年版。
[6]宋梅:《金融科技演化发展与未来趋势》,载《贵州社会科学》2019 年第 10 期。
[7]汪庆华:《人工智能的法律规制路径:一个框架性讨论》,载《现代法学》2019 年第 2 期。
[8]郭雳:《智能投顾开展的制度去障与法律助推》,载《政法论坛》2019 年第 3 期。
[9]Charles W. Calomiris, Restoring the Rule of Law in Financial Regulation, Cato Journal 38. 2018, pp. 701 – 720.
[10]王新华、肖波:《人工智能在金融领域的应用》,载《银行家》2017 年第 12 期。
[11]中国税务学会:《大数据技术与税收应用》,中国税务出版社 2018 年 6 月版。
[12]偶瑞军:《区块链财税管理与 Corda 开发指南》,机械工业出版社 2019 年 3 月版。
[13]李万甫:《"互联网 +"税收治理创新问题研究》,中国税务出版社 2018 年 10 月版。
[14]蔡昌:《互联网税收生态》,中国财政经济出版社 2017 年 9 月版。

参考文献

[1]张新民、杨连专:《经济法学》,中国政法大学出版社 2014 年版。
[2]刘颖:《电子银行风险法律问题研究》,法律出版社 2016 年版。
[3]许多奇:《互联网金融法律评论》,法律出版社 2018 年第 1 辑。
[4]李东方:《证券监管法律制度研究》,北京大学出版社 2002 年版。
[5]廖大颖:《证券市场与股份制度论》,中国政法大学出版社 2002 年版。
[6]中国人民银行武汉分行:《人工智能在金融领域的应用及应对》,载《武汉金融》2016 年第 7 期。
[7]袁淼英:《我国证券智能投顾运营商市场准入制度的构建》,载《西南政法大学学报》2018 年第 6 期。
[8]肖江平:《特别市场规制制度的理论体系及其定位》,载《甘肃政法学院学报》2006 年第 3 期。
[9]中国社会科学院课题组:证券法律责任制度完善研究,载《证券法苑》2014 年第 10 卷。
[10]钟志勇:《电子支付市场准入制度完善论》,载《上海金融》2018 年第 6 期。
[11]曾威:《互联网金融信息披露制度的构建》,载《法商研究》2019 年第 5 期。
[12]李文莉、杨玥捷:《智能投顾的法律风险及监管建议》,载《法学》2017 年第 8 期。
[13]潘功胜:《促进互联网金融持续健康发展——在中国互联网金融协会成立会议上的致辞》,载《金融电子化》2016 年第 5 期。

[14]杨东:《互联网金融风险规制路径》,载《中国法学》2015年第3期。

[15]英国竞争和市场监管局《定价算法》报告,2018年。

[16]杨万中、蒋传海:《基于购买历史的价格歧视、投资激励与厂商竞争分析》,载《产经评论》2019年第4期。

[17]陈兵:《人工智能场景下消费者保护理路反思与重构》,载《上海财经大学学报》2019年第4期。

[18]周围:《算法共谋的反垄断法规制》,载《法学》2020年第1期。

[19]丁晓东:《个人信息私法保护的困境与出路》,载《法学研究》2018年第6期。

[20]刘建徽、周志波:《整体政府视阈下"互联网+税务"发展研究》,载《宏观经济研究》2015年第11期。

[21]张雷宝:《税收治理现代化:从现实到实现》,载《税务研究》2015年第10期。

[22]孙存一、谭荣华:《简析大数据支撑下的"互联网+智慧税务"》,载《税务研究》2018年第4期。

[23]向景、姚维保、庞磊:《智慧税务评价体系构建与实证研究》,载《广东财经大学学报》2017年第3期。

[24]袁娇、陈彦廷、王敏:《"互联网+"背景下我国税收征管的挑战与应对》,载《税务研究》2018年第9期。

[25]闫晴:《"人工智能+税收征管"的理念确立与制度建构》,载《当代经济管理》2019年第2期。

[26]翁武耀、倪淑萍:《人工智能促进税收征管现代化的方式与影响》,载《税务研究》2018年第6期。

[27]袁娇、陈彦廷、王敏:《"互联网+"背景下我国税收征管的挑战与应对》,载《税务研究》2018年第9期。

[28]陈兵、程前:《〈税收征收管理法〉修订下网络交易税收征管问题解读》,载《上海财经大学学报》2015年第4期。

[29]朱军:《我国电子商务税收流失问题及其治理措施》,载《财政论丛》2013年第2期。

[30]刘继虎、王湘平:《"互联网+"语境下电子商务税收征管的立法对策》,载《中南大学学报(社会科学版)》2017年第3期。

[31]张勇进、章美林:《政务信息系统整合共享:历程、经验与方向》,载《中国行政管理》2018年第3期。

[32]陈兵、程前:《人工智能时代应加快智能税收法治系统建设》,载《兰州学刊》2018年第11期。

[33]陈旭煜:《智慧税收征管体系构建探究》,载《税收经济研究》2018 年第 6 期。
[34]袁勇、王飞跃:《区块链技术发展现状与展望》,载《自动化学报》2016 年第 4 期。
[35]蔡磊、吴蜻、张钟月:《用区块链技术升级电子发票管理》,载《中国财经报》2018 年 8 月 14 日。
[36]董骏、高航:《区块链发票生态链的应用》,载《河北经贸大学学报》2019 年第 2 期。

第六章　人工智能与刑法

教学要点

1. 人工智能犯罪的概念、类型及其现状
2. 人工智能犯罪的刑法规制罪名体系
3. 人工智能犯罪的刑法应对立场与措施

第一节　人工智能犯罪概述

在社会致力于人工智能技术发展,合法合理利用人工智能技术的同时,也不免会出现因不法动机而非法使用人工智能实体,或者基于非法目的而制造出具有危害社会风险的人工智能实体,以及其他与人工智能实体相关联的犯罪现象。而当与人工智能实体相关联的犯罪现象出现时,人工智能就不可避免地会与刑法产生联系,需要刑法予以评价和调整。但是,在探索人工智能与刑法的关系之前,我们必须明确应当如何认识社会中可能出现的与人工智能实体相关联的犯罪现象。应该用何种术语指称与人工智能实体相关的犯罪现象,该术语的基本内涵和外延是什么,又如何将之与近似犯罪现象相区分等,均是认识此类犯罪现象需要关注的问题。

一、人工智能犯罪的概念与特征

(一)人工智能犯罪的概念

在刑法意义上,人工智能犯罪并不是一个法定的概念术语,而是对社会中出现的与人工智能相关的犯罪现象的抽象概括。在国内,有学者将利用人工智能技术实施的犯罪及人工智能机器人自主实施的犯罪,概括为涉人工智能犯罪。例如,有论者提出,涉人工智能犯罪概括为两个方面,一是研发者和使用者将人工智能技术作为犯罪工具;二是强人工智能机器人可能产生独立的意识和意志,自主决定并实施严重危害社会的行为。[1] 但是,基于概念表达的简洁性和用语习惯延续性的考虑,以人工智能犯罪这一术语来指称。其实用人类利用人工智能技术实施的以及人工智能机器人自主实施的犯罪更为妥当,也更符合新型犯罪类型的指称习惯。

所以,广义上来讲,人工智能犯罪指的是人类利用人工智能技术实施的,以及由人工智能实体自主实施的犯罪。

但是,一概采用人工智能犯罪的广义概念内容并不妥当。因为,人工智能犯罪类型中的人类利用人工智能技术实施的犯罪,实质上是将人工智能作为工具或者帮手的犯罪,这与刑法上的传统犯罪概念具有较大的重合性。换言之,人类利用人工智能技术实施的犯罪,既是人工智能犯罪这一概念的外延对象,也是传统犯罪这一概念的外延对象。这在概念的外延对象上,将不可避免地引起人工智能犯罪与传统犯罪的重叠,不利于犯罪类型的次级划分。那么,为了有效区分人工智能犯罪与传统犯罪,凸显人工智能犯罪不同于传统犯罪的时代特性,还应在犯罪的次级分类中将人工智能犯罪与传统犯罪相区分。这就需要提出狭义的人工智能犯罪概念,来有效满足犯罪的次级分类需求。

狭义上来讲,所谓人工智能犯罪就是指人工智能实体自主实施的犯罪。

将狭义的人工智能犯罪界定为人工智能实体自主实施的犯罪,可以将人工智能实体自主实施的犯罪明确划定为人工智能犯罪,而将人类利用人工智能技术实施的犯罪划定为传统犯罪。

(二)人工智能犯罪的特征

当前,人工智能犯罪有哪些不同于传统犯罪的特征,是我们认知人工智能犯罪时必不可少的考虑内容。曾有观点认为,人工智能犯罪的特点主要有两个:一是智能性,二是直接作用于网络社会和物态社会。[2] 但是,对人工智能犯罪特征的这一归纳并不精细,传统犯罪也有可能直接作用于网络社会和物态社会,如盗窃使用中的网络电缆行为。

本书认为,结合人工智能技术的特征,可以将人工智能犯罪的基本特征概括为以下几个:

---

〔1〕 刘宪权:《涉人工智能犯罪刑法规制的路径》,载《现代法学》2019年第1期。

〔2〕 皮勇:《人工智能刑事法治的基本问题》,载《比较法研究》2018年第5期。

1. 广泛性

现阶段,“通过将大数据转化为商业直觉、智能化业务流程和差异化产品/服务,人工智能开始逐步占据医疗、金融、保险、律师、新闻、数字个人助理等现代服务业的核心地位,并且不断渗入人们的日常生活。”[1]而随着人工智能应用领域的扩展,人工智能犯罪的发生领域也将日益广泛,并逐渐延伸至人们日常生活的方方面面。

2. 类人性

人工智能犯罪区别于其他犯罪的重要特征,就是人工智能犯罪因人工智能实体所拥有的类人特征。因为,人工智能是通过模拟人脑思维,由机器或软件所表现出来的具有推理、记忆、理解、学习和计划的类人化智能,它能够思考自己的目标并进行适时调整,甚至将拥有足以匹敌人类的智慧和自我意识的能力。[2] 这一类人化智能技术,将使人工智能犯罪成为更近似于人类犯罪的一类犯罪。

3. 迭代性

人工智能技术具有很强的创新性,其创新性特质不可避免地赋予了人工智能实体及其行为以代际更迭特征。无论是在弱人工智能向强人工智能、超人工智能的过渡中,还是在云计算向类脑计算的发展过程中,人工智能均呈现了这种代际之间的更迭特性。也有论者明确指出,“人工智能是一种正常的技术迭代”。[3] 而随着人工智能技术和实体的更新换代,作为其副产品的人工智能犯罪也会在不同阶段表现出不同特征,外观上展现出迭代性特征。

4. 人机交互性

智能机器人被输入的智性虽然是程序化、无意识的,但它毕竟有了一些可以与人互动的“灵性”。[4] 这也赋予了人工智能实体严格区别于其他实体的重要特征——人机互动性。人工智能实体的人机交互性特征,不仅会显现于其所实施的合法活动中,也会体现于其所实施的违法犯罪行为中。即人工智能与人的互动性将使人工智能犯罪拥有独特的人机交互特征。

---

[1] 顾险峰:《人工智能的历史回顾和发展现状》,载《自然杂志》2019 年第 3 期。

[2] 马长山:《人工智能的社会风险及其法律规制》,载《法律科学》2018 年第 6 期。

[3] 杨卫娜、洪治:《张洪忠:人工智能是一种技术迭代,不是对人的替代》,载人民网:http://yuqing.people.com.cn/n1/2018/0129/c416310-29793472.html,2018 年 1 月 29 日最后访问。

[4] 马长山:《人工智能的社会风险及其法律规制》,载《法律科学》2018 年第 6 期。

5. 难以防控性

由于技术发展后果往往具有不可预料性，技术后果在总体上可以被分为“不可预测但在意料之中的”和“不可预测且在意料之外的”，且不可预测性是技术过程的显著标志和内在特征并且不能被纠正。[1] 那么，人工智能实体作为技术高度发展的产物，其也必有内涵技术后果的不可预测性特征。而人工智能技术的不可预测性，将使人们难以预测人工智能实体的犯罪行为和犯罪规律，从而难以对人工智能犯罪采取有效的防控措施。

二、人工智能犯罪的外延类型

根据不同标准可以将人工智能犯罪的外延划分为不同类型。当前，人工智能犯罪主要存在以下几种分类方式。

第一，无自我意识的人工智能犯罪、具有自我意识的人工智能犯罪。依据人工智能的智能化程度，可以将人工智能犯罪分为无自我意识的人工智能犯罪、具有自我意识的人工智能犯罪两种类型。所谓无自我意识的人工智能犯罪，是指可以在所设置的程序内自主运行和决策，但其决策仍然是在设计者或者使用者为其设定的程序范围内作出的，并不具有自我意识以及独立思考的能力的人工智能实施的犯罪；而具有自我意识的人工智能犯罪，是指能够超出设计和编制的程序范围进行自主判断和决策，具有与人类相似的独立辨认能力和控制能力的人工智能实施的犯罪，其所造成的法益侵害结果可能超出设计者或者使用者的意志范围。[2]

第二，人工智能设备具有高智能后自主实施的犯罪、人类利用人工智能技术实施的犯罪。依据犯罪的实施主体，可以将人工智能犯罪分为人工智能设备具有高智能后自主实施的犯罪、人类利用人工智能技术实施的犯罪两种类型。[3] 人工智能实体在前者是作为犯罪行为的实施主体而存在，在后者是作为犯罪行为的实施工具或者手段而存在。例如，智能机器人实施的故意伤害行为即属于前一类人工智能犯罪，人们利用人工智能窃取个人信息行为就属于后一类人工智能犯罪。

---

〔1〕 张成岗：《人工智能时代：技术发展、风险挑战与秩序重构》，载《南京社会科学》2018 年第 5 期。

〔2〕 王鑫磊、张靖：《刑法视角下的人工智能犯罪》，载《长春理工大学学报（社会科学版）》2019 年第 4 期。

〔3〕 顾海艳、陆宁：《人工智能犯罪及其应对策略》，载《江苏警官学院学报》2019 年第 2 期。

第三，现行刑法规定能够规制的人工智能犯罪、现行刑法规定规制不足的涉人工智能犯罪、现行刑法规定无法规制的涉人工智能犯罪。依据现行刑法规定对涉人工智能犯罪的规制能力，可以将涉人工智能犯罪分为现行刑法规定能够规制的人工智能犯罪、现行刑法规定规制不足的涉人工智能犯罪、现行刑法规定无法规制的涉人工智能犯罪三种类型。[1]

第四，直接对人工智能系统实施的犯罪、利用人工智能技术实施的传统犯罪、对人工智能产品未尽安全生产或管理义务的犯罪。依据人工智能的刑事风险类型，可以将人工智能犯罪分为直接对人工智能系统实施的犯罪、利用人工智能技术实施的传统犯罪、对人工智能产品未尽安全生产或管理义务的犯罪三种类型。有观点提出，涉及人工智能的刑事犯罪风险，大致分为直接对人工智能的智能系统实施犯罪，利用人工智能技术实施传统犯罪，对人工智能产品未尽安全生产、管理义务的犯罪。[2]

第五，侵犯人工智能系统安全的犯罪、利用人工智能实施的传统犯罪、利用人工智能侵犯个人信息的犯罪、独立的外围人工智能犯罪、违反人工智能安全管理义务的犯罪。依据侵犯的法益及行为特征，可以将人工智能犯罪分为侵犯人工智能系统安全的犯罪、利用人工智能实施的传统犯罪、利用人工智能侵犯个人信息的犯罪、独立的外围人工智能犯罪、违反人工智能安全管理义务的犯罪五种类型。[3]

第六，人工智能为对象的犯罪、以人工智能为工具的犯罪、以人工智能为“本体”的犯罪。依据犯罪行为的主体与对象，可以将人工智能犯罪从整体上分为三类：(1)以人工智能为对象的犯罪；(2)以人工智能为工具的犯罪；(3)以人工智能为“本体”的犯罪，即人工智能深度学习“本体化”以后自主决策实施的危害社会的“犯罪行为”。[4]

但是，上述对人工智能犯罪的类型划分并不完全妥当。上述观点对人工智能犯罪类型的划分显然过于宏观，并且没有建立明确的分类体系标准。由

---

〔1〕 刘宪权、房慧颖：《涉人工智能犯罪的前瞻性刑法思考》，载《安徽大学学报（哲学社会科学版）》2019年第1期。

〔2〕 高铭暄、王红：《互联网+人工智能全新时代的刑事风险与犯罪类型化分析》，载《暨南学报（哲学社会科学版）》2018年第9期。

〔3〕 皮勇：《人工智能刑事法治的基本问题》，载《比较法研究》2018年第5期。

〔4〕 于冲：《人工智能的刑法评价路径：从机器规制向算法规制》，载《人民法治》2019年第17期。

于能够借鉴刑法学的经验界定犯罪的类型，以犯罪构成定性犯罪行为时，所依据的犯罪客体、犯罪客观方面、犯罪主体、犯罪主观方面四项基本要素为依据；[1]那么，对人工智能犯罪类型的划分也可以以此为依据，以使人工智能犯罪的类型界分趋于体系化、系统化。根据人工智能犯罪的客体、犯罪客观方面、犯罪主体、犯罪主观方面界分人工智能犯罪时，还应当注重人工智能犯罪类型划分的层次性；否则，极易导致类型界分的繁杂混乱。

本书认为，人工智能犯罪的类型划分应当分两个层次展开。对人工智能犯罪类型的第一层次界分，应当以犯罪主体、犯罪主观方面为基本要素，以因应犯罪学犯罪的历史进程、保障犯罪类型界分的延续性。因为，“在西方犯罪学史上，对犯罪类型学的研究最初是从犯罪人分类开始的”。[2] 由于人工智能犯罪的主体包括人类主体与人工智能实体两类，而人工智能犯罪的主观方面依然延续着传统刑事责任的类型，包括故意与过失两种类型。那么，在第一层次上，可以参照上述第六种观点，从整体上将人工智能犯罪分为以人工智能为工具的故意犯罪，以人工智能为工具的过失犯罪，以人工智能为对象的故意犯罪，以人工智能为对象的过失犯罪，人工智能自主实施的故意犯罪，人工智能自主实施的过失犯罪六种基本类型。

对人工智能犯罪类型所作的第二层次划分，应当以犯罪客体、犯罪客观方面为基本要素。但是，由于刑法法益与犯罪客体的等同视之，且犯罪客观方面以行为特征为主要内容。所以，第二层次上的人工智能犯罪类型划分可以借鉴上述第五种观点。从犯罪客体和客观方面将人工智能犯罪划分为侵犯人工智能系统安全的犯罪、利用人工智能实施的传统犯罪、利用人工智能侵犯个人信息的犯罪、独立的外围人工智能犯罪和违反人工智能安全管理义务的犯罪五种基本类型。

三、人工智能犯罪与相关犯罪的关系

由于“概念与概念之间的关系，是构成判断、形成推理的逻辑基础；只把握概念而不把握概念之间的关系，便无法构成判断，也无法进行推理。”[3]因

---

〔1〕 徐绫泽、周亮：《犯罪类型学研究》，载《中国人民公安大学学报（社会科学版）》2007 年第 6 期。

〔2〕 周亮、徐绫泽：《论类型学研究范式在犯罪学中的应用》，载《时代法学》2008 年第 5 期。

〔3〕 张秀廷：《逻辑概念新论》，人民出版社 2013 年版，第 126 页。

而，整体认知人工智能犯罪，还应把握其与相近犯罪类型之间的联系与区别。

（一）人工智能犯罪与计算机犯罪的关系

何谓计算机犯罪？目前尚未形成统一认识。有关计算机犯罪概念的主流观点，主要有以下几个。一是广义关联说，认为与计算机有关的犯罪行为均是计算机犯罪；二是计算机工具说，认为把计算机作为犯罪的工具时才成立计算机犯罪；三是信息对象说，认为计算机犯罪只是以计算机系统内的信息安全作为对象的犯罪；四是工具及对象说，认为计算机犯罪是指把计算机作为犯罪工具或将计算机资产作为犯罪对象的犯罪。[1]

从上述计算机犯罪的概念来看，人工智能犯罪与计算机犯罪应当是重叠关系，不是非此即彼的互斥关系。

首先，人工智能实体或者利用人工智能技术实施的与计算机有关的犯罪，既属于人工智能犯罪也属于计算机犯罪，此时二者在外延对象上存在重叠。例如，非法获取计算机信息系统数据这一犯罪现象，属于典型的计算机犯罪。而如果是人工智能实体实施非法获取计算机信息系统数据行为，或者利用人工智能技术实施非法获取计算机信息系统数据，既可以归属于计算机犯罪，也可以归属于人工智能犯罪。

其次，人工智能实体或者利用人工智能技术实施的与计算机无关的犯罪，仅属于人工智能犯罪，不属于计算机犯罪。例如，人工智能实体实施的交通肇事的犯罪现象，只属于人工智能犯罪，而不属于计算机犯罪。又如，利用人工智能致人死伤的犯罪现象，是人工智能犯罪而非计算机犯罪。

最后，人类利用非人工智能技术实施的计算机犯罪，不属于人工智能犯罪，仅属于计算机犯罪。例如，国家工作人员甲利用普通计算机实施的盗窃、诈骗、贪污等犯罪，明显不属于人工智能犯罪，而只属于计算机犯罪。

（二）人工智能犯罪与网络犯罪的关系

所谓网络犯罪，是指利用网络特性得以既遂的一切应受刑事处罚的社会危害性行为。[2] 非法利用信息网络罪、帮助信息网络犯罪活动罪、拒不履行信息网络安全管理义务罪等，是刑法中的典型网络犯罪罪名。据此，可以将拒不履行信息网络安全管理义务犯罪、非法利用信息网络犯罪、帮助信息网络犯罪活动犯罪等，归入网络犯罪现象的范畴。

---

〔1〕 董玉庭：《再论计算机犯罪概念》，载《当代法学》2005 年第 6 期。

〔2〕 卓翔：《网络犯罪若干问题研究》，中国政法大学 2004 年博士学位论文，第 23 页。

仅从上述三类网络犯罪现象即可得出结论，人工智能犯罪与网络犯罪是重叠关系。因为，人工智能实体自主实施的或者利用人工智能技术实施的非法利用信息网络犯罪，既属于人工智能犯罪也属于网络犯罪。但是，人类非法利用人工智能技术实施的帮助信息网络犯罪活动犯罪，仅属于网络犯罪，不属于人工智能犯罪。并且，人工智能实体实施的或者利用人工智能技术实施的与网络无关的犯罪，则明显只属于人工智能犯罪，不属于网络犯罪。

第二节　人工智能犯罪的规制困境

尽管人工智能犯罪的存在已经成为一种社会现象，但是如何对之进行有效规制却尚不明确，现行刑法在人工智能犯罪的规制上还存在诸多不足之处。有关能否将人工智能实体作为人工智能犯罪的刑事责任主体，是否应当保护人工智能实体的创作物，如何评价和处罚人工智能实体实施的犯罪行为，以及如何在以人工智能实体为工具实施的犯罪中划分刑事责任等问题，尚在热烈讨论中，并未达成共识性认识。这些争议问题的存在在激发人工智能犯罪研究的同时，也使人工智能犯罪的刑法规制陷入了困境。

一、人工智能能否成为刑事责任主体

当前，在人工智能实施犯罪的场合，争议较大的问题是，何者才是人工智能犯罪的刑事责任主体；是人工智能本身，还是人工智能的研发者，抑或人工智能的使用者。该问题的争议核心即在于，人工智能实体能否成为刑事责任主体。对此，经过长时间的集体讨论和相互论辩，学界已然形成了肯定说、否定说和折中说三种立场。

（一）肯定说

肯定说认为人工智能实体可以成为人工智能犯罪的刑事责任主体，当人工智能实体自主实施犯罪行为时应当认定为犯罪并处以刑事处罚。但是，在回答为何人工智能实体可以成为刑事责任主体时，肯定说内部又存在不同的逻辑进路。

1. 心理要素说

根据该理论，机器人能够自我调节并解决深奥问题，具有“智能”，因而

具备心理要素,可以构成犯罪,应当是刑事责任主体。〔1〕

2. 道德代理说

根据该理论,行为人犯罪是因为他涉及道德过错,即行为人知道其所作所为在道德上是错误的;而计算机程序也可以做出道德决策,其能够知道所实施的行为是非法的,从而可以将智能代理转变为道德代理,使人工智能获得刑事责任主体地位。〔2〕

3. 法人类比说

根据该理论,作为组织机构的法人和作为机械实体的人工智能并无实质差别,在承担刑事责任上也不应有实质性差异,而既然法人可以构成犯罪,人工智能也可以成为刑事责任主体。〔3〕

4. 法定实体说

根据该理论,刑法虽然没有明文规定人工智能可以构成犯罪,却规定了其他实体可以构成犯罪,人工智能应当包含于刑法规定的其他实体之中;即人工智能应当成为刑事责任主体。〔4〕

5. 当然主体说

根据该理论,在人工智能可以实施犯罪的情况下,当然可以成为刑事责任主体,并可以适用刑法予以规制。〔5〕

6. 人类利益说

该观点认为,将人工智能视为刑事责任主体不是要对人工智能实体施以道德教化,而是为了实现对人工智能的限制,达到更好地保护人类利益的功利目的。〔6〕

(二)否定说

否定说的基本观点是,不承认人工智能实体的刑事责任主体地位,不将其视为犯罪的实施主体,当人工智能实施犯罪时应追究其研发者或者使用者的刑事责任。否定说之所以否定人工智能实体的刑事责任主体地位,主要基于以下理由:人工智能既缺乏刑事责任能力又缺乏受刑法处罚的能力;人工

〔1〕 彭文华:《人工智能的刑法规制》,载《现代法学》2019 年第 5 期。
〔2〕 彭文华:《人工智能的刑法规制》,载《现代法学》2019 年第 5 期。
〔3〕 彭文华:《人工智能的刑法规制》,载《现代法学》2019 年第 5 期。
〔4〕 彭文华:《人工智能的刑法规制》,载《现代法学》2019 年第 5 期。
〔5〕 彭文华:《人工智能的刑法规制》,载《现代法学》2019 年第 5 期。
〔6〕 陈叙言:《人工智能刑事责任主体问题之初探》,载《社会科学》2019 年第 3 期。

智能既不能与法人相类比也不能与人类相类比；人工智能受人类控制时缺乏自主性，不受人类控制时则刑法无效果。

例如，有观点认为，人工智能不应成为刑事责任主体。其理由在于以下几点：人工智能不具有独立意志和意识，仅能作出程序判断，不能作出价值判断，即缺乏责任能力；人工智能在意识、财产等方面与法人具有较大差别，难以与法人类比；人工智能不具有受刑能力，且没有适当的刑罚可以使用，将之作为刑事责任主体难以保障刑法的有效性。[1] 也有观点认为，虽然人工智能拥有类似人类的智能，但其既没有发展出人类的理性，也不能为自己立法，不可赋予其类似自然人的法律主体地位，可以将高度智能化的人工智能作为法律关系客体中的特殊物。[2] 具体到刑法场域，即主张人工智能不是刑事责任主体。还有观点认为，“受人类控制的人工智能系统不具有独立的主体性，不应承认其犯罪主体地位；如果未来人工智能系统不受人类控制、自主进化，极可能不具备成立犯罪的主观条件，不能适用刑法规定的刑事责任和刑罚相关规定，赋予其犯罪主体地位与刑法体系的不协调，不应作为犯罪主体对待；不受人类控制的未来人工智能系统不可能接受刑法的规制，其制造的危机需要以其他直接、有效的技术手段应对。”[3]

（三）折中说

在肯定说与否定说的激烈交锋中，逐渐形成了有条件承认人工智能实体刑事责任主体地位的折中说。折中说依据人工智能实体的发展阶段，将人工智能实体划分为三类，即弱人工智能、强人工智能和超强人工智能。其中，折中说论者承认强人工智能实体的刑事责任主体地位，而否定弱人工智能实体的刑事责任主体地位。

例如，有观点明确提出，弱人工智能机器人不是刑事责任主体，强人工智能主体是刑事责任主体，理由主要在于：强人工智能机器人具有自主意识和意志下的辨认和控制能力；强人工智能机器人具有受刑能力；强人工智能机器人作为刑事责任主体符合刑法中的罪责自负原则。[4]

---

〔1〕 周振杰、胡圣鑫：《刑罚的有效性与人工智能领域的刑事责任主体》，载《河南警察学院学报》2019年第3期。

〔2〕 刘洪华：《论人工智能的法律地位》，载《政治与法律》2019年第1期。

〔3〕 皮勇：《人工智能刑事法治的基本问题》，载《比较法研究》2018年第5期。

〔4〕 刘宪权：《对强智能机器人刑事责任主体地位否定说的回应》，载《法学评论》2019年第5期。

(四)本书观点

研究人工智能的刑法地位需要解决两个问题:一是现实问题,即当前刑法如何应对当前及未来一段时间内人工智能带来的挑战;二是发展问题,即未来刑法是否应将人工智能规定为刑事责任主体,以及如何设立相应的犯罪及其刑罚。[1] 尤其是在人工智能犯罪已经初见端倪的情况下,更应解决好上述两个问题。而要实际解决人工智能刑法地位的现实问题和发展问题,就不能将对人工智能刑事责任主体地位的讨论停留于理论层面,我们应当超越肯定说、否定说和折中说的立场之争,将之进一步推进至实务层面。换言之,应当将人工智能是否应当具有刑事责任主体地位问题,转变为如何赋予人工智能刑事责任主体地位问题。

本书赞同人工智能实体应具有刑事责任主体地位的立场。除前述肯定说阐述的相关理由外,还基于以下两点考虑。

一方面,肯定人工智能实体具有刑事责任主体地位,是承认人工智能实体具有深度学习能力的必然结果。当前,人们之所以担忧人工智能的风险问题,主要源于人工智能所拥有的深度学习能力,且这种深度学习能力可能使之与人类相匹敌。但是,延续这一担忧的基本逻辑结果则是,应当肯定人工智能实体的刑事责任主体地位,而不是否定其刑事责任主体地位。因为,如果机器人具有了深度自我学习能力,拥有类似于人类的思想,它也会实施盗窃、伤人等行为,也会利用网络信息实施诈骗,甚至利用人工智能破解账号实施更为复杂网络犯罪。[2] 相反,如果否定人工智能具有深度学习能力,不承认人工智能可以与人类相匹敌,就没有必要讨论人工智能是否应当具有刑事责任主体地位这一问题。

另一方面,肯定人工智能实体应具有刑事责任主体地位,是顺应人工智能发展趋势的必然结果。雷·库兹韦尔曾作出预测,2045 年奇点来临,人工智能将超越人类智能。[3] 在事实层面,尽管这一预测的时间点具有较大的不确定性,但可以预测的是,随着人工智能技术的发展,人工智能势必会逐渐接近人类智能,甚至等同于人类智能。在人工智能更加智能化的趋势下,必

---

〔1〕 皮勇:《人工智能刑事法治的基本问题》,载《比较法研究》2018 年第 5 期。

〔2〕 岳平、袁慧琴:《"人工智能"领域的犯罪风险分析及预防策略》,载《犯罪学论坛》2018 年第 5 卷。

〔3〕 鲍曙光:《人工智能意识觉醒的遐想》,载《电脑知识与技术》2019 年第 28 期。

然需要在规范层面将人工智能与人类进行等同评价,需要赋予其刑事责任主体地位。

二、以人工智能为工具型犯罪的规制困境

(一)以人工智能为工具实施故意犯罪的刑法规制

依据犯罪所侵犯的客体,可以将以人工智能为工具实施的故意犯罪,分为以人工智能为工具实施的侵犯财产犯罪,以人工智能为工具实施的侵犯个人信息犯罪,以人工智能为工具实施的侵犯人身权利犯罪等。以人工智能为工具实施的侵犯个人信息犯罪的典型事例如,2017 年 9 月 22 日浙江省绍兴市公安局破获“全国首例利用 AI 犯罪案”,被称为我国首例利用人工智能技术侵犯公民个人信息的犯罪案件。以人工智能为工具实施的侵犯财产犯罪的典型事例如,利用具有支付功能的人工智能支取他人财产,利用无人机实施盗窃等。需要注意的是,以人工智能为工具实施的侵犯人身权利犯罪,虽尚未出现但并非没有出现的可能。当前,可以搭载 M－16 自动步枪到 0.5 英寸口径机枪等重量在 300 磅以下武器系统的“利剑”(SWORDS)机器人,已经活跃在当今的战场上。[1] 这意味着,人工智能机器人能够给他人的人身权利造成损害,造成他人轻伤、重伤、死亡的结果;如此,人工智能就存在被用以实施侵犯人身权利犯罪的现实风险。

从现行刑法的条文规定和理论阐释来看,刑法在规制以人工智能为工具实施的故意犯罪时,明显会捉襟见肘,难以取得良好的规制效果。本书在此,仅以人工智能为工具实施的侵犯财产犯罪中的、利用具有支付功能的人工智能支取财产行为为例,说明刑法在规制此类犯罪上的局限性。因为,利用智能支付侵犯财产行为的定性难点在于,确定智能支付机器是否为被诈骗的对象;[2] 而在事实层面上,讨论“机器能否被骗”,即是争论“机器是否具有认知能力”,这是人工智能学在发展过程中遇到的最严酷的挑战。[3] 换言之,在人工智能发展的过程中,必然会围绕人工智能是否具有认知能力这一争论,而延伸出具有支付功能的人工智能能否被骗的争议。这一争议将使此类

---

〔1〕 夏天:《基于人工智能的军事智能武器犯罪问题初论》,载《犯罪研究》2017 年第 6 期。

〔2〕 赵香如、潘雨:《利用人工智能侵财犯罪的刑法性质》,载《南宁师范大学学报(哲学社会科学版)》2019 年第 6 期。

〔3〕 陈萍:《“机器不能被骗”对我国刑法意义的反思》,载《研究生法学》2012 年第 3 期。

行为的刑法规制陷入以下困境。

第一,行为性质的界定困难。从盗窃罪与诈骗罪的构造来看,利用具有支付功能的人工智能取财,必然会因人工智能是否具有认知能力,而陷入属于盗窃行为还是属于诈骗行为的刑法定性和罪名适用争议之中。这就意味着,此类行为的性质认定和罪名适用不再以行为类型为基础,而是以作为工具的人工智能为基础。换言之,虽然以具有支付功能的人工智能为工具实施的取财行为,在行为外观上属于同类行为,应当适用同一罪名予以规制。但是,人工智能工具的加入却会使此类行为的定性出现多样化形态,当所利用的人工智能具有认知能力时构成诈骗罪,当所利用的人工智能不具有或者暂时丧失认知能力时则构成盗窃罪。这将使此类行为的定性由规范问题转化为技术问题,从而提升刑法规制此类行为的难度。

第二,间接正犯与共同犯罪的区分困难。当前,刑法通过说以犯罪事实支配理论来界定间接正犯,认为支配整个犯罪事实的是正犯。但是,在利用具有支付功能的人工智能取财时,如何区分间接正犯和共同犯罪将变得更加困难。如果被利用的人工智能在被利用过程中没有产生自我意识,而是一直依据利用者的意识取财,则利用者成立间接正犯。如果被利用的人工智能在被利用过程中产生了自我意识,并依据自我意识自愿加功于被利用者的取财行为,则二者成立共同犯罪。可见,人工智能在被利用过程中是否产生了自我意识,就成为区分二者是间接正犯还是共同犯罪的关键,也成为确定利用者与被利用者刑事责任量的关键。而在现有技术条件下,从事实层面考察人工智能是否在被利用过程中产生了自我意识,可谓是相当困难,尤其是对具有间断性自主意识或者说具有可控制性自主意识的人工智能而言,更是如此。这一证明困难将不可避免地使刑法难以区分相关犯罪的间接正犯和共同犯罪,从而使刑法对此类行为的规制陷入困难。

(二)以人工智能为工具实施过失犯罪的刑法规制

以使用无人机实施的过失犯罪为例。尽管无人机空袭能够有效打击极端主义恐怖分子,但它也存在目标识别错误、无差别轰炸等问题,会造成大量误伤、误炸。据美国新闻调查社统计,从2004年至2015年的11年,美军无人机空袭估计造成三千人的死亡,其中的预定攻击对象只有几十人。[1] 显然,

---

〔1〕 刚桂虎:《军用无人机成长三部曲》,载《解放军报》2017年3月31日,第9版。

其中的大多数人员死亡系无人机的误炸、滥炸所致。而在刑法评价层面，无人机空袭中的误炸、滥炸行为，极可能涉嫌构成过失致人死亡罪、过失以危险方法危害公共安全罪或者失火罪等罪名。

当前，对以人工智能为工具实施的过失犯罪作出刑法规制，或者说对在利用人工智能过程中因过失造成危害后果而构成的过失犯罪进行刑法规制，尚存在诸多难点。

第一，违反注意义务认定困难。依据过失犯罪行为是否发生于特定领域，可以将我国的过失犯罪分为业务过失犯罪和普通过失犯罪，业务过失发生于特定的业务活动中，而普通过失发生于日常生活中。鉴于对人工智能的利用具有广泛性，并不局限于特定行业的业务活动中，是故，以人工智能为工具实施的过失犯罪，既包含普通过失也包括业务过失。而在业务过失的认定中，行为人违反特别注意义务是其关键要素；[1]这一认定标准看似明确，却极易受到人工智能的冲击。因为，人工智能本身所拥有的风险性、不确定性，会使以何种标准认定利用者是否违反了注意义务产生较大的不确定性，甚至陷入自相矛盾的境地。比如，利用者明知某一人工智能的操作手册存在重大安全隐患，仍遵循该操作手册利用人工智能，以致危害结果发生的，是否可以认定利用者违反了注意义务？如果依据信赖原则予以判断，显然会认定利用者没有违反注意义务；而如果从预见可能性、结果回避可能性的角度判断，则会认定利用者违反了注意义务。即使将利用者与人工智能之间的关系视为监督与被监督的关系，进而认为存在合理信赖条件时原则上应否认监督者的过失责任，当被监督者存在实施过失行为的先兆时例外的不否认监督者的过失责任；[2]也难以对利用人工智能实施过失犯罪者是否违反注意义务作出认定，因为，人工智能是否存在实施过失行为的先兆并不是从规范层面可以把握的事实。

第二，因果关系认定的复杂化。在过失犯罪的认定中，不仅要证明行为人主观上具有过失，还需要证明其过失行为与危害结果之间存在因果关系。而在利用人工智能实施过失犯罪的场合，却难以证明利用者的过失行为与危害结果之间的因果关系，将使过失犯罪因果关系的判断进一步复杂化。因为，人工智能本身具有一定的风险性，即使在合法合理适用人工智能时，也可

---

〔1〕 姜伟：《论普通过失与业务过失》，载《中国人民大学学报》1994 年第 3 期。

〔2〕 张明楷：《刑法学》（第五版），法律出版社 2016 年版，第 296 页。

能造成一定的损害结果。所以，在利用人工智能过程中过失导致损害的情况下，难以确定危害结果是由利用者的过失行为造成，还是由所利用的人工智能的技术失误、故意实施等自身风险造成的。无论是现有的条件说、原因说、相关因果关系说还是客观归责理论，均难以清晰的对上述问题作出准确解答，需要刑法另行设定因果关系的认定规则加以处理。

三、以人工智能为对象型犯罪的规制困境

在人工智能已经出现活跃于社会生活时，无论将之视为权利主体还是视为权利客体，我们都不得不考虑如何对人工智能加以保护，如何对以人工智能为对象的犯罪行为进行刑法规制。由于人工智能的应用领域广泛，涉及的权益内容具有多样性，以人工智能为对象型犯罪也随之呈现出多种形态和类型，包括侵犯人工智能系统的犯罪、侵犯人工智能系统数据的犯罪、侵犯人工智能创作物的犯罪等。但是，从现行刑法的条文规定和理论学说来看，刑法在以人工智能为对象型犯罪的规制上将捉襟见肘，难以及时全面的对人工智能作出保护。在此，本书将通过侵犯人工智能创作物犯罪的刑法规制，说明以人工智能为对象型犯罪的刑法规制困境。

现阶段，刑法规制侵犯人工智能创作物犯罪的核心障碍在于以下两点：一是人工智能创作物是否属于著作权法上的作品存在较大争议；二是人工智能创作物独创性的判断标准不明确。

一方面，理论上，对人工智能创作物是否属于著作权法上的作品这一问题，当前学界尚存在肯定说、否定说之争。肯定说认为人工智能创作物是著作权法上的作品。典型论述如，“虽然人工智能不是人，但人工智能创作物却构成版权法意义上的作品”；[1] 再如，有论者将人工智能生成物分为来自人类的生成物和非来自人类的生成物，前者是现有著作权法上的作品，而后者在将来也应被规定为著作权法上的作品。[2] 又如，有论者认为，如果人工智能的生成内容是由机器人独立完成的，则构成著作权法上的作品。与之相反，否定说认为人工智能创作物不是著作权法上的作品。其代表性论述如，人工智能生成的内容在表现形式上不符合作品的构成要件，即使人工智能生成的内容在表现形式上与人类创作的作品相似，也会因无法体现创作者的独

---

〔1〕 易继明：《人工智能创作物是作品吗？》，载《法律科学》2017 年第 5 期。

〔2〕 刘影：《人工智能生成物的著作权法保护初探》，载《知识产权》2017 年第 9 期。

特个性而不能成为作品。[1] 又如,人工智能生成内容是运用算法、规则,套用已有模板得出的结果,不具有独创性,不应将之认定为作品,但应将之作为著作权的特殊保护对象。[2] 而肯定说与否定说之间的观点分析,将在一定程度上阻滞侵犯著作权相关罪名的司法适用。如果认为人工智能创作物不是著作权法上的作品,不受著作权法保护,就无法适用侵犯著作权的相关罪名,规制侵犯人工智能创作物的犯罪。

另一方面,实践中,人工智能创作物是否具有著作权法要求的作品独创性的判断标准并不统一。人们对作品独创性的判断常常心存疑虑,因为是否具有创造性并不存在一个固定的、统一的标准,不同作品类型、不同时代对创造性的要求并不一致,甚至同类作品创造性的判断也需要具体问题具体分析。[3] 有论者曾对我国2012年至2014年与作品独创性认定有关的28篇司法判决进行了分析,将实践中作品独创性的认定标准概括为几个:一是涉案作品是否为个性化的表达;二是涉案作品是否为自主意识下的选择、取舍、加工的结果;三是涉案作品受著作权法保护是否会对公有领域产生影响。[4] 那么,即使在理论上承认人工智能生成物属于著作权法上的作品,也难以及时有效地对侵犯人工智能创作物犯罪作出刑法规制。作品独创性标准的认定模糊和多重标准,侵犯著作权犯罪相关罪名的适用陷入尴尬境地,极易引发有罪与无罪的尖锐冲突。

同样,在其他以人工智能为对象型犯罪的刑法规制中,也存在类似问题,这些问题的存在将会显著阻碍刑法规制的有效实现。

四、人工智能独立实施型犯罪的规制困境

随着人工智能技术的发展,人工智能独立实施犯罪的现象不断出现,其中既包括故意犯罪也包括过失犯罪。在英国首例机器人心瓣恢复手术中,机器人把病人的心脏放错位置并戳穿大动脉,最终导致病人在术后一周死亡。大众汽车厂的一名工作人员在安装机器人的过程中,被机器人抓住胸部按压到金属板上,最终这名工作人员不治身亡。而人工智能独立实施的典型过失

---

〔1〕 王迁:《论人工智能生成的内容在著作权法中的定性》,载《法律科学》2017年第5期。

〔2〕 李俊:《论人工智能生成内容的著作权法保护》,载《甘肃政法学院学报》2019年第4期。

〔3〕 刘丽娟:《如何认识作品独创性》,载《科技与法律》2006年第4期。

〔4〕 唐先博、黄明健、李萍:《我国作品独创性认定的实证研究》,载《贵州师范大学学报(社会科学版)》2017年第3期。

犯罪如交通肇事罪也有发生。在2018年3月，全球首例无人驾驶测试汽车致死事件出现于美国亚利桑那州，优步的一辆无人驾驶测试车辆撞上了一名女性，导致该女性在事故中受伤身亡。

尽管人工智能能够像人类一样，独立自主的实施诸多类型的犯罪行为，但是，现行刑法却难以像规制人类行为那样规制人工智能实体独立实施的犯罪行为。对此，本书将以无人驾驶汽车所实施的交通肇事行为为例，说明人工智能独立实施型犯罪的刑法规制困境。

当发生重大交通事故时，依现行刑法规定，很难以交通肇事罪对无人驾驶汽车定罪处罚，这主要体现在以下几个方面。

第一，犯罪主体的异变。现行刑法中的交通肇事罪是以驾驶人员或其他交通参与人作为主体并对其予以归责的。[1] 但是，无人驾驶汽车并不在驾驶人员或者其他交通参与人的主体范围内，对之适用交通肇事罪以进行刑法规制，将在主体要件上遭遇重大障碍。

第二，刑法归责体系的重构。现行刑法中交通肇事罪是由过失的主观心理状态引发的，但在无人驾驶汽车交通肇事中不存在驾驶人员，司法人员无法考证责任主体的主观心理状态，探究无人驾驶汽车的主观过错在刑事领域亦是天方夜谭。[2] 因而，如何认定无人驾驶汽车的主观心态，从而对之进行刑法归责将变得极为困难。这不仅需要重构现行刑法的归责体系，还需要人工智能技术上的认定支撑。

第三，因果关系混杂。在传统的交通肇事罪中，行为人违反交通运输管理法规的行为造成了重大事故，致人重伤、死亡或者财产遭受重大损失，由此可以判定行为与结果之间存在必然的因果关系。但是，在无人驾驶汽车肇事的案件中，发生危害结果的原因是多样的，混杂的因果关系致传统的交通肇事罪、危险驾驶罪的规制范围限缩，无人驾驶的刑事风险进一步扩张。[3]

第四，量刑情节的调整。在无人驾驶汽车交通肇事中，“现场责任”主体与“背后责任”的主体不具有同一性。并且，发生无人驾驶汽车“肇事后逃

---

[1] 陈结淼、王康辉:《论无人驾驶汽车交通肇事的刑法规制》，载《安徽大学学报（哲学社会科学版）》2019年第3期。

[2] 陈结淼、王康辉:《论无人驾驶汽车交通肇事的刑法规制》，载《安徽大学学报（哲学社会科学版）》2019年第3期。

[3] 陈结淼、王康辉:《论无人驾驶汽车交通肇事的刑法规制》，载《安徽大学学报（哲学社会科学版）》2019年第3期。

逸”或“逃逸致人死亡”的情形时，能否追究无人驾驶汽车内的乘客（使用人）“现场责任”？车内的乘客（使用人）是否还具有施救的义务？若不施救能否被判定为独立的不作为犯罪？这些问题很难在现行刑法对交通肇事罪的规定中找到答案。[1]

第五，注意义务的认定。对于自动驾驶车辆犯罪而言，过失之注意义务有别于传统车辆。传统车辆发生事故，主要根据驾驶员或者第三人怠于履行注意义务来分摊责任，汽车制造商等基本上对交通事故不负法律责任。由于自动驾驶车辆无须专门的驾驶员（有的只有辅助操作者），且自动驾驶车辆亦非纯粹、被动的工具，故而直接套用传统刑法理论来判断注意义务，就会无处入手。有的观点以产品罪责为基础将罪责归于制造商，即制造商承担一切注意义务；有的观点将注意义务课予制造商、相关实体以及自我驱动的硬件和软件的提供商和服务商等“操作车辆的人”；有的观点认为辅助操作者承担注意义务；有的观点主张在不同的主体之间分配注意义务和责任。[2]

第六，刑事责任的承担。自动驾驶汽车作为特殊的犯罪主体，传统的刑罚措施对其已然失效，比如：智能机器人既不会变老，也不会衰弱，对其适用自由刑毫无意义；自动驾驶汽车作为道路交通领域的强人工智能，其自身是没有财产的，罚金刑也无从适用。[3] 换言之，在现行刑法体系下，对人工智能适用刑罚处罚以使其实际承担刑事责任，显然并不现实。而如何设计以人工智能为处罚对象的专门刑罚，仍需进一步的技术性探索。

第三节　人工智能犯罪的规制完善

针对现行刑法在规制人工智能犯罪中可能面临的诸多困境，刑法理论上必须对之作出回应，为刑法立法、刑事司法的规制调整提供参考和技术支撑。但是，在完善人工智能犯罪的刑法规制过程中，需要追问和回答以下几个问题，人工智能犯罪的刑法规制立场是什么？人工智能犯罪的刑法规制核心是

---

〔1〕 陈结淼、王康辉：《论无人驾驶汽车交通肇事的刑法规制》，载《安徽大学学报（哲学社会科学版）》2019 年第 3 期。

〔2〕 彭文华：《自动驾驶车辆犯罪的注意义务》，载《政治与法律》2018 年第 5 期。

〔3〕 卢有学、窦泽正：《论刑法如何对自动驾驶进行规制——以交通肇事罪为视角》，载《学术交流》2018 年第 4 期。

什么？人工智能犯罪的刑法规制政策是什么？以及如何构建人工智能犯罪的刑法规制体系？上述几个问题的解决和回应，是完善人工智能犯罪刑法规制的核心内容。

一、人工智能犯罪的刑法规制核心

毫无疑问，在以人工智能为工具实施的故意犯罪、以人工智能为工具实施的过失犯罪、以人工智能为对象实施的过失犯罪、以人工智能为对象实施的故意犯罪四类人工智能犯罪中，刑法规制的核心必然是自然人。但是，需要进一步明确的是，在人工智能自主实施的过失犯罪和人工智能自主实施的故意犯罪这两类人工智能犯罪中，刑法规制的核心应当是自然人还是人工智能实体？

当前理论界有观点认为，人工智能犯罪的刑法规制核心是自然人，不包括人工智能实体。例如，有论者提出，对于可能出现的人工智能犯罪以及刑事责任承担问题，需要明确刑法规制的对象不是机器，而是人工智能技术背后的行为和行为人；[1]即刑法规制人工智能犯罪的核心是对自然人的规制，刑法在规制人工智能自主实施的过失犯罪和人工智能自主实施的故意犯罪这两类人工智能犯罪时，也应当以自然人为核心。也有论者提出，现阶段讨论人工智能是否能够独立承担刑事责任以及如何承担刑事责任问题缺乏现实性，应当讨论如何合理规制人工智能研发者和使用者的行为；[2]换言之，现阶段讨论人工智能犯罪的刑法规制，应当以讨论对人工智能研发者和使用者的行为的规制为核心，应当将自然人作为刑法规制人工智能犯罪的核心。

对此，本书并不赞同。本书认为，自然人与人工智能实体均是人工智能犯罪的刑法规制核心。以人工智能为工具实施的故意犯罪、以人工智能为工具实施的过失犯罪、以人工智能为对象实施的过失犯罪、以人工智能为对象实施的故意犯罪的刑法规制核心是自然人，而人工智能自主实施的过失犯罪、人工智能自主实施的故意犯罪的刑法规制核心则是人工智能实体。

首先，在人工智能自主实施的过失犯罪、人工智能自主实施的故意犯罪中，行为主体是人工智能实体，而非技术背后的自然人。既然肯定人工智能

---

〔1〕 于冲：《人工智能的刑法评价路径：从机器规制向算法规制》，载《人民法治》2019 年第 17 期。

〔2〕 黄云波：《论人工智能时代的刑法机能》，载《人民法治》2018 年第 11 期。

实体可以独立自主的实施过失犯罪和故意犯罪,那么,就必然会承认此时的人工智能实体具有深度学习能力和独立思考能力。而如果认可人工智能实体的深度学习能力和独立思考能力,就不得不将之视为可以自由决定自我行为的、与人类类似的主体。按照罪责自负原则,“国家在进行刑事责任归属,进而作出刑罚处罚时,不能将他人应负的责任归咎于特定的个人,同时,也不能将犯罪人应承担的刑事责任转嫁给第三人”。[1] 那么,当人工智能可以自由决定自我行为时,就应对就其自主实施的过失犯罪和故意犯罪承担刑事责任,而不能将之转嫁于他人承担。因此,刑法规制人工智能自主实施的过失犯罪、人工智能自主实施的故意犯罪的核心,在于对人工智能实体本身的规制。

其次,在人工智能自主实施的过失犯罪、人工智能自主实施的故意犯罪中,刑罚的预防对象是人工智能实体,而非技术背后的自然人。如果要在人工智能自主实施的过失犯罪和故意犯罪的规制中取得刑罚预防效果,就必然需要将人工智能实体作为刑法规制的核心。因为,刑罚一般预防目的的实现离不开刑罚处罚的公平性和正义性,缺乏公平正义的刑罚处罚难以取得一般预防效果,而保障人工智能自主实施的过失犯罪和故意犯罪处罚的公平正义,就需要将人工智能作为其刑法规制的核心,给予人工智能实体以应得的惩罚。并且,无论是从剥夺犯罪能力论还是从矫正论来看,刑法特殊预防目的的实现均以对人工智能施加刑罚处罚为基础,不针对人工智能进行刑罚处罚既难以剥夺其犯罪能力也无法对之进行教育改造。因此,从刑罚预防对象的角度而言,应当将人工智能实体作为刑法规制人工智能自主实施的过失犯罪和故意犯罪的核心。

最后,在人工智能自主实施的过失犯罪、人工智能自主实施的故意犯罪中,实现的是人工智能实体的意志,而非技术背后的自然人的意志。而要想改变人工智能实体的犯罪意志,就必须对人工智能实体作出规制,应对以其为中心构建刑法规制规则和刑法处罚体系。此时,如果将技术背后的自然人作为刑法规制核心,不仅无法改变人工智能实体的犯罪意志,而且具有刑及无辜的嫌疑。

---

〔1〕 郑延谱:《罪责自负原则——历史演进、理论根基与刑法贯彻》,载《北京师范大学学报(社会科学版)》2014 年第 4 期。

二、人工智能犯罪刑法规制的完善立场

当前,有关是否应对人工智能予以刑法规制的讨论中,存在以下三种不同的立场:一是传统的谦抑性立场,即刑法在人工智能领域应扮演观察者的角色;二是传统谦抑性排除的立场,即刑法应通过顶层设计来防范人工智能的风险;三是刑法有限谦抑的立场,即在人工智能技术发展尚不成熟时通过刑事政策调整予以规制,在人工智能技术高度自主时通过加入完整的人工智能的规制手段予以规制。[1] 相应的,可以从上述三种立场中进一步划分出完善人工智能犯罪的不同立场。换言之,可以进一步将完善人工智能犯罪刑法规制的立场划分为以下三种:其一,建立在刑法绝对谦抑基础上的消极不予规制立场,这意味刑法应当严格遵循谦抑性,将人工智能犯罪交予前置法予以规制;其二,脱离刑法谦抑性的积极规制立场,其要求刑法应对人工智能犯罪进行主动规制;其三,建立在刑法相对谦抑基础上的有限规制立场。那么,要完善人工智能犯罪的刑法规制,就必须厘定应当秉持何种立场,这是对人工智能犯罪的刑法规制予以完善的前提。

本书认为,人工智能犯罪的刑法规制完善,应当坚持建立在刑法相对谦抑基础上的有限规制立场。

无论人工智能犯罪的发展形势如何演变,人工智能犯罪刑法规制的完善均应以刑法谦抑性为基础,不应采取脱离刑法谦抑性的积极规制立场。因为,比例原则所包含的适当性原则、必要性原则和狭义的比例原则三个子原则,分别对应着刑法中的法益保护原则、刑法谦抑原则和罪刑均衡原则。[2] 即刑法谦抑性原则是作为宪法原则的比例原则在刑法中的具体体现。而无论刑法如何调整,其必然需要遵循宪法及其基本原则,需要在宪法及其基本原则的指引下完善自身的体系结构,规制各类犯罪行为。刑法对人工智能犯罪的规制完善也是如此,也需要遵循比例原则的指引,需要以刑法的谦抑性为基础,不能采取脱离谦抑性的积极规制立场。而且,刑法只是规制人工智能犯罪的规范之一,刑法与其他法律一道组成了协调统一的人工智能犯罪的

---

〔1〕 谢昊轩:《人工智能时代的刑法挑战与回应》,载《华北水利水电大学学报(社会科学版)》2019 年第 3 期。

〔2〕 田宏杰:《比例原则在刑法中的功能、定位与适用范围》,载《中国人民大学学报》2019 年第 4 期。

法律规制体系。在该法律体系中各个法律均有其作用范围，刑法也不例外。既然刑法在人工智能犯罪的规制中有其固定的作用空间，其就应当保持谦抑，不能过于积极主动，防止挤占其他规范的作用范围。此外，积极规制立场其实是风险刑法理论在人工智能犯罪领域的运用。该立场与风险刑法倡导者所认为的，刑法在风险社会背景下应当以积极的方式面对风险[1]这一主张不谋而合。但是，风险刑法理论已经招到了诸多批判，其自身理论体系也出现了危机，不应再从该立场出发审视人工智能犯罪刑法规制的完善问题。

尽管人工智能犯罪刑法规制的完善应以刑法谦抑性为基础，但不应采取以刑法绝对谦抑为基础的不予规制立场。作为一个独立的法律部门，刑法在社会治理中不仅具有自己的一席之地，也为其他法律规范的实施提供着保障。无论是从发挥刑法的社会治理功能角度，还是从发挥刑法的后置保障功能角度而言，刑法均应对人工智能犯罪的规制给予关注。在当前的刑法体系难以有效规制人工智能犯罪时，刑法应着手思考如何作出完善，而不应扮演旁观者的角色。而且，刑法对已经发生的人工智能犯罪案件的及时规制，也说明人工智能犯罪的刑法规制完善，不能采取不予规制的绝对谦抑立场。例如，2017 年 9 月，浙江省绍兴市警方即破获了全国首例人工智能犯罪大案，打击了利用人工智能侵犯公民个人信息的犯罪行为。

并且，人工智能犯罪的刑法规制完善，坚持以刑法相对谦抑为基础的有限规制立场，也有利于促进人工智能技术的发展，顺应人工智能时代的发展趋势。当前，人工智能已经广泛运用于司法、医疗、教育、军事等多个领域，呈现广阔的发展前景和强劲的发展态势。而人工智能犯罪只是人工智能的附随风险，其并不能掩盖或者否定人工智能为社会进步、经济发展带来的重要贡献。因此，完善人工智能犯罪的刑法规制时，不能采取“一刀切”的否定式做法，不能使刑法过于积极地介入人工智能犯罪的治理，防止刑法规制泛化给人工智能的发展造成阻碍。但是，在人工智能犯罪的刑法规制完善中，刑法也不能采取旁观者的态度，不能对其刑法规制的完善无所作为。以绝对的谦抑立场看待人工智能犯罪的刑法规制完善，不仅难以发挥刑法在社会治理中的应有作用，也难以帮助人工智能去病疗伤、实现自身的健康快速发展，最终会使人工智能在犯罪风险的鼓噪下陷入自我否定的境地。

---

〔1〕 刘宪权、林雨佳：《人工智能时代技术风险的刑法应对》，载《华东政法大学学报》2018 年第 5 期。

三、人工智能犯罪刑法规制的完善原则

一般而言,在采取何种原则对人工智能犯罪这一新型的犯罪类型进行刑法规制进行完善时,极有可能面临着坚持从严原则和坚持宽严相济原则的分歧。一方面,在对人工智能犯罪的发生概率、发生领域、有效防控措施等情况知之甚少的情况下,人们极有可能依据"劣势最优原则"行事。而"劣势最优原则"在人工智能犯罪的刑法规制完善中,则会被具体化为从严原则,即主张人工智能犯罪的刑法规制完善应坚持从严原则。另一方面,由于宽严相济刑事政策已经成为我国的基本刑事政策,指导着刑事立法、刑事司法的全过程,那么,也必然会有论者主张在人工智能犯罪的刑法规制完善上坚持该原则。换言之,主张人工智能犯罪的刑法规制完善应当坚持宽严相济原则。按照上述两种行为逻辑,在明确完善人工智能犯罪刑法规制的应有立场之后,还必须进一步厘定人工智能犯罪的刑法规制完善应当坚持何种原则。

鉴于宽严相济是我国的基本刑事政策,既是一项刑事立法政策也是一项刑事司法政策,对我国的刑法立法和刑事司法活动具有重要影响。本书认为,在人工智能犯罪的刑法规制完善中,也应当切实贯彻宽严相济刑事政策,将之转换为完善人工智能犯罪刑法规制体系的指引原则。换言之,人工智能犯罪的刑法规制完善应当坚持宽严相济原则。

一方面,以宽严相济原则指导人工智能犯罪的刑法规制完善,与刑法修正案的指导思想相符,能够保障人工智能犯罪刑法规制的立法协调性。因为,自《刑法修正案(七)》开始,宽严相济刑事政策就开始影响着刑法的修正活动;[1]即《刑法修正案(七)》之后出台的刑法修正案均是宽严相济指导下的产物。对此,相关刑法修正案也在修正说明和立法理由中予以认可。既然如此,在以宽严相济为原则指导人工智能犯罪的刑法规制完善时,就能够保障此类犯罪的刑法立法修正与刑法整体的修正相契合,能够保障整个刑法规制体系的协调统一。另一方面,以宽严相济原则指导人工智能犯罪的刑法规制完善,也与我国的刑事司法实践相符,能够保障人工智能犯罪刑事规制的司法一致性。我们从众多司法解释、会议纪要和典型案例中可以发现,宽严相济刑事政策已经深入到我国刑事司法活动的方方面面,在案件裁判、法律

---

〔1〕 卢建平等:《刑事政策与刑法完善》,北京师范大学出版社2014年版,第87—90页。

适用、司法解释制定等环节均发挥着重要的指引作用。而在人工智能犯罪的刑法规制完善中,将之转化为据以指引其完善的基本原则,既是刑事司法活动的实践经验总结,也是切合社会公众司法期许的内在要求。

在人工智能犯罪的刑法规制完善中坚持宽严相济原则,应当做到以下几点。

第一,完善人工智能犯罪的刑法规制,应当坚持区别对待。区别对待是宽严相济刑事政策中的重要内容,也是刑法立法和刑事司法贯彻宽严相济刑事政策过程中着重强调的内容。在宽严相济原则的指引下,对人工智能犯罪的刑法规制完善也应当予以区别对待。比如,在完善属于轻罪的人工智能犯罪的刑法规制,与完善属于重罪的人工智能犯罪的刑法规制时应予以区别对待。在完善危害性程度较高、隐蔽性较强、具有多发性的人工智能犯罪的刑法规制时,应当将之与危害性程度较低、隐蔽性较差、不具有多发性的人工智能犯罪的刑法规制相区别。在完善故意型人工智能犯罪的刑法规制时,也应当保持与过失型人工智能犯罪刑法规制的差异化对待。

第二,完善人工智能犯罪的刑法规制,应当秉持罪刑相当。保持罪刑相当也是宽严相济刑事政策的重要内容,宽严相济刑事政策不仅在司法贯彻中明确提出了"罚当其罪""罪刑相适应"的具体要求,在立法贯彻中也确立了罪刑相当、刑罚设置均衡等要求。那么,以宽严相济原则完善人工智能犯罪的刑法规制时,就应当保持人工智能犯罪的刑罚与人工智能犯罪的危害程度之间的相当性、均衡性。此外,还应当保持同等危害程度的人工智能犯罪之间的法定刑配置的相当性,如果为同等危害程度的人工智能犯罪行为配置了差别化的法定刑幅度和档次,这明显会违背宽严相济刑事政策提出的罪刑相当的要求。

第三,完善人工智能犯罪的刑法规制,应当保障适时调整。本质而言,刑法是人们缔结的社会契约之一,是人们基于社会的现实需求所形成的行为规范,刑法是否处罚以及刑法处罚的宽严均由特定条件下的社会状况决定。当特定时期的社会状况发生变化时,刑法处罚的对象以及处罚的宽严对象也应当有所调整,如此才能真正做到宽严相济。《最高人民法院关于贯彻宽严相济刑事政策的若干意见》就曾明确提出,"要根据经济社会的发展和治安形势的变化,尤其要根据犯罪情况的变化,在法律规定的范围内,适时调整从宽和从严的对象、范围和力度"。据此,为了在人工智能犯罪的刑法规制完善中，全程性、连续性的遵循宽严相济原则，就应当保障对人工智能犯罪刑法规制的适时调整，实现人工智能犯罪刑法规制的动态化。比如，据以对某一类型的人工智能犯罪予以从严治理的社会状况发生了变化时，要实现当宽则宽、当严则严的宽严相济原则，就应当适时调整对此类人工智能犯罪的刑法规制措施和体系。

第四，完善人工智能犯罪的刑法规制，应当做到严格依法。“虽然刑法的刑事政策化具有其一定的合理性与必要性，但这种刑法的刑事政策化又是有其合理限度的。超出合理限度的刑法刑事政策化对于刑事法治是一场灾难。”[1]在以宽严相济原则指导人工智能犯罪的刑法规制完善时，也应当将宽严相济原则对其刑法规制完善的指引限定在合理范围内，避免对刑事法治造成损害。这就需要做到严格依法，将宽严相济原则对人工智能犯罪刑法规制完善的指引控制在法律规定的范围内。并且，贯彻宽严相济刑事政策的相关司法解释中，也多次强调要严格依法贯彻宽严相济刑事政策。在严格依法的具体要求下遵循宽严相济原则，就是要做到依法完善特定人工智能犯罪的刑法规制体系和措施，使调整特定类型人工智能犯罪的刑法规制，以及特定类型人工智能犯罪的刑法规制，均符合法律的要求。

四、人工智能犯罪刑法规制的完善方式

在人工智能犯罪可能大面积出现的情况下，如何调整刑法规制体系予以应对，以何种方式完善人工智能犯罪的刑法规制是人工智能犯罪刑法规制完善的落脚点和着力点。当前，可以将学界有关对该问题的解答分为两种：一是增设新罪说，主张通过增设新罪名的方式来完善人工智能犯罪的刑法规制体系；二是修正既有罪名说，主张通过调整现行刑法中的既有罪名来完善人工智能犯罪的刑法规制体系。

增设新罪说的论者认为，刑法的既有罪名体系难以有效规制人工智能犯罪，需要在刑法立法中增设新的罪名来完善人工智能犯罪的刑法规制体系。比如，有观点认为，面对人工智能时代已经或者可能出现的刑事风险，刑法应当增设滥用人工智能罪、人工智能事故罪等方式来完善其规制体系。[2] 也有观点在考察侵犯财产犯罪的刑法规制时提出，单纯的刑法解释已经无法适

---

〔1〕 陈兴良：《刑法的刑事政策化及其限度》，载《华东政法大学学报》2013 年第 4 期。
〔2〕 刘宪权：《人工智能时代的刑事风险与刑法应对》，载《法商研究》2018 年第 1 期。

应人工智能时代侵财犯罪的定性和处理，人工智能时代的侵财犯罪的规制完善迫切需要启动刑法立法活动，应当在总则中将人工智能规定为犯罪主体，在分则中增补相关罪名。[1] 还有论者在无人驾驶汽车交通肇事的刑法规制中认为，刑法应当通过增设非法利用人工智能罪、人工智能监督过失罪、无人驾驶汽车交通事故罪等罪名的方式，科学构建应对无人驾驶汽车等人工智能犯罪的刑法体系。[2]

与之相反，修正既有罪名说的论者对通过增设新罪来应对人工智能犯罪的方式进行了批判，并认为在既有刑法罪名框架内即可实现人工智能犯罪的刑法规制完善。例如，有观点认为，我国目前的法律体系足以妥当有效地处理人工智能犯罪，通过增设新罪名来应对人工智能犯罪的做法，既存在违反刑法谦抑性的可能也与超前立法理念不相符合。[3]

本书认为，人工智能犯罪的刑法规制完善，应当秉持发展的、联系的、渐进的理念，依据人工智能的不同发展阶段采取不同的方式。一般而言，人们将人工智能的发展分为三个阶段，弱人工智能阶段、强人工智能阶段和超人工智能阶段。在弱人工智能阶段，刑法可以通过修正既有罪名的方式来完善对人工智能犯罪的规制；在强人工智能阶段和超人工智能阶段，刑法应当通过增设新罪名的方式来完善对人工智能犯罪的规制。

在弱人工智能阶段，之所以要通过修正既有罪名的方式完善人工智能犯罪的刑法规制。是因为从人们对弱人工智能的界定上可以发现，弱人工智能（Weak AI）只是专注于且只能解决特定领域问题的人工智能，尚不拥有与人类相匹敌的智慧和能力。[4] 换言之，弱人工智能虽然在特定方面可以与人类相似，但这种相似性只局限于特定领域，其整体智能化水平仍低于人类。既然弱人工智能阶段的人工智能在智能化水平方面低于人类，没有达到足以成为人类、物相并列的第三种存在实体，那么，就可以通过对既有罪名的修正来完善对其的规制，而无需将之作为新的犯罪主体予以单独设罪。

而在强人工智能阶段和超人工智能阶段，就应通过增设新罪的方式完善

---

〔1〕 吴允锋：《人工智能时代侵财犯罪刑法适用的困境与出路》，载《法学》2018 年第 5 期。

〔2〕 陈结淼、王康辉：《论无人驾驶汽车交通肇事的刑法规制》，载《安徽大学学报（哲学社会科学版）》2019 年第 3 期。

〔3〕 姚万勤：《对通过新增罪名应对人工智能风险的质疑》，载《当代法学》2019 年第 3 期。

〔4〕 李开复、王咏刚：《〈人工智能〉第三章（节选）》，载《汕头大学学报（人文社会科学版）》2017 年第 5 期。

人工智能犯罪的刑法规制。所谓强人工智能又称通用人工智能(Artificial General Intelligence)或完全人工智能(Full AI),指的是可以胜任人类所有工作的人工智能;而超人工智能指的是智力超越世界上最聪明、最有天赋的人类的人工智能系统。[1] 在事实层面上,之所以将上述两个阶段的人工智能界定为强人工智能和超人工智能,即在于此时人工智能的智能化水平已经全面匹敌人类甚至超越了人类,足以成为与人、物并列的第三种存在实体。既然强人工智能和超人工智能已然成了第三种存在实体,刑法也应当将之视为有异于人类和物的存在实体。并且,强人工智能和超人工智能所表现出的匹敌或超越人类的智能化水平,也说明其具有了认识和控制自己行为的能力,即拥有了承担刑事责任和接受刑罚处罚的能力。因此,此时有必要在以人类主体为基础设立的罪名体系之外,单独为强人工智能和超人工智能设定新的罪名体系,完善刑法对人工智能犯罪的规制。

问题与思考

1. 人工智能是否应当被赋予刑事责任主体地位?如果应当赋予,应当通过何种方式赋予人工智能刑事责任主体地位?如果不应当赋予,又应该如何解决涉及人工智能的犯罪问题?现阶段,是否承认人工智能的刑事责任主体地位,不仅是一个争议较大的理论问题,更是一个急需解决的实践问题。越来越凸显的人工智能犯罪现象,逐渐使该问题从理论研讨进入了实践运行阶段。并且,逻辑上而言,人工智能刑事责任主体地位问题的理清,是完善人工智能犯罪刑法规制体系,预防人工智能刑事风险和促进人工智能产业发展,必须要予以明确的前提。
2. 如何化解人工智能侵犯著作权犯罪的司法认定困境?目前,理论界与实务界普遍将“实质性相似+接触可能”标准作为判断著作权侵权的方法。但是,“人工智能创作前期需要学习大量现有作品,必然满足‘接触’要求,故判定侵权的关键仍在于人工智能创作的新作品是否与现有作品构成实质性相似。而判定实质性相似的方法主要有三种,分别是‘抽象分离法’、‘整体观感法’和‘内外部测试法’。”[2] 其中,应当运用何种实质性相似的判断方法,认定人工智能创作物是否与他人作品实质性相似,有待进一步深入研究。
3. 如何利用人工智能进行犯罪防控?随着人工智能技术的发展,人工智能技术也开

---

[1] 李开复、王咏刚:《〈人工智能〉第三章(节选)》,载《汕头大学学报(人文社会科学版)》2017 年第 5 期。

[2] 曾田:《人工智能创作的版权侵权问题研究》,载《河北法学》2019 年第 10 期。

始应用于犯罪预防领域。例如，现阶段，英特尔公司已经将人工智能用于金融犯罪的检测工作。[1] 再如，近年来，AI+犯罪预防的模式开始兴起，AI+犯罪预防模式在犯罪热点分析、新型网络犯罪预防、安防、安检和治安防控等领域均具有实践应用的重要价值。[2] 在此背景下，必须进一步考虑的问题是，我们应当如何借助人工智能进行犯罪防控？鉴于各类犯罪具有不同的特性和表现形式，利用人工智能进行犯罪防控时，我们应当采取何种犯罪防控模式、构建什么样的犯罪防控体系，采取什么样的犯罪防控措施？

4. 如何设置具有妥当性的人工智能犯罪刑罚措施？在将人工智能作为刑事责任主体之后，为了能够取得人工智能犯罪的预防成效，大多数论者提出，应当对人工智能犯罪采取彻底报废、回收改造、处以罚金等刑罚措施。但是，上述刑罚措施明显存在内在的矛盾之处。比如，如果通过回收改造措施就能够对人工智能实体进行特殊预防，使之弃恶从善不再实施犯罪行为；那么，为何还要对实施严重犯罪的人工智能实体予以彻底报废呢？并且，为何不在人工智能实体实施犯罪之前就对之进行改造使之合法行事呢？同时，人工智能实体在当前的社会经济体制下并不享有财产权，更无从谈起拥有财产；既然如此，刑法立法对之设置罚金刑既难言妥当又难以执行。在当前学界所提刑罚措施尚不妥当的情形下，如何妥当设置人工智能犯罪的刑罚措施，值得进一步思考。

延伸阅读

[1][以色列]加布里埃尔·哈列维：《审判机器人》，陈萍译，上海人民出版社 2019 年版。

[2][美]杰瑞·卡普兰：《人人都应该知道的人工智能》，汪婕舒译，浙江人民出版社 2018 年版。

[3][美]胡迪·利普森、梅尔芭·库曼：《无人驾驶：人工智能将从颠覆驾驶开始，全面重构人类生活》，林露茵等译，文汇出版社 2017 年版。

[4]林亚刚：《刑法学教义》，北京大学出版社 2017 年版。

[5]张明楷：《刑法学》（第五版），法律出版社 2016 年版。

[6]于志刚、郭旨龙：《网络刑法的逻辑与经验》，中国法制出版社 2015 年版。

[7]张晶：《风险刑法：以预防机能为视角的展开》，中国法制出版社 2012 年版。

[8]张明楷：《刑法分则的解释原理》（第二版），中国人民大学出版社 2011 年版。

---

[1] 张卫：《英特尔借助人工智能检测金融犯罪》，载《计算机与网络》2017 年第 20 期。

[2] 刘钊、林晰楠、李昂霖：《人工智能在犯罪预防中的应用及前景分析》，载《中国人民公安大学学报（社会科学版）》2018 年第 4 期。

[9][意]切萨雷·贝卡里亚:《论犯罪与刑罚》,黄风译,北京大学出版社2008年版。
[10]刘宪权:《刑法学研究》(第4卷),北京大学出版社2007年版。
[11]冯亚东:《理性主义与刑法模式》,中国政法大学出版社1998年版。

参考文献

[1]刘宪权:《涉人工智能犯罪刑法规制的路径》,载《现代法学》2019年第1期。
[2]皮勇:《人工智能刑事法治的基本问题》,载《比较法研究》2018年第5期。
[3]顾险峰:《人工智能的历史回顾和发展现状》,载《自然杂志》2019年第3期。
[4]马长山:《人工智能的社会风险及其法律规制》,载《法律科学》2018年第6期。
[5]张成岗:《人工智能时代:技术发展、风险挑战与秩序重构》,载《南京社会科学》2018年第5期。
[6]王鑫磊、张靖:《刑法视角下的人工智能犯罪》,载《长春理工大学学报(社会科学版)》2019年第4期。
[7]顾海艳、陆宁:《人工智能犯罪及其应对策略》,载《江苏警官学院学报》2019年第2期。
[8]刘宪权、房慧颖:《涉人工智能犯罪的前瞻性刑法思考》,载《安徽大学学报(哲学社会科学版)》2019年第1期。
[9]高铭暄、王红:《互联网+人工智能全新时代的刑事风险与犯罪类型化分析》,载《暨南学报(哲学社会科学版)》2018年第9期。
[10]徐绫泽、周亮:《犯罪类型学研究》,载《中国人民公安大学学报(社会科学版)》2007年第6期。
[11]周亮、徐绫泽:《论类型学研究范式在犯罪学中的应用》,载《时代法学》2008年第5期。
[12]张秀廷:《逻辑概念新论》,人民出版社2013年版。
[13]董玉庭:《再论计算机犯罪概念》,载《当代法学》2005年第6期。
[14]彭文华:《人工智能的刑法规制》,载《现代法学》2019年第5期。
[15]陈叙言:《人工智能刑事责任主体问题之初探》,载《社会科学》2019年第3期。
[16]周振杰、胡圣鑫:《刑罚的有效性与人工智能领域的刑事责任主体》,载《河南警察学院学报》2019年第3期。
[17]刘洪华:《论人工智能的法律地位》,载《政治与法律》2019年第1期。
[18]皮勇:《人工智能刑事法治的基本问题》,载《比较法研究》2018年第5期。
[19]鲍曙光:《人工智能意识觉醒的遐想》,载《电脑知识与技术》2019年第28期。
[20]夏天:《基于人工智能的军事智能武器犯罪问题初论》,载《犯罪研究》2017年第

6 期。
[21]赵香如、潘雨:《利用人工智能侵财犯罪的刑法性质》,载《南宁师范大学学报(哲学社会科学版)》2019 年第 6 期。
[22]陈萍:《“机器不能被骗”对我国刑法意义的反思》,载《研究生法学》2012 年第 3 期。
[23]姜伟:《论普通过失与业务过失》,载《中国人民大学学报》1994 年第 3 期。
[24]张明楷:《刑法学》(第五版),北京:法律出版社 2016 年版。
[25]易继明:《人工智能创作物是作品吗?》,载《法律科学》2017 年第 5 期。
[26]刘影:《人工智能生成物的著作权法保护初探》,载《知识产权》2017 年第 9 期。
[27]王迁:《论人工智能生成的内容在著作权法中的定性》,载《法律科学》2017 年第 5 期。
[28]李俊:《论人工智能生成内容的著作权法保护》,载《甘肃政法学院学报》2019 年第 4 期。
[29]刘丽娟:《如何认识作品独创性》,载《科技与法律》2006 年第 4 期。
[30]唐先博、黄明健、李萍:《我国作品独创性认定的实证研究》,载《贵州师范大学学报(社会科学版)》2017 年第 3 期。
[31]陈结淼、王康辉:《论无人驾驶汽车交通肇事的刑法规制》,载《安徽大学学报(哲学社会科学版)》2019 年第 3 期。
[32]彭文华:《自动驾驶车辆犯罪的注意义务》,载《政治与法律》2018 年第 5 期。
[33]卢有学、窦泽正:《论刑法如何对自动驾驶进行规制——以交通肇事罪为视角》,载《学术交流》2018 年第 4 期。
[34]于冲:《人工智能的刑法评价路径:从机器规制向算法规制》,载《人民法治》2019 年第 17 期。
[35]黄云波:《论人工智能时代的刑法机能》,载《人民法治》2018 年第 11 期。
[36]郑延谱:《罪责自负原则——历史演进、理论根基与刑法贯彻》,载《北京师范大学学报(社会科学版)》2014 年第 4 期。
[37]刘宪权:《人工智能时代的刑事风险与刑法应对》,载《法商研究》2018 年第 1 期。
[38]吴允锋:《人工智能时代侵财犯罪刑法适用的困境与出路》,载《法学》2018 年第 5 期。
[39]姚万勤:《对通过新增罪名应对人工智能风险的质疑》,载《当代法学》2019 年第 3 期。
[40]李开复、王咏刚:《〈人工智能〉第三章(节选)》,载《汕头大学学报(人文社会科学版)》2017 年第 5 期。

[41]曾田:《人工智能创作的版权侵权问题研究》,载《河北法学》2019年第10期。
[42]张卫:《英特尔借助人工智能检测金融犯罪》,载《计算机与网络》2017年第20期。
[43]刘钊、林晰楠、李昂霖:《人工智能在犯罪预防中的应用及前景分析》,载《中国人民公安大学学报(社会科学版)》2018年第4期。

第七章　人工智能在司法中的应用

教学要点

1. 人工智能司法应用的学科定位
2. 人工智能司法应用的研究主题
3. 人工智能司法应用的历史发展及我国现状
4. 人工智能司法应用场景及功能
5. 人工智能司法应用的理性要求

第一节　人工智能司法应用概述

一、人工智能司法应用的学科定位

（一）人工智能法学的学科方向

人工智能法学是一门以人工智能的法律规制及其法律应用为主要研究对象的新兴综合交叉学科，其内容不是人工智能与法律两个领域知识的简单堆砌和叠加，而是广泛涉及法学、计算机科学、伦理学、认知科学、哲学等多个学科知识的新兴综合学科。根据研究对象侧重点的不同，人工智能法学学科可进一步细分为两个不同的方向：

1. 人工智能法律规制方向

该方向以人工智能的法律规制为研究对象，侧重于法学领域，主要研究在法律层面进行调整人工智能技术所引起的新型社会关系问题。

2. 法律人工智能方向

该方向以人工智能的法律应用为主要研究对象，侧重于人工智能领域，主要研究法律职业共同体运用人工智能技术提高司法效率、实现公平正义的问题。[1]

(二)人工智能在司法中的应用和在人工智能法学学科中的定位

人工智能在司法中的应用归属人工智能法学学科的第二个方向——法律人工智能方向。法律人工智能重在研究人工智能技术在各法律职业中的应用以帮助各法律职业主体提高效率和公正,例如司法智能化预测、法律智能推理与论证、司法裁量模型智能化等均属于这一研究方向。

由于司法效率的提高、公平正义的实现主要是通过司法系统的诉讼程序完成的,因此本章内容虽然讨论的是法律人工智能,但重点关注的是人工智能在司法中的应用。

二、人工智能司法应用的研究主题

(一)基础研究

法律人工智能的研究主题十分丰富,不仅涉及人工智能与法律,还涉及认知心理学、法理学、语言学、哲学等领域。法律推理模型一直是法律人工智能的研究重点,主要以法律论证理论为基础。有人做过统计,在法律人工智能领域的国际权威杂志——《人工智能与法律》发表的文献中,超过三分之一的论文研究主题与法律推理模型有关。法律信息检索次之,主要以法律本体论为理论基础,占比超过五分之一。其他文献多涉及法律人工智能的效果评估与社会影响。[2] 具体而言,法律人工智能的理论研究主要有以下领域:

1. 计算法学

计算法学的主要研究内容是司法大数据的挖掘与分析,是计算社会科学与法学的交叉学科,主要通过搜集大样本数据,对海量数据进行收集和分析处理,对具有数量变化关系的法律现象进行计量研究,并以数据为中心来思考、设计和实施科学研究。大数据时代必然驱使人们充分利用智能化技术来研究法律数据,分析法律问题,这一趋势将使法学研究的重心逐渐走向“计算法学”。国外针对司法大数据挖掘与分析的计算法学研究十分发达,这源于司法小数据下运用定量分析方法积累而成的计量法学的发展。计量法学的研究主题主要有三个方面。一是以法律文本和裁判文书为基础,运用符号逻

---

〔1〕 陈亮:《人工智能法学学科建设中的几个问题》,载《人民法院报》2018 年 7 月 4 日,第 5 版。

〔2〕 张妮:《计算法学导论》,四川大学出版社 2015 年版,第 111 页。

辑分析法律文本和法院判决。二是以法律数据库(主要是法律文本和法律案件)为基础,运用计算机技术对数据进行提取和分析。三是以法官的信息为基础,运用统计学的方法分析法官的行为以及预测法院判决结果。在我国,随着全国法院裁判文书网和全国法院司法信息大数据中心的开放,传统计量法学摆脱了小数据的限制,进入以司法大数据为研究对象的计算法学时代。上述三个方面的研究因为有了大数据作基础,研究的质量和水平已有整体性的上升。

2. 法律信息的语义分析

法条、司法解释、指导性案例、公报案例、典型案例及普通的司法裁判文书,均属于司法审判领域所使用的大数据。这些数据以标准的格式存储在数据库中,供法官在审判案件时检索并调取以供使用。这些信息的智能调取及运用依赖于计算机对文本内容即法律语言的智能理解。以学者长期研究的对象——简便、快捷、精准的检索方法为例,迄今为止,主要有两种信息检索方法。一是基于文本的信息检索,采取三种基本的数学模型:集合理论模型、代数模型和概率模型。在集合理论模型中,文档以单词或短语的集合来表示,通过布尔逻辑进行检索。在代数模型中,文档以向量、矩阵或元组的形式表示,通过数据统计反映单词在文档集合中的重要性,作为信息检索的向量。在概率模型中,文档以用户输入的查询关键词的概率相关性来表示。二是基于语义的信息检索。有学者提出将法律文本或裁判文书视为主题或部分主题的集合,并将多个文档中的类似段落链接起来,通过自然语言处理技术,根据段落来提取相关概念,有效提高了搜索性能。这一方法也为法律文本和裁判文书的数据化提供了思路。

3. 用逻辑认知技术实现法律论证与证据推理的自动化

在司法审判中,该技术主要用来表达法律论证和证据推理的论证结构。其主要有两个阵营:一是以多层知识为驱动的法律本体研究,如法律知识工程、法律知识图谱。二是以逻辑(主要是非形式逻辑)为驱动的法律论证与证据推理模型的研究。近年来,随着自然语言处理、深度学习、大数据的挖掘与分析等人工智能技术的快速发展,两个阵营呈现融合趋势。

(二)应用研究

应用研究主要指法律人工智能研发,主要主题可分为理论建模和具体应用两大类共十大前沿问题。[1] 其中，理论建模类包括法律推理的形式模型、法律决策的计算模型、证据推理的计算模型、法律推理多主体建模和可执行立法检验建模等五大前沿问题。具体应用类包括文本自动分类与总结、法律信息的自动提取、电子取证的机器学习、法律信息的检索系统、法律机器人的研发等五大前沿问题。

1. 法律推理的形式模型

以形式逻辑为基础可形成三种建模方案：(1)规则推理方案，即通过演绎推理法，将法律规范编码成法律解释库和案件事实库，自动实现法律演绎推理。(2)案例推理方案，即通过类比推理法，将案例编码成法律解释库和案件事实库，自动实现法律类比推理。(3)数据推理方案，即通过归纳推理法，将法律信息编码成法律解释库和案件事实库，自动实现法律大数据推理。

2. 法律决策的计算模型

实现法律决策的计算模型的前提条件是法律决策的能行可计算，即法律决策可编程且行之有效。法律决策的理性根基是论证，论证的理性根基是逻辑。人工法律决策容易发生主观偏见、违反常识、不合逻辑等错误，法律决策的计算模型可使决策过程和结果尽可能客观且不含偏见。

3. 证据推理的计算模型

实现证据推理的计算模型的前提条件是对事实论证进行结构化分析。结构化分析需要两个条件：一是对证据和事实的各种知识表示；二是它们之间的相关性和权重。第一个条件可通过人工智能的知识库来实现，而第二个条件可通过贝叶斯推理网络来实现。

4. 法律推理多主体建模

诉讼是起诉、应诉和裁判三方主体之间互动的法律论证博弈活动。三方主体需就法律论证和证据推理的争点进行部分对话，从而做出法律决策。因此，多智能体系统可以解决单智能体系统无法解决的对话问题。

5. 可执行立法检验建模

立法技术要求科学性，体现为法律体系的逻辑性，具体指法律体系要具备一致性、完备性、有效性和可靠性。若立法不科学，其中的完备性、可靠性和有效性尚可通过法官的自由裁量权予以补救，但一致性的缺陷只能通过修

---

[1] 熊明辉：《法律人工智能的十大前沿问题》，载《光明日报》2019年8月6日，第11版；曹建峰：《“人工智能＋法律”十大趋势》，载《机器人产业》2017年第5期。

补立法来补救。法律人工智能可在立法或修法时通过逻辑模型识别出统一法律规范内部以及不同部门法及上下位法之间的冲突与矛盾,从而有助于实现立法的一致性。

6. 文本自动分类与总结

在法律文本的自动分类方面,随着光学字符识别(OCR)技术与语音识别技术在司法中的广泛应用,大多数纸质或语音载体的法律文本被转化为以电子数据为载体的文字。处理这些电子数据的工作量已远远超出了人工能力。而利用文本自动分类技术,可大幅提高法律文本信息的检索、引用和归档效率。在文本中法律论证的自动总结方面,法律文本有严谨的格式和自身的论证结构。通过法律文本自动总结技术,可快速准确地提取法律文本中的法律论证的结构与内容。例如,硅谷一家律师事务所 Fenwick & West 开发的一个文本自动生成软件,可以为准备上市的创业公司自动生成所需文件,将律师的工作时间从 20 ~ 40 小时减少到了几个小时,大大提高了工作效率。

7. 法律信息的自动提取

法律信息的自动提取指的是从非结构化或半结构化的电子数据中自动提取并生成结构化的信息。自动提取通常涉及一般自然语言的文本处理和具体法律领域语言处理,为后续的司法大数据分析、知识库构建、法律论证与证据推理等应用提供结构化的电子数据信息。

8. 电子取证的自动化

电子取证是指在诉讼中对电子数据这一证据种类所载的信息进行辨识、收集和举证。这些电子数据所载信息包括电子文档、电子邮件、音频、视频、数据库、社交媒体聊天记录等。电子数据的取证往往涉及电子数据本身的真实性和完整性以及电子数据所载信息的提取与分析。在大数据时代下,电子数据信息往往数量巨大,内容庞杂。要提取相关信息,排除不相关信息,往往需要借助专业的电子取证分析工具,如机器学习、自然语言处理(NLP)、技术辅助审阅(TAR)、预测性编程(Predictive Coding,PC)等。其中,预测性编程技术应用最为广泛。该技术在尽职调查、法律风控、合规审核等法律事务工作中也可扮演重要作用。英国、美国、澳大利亚等国家的法院已经明确表示可以利用预测性编程技术在诉讼程序和案件准备中整理和搜集证据材料。硅谷的一家电子取证(E - discovery)公司 Blackstone Discovery 提供的电子取证技术几天内可完成 150 万份法律文件的分析,该项服务花费不到 10 万美元,平均每份法律文件仅花费不到0.1美元。

9. 法律信息的检索系统

法律信息的检索系统主要用于检索法律法规、司法案例、学术论著等数字化的法律资料,属于法律信息学领域。常见的法律信息检索技术主要有三种:布尔检索、法律文本手工分类和法律文本自然语言处理。使用广泛的是布尔检索法,该方法将检索关键词与特定术语进行精确匹配,但平均查全率只有20%,缺点是容易遗漏信息,并且精确度不高。Westlaw、北大法宝等法律数据库采用的便是传统的布尔检索,虽然其检索关键词和相关检索功能不断改进,但使用起来仍然较为费时费力。理想的法律信息检索方法是在提高法律信息查全率的同时,提高相关法律信息的准确率,从而提高法律信息检索的效率。目前,基于自然语言处理和深度学习的语义检索和法律问答程序已经悄然在对传统的法律检索服务改造升级。例如,世界首个机器人律师ROSS Intelligence就是一个法律检索和法律问答机器人,它基于IBM的Watson系统的智能检索技术,利用强大的自然语言处理和机器学习技术,能够向律师提供最相关、最有价值的法律检索结果和答案,从而提高法律检索的效率。已有多家主流律所以准雇员的方式雇佣ROSS,担任法律类的"数字助理"(Digital Associate)的工作。

10. 法律机器人的研发

法律机器人是一类服务客户的法律人工智能应用程序,可自动执行法律检索、法律问答、法律分析及司法预测等法律任务。法律机器人的用户界面丰富多样,常见的有智能搜索机器人、表单程式机器人和法律咨询机器人。一款名为DoNotPay的机器人律师起初可帮助用户完成交通罚单申诉材料的撰写与提交,现在的服务范围已经扩大到了政府住房申请、难民申请等领域。它在纽约、伦敦和西雅图,已经成功地撤销了超过20万个罚单,成功率高达60%。这些法律机器人服务费用低廉甚至免费。这种商业模式能以极为低廉的价格向用户提供标准化法律服务,有望使法律服务惠及更多的低收入人群。

三、人工智能司法应用的基本原则

(一)法律人工智能研发的基本原则

人工智能研究的创始人之一——马文·明斯基(Marvin Minsky)于1968

年指出,人工智能是“让机器从事需要人的智能的工作的科学”。[1] 这句话集中概括了人工智能的实质,即人工智能研究以对人的智能的研究为基础。因此,法律人工智能的研究对象以对法律职业共同体的智能的研究为基础。就人工智能在司法中的应用而言,其研究应以对司法人员的智能为基础。虽然法律人工智能更侧重于人工智能技术,但这一技术的具体应用场景落脚在法学领域。因此,不宜将人工智能与法学割裂分立。作为具有工具价值的技术,应当为具体领域的应用提供工具性的支持,其实现效果不但受制于该技术的发展水平,也受制于该具体领域本身的发展水平。因此,从这个意义上说,二者是一种融合关系。单单依赖人工智能技术是不够的,要使人工智能技术在司法中的应用价值最大化,必须依赖较高的司法水平。因此,人工智能技术在司法中的应用必然受限于其所处的司法环境,也离不开该领域的研究者、开发者及使用者对司法原理的精通掌握。有学者指出,人工智能在司法中的应用之所以丰硕成果不多,并不是因为人工智能研究水平不高,而是由于法学研究水平不高。[2] 的确,人工智能在自然语言处理、图像识别、医学等领域取得了巨大成功,这说明人工智能技术水平在不断突破。但人工智能在司法中的应用贫瘠,这说明这一领域的研究必须依赖更高水平的法学理论。以法律人工智能的算法理论基础——法律推理为例,其与人们对法律适用的基础理论的认知相契合。现有主流的法学理论大致可分为形式主义和实用主义两类。形式主义法学理论注重法律规则,在这一理论的影响下,法律人工智能便发展出基于规则的法律推理模型。实用主义法学理论注重个案,这一理论产生了基于案例的法律推理模型。但这两种法学理论都不够精确,容易出错,对法律适用原理方面的解释力不足,基于这两种理论相应产生的法律推理模型自然先天不足。自哈贝马斯等人提出新的法律适用理论——对话理论(Discourse Theory of Law)和商谈模式以来,更为复杂的法律推理模型吸引了越来越多学者的关注。相应地,法律人工智能研究从基于规则的法律推理模型以及基于案例的法律推理模型转向基于对话的法律推理模型。[3]

---

〔1〕 於兴中:《法理学前沿》,中国民主法制出版社 2015 年版,第 102 页。

〔2〕 Michael Aikenhead,“A Discourse on Law and Artificial Intelligence”,5 *Law Technology Journal* 13,1996.

〔3〕 於兴中:《法理学前沿》,中国民主法制出版社 2015 年版,第 101—102 页。

（二）人工智能司法应用的基本规则

司法信息化带来司法人员获取和使用司法信息的便利性，技术仅为司法人员提供便利性的服务。与司法信息化不同的是，司法智能化带来便利性的同时也可能带来司法权的削弱、更为严重的冲突甚至是司法人工智能的算法支配个案司法，可能使各级法院越来越像一座座裁判工场，法官越来越像流水线上机械操作的办案技工。[1] 因此，人工智能在司法中的应用应当严格遵守司法规律和司法原则，不能本末倒置，方能实现司法人工智能在司法中应用的正当性。

1. 尊重司法的被动性

司法的被动性指"法院不能主动对任何一项社会争端或事项进行裁判活动，它也不能主动干预或介入社会生活，而只能在有人向其提出诉讼请求以后，才能实施司法裁判行为。"[2] 它是司法中立原则的根本要求，也是保障当事人诉权、处分权及辩论权的基本要求。缺乏了司法的被动性，司法权便与行政权无异。因此，这一原则意味着司法人工智能中所谓的"线索发现"、"提前介入"等功能可能违反司法的被动性原则。研发及应用司法人工智能，应确保尊重司法的被动性原则，避免给司法制度带来冲击。

2. 遵守司法的合法性

司法的合法性既包含司法的实质正义也包含程序正义的要求。尤其是司法的合法性要确保结果的正义首先必须确保程序的正义，并且使程序的正义以"看得见"的形式表现出来。司法过程的公开、透明是其应有之义。此外，法官的亲历性绝不能完全被司法人工智能代劳。司法人工智能对海量诉讼材料的过滤、筛选与处理以及对相关法条、案例的选择性推荐，可能存在偏见，致使法官可能在缺失部分诉讼资料或遗漏部分重要的相关法条和案例的情况下作出裁判。总之，审判合法性的要求既适用法官也适用辅助法官作出司法决策的司法人工智能。

3. 符合司法的合理性

司法人工智能往往反映法官的"集体智慧"和"历史经验"，但未必是最高智慧，基于司法大数据所形成的司法人工智能的算法反映的甚至可能只是法官的"平均智慧"。因此，应允许法官坚持个案正义，将"集体智慧"和"历

---

〔1〕 季卫东：《人工智能时代的司法权之变》，载《东方法学》2018 年第 1 期。

〔2〕 陈瑞华：《司法权的性质——以刑事司法为范例的分析》，载《法学研究》2000 年第 5 期。

史经验”作为重要参考,而不是直接作为裁判依据,否则可能会扭曲个案正义。

第二节 人工智能司法应用的历史发展

一、人工智能司法应用的相关历史

(一)法律信息检索的历史

1960 年,美国匹兹堡大学霍蒂(John Horty)教授公布了法律信息检索系统的研发计划,这是全世界最早的法律信息检索系统研发计划。1968 年,在匹兹堡大学的资助下,霍蒂教授基于前期的研发成果,创立了 Aspen System 公司,向法律服务市场发布了首个法律信息检索系统,该系统不断发展,可检索大量的法律文本。[1] 同年,由加拿大蒙特利尔大学开发的 DATUM 系统问世,起初检索范围只包括魁北克省的司法判例,后来扩大至魁北克省的成文法。1972 年,美国俄亥俄州律师协会完成了历时 6 年之久的 LEXIS 系统的研发,可检索美国联邦及多个州的成文法及司法判例的全文数据。1975 年,美国西方法律出版公司推出了 Westlaw 数据库,经过四十余年逐渐发展为可检索美国联邦及各州 1658 年以来所有的成文法、司法判例及上千种法学期刊的全文数据库。该数据库对美国法律法规和司法判例的覆盖率接近 100%,对英文法学核心期刊的覆盖率超过 80%。20 世纪 80 年代以来,我国逐步发展出“北大法宝”、“法意”和“法信”三种比较有代表性的法律信息检索系统,可对我国法律法规、司法解释、司法案例等进行全文检索。

经过多年的发展,法律信息检索过程逐渐发展出一套较为成熟的 IRAC 模式,包括主题(Issue)、规则(Rule)、分析/应用(Analysis/Application)、结论(Conclusion)四个步骤。[2] 但是,由于法律信息全文数据库越来越庞大,传统的以关键词和索引为检索特征的布尔代数检索法越来越难以满足精确度的要求。因此,这一检索方法越来越不适应 IRAC 检索模式。近年来,IBM 公司研发的 Watson 系统采用基于自然语言处理和机器学习技术的智能语义

---

〔1〕 Jon Bing, “Legal Text Retrieval Systems the Unsatisfactory State of the Art”, 2 *Journal of Law & Science* 1, 1991.

〔2〕 王昶:《美国法律文献与信息检索导论》,载《法律文献信息与研究》2014 年第 1 期。

分析检索技术,有望逐渐取代传统的布尔检索技术,向用户提供最相关、最有价值的法律检索结果,从而提高法律检索的质量和效率。

（二）人工智能裁量的历史

法律人工智能的研究几乎与人工智能同步。1956 年达特茅斯学术会议提出人工智能概念后不到两年,梅尔(L. Mehl)便发表了《法律世界的自动化理论》,最早提出通过法律信息的系统化处理建立法律文献或案例的自动检索模型和法官裁量模型的设想。[1] 20 世纪五六十年代的法律人工智能研究主要集中在法律信息检索领域,属于人工智能在司法应用的边缘领域。

1970 年,布坎南(B. Buchanan)和黑德里克(T. Headrick)发表了《关于人工智能和法律推理若干问题的考察》一文,呼吁法律人工智能的研究方向从法律信息检索转向法律推理,并有力地论证了把人工智能应用到法律推理领域的可行性,由此打开了人工智能在司法应用的核心领域——法律推理的大门。[2] 因此,这篇论文的发表被认为标志着法律人工智能作为法律与人工智能交叉领域的研究的真正诞生。20 世纪七八十年代,在《关于人工智能和法律推理若干问题的考察》这篇论文的深刻启发与理论建构下,法律人工智能的研究主要针对法律专家系统这一类型的法律推理模型。法律专家系统使用基于规则的法律推理技术(Rule - based Reasoning)。1977 年,鲁特哥兹大学的麦卡锡(T. McCarthy)以逻辑推理为基本方式分析美国的公司税务法,开发了 TaxMan 系统,处理公司并购税务问题,这是世界上最早投入使用的法律专家系统。1981 年,兰德公司民事司法中心的沃特曼(Waterman)和彼得森(Peterson)开发了 LDS 系统(Legal Decision - making System),这是一个用于民事侵权领域判断严格责任、过错责任和损害赔偿额计算的法律判决辅助系统。在国外法律专家系统研究热潮的带动下,20 世纪八九十年代我国相继出现重要的研究成果和研发产品。我国最早的关于法律专家系统的设想,可追溯到钱学森 20 世纪 80 年代提出的法律系统工程建设的构想。其对计算机在法制系统中应用提出了六条构想:建立法制信息库、法律咨询电子计算机处理中心、法律专家系统、系统识别、立法系统工程、法制和法治系

---

〔1〕 Lucien Mehl, "Automation in the legal world", *National Physical Laboratory*, 1958.

〔2〕 Bruce Buchanan and Thomas Headrick, "Some speculation about artificial intelligence and legal reasoning", 23 *Stanford Law Review* 40, 1970.

统和体系。[1] 龚祥瑞和李克强1983年发表在《法学杂志》上的《法律工作的计算机化》一文,亦提出了建立法律专家系统辅助司法审判的设想。[2] 朱华荣、肖开权1986年主持的国家社科"七五"研究课题《量刑综合平衡与电脑辅助量刑专家系统》,建立了盗窃罪量刑的数学模型。国内最早的法律人工智能产品是1993年武汉大学法学院赵廷光教授主持开发的《实用刑法专家系统》,由咨询检索系统、辅助定性系统、辅助量刑系统三个部分组成,兼有法律信息检索和个案推理判断功能,曾被逾百家法院、检察院和律师事务所采用。[3]

法律专家系统是基于规则推理进行的。规则推理对法律专业术语的精确性要求极高,它要求输入计算机的法律规则呈现一致性,不能互相矛盾,也不能有任何歧义。但是,在实际的法律推理中,论辩双方对同一个问题可以通过上下文作出多种解释,并且能够采用不同理由来支持自己得出不同的结论。另外,许多法律专业术语尚未取得一致性的认识,导致规则的理解与适用存在歧义。以上这些因素导致法律专家系统的实际应用范围极为有限。因此,在20世纪90年代,国外法律人工智能的研究开始尝试走出依靠严谨的法律规则研发专家系统的思路,转向普通法裁判中援引先例的裁判思维,逐渐走向基于案例的法律推理(Case - based Reasoning)的研究思路。最早的基于案例的法律推理模型是由美国匹兹堡大学法与智能系统教授阿什利(Ashley)于1990年设计的设证推理(Hypotheicals Reasouing,HYPO)系统,该系统主要用于处理商业秘密争议,通过案例索引系统及相关性分析来援引案例进行推理。[4] 1997年,阿什利(Ashley)及其助手阿勒文(Aleven)在HYPO系统的基础上设计了用于案例教学的案例论证教程(Case Argument Tutorid,CATO)系统。这一系统相较HYPO系统,可以更好地区分相似的多个案例之间的差异性,以便原被告分别更好地为自己的论点寻找可供支持的

---

〔1〕 钱学森:《论法治系统工程的任务与方法》,载《科技管理研究》1981年第4期。钱学森:《社会主义和法治学与现代技术科学》,载《法制建设》1984年第3期。钱学森:《现代科学技术与法和法制建设》,载《政法论坛》1985年第3期。

〔2〕 龚祥瑞、李克强:《法律工作的计算机化》,载《法学杂志》1983年第3期。

〔3〕 侯兆晓:《"电脑量刑"之梦——赵廷光教授和他的量刑辅助系统》,载《民主与法制》2007年第23期。

〔4〕 Kelvin Ashley,"Modeling Legal Argument:Reasoning with Cases and Hypotheticals",MIT Press,1990,pp. 2.

案例。[1] 但基于案例推理同样存在类似基于规则推理的缺点，比如对于案例库中要素的识别与判断同样存在多种解释或歧义的问题。再加上基于案例的推理模型在识别类似案例后，仍然要适用该案例所形成的规则，因此许多研究者把基于规则的推理与基于案例的推理加以融合，构成混合系统(Hybrid System)。其中，较早期的混合系统是里斯兰(Rissland)和斯盖拉客(Skalak)于1991年设计的用于处理减税问题的CABARET系统，[2]1995年开发的专门用于处理离婚案件的财产分割Split - Up系统也是一个混合系统。[3]

无论是基于规则的推理模型，还是基于案例的推理模型或者基于规则与案例融合的混合推理模型，都离不开由规则或者案例的知识库，其推理程序与知识表示是分开的。[4] 因此，规则及案例的知识库的构建尤为重要。此外，它们都是基于单主体的传统模型，与实际的以双主体的法律论辩为特征的司法过程相比，过于绝对化和简单化了。因此，自哈贝马斯等人提出新的法律论证理论——对话理论(Discourse Theory of Law)和商谈模式以来，[5] 研究者开始转向双主体法律对话模型的研究。其特点是博弈双方轮流进行对话，通过承认与否认的方式对话，直至某个有争议的陈述最终被证成或被推翻。洛德(Lodder)构建了论辩的对话模型DiaLaw。[6] 戈登(Gordon)构建了诉讼博弈模型(the pleadings game)。[7] 熊明辉、舒国滢教授的《诉讼论证：诉讼博弈的逻辑分析》一书构建了起诉方、应诉方、审判方三方主体之间

---

[1] Aleven and Ashley, "Evaluating a Learning Environment for Case - based Argumentation Skills, Proceedings of the Sixth International Conference on Artificial Intelligence and Law", *ACM Press*, 1997, pp. 170 - 179.

[2] Edwina Rissland and David Skalak, "CABARET: rule interpretation in a hybrid architecture", 34 *International journal of man - machine studies* 839 - 887 (1991).

[3] John Zeleznikow, "An Australian Perspective on Research and Development Required for The Construction of Applied Legal Decision support Systems", 10 *Artificial Intelligence and Law* 237 (2002).

[4] 周兀、熊明辉：《如何进行法律论证逻辑建模》，载《哲学动态》2015年第4期。

[5] [德]哈贝马斯：《在事实与规范之间：关于法律和民主法治国的商谈理论》(修订译本)，童世俊译，生活·读书·新知三联书店2014年版。

[6] [荷]洛德：《对话法律——法律证成和论证的对话模型》，魏斌译，中国政法大学2016年版。

[7] Thomas F. Gordon, "The Pleadings Game", 4 *Artificial Intelligence and Law* 239 (1993).

的法律对话结构。[1] 近年来,陆续出现根据可废止性推理和对话理论开发的法律论证程序,例如 Argue! 和 ArguMed 等。[2]

二、人工智能司法应用的时代背景及现实意义

(一)应用背景

1. 司法信息化建设

改革开放以来,随着法院信息化建设的深入发展,法院司法信息化建设可分为纸质化、自动化、智能化三个阶段。[3]

纸质化的司法数据统计时期(1985—1995 年)。早期受技术条件限制,计算机尚未普及,互联网尚未出现,信息载体主要是纸质文档。由于司法统计工作的迫切需要,司法信息分类与汇总工作的重要性日益上升。1985 年,最高人民法院颁布《关于加强司法统计工作的若干规定》,强调了司法统计在国家统计中的重要地位,着力通过司法数据来反映观察"社会风气变化",同时通过定期总结汇报对各级法院进行考核,并根据考核需要编制了许多考核指标。这些司法数据主要以卡片(如收结案卡片)、报表、统计台账等纸质形式存在。

自动化的司法数据考绩时期(1996—2013 年)。随着计算机的普及和网络信息化技术的发展,法院系统开始加强信息化基础设施建设,将信息由纸质化转为电子化,并经过计算机处理,逐步实现司法数据统计的自动化,以及数据记录、数据处理的自动化或半自动化。1996 年,最高人民法院发布《全国法院计算机信息网络建设规划》,首次提出司法系统信息化建设的构想,并在全国法院系统启动了信息化网络化基础设施建设。在此基础上,2000 年,最高人民法院在全国法院系统部署"人民法院案件信息管理与司法统计"系统,实现案件从立案、审理到结案的电子化录入以及案件流转和管理的电子化记录。通过该系统,司法数据在收集、整理、汇总、传送等环节逐步摆脱了低效的人工操作,实现了司法统计的自动化。此外,各级法院通过数据交换与共享,将诸如结案率、收案率、改判率等数据作为绩效考核指标,用于法院

---

〔1〕 熊明辉、舒国滢:《诉讼论证:诉讼博弈的逻辑分析》,中国政法大学出版社 2010 年版。

〔2〕 [荷]巴特·维赫雅:《虚拟论证:论法律人及其他论证者的论证助手设计》,周兀译,中国政法大学出版社 2016 年版。

〔3〕 芦露:《中国法院信息化:数据、技术与管理》,载《法律和社会科学》2016 年第 2 期。

和法官的绩效考核。司法大数据的应用重心逐步从传统的司法统计转向绩效考核。

智能化的司法大数据分析时期(2014 年至今)。随着大数据时代的到来,大数据的采集、挖掘、分析与应用水平人工智能技术不断提高。在司法大数据领域,最高人民法院在多年以来信息化建设的基础上,进一步加强司法大数据的数据库建设,并在智能化方面不断突破。2014 年,最高人民法院发布了《人民法院第四个五年改革纲要(2014—2018 年)》,将司法大数据建设作为重要任务,在司法大数据方面建立全国法院裁判文书大数据库以及全国法院司法信息大数据中心,在智能化方面逐步构建结合司法审判实际符合司法审判规律的司法大数据分析预测模型。

在这一时期,司法大数据库建设主要集中在司法裁判大数据库、司法执行大数据、诉讼服务大数据方面:其一,司法裁判大数据库。2014 年 6 月,最高人民法院建成了人民法院数据集中管理平台,全国四级共 3500 多个法院所存储的所有裁判大数据均上传至该平台。2016 年 10 月 1 日正式实施的《最高人民法院关于人民法院在互联网公布裁判文书的规定》(法释〔2016〕19 号)是对之前民事、刑事等诉讼法修改新增的加强司法公开特别是判决理由公开的积极响应。截至 2018 年年底,中国裁判文书网的访问总量已经突破 200 亿次,裁判文书总量已超过 5500 万份。[1] 法院系统业已进入了海量存储、集中管理的司法大数据时代。其二,司法执行大数据。最高人民法院早在 2013 年便建立了全国统一的执行信息公开平台,规范法院系统的执行信息采集、传送和应。该平台可实现上下级法院之间、异地法院之间以及同一法院内部的立审执部门之间的执行信息共享。司法执行大数据向当事人公开。该平台授予了当事人的查阅权限,当事人可凭密码从该平台实时获取执行立案、执行人员、执行程序变更、执行措施、执行财产处置等信息。其三,诉讼服务大数据。2015 年,最高人民法院便建立了全国性的诉讼服务网,各级法院亦建立了自己的诉讼服务网站,及时公开案件流程信息、诉讼电子档案等数据信息。诉讼服务网站整合了审判流程公开平台、裁判文书公开平台、执行信息公开平台以及庭审公开平台等四大司法公开平台,提高了数据

〔1〕 中国法院网:"坚持以公开促公正助力改善中国营商环境——中国裁判文书网总访问量突破两百亿",2018 年 11 月 13 日,https://www. chinacourt. org/article/detail/2018/11/id/3571783. shtml,2019 年 11 月 30 日最后访问。

共享与交换的便利度。司法大数据业已初步实现了数据的终端汇聚以及信息的实时分析和管控。[1]

2. 司法智能化建设

从 2016 年起，我国从中央层面发起“智慧法院”建设，纳入国家信息化发展战略和人工智能发展规划，从顶层设计了司法人工智能的发展战略。中共中央办公厅和国务院办公厅在 2016 年 7 月印发了《国家信息化发展战略纲要》，提出：“建设智慧法院，提高案件受理、审判、执行、监督等各环节信息化水平，推动执法司法信息公开，促进司法公平正义。”将“智慧法院”建设列入国家信息化发展战略。国务院在 2016 年 12 月发布《“十三五”国家信息化规划》，明确强调要“支持‘智慧法院’建设”。国务院《新一代人工智能发展规划》对智慧法院建设作出了明确要求，即要“促进人工智能在证据收集、案例分析、法律文件阅读与分析中的应用，实现法院审判体系和审判能力智能化”。

法院系统是“智慧法院”建设的贯彻者。最高人民法院院长周强于 2016 年 11 月 17 日在第三届世界互联网大会智慧法院暨网络法治论坛上提出中国“将积极推动人工智能在司法领域的应用”。他在 2017 年 5 月 11 日全国法院第四次信息化工作会议上提出，“没有信息化就没有人民法院工作的现代化，通过信息化实现审判体系和审判能力现代化，建设智慧法院，是顺应新一轮科技革命浪潮的必然选择，是提升司法公信力的重大举措，是提升人民群众获得感的有效手段，是深化人民法院司法改革的重要支撑”。他还指出，“智慧法院是建立在信息化基础上人民法院工作的一种形态”。最高人民法院于 2017 年 5 月颁布《关于加快建设智慧法院的意见》，给出了智慧法院建设的路线图：“2017 年底总体建成，2020 年深化完善人民法院信息化 3.0 版。”地方法院的“智慧法院”建设中，上海高级人民法院的“206 工程”是其中的典范。其得名于 2017 年 2 月 6 日，当日中央政法委书记孟建柱到上海高院调研时，要求上海高院研发一套以推进审判为中心的诉讼制度改革为目的的案件审理软件，即后来研发并投入使用的“上海刑事案件智能辅助办案统”。

---

〔1〕 芦露：《中国法院信息化：数据、技术与管理》，载《法律和社会科学》2016 年第 2 期。

（二）现实意义

1. 提高司法效率

一是缓解案多人少矛盾。诉讼爆炸、案多人少问题突出，许多基层法院法官每年的人均办案量超过300件。大量文书整理、法律检索与法律分析工作有待通过人工智能辅助完成以缓解积案压力。

二是提高法律条文与司法案例的检索效率。随着社会关系日趋复杂，法律法规的出台及修改亦日益频繁，仅靠人工手段掌握这么多法规越来越困难。对于主要依靠经验和对法律条款熟悉程度的法官来说，智能化的法律检索系统和办公系统能显著提高办事规范化和工作效率。

2. 促进司法公正

一是促进法律适用的统一性。由于法律语言的模糊性，不同的法官对法律条文的理解不尽一致，加之受个人成长经历和认知因素的影响，司法裁判缺乏统一性。法律检索技术和法律推理技术能促进司法适用的统一性，有利于同案同判。

二是提升司法裁判质量。新一轮司法体制改革中，以“让审理者裁判，让裁判者负责”为目标的员额制及司法责任制改革，废除了以往法院系统通过上下级请示制度对司法裁判的过程和结果进行把关的做法，保留了审级制度的常规纠错机制。但是，仅凭审级制度无力承担司法统一适用的大任，也难以实现司法裁判质量的过程化监控。因此，在坚守“让审理者裁判，让裁判者负责”的前提下，在司法体制改革的过渡时期，必须寻找替代性的司法裁判质量监控方案，以确保司法裁判的稳定性与统一性。鉴于司法人工智能在统一司法适用方面具有技术优势，且有法院系统的信息化建设作基础，司法人工智能自然而然地成为司法体制改革过渡时期担当司法裁判质量监控这一任务的首选。[1]

第三节　人工智能司法应用的典型场景

人工智能主要基于大数据和算法。与之相应，人工智能在司法中的应用

〔1〕 钱大军：《司法人工智能的中国进程：功能替代与结构强化》，载《法学评论》2018年第5期。

类型主要为司法大数据和司法人工智能。虽然司法大数据与司法人工智能联系紧密，但二者仍有相对独立的应用价值及应用场景。司法大数据的运用主要侧重于数据本身的相关性分析和运用，而司法人工智能的运用主要侧重于算法的推理与逻辑结构的分析与运用。二者在"智慧法院"的整体框架下被整合服务于四大应用场景——服务社会公众、服务案件审判、服务裁判执行以及服务司法管理。

一、人工智能司法应用的类型

人工智能在司法中的应用类型主要有司法大数据和司法人工智能两类，这两类各自又可分为多种类型。

（一）司法大数据的具体类型

根据国际数据中心（IDC）的定义标准，大数据具有以下四个特征：（1）数据量大（Volume）；（2）数据类型多样（Variety）；（3）数据生产速度快（Velocity）；（4）数据有价值（Value）。这四个特征简称"4V"标准。[1] 由于数据与信息密不可分，数据是信息的形式，信息是数据的内容，[2] 因此司法大数据是以大数据为载体、以司法信息为内容的。概言之，司法大数据是在司法活动中所产生和形成的各种具有"4V"特征的以数据形式存储各种海量司法信息的数据集合。根据司法信息的内容，可将司法信息载体——司法大数据分为以下五种类型：

1. 司法管理大数据

其主要内容为司法行政管理信息，主要包括法院组织架构、干部人事情况、人民陪审员、审判委员会成员组成、行政办公、教育培训、财务管理、物质装备、后勤保障等。

2. 司法审理大数据

其主要内容为案件审理过程中产生并采集的节点信息，主要反映司法审理的过程。这些信息主要包括：（1）审判人员、当事人、诉讼代理人、证人等人员信息；（2）立案、开庭、宣判、送达等时间信息；（3）申请、异议等程序信息；（4）证据资料、庭审笔录、庭审录音录像等资料信息。

---

〔1〕 李学龙、龚海刚：《大数据系统综述》，载《中国科学：信息科学》2015年第1期。

〔2〕 程啸：《论大数据时代的个人数据权利》，载《中国社会科学》2018年第3期。

3. 司法裁判大数据

其内容主要为审判人员作出的裁判文书,系司法审理结果。其主要形式体现为各类判决、裁定和决定。根据最高人民法院 2014 年 1 月 1 日起实施的《关于人民法院在互联网公布裁判文书的规定》,对当事人实体或程序权益有重大影响的裁判文书原则上应在中国裁判文书网公开,主要包括:各类判决书、裁定书、支付令、驳回申诉通知书、国家赔偿决定书、强制医疗决定书、刑罚执行与变更决定书、拘留罚款决定书、民事公益诉讼调解书、行政调解书等。司法裁判大数据是司法裁判分析与司法裁判预测的主要来源数据,是司法大数据中最有价值的一种类型。

4. 司法执行大数据

其主要内容为执行程序中产生的司法大数据,包括失信被执行人信息、执行立案信息、执行人员信息、执行程序变更信息、执行措施信息、执行财产处置信息等。

5. 诉讼服务大数据

其主要内容为便民服务信息。这些诉讼服务主要包括由法院向当事人和诉讼代理人提供的各类在线服务,如互联网法院或法庭、在线立案、在线庭审等。

(二)司法人工智能的具体类型

1. 智能问答系统

智能问答系统是以一问一答的形式,通过人机交互来提供智能化的信息咨询服务。不同于传统的信息检索,它允许用户输入自然语言的问题,系统通过自然语言处理问题,然后给出答案。智能问答主要分为三步:问题理解、信息检索和答案抽取。智能问答系统有机器问用户答和用户问机器答两种方式。在司法中,这两种方式都有极为广泛的应用。在机器问用户答的模式中,问题是结构化和模式化的,机器通过用户的回答进行自然语言处理,之后编辑成结构化的法律文书,例如用于交通罚单申诉的 DoNotPay 就是机器问用户答的典型。在用户问机器答的模式中,机器需要预先进行语料库的编程,以便理解用户的问题,从而转化为结构化和模式化的问答系统并给出答案。大部分的咨询法律机器人采用的是用户问机器答的类型。

2. 智能推理系统

智能推理是机器通过对人类演绎推理、类比推理、归纳推理等推理方法的模拟，实现推理智能化的一种技术方法。司法中的智能推理系统主要模拟法官裁判，对法律论证与证据推理过程进行模拟，以实现司法裁判的智能化。智能推理系统离不开知识库，但又与知识库不同。知识库相当于数据集，而智能推理系统相当于知识之间的逻辑链条。智能推理系统可以帮助解决知识之间的逻辑关系问题。如果说知识库是血肉的话，那么智能推理系统便是司法人工智能的骨架。常见的法律专家系统便是一种典型的智能推理系统。

二、司法大数据的应用场景

几千年来，人类对自然和社会的认知研究主要基于实验验证、理论推导和科学计算这三种方式。在大数据时代，以科学计算为中心的认知理念逐渐转变为以数据为中心的认知理念，人类由此形成了第四种认知方式——数据思维方式。在舍恩伯格等著的《大数据时代：生活、工作与思维的大变革》一书中，数据思维方式被总结为：(1)分析数据要尽可能利用所有数据而不只是少量样本数据；(2)混杂性的数据比精确性的数据更接近事实；(3)事物之间的相关关系（“是什么”）比因果关系（“为什么”）更值得关注；(4)大数据分析比人类“专家”更能减少决策中的草率态度和主观因素的影响。[1] 经过多年努力日益成型的司法大数据库为司法大数据的分析与应用创造了良好条件。概括而言，司法大数据的功能及应用主要集中在司法统计分析、司法预测、司法管理等方面。

（一）司法统计分析

司法统计是通过统计学和计量学的方法，对在司法活动中收集的司法大数据进行数据挖掘、分类整理、汇总描述、量化分析和总结，从而更准确地认识已经发生的司法活动的性质与规律。

司法统计分析主要解决司法活动中“是什么”的问题，是相关司法领域重大决策和论证的事实基础。通过司法统计分析，司法机关从司法大数据入手，运用统计分析的手段，发现司法活动的运作情形及规律，作为司法治理的决策起点。[2] 此外，司法统计分析不但能反映司法活动状况，还能促进司法

---

〔1〕［英］维克托·迈尔－舍恩伯格、肯尼思·库克耶：《大数据时代：生活、工作与思维的大变革》，盛杨燕、周涛译，浙江人民出版社2012年版，第27页。

〔2〕马超、于晓虹、何海波：《大数据分析：中国司法裁判文书上网公开报告》，载《中国法律评论》2016年第4期。

改革的理论与实践，同时也能发现深层次的法律与社会问题。[1]

正是因为司法统计分析可以帮助人们从司法大数据中获取深层次的信息和规律，因此与抽样调研、田野调查等传统统计分析方法相比，其在准确性大大提升的同时，也大大降低了信息获取的时间成本与经济成本。例如，法官可以借助司法大数据的司法统计分析功能，在证据整合与信息收集方面节约时间，从而在裁判文书说理论证方面投入更多的时间和精力。

1. 司法研究方面

白建军教授早在2015年便指出，最高人民法院在司法裁判文书网上几乎公开了全部司法裁判文书，面对这样的大数据，几乎是“全样本”数据，为法学研究提供了丰富的研究样本。[2] 以往，学术研究的数据往往以官方的司法统计报告为基础，资料大多来自《中国法律年鉴》等材料。[3] 随着大数据处理和存储能力的提高以及裁判文书公开力度的不断加强，针对司法裁判文书大数据的挖掘与分析的研究成果越来越多。学者们结合计算机来处理裁判文书的大数据样本的能力和水平也在不断提高，并催生了一种新的法学研究方法——计算法学。[4] 例如，白建军为研究法官判出在交通事故罪中的集体量刑经验，将中国裁判文书网公开的全部14万余件罪名为交通肇事罪的判决书作为研究样本；[5] 王禄生为了研究《刑事诉讼法（2012年修正）》实施的五年间各项指标的变化情况，对303万件刑事判决书进行了自然语义挖掘。[6] 这些研究借助于计算机进行数据挖掘与分析，均体现了司法大数据在研究分析方面的巨大价值。

2. 司法应用方面

首先，司法大数据弥补了以往司法数据统计样本小、数据有偏见性的缺陷。理论上来说，能够通过对海量司法大数据的无差别存储，准确地描述法院系统生产正义的过程中所产生的制度事实。具体而言，传统的司法统计分

---

[1] 翟全军、李明睿：《大数据与法院司法统计方式和口径改革》，载《统计与信息论坛》2017年第3期。

[2] 白建军：《大数据对法学研究的些许影响》，载《中外法学》2015年第1期。

[3] 朱景文：《中国诉讼分流的数据分析》，载《中国社会科学》2008年第3期。

[4] 邓矜婷、张建悦：《计算法学：作为一种新的法学研究方法》，载《法学》2019年第4期。

[5] 白建军：《基于法官集体经验的量刑预测研究》，载《法学研究》2016年第6期。

[6] 王禄生：《论刑事诉讼的象征性立法及其后果——基于303万判决书大数据的自然语义挖掘》，载《清华法学》2018年第6期。

析难以在把握全局的同时又能兼顾更加细致的类型化分析,但司法大数据可以兼顾二者。特别是用于定期总结和绩效考核的统计分析数据,司法大数据可避免人为篡改编造,并且在深入挖掘数据内在的关联性方面更加科学合理,能避免考核指标的简单化与形式化。

其次,司法大数据改变了以往司法统计只能以数据说事而不能以数据说理的缺点,通过分析无偏见的海量数据,拓展了数据分析前所未有的深度,为相关决策提供更加充分的依据。这种根据司法大数据所得出的结论往往可以作为一种社会科学证据,成为司法决策的依据。例如,对于价格是否合理的考量往往需要对市场进行调研。美国一位学者认为,合理的政府征收价格应当与市场价格保持一致。他研究了纽约市十余年间8000份土地交易,根据建筑时间、建筑物数量、是否处于城市边缘地段、是否拥有停车及商业开发空间等特征,制作出了一个土地市场价格的模型。他将十余年间纽约市的430起土地征收案件中的征收价格与该模型估算的价格进行比较,以此判断司法判决的价格与估算的市场价格之间的差异。[1]

最后,司法大数据分析结论可作为事实认定的依据。在大数据产生前,已有将通过传统调查统计方法获得的信息作为社会科学证据的情形。例如,在我国司法实践中,部分法院将市场调查报告作为社会科学证据予以采信。[2] 与市场调查报告类似,大数据分析结果如果在研究方法符合规范、数据来源真实合法、论证充分有力的情形下,可以作为社会科学证据予以采信。

(二)司法预测

对大数据进行挖掘与分析,“可以发现隐藏在大量细节背后的规律。依据规律,可预测未来。收集分析海量的各种类型的数据,并快速获取影响未来的信息能力,就是大数据技术的魅力”。[3] 可见,大数据的核心价值就是预测功能,其基本原理在于数据之间的关联性。通过对海量数据的收集、整理、归类与分析,可从复杂的历史数据中找到彼此之间的关联性,这种关联性可经过建模通过一定的数理化模型进行表达,从而对一再重复或再现的事物

---

[1] Yun - chien Chang,“An empirical study of compensation paid in eminent domain settlements: New York City,1990 - 2002”,39 *The Journal of Legal Studies* 201 - 244(2010).

[2] 张爱国:《商标消费者调查的正当性研究:从49份商标侵权纠纷民事判决书谈起》,载《知识产权》2011年第2期。

[3] 赵国栋、易欢欢、糜万军等:《大数据时代的历史机遇:产业变革与数据科学》,清华大学出版社2013年版,第21页。

进行预测。这种预测功能也可用于司法大数据。人们基于法律规定及大量以往案件信息与法律后果之间关系的数据分析,可以对未决案件的法律后果进行一种或然性的推测。[1] 这种通过历史司法大数据,对未决案件的裁判结果进行或然性预测的做法便是司法预测。

其一,司法大数据可提升司法的可预测性。法律本身是一种行为后果的预测。可预测的司法裁判未必公正,但不可预测的司法裁判一定不公正,司法裁判的可预测性是法治稳定性的表现,也是司法公信力的重要指标之一,在当今充满不确定性的社会情境中,努力增强裁判的可预测性是建构司法公信力的重要途径。[2] 霍姆斯曾说过:"当我们在研究法律的时候,我们不是在研究一个神秘莫测的事物……我们研究的目标就是预测,预测在什么情况下公共权力通过法庭起作用。"[3] 在司法大数据产生前,司法裁判的可预测性主要通过法律解释与法律适用来解决。这种方法需要预测者具有较高的将生活事实抽象成法律事实的概括能力,对预测者的法律素养要求较高。因此,对于广大人民群众而言,可预测性不易获得。有了司法大数据之后,可预测性可通过司法大数据挖掘与分析的方式获得,对于构建司法公信力而言具有重要作用。萨斯坎德认为,通过分析司法裁判数据库就能预测案件结果,通过收集海量的商业合同就能预测某一行业面临的最大的法律风险,这些通过司法大数据分析得出预测的功能将是司法大数据在法律实务和法律风险管理的核心功能。[4] 例如,白建军教授将中国裁判文书网公开的全部14万余件罪名为交通肇事罪的判决书作为研究样本,将刑期设为因变量,将影响交通肇事罪的多个法定情节作为自变量,通过回归分析进行建模,只要确定致死人数、重伤人数等数目以及有无逃逸、酒后驾车、严重超载等法定情节,便可预测其刑期。[5]

其二,司法大数据可进行风险评估及风险管理。许多司法决定是根据风险评估作出的,如刑事诉讼程序中的逮捕、保释,民事诉讼程序中的保全等。运用司法大数据进行风险预测,增加了司法决策的科学性。在我国,由于司

---

〔1〕 白建军:《法律大数据时代裁判预测的可能与限度》,载《探索与争鸣》2017年第10期。

〔2〕 王国龙:《判决的可预测性与司法公信力》,载《求是学刊》2014年第1期。

〔3〕 张其山:《裁判规范的创立原则》,载《政治与法律》2009年第10期。

〔4〕 [英]理查德·萨斯坎德:《法律人的明天会怎样?——法律职业的未来》,何广越译,北京大学出版社2015年版,第62页。

〔5〕 白建军:《基于法官集体经验的量刑预测研究》,载《法学研究》2016年第6期。

法大数据应用的研发起步较晚，利用司法预测进行司法决定的风险评估应用尚处于研发阶段，但美国方面的应用可供借鉴。由于美国社会科学十分发达，社会科学证据在美国法院有较高的采信度。相应地，司法大数据在司法中的应用大量用于通过风险评估作出司法决策的领域。在美国，司法大数据的司法预测功能在保释和假释领域的应用最为普遍。以保释为例，美国的保释决定由法官作出，法官需要判断犯罪嫌疑人是否有逃跑的风险从而决定是否保释以及保释金的数额。目前，美国法院使用最广的关于保释的风险评估软件是由阿诺德基金会设计的公共安全评估预测软件（以下简称 PSA）。该软件基于美国各州 150 万例刑事案件的分析，使用十余类因素评估犯罪嫌疑人在预审阶段是否有逃跑的风险或是否有犯罪的可能，为法官判断是否批准犯罪嫌疑人的保释申请提供参考。又如，在假释决定中，美国司法系统普遍使用 LSI - R 的风险评估系统，考虑了 54 个风险因素，全面评估假释申请人员回归社会的犯罪风险，从而帮助法院、监狱以及假释委员会作出是否假释的决定。[1] 此外，基于大数据对监狱服刑人员再犯罪预测与危险性评估也有助于对监狱服刑人员的司法决定提供判断依据。[2]

司法预测对于律师参与诉讼的意义同样重大。律师可根据司法预测情况判断胜诉概率以及案件处理的工作强度与工作量，作为其是否接受委托以及接受后收费多少的判断依据。律师还可以帮助当事人研判案件，预测对方可能的诉讼策略以便作出对己方有利的诉讼策略。律师还可以通过司法预测帮助当事人接受适当的调解。准确的司法预测可以显著提高司法的稳定性，使当事人通过司法预测在纠纷发生前能及时研判，减少纠纷的发生可能，在纠纷发生后选择最佳的纠纷解决机制，尽可能提前调整减少诉讼成本。

（三）司法管理

大数据促进审判管理的科学化。大数据将重构审判管理方式，重塑案件审理、执行流程和重建法院扁平化管理机制，促使审判权运行可视化、群众评价可视化、审判监控可视化。司法大数据是法院极为宝贵的信息资产，加强和深化对司法大数据的归纳、整理、加工、建模、解析与开发运用，不仅是人民

---

〔1〕 Shaila Dewan, "Judges Replacing Conjecture with Formula for Bail", *New York Times* (June 26, 2015).

〔2〕 马国富等：《基于大数据的服刑人员危险性预测》，载《河北大学学报（自然科学版）》2016 年第 6 期。

法院适应信息化时代新趋势的必然要求，更是推动人民法院审判管理能力提升、促进审判管理科学化的现实需要。

其一，司法管理的目的在于合理优化司法资源配置。在大数据技术的辅助下，司法管理既可以实现案件的合理分配，又可以实现司法人员的优化配置，从而更高效地解决“案多人少”的突出矛盾。例如，对案件流程进行大数据分析，根据案件类型进行分流及分配的司法规律，可建立合理的案件分配机制，实现案件与司法资源之间的合理配置。对司法人员的工作进行大数据分析，评估司法人员的办案效率及质量，实现司法人员的优化配置。〔1〕针对当前司法改革的人员优化配置工作有人提出，“应以大数据为依据，科学进行调查研究，科学测定法官、司法辅助人员的工作量，科学推动审判权监督管理方式改革，科学推动审判辅助及案件执行事务改革，确保法院司法改革取得应有的实效”。〔2〕

其二，司法管理可以有效地提升司法管理的质量及效率。我国的司法管理包括了案件流程管理、司法质量管理、司法行政管理以及人事绩效管理等多个管理模块。法院信息化建设使司法过程管理可实现全程留痕。就技术而言，法院可就案件的全部环节进行监督，实现动态管理和过程管理。此外，司法大数据能有效提升司法执行能力。例如，通过全国法院系统的网络执行查控系统和执行指挥系统，能够快速查找被执行人及其财产，可显著提升执行效率与质量。〔3〕

三、司法人工智能的应用场景

（一）司法信息数据化

1. 通过人工智能技术将司法信息转化为司法大数据

这一功能体现为司法信息的电子化和数据化，主要方式是借助光学字符识别、自然语言处理等技术，将语音、纸质文件等非电子化信息转换为电子化数据。这种电子化数据可作为司法大数据以被进一步应用。该应用还可减轻司法机关人员信息处理的负担。

---

〔1〕张吉豫：《大数据时代中国司法面临的主要挑战与机遇——兼论大数据时代司法对法学研究及人才培养的需求》，载《法制与社会发展》2019年第6期。

〔2〕高岚：《大数据思维下司法改革之钥》，载《人民法院报》2016年5月17日，第2版。

〔3〕王亚新、刘君博：《司法大数据的挑战与机遇》，载《郑州大学学报（哲学社会科学版）》2018年第1期。

该应用目前主要偏重于将纸质、语音等信息转换为文字，主要发挥人工智能的图像文字和语音的识别功能，对司法信息做最为原始的转换处理。例如，苏州市中级人民法院受最高人民法院委托研发并在多个法院系统推广使用的庭审语音识别系统，其主要功能便是将庭审中的语音自动转化为文字。法官、当事人和诉讼代理人都能通过电脑屏幕实时阅读书记员的笔录，监督庭审记录的一致性。书记员做庭审笔录的工作量大大减轻，且仅需少量修改即可实现庭审笔录的完整性与准确性。经测试，针对普通话的语音识别正确率在90%以上，庭审效率平均提高20%至30%。[1]

2. 通过人工智能技术实现司法数据的自动提取与一键生成

这一功能主要是通过数据抓取与填充技术，实现帮助法官在裁判文书写作中，提取起诉状、答辩状、庭审笔录等文书中的信息，填充至判决书等法律文书的适当位置，帮助法官节省文书起草时间，避免文字错误。例如，河北省高级人民法院研发的“智慧审判支持”系统可对电子卷宗进行结构化管理，在法官撰写文书时可自动引用案件数据。[2]

（二）司法智能裁判辅助

司法的本质是判断。智能裁判辅助是通过司法人工智能系统辅助法官作出司法判断的计算机程序。广义的机器人法官既包括各种辅助人类法官作出裁判的智能裁判辅助系统，也包括各种不需要人类介入的、具有独立裁判功能的智能裁判系统。狭义的机器人法官仅指后者。狭义的机器人法官类似于韦伯一百多年前设想的自动售货机般的法官——“投进去的是诉状和诉讼费，吐出来的是判决和从法典上抄下来的理由”。[3] 但智能裁判辅助不是如此。智能裁判辅助相较于智能裁判而言，是一种广义的机器人法官。虽然目前越来越多的决策是由算法作出的，如银行信用卡的审批、网上小额信贷的批准等。但与商业机构的判断不同的是，司法判断追求的不只是效率和经济，还有公平正义。因此，智能裁判的算法从研发到应用都有极高的要求。目前，尚没有直接用于作出具有终局性裁判但又不需要人类法官介入的智能

---

〔1〕 丁国锋：《江苏“智慧法院”建设为司法能力现代化注入新动力》，载《法制日报》2017年3月20日，第1版。

〔2〕 刘子阳：《先进技术深度融合审判执行工作推进审判体系和审判能力现代化智慧法院给法院插上信息化翅膀》，载《法制日报》2016年11月18日，第3版。

〔3〕 [德]马克斯·韦伯：《论经济与社会中的法律》，张乃根译，中国大百科全书出版社1998年版，第62页。

裁判软件。一个案件在司法程序中所涉及的司法判断有多个，其中诸如程序类的裁判事项可由智能裁判软件作出。“智慧法院”建设目标之一就是寄望于司法人工智能为司法审判提供智能裁判辅助。从法院实践来看，智能裁判辅助领域最为典型的应用便是类案推荐、量刑辅助与偏离预警。〔1〕

1. 类案推荐

类案推荐指向法官推荐与其承办案件相似的案件，目的是做到同案同判。实现类案推荐需先行建立案例库。建立案例库的方法是先建立语料库，然后对案例库中的所有案例进行自然语义处理，目的是提取关键情节，并对关键情节进行关键词标注，最终完成类案数据库的建设。在进行类案推荐时，需要先通过自然语言处理提取承办案件的关键情节，然后与案例库的案例进行关键情节的比对与匹配，按匹配程度依次排序作为推荐案例。这一方法的难点在于情节提取环节，它既是建立类案数据库的关键，又是能够将承办案件与类案库加以准确比对与匹配的关键。并且，为了保持比对匹配标准的一致性，情节提取在所有流程中必须做到标准如一。情节提取还意味着将裁判文书中半结构化或非结构化的数据进行提取并形成结构化的标签，涉及大量的自然语言处理工作，对研发者所使用的法律语料库及机器读取裁判文书的自然语言理解力的智能化要求极高。此外，裁判文书本身的数据质量也决定了情节提取的效果。

2. 裁量辅助

裁量辅助是为了规范裁量权，促进裁量的规范与统一。其常应用于裁判结果为数量的裁判中，如量刑与损害赔偿额的计算。其中比较典型的应用是量刑辅助。裁量辅助也依赖于类案推荐所采用的情节提取方法，将案件要素转化为结构化数据后，通过机器学习、逻辑推理等方法形成算法。这种算法建模完成后，只要输入或勾选案件要素，该算法便可辅助得出裁量结果。该算法寄希望于模拟法官的集体经验，通过法官的“平均理性”来规范个体法官的自由裁量。

3. 偏离预警

偏离预警是根据裁量辅助的幅度或结果与法官作出的结果进行比较，计算二者的偏离度，给出不同等级的预警。偏离预警可为法官的裁量与法官的

---

〔1〕 李林等：《中国法院信息化发展报告 No. 1（2017）》，社会科学文献出版社 2017 年版，第 9 页。

集体经验裁量的偏离计算出较为直观的偏离程度。它既是一种裁判作出前的风险防控预警手段,也是裁判作出后的风险审核手段。但是,偏离预警正当性的前提是裁量辅助作出的裁量结果必须能充分反映当前法官的集体经验。但要做到这一点受到许多因素的限制,因此,其应用需极为谨慎,以免人为制造集体的不正义。所以,无论裁量辅助还是偏离预警,仅仅只是参考作用,不应作为法官裁量和司法质量考核的标准,否则容易造成对个案差异的无视并形成对法官自由裁量权的严重侵犯。上海、江苏、浙江、贵州、云南等多个省市的法院系统上线了包含“偏离预警”功能模块的刑事审判辅助系统。除了量刑领域,在民事侵权领域损害额赔偿的计算以及合同违约赔偿领域违约金的计算也可借助“偏离预警”功能的设计开发来确定。可见,偏离预警系统的设计主要针对可计算的数字类型的裁判,如刑期及损害额赔偿的计算。但是,偏离预警系统的准确度十分依赖司法大数据的完整性和模型的准确性。用于设计偏离预警系统的大数据越完整,模型越成熟,偏离预警系统预测的区间就越合理。目前,偏离预警主要用于审判质量管控。偏离预警对于规范法官自由裁量权的行使有一定的约束作用,可以促进法官裁判的统一性。偏离预警通常用于审判前后。审判前,法官先作出判决,然后由偏离预警系统对该判决结果与系统预测值进行比较,计算偏差值大小,根据偏差值判断偏离程度以判断该偏离是否属于合理区间。审判后,可通过偏离预警系统对已判决的案件进行全样本分析,筛选出偏离程度较高的案件进行人工复查。

概括而言,类案推送、裁量辅助、偏离预警的实现都必须建立在知识库构建和情节提取的基础之上,因此三者的技术关联性很强。目前司法实践中的司法人工智能的辅助功能大多沿着“知识库构建—情节提取—类案识别—裁量辅助—偏离预警”的步骤进行构建。

第四节　人工智能司法应用的理性要求

一、司法大数据的理想条件

(一)全数据

在大数据时代到来前,准确地记录和分析大规模的数据对人类而言是不可思议的。但随着信息化、数据化时代的全面到来,借助突飞猛进的人工智能技术,数据的产生、搜集与分析能力大大提高。就数据的大小而言,最有价值的大数据是全数据而不是随机样本,更不是放任偏见选取的样本。用全数据代替随机样本,才能最大程度上将影响结果的所有可能性都纳入数据之内。即便是海量的大数据,如果数据本身存在严重缺失或偏见,将会严重影响分析和应用的质量。全球数据仓库技术专家宝立明(Stephen Brobst)在2018年发表的演讲《数据分析的未来》中指出,应以全数据思维取代大数据思维,以借助数据技术追求世界的确定性。就我国的司法大数据库而言,虽然经过多年的信息化建设已达到大数据的规模,但离全数据的要求仍有较大差距。以近年来司法公开的典范司法裁判文书网为例,其发布的司法裁判文书数据库是司法大数据和司法人工智能相关应用最重要的数据来源。虽然其公开的裁判文书已超过数千万份之巨,但上网的裁判文书数量仅为审结案件的50%。[1] 此外,限于裁判文书说理质量普遍不佳,通过裁判文书获取的信息有限。例如,审理流程、争点整理、法庭辩论过程均无法在裁判文书上体现,涉及审委会的讨论更难以在裁判文书上看到。因此,司法裁判文书上网不全、文书裁判说理不强、程序性事项记载确实等导致司法裁判文书数据库不能做到全数据,依据该数据库所做出的分析和应用就存在一定的缺陷。

（二）结构化数据

按照数据的存储格式和逻辑结构,可将数据分为结构化数据、半结构化数据和非结构化数据。结构化数据是存储在数据库中的数据,可以用二维表结构来表达,可用结构化查询语言SQL等数据库管理系统进行管理。非结构化数据则指未存储在数据库中,以各种电子文件形式存储的电子文档、图片、音频、视频、扫描件等数据。而半结构化数据是介于结构化数据与非结构化数据之间的数据,具有自描述性,其数据内容和结构混在一起。只有结构化数据或半结构化数据中结构化的部分才可用于大数据分析和应用。因此,对于司法大数据而言,应用的前提就是将大量非结构化数据转化为半结构化或结构化的数据。在日常司法工作中,各种办公系统产生的Word、Excel等文档以及经过数字化采用OCR识别的文本信息大都是非结构化数据,需要经过人工方式对这些法律文本信息进行数据筛选、清洗与分类。分类是一个

---

〔1〕 马超等:《大数据分析:中国司法裁判文书上网公开报告》,载《中国法律评论》2016年第4期。

通过人工方法为数据“打标签”的过程。中文词汇的一词多义现象颇多,给“打标签”的其中一种自然语言处理技术——“分词”技术带来巨大挑战。例如,法律术语“交付”一词,就可能有“转账”“给现金”“支付”“打款”等多个同义词。此外,由于法律文书的非结构化格式,导致实践中的格式多样,因此信息提取的难度和成本极高。因此,当务之急是为数据的非结构化向结构化的转化提供便利,如规范法律文书的结构和格式等。

（三）一致性数据

数据的一致性指同一事物采用同一符号表示,一方面避免将同一事物识别成多个,另一方面也避免将不同事物识别成同一个。但是,法律语言的模糊性使司法大数据的一致性面临巨大挑战。不同的法官对同一事物的理解有时会有很大分歧,即便是同一法官,也可能会将不同的事物当做同一符号来理解。由于法律在某种程度上是一种意识形态,法官的裁判往往代表着一种多数人的见解,不可能确保法官的理解完全一致。因此,裁判文书中的“同案不同判”现象会在司法大数据中表现出来,这种数据上的不一致性也会反映在基于司法大数据所形成的算法上,进而影响算法的一致性。

二、司法人工智能算法的正当性要求

进入大数据和人工智能时代,许多传统上由人做出的决策,现在由计算机做出。例如,银行通过算法批准贷款和信用卡的申请,机场安保挑选重点检查的旅客等。还有一些重要的决策,是由算法辅助作出的,但这些辅助功能对人类决策产生了重大的甚至是决定性的影响。例如,保险公司通过算法对人寿保险的投保客户进行风险评估以决定保费与保额,派出所通过对辖区的犯罪可能程度进行预估以决定巡逻警力投入等。正如舍恩伯格在《大数据时代:生活、工作与思维的大变革》一书中所言,算法已经颠覆了人类传统的决策方式。[1] 然而,算法决策的公平性或正当性的基础何在?尤其涉及司法决策领域,对司法的公开、公平、正义等要求远远比商业机构或行政机构的决策更高。我们更要问,用于司法人工智能算法使用的正当性要求是什么?通常而言,这一正当性可从算法的透明性、可解释性、可问责性三个方面来理解。

---

〔1〕［英］维克托·迈尔－舍恩伯格、肯尼思·库克耶:《大数据时代:生活、工作与思维的大变革》,盛杨燕、周涛译,浙江人民出版社2012年版,第1页。

（一）算法的透明性

算法的透明性实质上指算法的公开性。支持算法透明的理由主要有：(1)满足人们对算法的知情权；(2)缓解信息的不对称；(3)防止人为的不当干预；(4)发现并打破算法歧视；(5)提高人们的参与度。而反对算法透明的理由主要有：(1)防止算法的规避性对抗；(2)防止泄露商业秘密；(3)即使公开算法也不能保证能理解算法。[1] 诚然，对于商业领域的应用而言，算法透明或者算法公开有利有弊。但是对于司法领域的应用而言，算法透明或公开是司法公开的原则性要求，并对司法公信力和司法权威具有决定性的影响，体现的是现代法治的“看得见的正义”。不具有透明性的算法，从根本上而言与司法公开的精神相抵触。因此，如果将其直接作为司法自动化决策或者辅助决策，正当性不足。算法透明的原则可能决定了用于司法决策的司法人工智能要么抛弃不透明的算法，要么限制这种不透明算法的影响力，将其结果仅作为参考因素之一，而非决定性的影响因素。美国威斯康星州的 State v. Loomis 案引发了司法领域算法透明的争论。在该案中，该州一审法院使用一款名为 COMPAS 的“再犯风险评估”算法将被告 Loomis 评估为高风险，并结合其他因素将被告顶格量刑。被告 Loomis 认为一审法官违反了正当程序原则，向上诉法院申请公开 COMPAS 的算法。但上诉法院认为，COMPAS 算法对被告的高风险评估结果只是量刑的诸多参考因素的一个，法官的量刑并未受到该评估结果的决定性影响，因此没有公开的必要。[2] 可见，美国司法判例对司法人工智能算法的态度是：如果反对算法公开，就相应降低算法对司法决策的影响力。

（二）算法的可解释性

要求算法具有可解释性的目的是使算法决策的相对人了解对其不利的决定是如何做出之后，能够找出该算法确有算法歧视或算法错误时为其提供救济。[3] 在司法应用中，要求司法人工智能的算法具有可解释性，实质上是要求司法决策者对裁判结果提供裁判理由。这是司法的正当程序原则的要

---

〔1〕 徐凤：《人工智能算法黑箱的法律规制——以智能投顾为例展开》，载《东方法学》2019 年第 6 期。

〔2〕 State v. Loomis, 881 N. W. 2d (Wis. 2016).

〔3〕 张凌寒：《商业自动化决策的算法解释权研究》，载《法律科学（西北政法大学学报）》2018 年第 3 期。

求,是程序正义的一部分。这也为当事人发现该算法是否公平公正、是否正当合理提供了审查的机会。司法人工智能的算法存在错误,可作为上诉和再审的依据予以救济。以 State v. Loomis 案为例,上诉法院虽然驳回了被告的上诉主张,但并未应被告请求对再犯风险评估软件 COMPAS 是否存在歧视进行审查。但如果该风险评估软件的评估结果对被告的裁判及量刑是决定性的,那么,显然,COMPAS 软件是否存在歧视便是法院必须审理的争点。这一审理的前提便要求该算法具有可解释性,否则,没有可解释性的算法就失去了作为司法决策充分理由的正当性。因此,有人建议为了保证司法人工智能中算法的合理运用,应当确立司法机关主动进行自我算法审查的制度和公民在遭受算法决策不公后的算法解释权救济机制,以推动司法人工智能算法的可解释性问题的解决,进而推动司法人工智能的公信力、确保司法正义的实现。[1]

(三)算法的可问责性

虽然出于司法公开、司法公正的原则,对司法人工智能的算法具有透明性和可解释性的要求,但是算法的透明性和可解释性并不总能实现。例如,即便公开算法的源代码,对于非专业人生来说,这些专业的源代码是很难辨识和理解的,即便是专业人士,也往往很难准确理解。此外,在一些司法人工智能作出的辅助性决策中,采用的往往是抽象的标签化的要素,要审查这些算法,意味着不但要审查这些标签化的要素,还要审查具体的个案为何可以被辨识为这些标签化的要素。如果这样做,不但没有通过司法人工智能提高司法裁判效率,反而增加了工作流程和工作量。因此,如果不计成本地追求司法人工智能的透明性和可解释性,对于诸如 COMPAS 之类仅作为决策参考的算法而言,显得既无必要亦无意义。幸运的是,克鲁尔等人指出,可以着眼于算法的可问责性,在技术上和程序可以使这一类不必要或者无法作出透明性和可解释性算法实现公平性。[2] 具体而言有以下手段:(1)事前手段。在设计算法之前就要求算法的设计者遵循详细的操作规范,确定决策的流程按照预期工作来进行,并且通过事前的技术措施,来验证算法的正确性,以确保证据留存为事后监督提供依据。(2)事后手段。在作出算法决策或建议

---

〔1〕 杜宴林、杨学科:《论人工智能时代的算法司法与算法司法正义》,载《湖湘论坛》2019 年第 5 期。

〔2〕 [美]克鲁尔等:《可问责的算法》,载《地方立法研究》2019 年第 4 期。

后进行审查和监督，确定源代码是否忠实地执行程序，目的是防止出现不期望的结果。例如，检查算法是否合目的性，输入数据是否无偏见，算法设计是否合乎既定规则等。

延伸阅读

[1]张妮：《计算法学导论》，四川大学出版社2015年版。

[2][英]理查德·萨斯坎德：《法律人的明天会怎样？——法律职业的未来》，何广越译，北京大学出版社2015年版。

[3][英]维克托·迈尔-舍恩伯格、肯尼思·库克耶：《大数据时代：生活、工作与思维的大变革》，盛杨燕、周涛译，浙江人民出版社2012年版。

[4][美]克鲁尔等：《可问责的算法》，载《地方立法研究》2019年第4期。

[5]高翔：《人工智能民事司法应用的法律知识图谱构建——以要件事实型民事裁判论为基础》，载《法制与社会发展》2018年第6期。

[6]Lovegrove A., *The framework of judicial sentencing*, Cambridge University Press, 1997.

[7]Palmirani M., Pagallo U., Casanovas P., Sartor G. (eds.), *AI Approaches to the Complexity of Legal Systems: Models and Ethical Challenges for Legal Systems, Legal Language and Legal Ontologies*, Springer, 2012.

[8]Sartor G. and Branting K. (eds.), *Judicial Applications of Artificial Intelligence*, Springer, 1998.

[9]Nissan E., 1998. ions of Artificial Intelligence: Models and Ethical Challenges for Legal Systems, Legal Language.

参考文献

[1][英]维克托·迈尔-舍恩伯格、肯尼思·库克耶：《大数据时代：生活、工作与思维的大变革》，盛杨燕、周涛译，浙江人民出版社2012年版。

[2]於兴中：《法理学前沿》，中国民主法制出版社2015年版。

[3]钱大军：《司法人工智能的中国进程：功能替代与结构强化》，载《法学评论》2018年第5期。

[4]张妮：《计算法学导论》，四川大学出版社2015年版。

第八章　域外人工智能、大数据法律与政策

教学要点

1. 美国人工智能法律与政策
2. 欧盟《通用数据保护条例》
3. 日本个人数据保护和使用的规定
4. 加拿大《个人信息保护和电子文件法》

第一节　人工智能的全球规制概述

一、人工智能概述

神经机械学的发展在20世纪70年代达到顶峰。连接主义[1]和神经网络[2]以及被用来促使神经网络深度学习的基础优化算法——反向传播方法[3]也开始出现。IBM的“深蓝”超级国际象棋电脑在1997年击败俄罗斯国际象棋大师卡斯帕罗夫，然而，深蓝的胜利并没有在研究实验室之外产生重大影响。尽管它确实为我们所谓的经典专家系统，即能够处理大量数据并

---

〔1〕 连接主义是一种对感知和认知建模的方法，它采用了一些被认为发生在大脑中的信息处理机制和方式。连接主义模型通常采用神经网络的形式，由大量非常简单的组件连接在一起组成。

〔2〕 神经网络模型受到人类神经系统的启发并与之相似。神经网络模型的特点是它们大多数能够学习，使它们的行为可以随着训练或经验而改善。

〔3〕 人工神经网络（Barillirck Propagation，BP）无须事先确定输入输出之间映射关系的数学方程，仅通过自身的训练，学习某种规则，在给定输入值时得到最接近期望输出值的结果。作为一种智能信息处理系统，人工神经网络实现其功能的核心是算法。BP是一种按误差反向传播（以下简称误差反传）训练的多层前馈网络，其算法称为BP算法。它的基本思想是梯度下降法，利用梯度搜索技术，以期使网络的实际输出值和期望输出值的误差均方差为最小。

给出推论的算法,提供了灵感,但深蓝的成就被认为源于"暴力破解"[1],而不是真正的人工智能。2012 年,在神经信息处理系统会议上展示了"卷积神经网络"[2],该网络将分类算法[3]的成功率从 72% 提升到 85%,人工智能技术开始得到全世界的关注。随后,AlphaGo 战胜了世界顶尖的人类围棋手,证明了具备自学能力的信息网络可以使用无格式的数据进行自我修改而达到超越人类的性能,并且使人类无法理解它所进行的相关分析过程。这是人工智能第一次创造出人类无法实现的成果,而不是对人类成就的模仿。自此以后,人工智能技术尤其是深度学习神经网络,开始吸引大量资金。

现阶段,机器人和人工智能技术正在成为一项新的变革性技术,并从专业性较强的领域逐步拓展到社会生活的各个方面。在日常生活中,人工智能控制着从厨房电器到调节室内温度的恒温器等众多家居用品。在商业活动中,人工智能控制着数字助理和电子代理的行为,影响着价值数十亿美元产品的交易。在网络空间中,人工智能决定了不同用户所能接触到的信息。人工智能技术在民用领域之外的潜能则更加可观。美国、法国和日本都将国防和公共安全列为人工智能技术重点应用的领域之一。在阿富汗和伊拉克战争中,不同类型的无人飞行器被大量使用。2001 年有 10 架"捕食者"无人机在使用,而在 2007 年有 180 架无人驾驶飞机投入使用。[4]在地面上,机器人可以执行扫雷等重要任务,也可作为护理人员照顾伤员。[5] 而专门针对狙击手,可以使用激光武器的机器人作为特殊的步兵也正在研发中。[6]

二、人工智能与法律

西方人工智能与法律交换研究的历史至少有 50 年。早期人工智能与法律研究的焦点不是如何通过法律去规制人工智能技术,而是人工智能技术怎

〔1〕 计算机科学里的暴力破解指的是系统列举所有可能的解决方案候选项,并检查每个候选项是否满足问题陈述。

〔2〕 通常用于语音识别、自然语言处理、图像识别等,是深度学习的代表性算法。

〔3〕 分类算法是人工智能系统的基础算法。

〔4〕 P. W. Singer, Wired For War: The Robotics Revolution And Conflict In The 21st Century, Penguin Books, 2009, p. 35.

〔5〕 P. W. Singer, Wired For War: The Robotics Revolution And Conflict In The 21st Century, Penguin Books, 2009, p. 122.

〔6〕 P. W. Singer, Wired For War: The Robotics Revolution And Conflict In The 21st Century, Penguin Books, 2009, p. 111.

样满足法律行业的种种需求。早在 1977 年,McCarty 就试图建立 TAXMAN 系统——一个计算机程序。该程序对公司重组过程中所涉及的税收问题进行法律推理,即输入公司重组案例中的相关事实,该系统会自动以相关事实为基础进行法律分析。[1] 1981 年,兰德公司[2]民事司法中心也开始着手建立一个用于法务的专家系统,[3]专门解决侵权法中产品责任案件的法律决策,并将这一系统扩展适用至石棉沉滞症索赔案上。[4] 1987 年,麻省理工学院出版社出版了 Gardner 的《法律推理的人工智能方法》[5]。Gardner 在书中用可废止推理理论来回答当算法中的规则用尽时要如何处理的问题,[6]而这也是现在人工智能领域非常热门的一个话题。同年,第一届国际人工智能与法律会议在美国西北大学召开,第一个计算机科学与法律中心建立。[7] 1991 年,国际人工智能和法律协会成立。1992 年,*Artificial Intelligence and Law* 期刊首次出版。[8] 逐渐地,人工智能技术被广泛适用于法律数据库搜索引擎的概念检索,识别和总结一个普通法案件在法院系统中的程序性历史,分析辨别一个案件在后续案件中如何被评论和看待,以及后续案件如何解释和引用先例。

人工智能系统深度介入人类社会,也会带来诸多新的问题和风险。Ryan

---

〔1〕 L. Thorne McCarty, Reflections on Taxman: An Experiment in Artificial Intelligence and Legal Reasoning, 90 Harvard Law Review, 1977, pp. 837 – 893.

〔2〕 兰德公司正式成立于 1948 年 11 月,总部设在美国加利福尼亚州的圣莫尼卡,在华盛顿设有办事处,负责与政府联系。兰德坚持自己只是一个非营利的民办研究机构,独立地开展工作,与美国政府只有一种客户合同关系。然而,兰德公司是美国最重要的以军事为主的综合性战略研究机构。它先以研究军事尖端科学技术和重大军事战略而著称于世,继而又扩展到内外政策各方面,逐渐发展成为一个研究政治、军事、经济科技、社会等各方面的综合性思想库。

〔3〕 简言之,专家系统是能够处理大量数据并给出推论的算法。

〔4〕 Edwina L. Rissland, Kevin D. Ashley and R. P. Loui, "AI and Law: A Fruitful Synergy", 2019. Retrieved from: http://www.iaail.org/? q = page/ai – law.

〔5〕 A. L. Gardner, An Artificial Intelligence Approach to Legal Reasoning. Cambridge, MA: The MIT Press, 1987.

〔6〕 可废止推理指日常生活中的推理是系列信念的集合。它依赖于具有时间维度的辩护、理由的权衡和可以击败初显性理由的进一步信息,而这种辩护无法借助演绎推论模式达成。参见高伟伟:《论可废止性推理的理论证成》,载《哲学分析》2018 年第 3 期。

〔7〕 Edwina L. Rissland, Kevin D. Ashley and R. P. Loui, "AI and Law: A Fruitful Synergy", 2019. Retrieved from: http://www.iaail.org/? q = page/ai – law.

〔8〕 Edwina L. Rissland, Kevin D. Ashley and R. P. Loui, "AI and Law: A Fruitful Synergy", 2019. Retrieved from: http://www.iaail.org/? q = page/ai – law.

Calo[1]指出,机器人技术在人类历史上首次将数据的杂乱性与伤害人类的能力结合起来。由于在执行任务中的机器人行为是不可预测的,机器人技术模糊了人和工具之间的界限。在这样的背景下,世界各国纷纷对人工智能进行重点关注。美国、欧盟、英国、德国、法国和日本等国家、组织均在不同的战略决策中多次强调安全问题应始终贯穿于人工智能的数据采集、算法设计、产品开发、产业应用等过程中。

(一)美国

美国基于国家安全的战略高度,从保持全球领导力的角度出发,在强调人工智能对军事、情报和国家竞争力的重要性的同时,特别注意防范人工智能对国家安全的冲击。[2] 奥巴马政府于2016年推出了《国家人工智能研究和发展战略计划》,并将确保人工智能系统安全列为主要七大战略目标之一。2018年,美国国防部发布《人工智能战略摘要——利用人工智能促进安全与繁荣》,明确了美国国防部加快应用人工智能能力的途径和方法,同时也强调美国将引领军事伦理和人工智能安全,如制定人工智能国防应用原则、促进人工智能研究的透明性、倡导一套为全球所接受的军事人工智能指南、利用人工智能降低平民伤亡及其他附带毁伤风险等。

(二)欧洲地区

欧盟也同样高度重视人工智能对现有的政治秩序、政治价值和伦理道德的冲击。欧盟委员会下设欧盟人工智能高级别专家组,致力于将西方的人权、自由等政治价值内嵌到人工智能伦理体系中,并谋求在人工智能安全、伦理范畴等问题上的话语权和规则制定权。2018年,欧盟推出了《欧盟人工智能》战略,以确保欧盟具有与人工智能发展和应用相适应的伦理和法律框架。同年12月,欧盟推出了以"人工智能欧洲造"为主题的《人工智能协调计划》。该计划号召在发展和使用人工智能上加强合作,确定了增加投资、提供

---

[1] Ryan Calo是华盛顿大学法学院的助理教授,也是美国最有影响力的机器人法律方面的专家之一,他的研究领域为新兴技术以及与法律、政策的交互影响,曾任斯坦福大学法学院互联网与社会中心主任,目前他参与共同管理Tech Policy Lab。该实验室横跨计算机科学、法律和信息科学。

[2] 惠志斌:《各国人工智能安全政策研判》,载《信息安全与通信保密》2019年第6期。

更多数据、培养人才和确保信任四个关键发力领域。[1] 该计划重申了人工智能设计的两个基本原则,即设计伦理原则和设计安全原则。设计伦理要求人工智能的设计应建立在《通用数据保护条例》基础上,遵守伦理道德和法律规范,符合竞争法要求,避免算法歧视;设计安全则要求人工智能的设计须考虑网络安全、保护受害者和执法活动的便利化。[2]

在成员国层面上,法国在2018年5月公布了《法国与欧洲人工智能战略研究报告》,将国家安全列为人工智能优先应用领域,同时要求确保人工智能的设计和应用支持包容性和多样性等政治价值。德国在同年推出了《联邦政府人工智能战略要点》,将人工智能的法律保障、标准以及数据隐私列入优先行动领域,强调要调整监管框架、提供法律保障、确立标准、进行社会对话来确保人工智能的信任、理解和安全。在后续《联邦政府的人工智能战略》中,德国明确了人工智能的三个目标:使德国和欧洲成为人工智能技术开发和应用的关键领域,并确保德国未来的竞争力;确保合理及负责任地使用人工智能;在道德、法律、文化和制度上将人工智能纳入社会,作为广泛社会对话和积极政治塑造的一部分,开发符合欧洲价值观的新的基于人工智能的商业模式,并促进人工智能的社会效益。[3]

英国则较为重视机器人、智能系统、自动驾驶等深度应用人工智能场景下的数据隐私、技术伦理和安全问题。英国于2016年发布了文件《机器人技术和人工智能》。该文件关注机器人和人工智能可能引发的道德与法律问题,要求建立机器人和人工智能系统(RAS)常务委员会,以研究监管相关技术发展与应用的准则,制定政府支持的国家RAS战略。英国政府随后又推出了《人工智能:未来决策制定的机遇与影响》,强调了人工智能可能带来的隐私问题、算法歧视等新挑战,认为应努力寻求与公众的对话,提出"公众信任是人工智能被高效使用的重要条件"等观点。[4] 2017年,英国政府发布《发展英国人工智能产业》报告,强调要在人工智能的数据获取和研究转化中注重安全和伦理。

---

[1] The European Commission, "Coordinated Plan on Artificial Intelligence: Annex and Communication", https://ec. europa. eu/knowledge 4policy/publication/coordinated - plan - artificial - intelligence - com2018 - 795 - final_en, last visited 01/2020.

[2] The European Commission. Coordinated Plan on Artificial Intelligence: Annex. p. 8.

[3] 惠志斌:《各国人工智能安全政策研判》,载《信息安全与通信保密》2019年第6期。

[4] 惠志斌:《各国人工智能安全政策研判》,载《信息安全与通信保密》2019年第6期。

(三)亚洲地区

日本和韩国更多是从制造业智能化转型和新兴技术应用等发展的角度来看待人工智能,安全方面侧重不多。[1] 日本首先在2015年推出《机器人新战略》,提出了世界机器人创新基地、世界第一的机器人应用国家、迈向世界领先的机器人新时代三大核心目标,强调机器人自动化安全生产和运行的重要性。2016年公布的《下一代人工智能推进战略》则为人工智能的技术重点、突破路径、产业布局和人才培养制定蓝图。2017年推出的《人工智能技术战略》将公共安全列为人工智能技术开发、应用的重要领域之一,强调安全在人工智能生态系统中的重要性。[2] 韩国亦在2018年推出了《人工智能研发战略》,强调国防和公共安全方面的大型项目将作为人工智能重点发展、投资和应用的领域。

第二节 美国人工智能、大数据法律与政策

一、美国人工智能法律与政策

2018年5月,特朗普政府为企业界、学术界和政府官员举行了一次人工智能技术峰会。在这次会议上,白宫官员概述了美国政府在人工智能技术方面的四个核心目标:(1)保持美国的领导地位;(2)支持美国工人;(3)更加重视研究和开发;(4)消除创新障碍。

特朗普总统于2019年2月宣布了美国人工智能倡议,“共同努力促进和保护国家人工智能技术和创新”,并签署了一项具有法律效力的行政命令(Executive Order 13859),其中包括指示联邦机构负责人为人工智能的研究和发展预算提供“适当”的经费,以及“保持美国在人工智能领域的领导地位”。

在美国政府的培育和指导下,以上这些措施对人工智能技术未来的发展具有指导意义,但它们并不是实际的政策,也没有为人工智能发展提供新的资金来源。

---

〔1〕 惠志斌:《各国人工智能安全政策研判》,载《信息安全与通信保密》2019年第6期。

〔2〕 惠志斌:《各国人工智能安全政策研判》,载《信息安全与通信保密》2019年第6期。

在立法和监管人工智能系统方面，美国落后于中国等国家。哈佛大学伯克曼・克莱恩互联网与社会中心（Berkman Klein Center）指出，“关于何时要求人工智能系统对其行为作出解释的正确选择有助于防止人工智能系统的负面后果，而糟糕的选择可能不仅无法让人工智能系统负责，还会阻碍急需的有益人工智能系统的发展”。要使立法有效，人工智能及其所纳入的系统必须能够解释特定结果或为其提供理由，而不仅仅是描述整个决策过程中所采取的步骤。在当前机器学习技术的状态下，很难找出一个特定算法“选择”采取某个动作的原因。一个人工智能系统如何权衡某些因素，如何进行判断，如何在预期某些不良结果的情况下调整其行为，这些都是针对人工智能系统执法的关键部分。而当制造人工智能的工程师也无法提供这些解释时，围绕人工智能的立法可能会变成一项徒劳无益的任务，因为立法者没有确定法律责任或行为规范的切入点。

因此，在2020年1月13日，美国联邦政府公布了《美国人工智能管理条例草案》（以下简称草案）。[1]草案是根据上述行政命令制定，并由管理和预算办公室（Office of Management and Budget）[2]向所有联邦机构发布。草案为所有联邦机构提供制定涉及人工智能技术和工业领域监管方法的指导，并提倡减少发展和采用人工智能技术的障碍。草案适用于私营部门人工智能的监管，但它没有控制政府内部如何使用和应用人工智能。草案明确政府的立场是对人工智能增长和创新的最小监管和最大鼓励。草案提出了政府监管人工智能的十项原则，具体包括：

（1）公众对人工智能的信任。监管制度应鼓励“值得信赖的人工智能应用……对隐私和其他风险采取适当的监管或非监管措施，必须取决于风险的性质和适当的缓解措施。”

（2）公众参与。特别是在人工智能使用个人信息的情况下，希望公众能

---

〔1〕美国联邦政府经常被要求公开审查和评论，将适用于美国个人和实体的新法规。（January 12，2020）Retrieved from：https://www. federalregister. gov/documents/2020/01/13/2020 - 00261/request - for - comments - on - a - draft - memorandum - to - the - heads - of - executive - departments - and - agencies.《行政程序法》要求联邦机构必须对收到的每条评论做出回应，然后才能敲定拟议的规则。虽然这些机构并不总是需要根据评论修改规则，但如果他们不这样做，则必须在回复每条评论时解释原因。Administrative Procedure Act，5 USC §551 et seq.（1946）.

〔2〕该办公室对其他联邦机构拥有监督权力，并向所有联邦机构提出和发布这些规则。

够表达他们的担忧，并分享政府机构内部没有考虑的信息，以便改善机构问责制和监管结果，增加公众信任和信心。

(3)科学诚信和信息质量。草案要求各机构在设计人工智能法规时，要参照高质量的科学研究和信息，确保研究成果透明，以允许更新或与其对立的信息被提出。

(4)风险评估和管理。草案要求各机构从风控的角度来看待人工智能法规，以区分可接受的和不可接受的危害可能性的风险。这种方法可以避免出现过分抑制创新的监管制度。

(5)收益和成本。在考虑出台与人工智能应用程序的开发和部署有关的法规之前，各机构应在符合法律的情况下，仔细考虑全部社会成本、收益和分配效果。

(6)灵活性。各机构应该设立基于绩效而不是基于设计的监管。这意味着监管重点应放在人工智能可以创造什么样的效益上，以适应人工智能(国际)应用的快速变化。

(7)公平和非歧视。机构应该依法考虑关于人工智能应用程序产生决策的歧视问题，以及人工智能应用程序是否比现有流程更有效地减少非法、不公平或意想不到的歧视。

(8)信息披露和透明度。关于透明度的规定必须考虑到适用环境，如潜在的危害、危害的大小、人工智能的技术状态以及该技术的潜在利益。这意味着一些机构在规制私营部门的人工智能透明度时应做出审慎的主观决定。

(9)安全和安保。在评估或引入人工智能政策时，各机构应注意任何潜在的数据和信息安全以及人工智能恶意使用的风险，确保私营部门对网络攻击有较强的防卫能力。

(10)跨部门协调。草案的最终要求是确保各机构规章之间的共享和共性。在后续草案公开之前这将通过对其进行跨部门审查来实现。

从本质上来讲，除非有特殊需要，上述原则不提倡监管人工智能。在人工智能法规没有必要的情况下，机构应该考虑通过非监管的方法来规制人工智能，如特定部门的指导方针或最佳实践。此外，试点项目和实验豁免权，即允许在受控环境中进行创新和探索而不必遵守可能妨碍创新的政府规章，也是非监管规制的主要方法。

在美国,联邦监管制度通常是比较保守的。当前的目标和战略集中于减轻特定的威胁和伤害,对人工智能领域尽量采取不干涉的监管方式。目前,尚不清楚该草案将如何影响现行规则,也不能确定这些原则是否会对美国人工智能创新和研究产生正面影响。除此之外,美国也尝试从不同层面对人工智能进行规制。

(一)算法偏见

电脑可以比人类更快地做出决策,但这不代表这些决策是公平的。这些系统的偏见基于它们的构建数据、开发过程以及最终的使用。这种偏见通常被称为算法偏差。算法有两个主要的方面:准确性和影响力。同样的人工智能对不同群体做出的决策或许会有不同的准确程度。大众可能认为,人工智能在做决策时会权衡特定人群的特征、数据的代表性以及限制性,最后产出的结果会被系统评审。但人工智能系统不一定是这样运行的。美国的一项研究发现,仅通过"爬网",即系统访问和分析网页内容,人工智能系统就可能会产生对黑人和女性的偏见。

当同一个算法被应用于不同的人群时,它可以做出完全不同的决定。据路透社(Reuters)报道,当亚马逊试图使用人工智能建立简历筛选工具时,亚马逊希望该技术能够提高简历分类的效率。亚马逊利用该公司十年来收集的简历建立了一个筛选算法,由于这些简历大多数来自男性,导致该人工智能系统最终学会了歧视女性。

然而,确认人工智能系统是否或如何受到算法偏见的影响相当困难,因为这些算法通常在黑匣子中运行。黑匣子理论是当前人工智能伦理研究的核心概念。黑匣子是一种设备或系统,可以观察其输入和输出(或传输特性),但其内部工作原理则是难以理解的。为了解释人工智能系统决策中的偏见并分配计算责任,使用人工智能技术的组织需要理解其职能决策者作出决定的步骤、参数和基本原理,并在必要时向最终用户作出清楚的解释。

这对于 IFTTT(If This Then That)[1]连锁反应类型的程序或算法来说尤其重要,因为与其他形式的算法相比,这种程序更可能导致无意的偏见。例如,汽车保险公司 Admiral 曾经尝试将社交媒体数据载入其第一个汽车保险

〔1〕 This 是用户在某个网站的操作行为或数据,如社交媒体上的个人信息;而 That 则意味着连锁反应带来的另外一个行为"Action",如拒绝提供汽车保险或提供较高的汽车保险报价。

报价引擎,但在计算中出现了无意的种族偏见导致该引擎在启用前被撤销。

如果人工智能算法会直接与最终用户互动或产生对用户有重大影响的定性数据,如保险报价、信用评分或抵押贷款申请决定等,那么显然需要明确人工智能系统的责任。一旦人工智能的编程结束并且开始运行,大部分人为的监督就从决策流程中去除了。当人工智能的行为对用户的生活造成重大影响或者损失时,将决策交给人工智能系统就需要明确的、标准更高的问责政策。为了应对人工智能系统潜在的算法偏见问题,美国政府推出以下法案对其进行规制。

1.《2019 年算法问责法》

在联邦层面,参议员 Ron Wyden 和众议员 Yvette Clark 在 2019 年发起了《算法问责法》。[1]该法案要求企业研究和修复可能导致不准确、不公平、偏见或歧视性决策的有缺陷的计算机算法。Wyden 在宣布这项法案时表示,这些算法往往依赖于有偏见的假设或数据,而这些假设或数据实际上会加剧对女性和有色人种的歧视,而不是消除偏见。[2] 因此,该法案要求公司研究他们使用的算法,识别这些系统中的偏差,并修复他们发现的任何歧视或偏差。但批评者认为,该法案对于高风险自动化决策系统的定义过于宽泛。数据创新中心(Center for Data Innovation)发文指出:"如果按现状实施,算法问责法案将会产生过度扩张的法规。这些法规不仅无法保证消费者免受许多潜在

---

〔1〕 该法案仅适用于已经受到美国联邦公平贸易委员会(Federal Trade Commission)监管、每年产出至少 5000 万美元利润的公司。数据经纪人或拥有超过 100 万名消费者或消费设备的数据的公司,不管他们的收入如何,都被包括在内。此外,该立法将授权联邦公平贸易委员会制定法规,要求其管辖下的企业对高敏感度的自动化决策系统进行影响评估。这一要求将适用于新的和现有的自动化决策系统;要求企业评估其对自动化决策系统(包括培训数据)的使用,以及此类系统对准确性、公平性、偏见、歧视、隐私和安全性的影响;要求企业评估其信息系统保护消费者个人信息的隐私和安全的方式;要求公司纠正他们在自动化决策系统影响评估中发现的任何问题。在教材编写过程中该法案尚未成为法律。Algorithmic Accountability Act of 2019, H. R. 2231, 116th Cong. (2019). Retrieved from: https://www. wyden. senate. gov/imo/media/doc/Algorithmic% 20Accountability% 20Act% 20of% 202019% 20Bill% 20Text. pdf.

〔2〕 Algorithmic Accountability Act of 2019, H. R. 2231, 116th Cong. (2019). Retrieved from: https://www. wyden. senate. gov/imo/media/doc/Algorithmic% 20Accountability% 20Act% 20of% 202019% 20Bill% 20Text. pdf.

的算法伤害，同时也抑制了算法的良性和有益应用。"[1]

2.《人工智能视频采访法》

伊利诺伊州在2019年5月通过了《人工智能视频采访法》，[2] 主要关注雇主在面试申请人时可以使用人工智能的权限。参与提案的州众议员 Jaime Andrade Jr. 指出，申请人的口音或文化差异可能会影响人工智能算法的结果，而且拒绝参加人工智能评估的申请人可能会受到不公待遇。2019年8月9日，该法案成为法律，自2020年1月1日起生效。该法案是美国迄今为止在此问题上的唯一一部法律。受该法律约束的企业面临的主要挑战是，向监管机构解释他们的人工智能评估的原理以及这些原理最终如何用于决策过程。

根据该法案，伊利诺伊州雇主使用人工智能分析申请人录像采访必须满足以下四个条件：(1)告知申请人可能会使用人工智能分析面试视频，以评估申请人是否适合该职位；(2)向申请人解释人工智能的工作原理，以及人工智能将使用哪些特征来评估申请人；(3)获得申请人对使用人工智能分析视频面试的同意；(4)保密视频记录，仅与评估申请人的专业人员共享视频，并在申请人提出销毁视频后30日内销毁面试视频和所有副本。

《人工智能视频采访法》没有定义"人工智能"，也没有明确雇主需要向申请人做出什么样的"解释"。该法也没有明确其适用范围，即无论面试在哪里进行，是否适用所有在伊利诺伊州任职的职位。具体的补救措施，如是否确认私人诉讼权，也是该法所缺少的。

(二)深度伪造

"深度伪造"(Deepfake)是深度学习(Deep learning)和伪造(Fake)的混合词，即利用深度学习算法，实现音频和视频的模拟和伪造。Deepfake 技术可以模仿学习目标的面部表情、动作和语音的音调、色调、重音和节奏，产出专家也很难区分和检测伪造的图像和音视频。2019年，美国参议员发起了

---

[1] 研究数据、技术和公共政策交汇点的智库。Joshua New, "How to Fix the Algorithmic Accountability Act", (23 September 2019). Retrieved from: https://www.datainnovation.org/2019/09/how-to-fix-the-algorithmic-accountability-act/, last visited 01/2020.

[2] 研究数据、技术和公共政策交汇点的智库数据创新中心：《如何修正算法问责法案》。Video Interview Act, H. B. 2557, 101st Gen. Ass. (Ill. 2019). Retrieved from: http://www.ilga.gov/legislation/publicacts/fulltext.asp? Name = 101 - 0260。

《2019年深度伪造报告法案》,[1]要求美国国土安全部评估用于制造深度伪造的技术和国内外实体对深度伪造的使用,研究可用的对策,帮助决策者和公众更好地理解深度伪造对美国选举安全和国家安全构成的威胁。《商业面部识别隐私法案》同样涉及面部识别技术,[2]该法案禁止使用面部识别技术的企业在未经用户同意的情况下收集与共享用于识别或跟踪消费者的数据,从而加强对消费者隐私的保护。

(三)无人驾驶汽车

1.《联邦自动驾驶汽车政策》

美国国家公路交通安全管理局(National Highway Traffic Safety Administration,NHTSA)于2016年9月20日发布了《联邦自动驾驶汽车政策》(以下简称《政策》)。[3]根据《政策》,自动车辆可分为五个级别:在0级至2级中,驾驶员必须始终监控汽车驾驶,不同级别车辆的驾驶系统向驾驶员提供不同程度的辅助;3级车辆是指驾驶员有时可以将车辆控制权移交给自动系统,但必须保持专注,并准备好响应警告重新接管车辆控制权;4级和5级车辆可以完全执行驾驶任务,无须驾驶员重新控制。[4] NHTSA使用"高度自动化车辆"来指代3级至5级车辆。

《政策》第一部分规定了"车辆性能指南",主要针对参与自动车辆系统制造、设计、测试和销售的公司,旨在为在设计、测试和上路期间评估自动化

[1] 在教材编写过程中该法案尚未成为法律。Deepfakes Report Act of 2019, S. 2065, 116th Cong. (2019). Retrieved from: https://www.congress.gov/bill/116th-congress/senate-bill/2065/text.

[2] Commercial Facial Recognition Privacy Act, S. 847, 116th Cong. (2019). Retrieved from: https://www.congress.gov/116/bills/s847/BILLS-116s847is.pdf.

[3] National Highway Traffic Safety Administration (2016). Federal Automated Vehicles Policy: Accelerating the Next Revolution in Road Safety. Retrieved from: https://www.transportation.gov/sites/dot.gov/files/docs/AV%20policy%20guidance%20PDF.pdf.

[4] National Highway Traffic Safety Administration (2016). Federal Automated Vehicles Policy: Accelerating the Next Revolution in Road Safety. Retrieved from: https://www.transportation.gov/sites/dot.gov/files/docs/AV%20policy%20guidance%20PDF.pdf.《联邦自动驾驶汽车政策》根据汽车工程师协会(Society of Automotive Engineers)制定的一套定义将自动车辆分为五个级别。

车辆的安全性提供一个总体框架。[1] 该指南适用于"所有在美国制造、设计、测试和/或计划销售自动车辆系统(包括处于试验阶段以及生产线上的车辆)的个人和公司",以及无人驾驶出租车公司和其他利用高度自动化车辆提供服务的实体。该指南要求车辆的制造商向 NHTSA 提交一份安全评估报告,以说明该企业如何遵守该指南的要求。制造商须在公共道路上测试车辆或系统之前提交该安全评估。

《政策》第二部分涉及联邦政府和州政府在自动车辆管理中的职责划分。联邦政府主要通过 NHTSA 管理车辆本身的安全,而各州政府负责管理这些车辆的使用——如车辆登记、驾驶员执照和车辆操作等。

《政策》第三部分涉及 NHTSA 当前的监管权限。根据现行法律,制造商必须在测试或部署自动化车辆之前自行证明其制造的车辆符合 NHTSA 的安全标准。NHTSA 当前没有要求制造商在上路测试车辆或系统之前预先得到批准,NHTSA 也无权要求制造商预先获得批准。然而,当 NHTSA 发现某

[1] National Highway Traffic Safety Administration (2016). Federal Automated Vehicles Policy: Accelerating the Next Revolution in Road Safety. Retrieved from: https://www.transportation.gov/sites/dot.gov/files/docs/AV%20policy%20guidance%20PDF.pdf. 该指南的要求包括以下步骤:确保车辆符合安全标准或获得这些标准的豁免;明确定义并记录拟使用自动驾驶系统的操作驾驶域(Operational Driving Domain),即驾驶条件,以及该系统相应的安全驾驶水平;为评估、测试和验证车辆的目标和事件检测与响应(Object and Event Detection and Response)能力(其在自动系统设计的驾驶条件下安全运行的能力)制定一个记录在案的流程;操作驾驶域的设计应能应对各种情况,包括紧急车辆、临时工作区和其他异常情况;创建一个有记录的过程,以便在遇到问题时转换到"最小风险条件"(例如,如果系统工作不正常,或者如果车辆在预定的驾驶条件之外运行,则安全停车);开发测试和验证方法,以确保高度自动化车辆运行的高度安全性。这将包括展示高度自动化车辆系统在正常运行和防撞情况下的性能,以及为达到最低风险条件而采取的应急策略的性能;解决跨领域问题,包括:数据记录和共享,隐私,系统安全,车辆网络安全,人机界面,防撞性,消费者教育和培训,注册和认证,撞车后的行为,遵守联邦、州和地方管理车辆运行的法律,伦理考虑;向国家公路交通安全管理局提交一份安全评估,记录如何遵循指南。该评估应遵循指南中提供的模板;一旦指南生效,制造商将有四个月的时间提交已经在测试和部署中的车辆的安全评估;将来,制造商和其他实体预计将"至少在新的自动化功能开始主动公共道路测试之前四个月"提交一份安全评估;"新的自动功能"可以包括对自动驾驶系统的"任何重大更新",包括任何软件或硬件更新,这些更新"实质上改变了车辆遵守(或使其不遵守)指南的方式"。

些车辆不符合安全标准或构成不合理的风险时，NHTSA 有权采取强制行动。[1]

《政策》第四部分承认 NHTSA 现有的工具可能不太适合自动化车辆技术的快速创新步伐，并确定了一系列可能采用的新的监管工具。这些新的监管工具中的大部分将需要修改现行制度，它们包括：要求制造商在测试和上路前向 NHTSA 提供安全保证；要求制造商在测试车辆前获得 NHTSA 的批准；允许制造商自行证明其自动车辆符合某些要求，但需要获得 NHTSA 对某些技术的预先批准；授予管理局权力，要求制造商立即采取行动减轻“迫在眉睫的危险”；扩大管理局批准安全标准豁免的现有权力；澄清管理局现有的监管售后软件更新的权力。

2.《自动驾驶法案》

2017 年 9 月，美国众议院通过了《汽车进化安全保障未来发展和研究法案》(Safely Ensuring Lives Future Deployment and Research In Vehicle Evolution Act)，又名《自动驾驶法案》(Self Drive Act)，旨在帮助“确保自动驾驶汽车在全国范围内的安全和创新开发、测试和部署”。[2] 该法案的主要内容包括：阻止各州禁止自动驾驶车辆，并赋予国家公路交通安全管理局监管自动驾驶车辆的权力；授予“企业首批 100000 辆汽车的现有安全标准豁免”，以促进和加快自动驾驶汽车的开发和上市进程；要求保护消费者隐私，防止对自动驾驶车辆的网络攻击。

在安全问题上，对自动驾驶汽车的网络攻击可能导致汽车被非法侵入，从而可能导致黑客控制汽车运行的危险局面。为了防止这种情况的发生，《自动驾驶法案》要求汽车制造商建立识别和减轻可“合理预见的漏洞”的流程，并“建立网络安全管理人员、培训以及入侵防御和响应系统”。但有批评者声称，该法案的网络安全部分要求过于模糊，由于可“合理预见的漏洞”可

---

[1] 《联邦自动驾驶汽车政策》确定了国家公路交通安全管理局在应对新技术的引进时可以采取的四种行动。在不确定这些新技术是否符合国家公路交通安全管理局安全标准时，国家公路交通安全管理局有权：提供现有国家公路交通安全管理局安全标准的解释函；对现行国家公路交通安全管理局安全标准的豁免；修改现有国家公路交通安全管理局安全标准或创建新标准的规则制定；强制执行权力，以解决对最高安全构成不合理风险的缺陷。

[2] Safely Ensuring Lives Future Deployment and Research In Vehicle Evolution Act or the SELF DRIVE Act, H. R. 3388, 115th Cong. (2017). Retrieved from: https://www.congress.gov/bill/115th-congress/house-bill/3388/text.

能有不同的解释,汽车制造商自行决定哪些漏洞是可“合理可预见”的会导致法案在实施过程中有不均匀的效应。鉴于技术发展的速度,宽泛的监管语言事实上为将来实施新的技术方法和网络安全对策预留了空间,而无须在未来做出频繁的修改。尽管众议院通过《自动驾驶法案》,但由于民主党代表的反对,该法案最终并未在国会获得通过。美国汽车制造商联盟(The Alliance of Automobile Manufacturers)声称,该法案的失败是“安全技术发展和最终部署的挫折,并为如何监管这项技术留下了许多悬而未决的问题”。

二、美国大数据法律与政策

在个人数据的收集、保存、分析、处理上,美国有多项针对特定行业和特定媒体的联邦隐私或数据安全法,包括适用于金融机构、电信公司、个人健康信息、信用报告信息、儿童信息、电话营销和直销的法律法规。[1]

联邦贸易委员会(Federal Trade Commission)对广泛的商业实体拥有管辖权,以保护消费者免受不公平或欺骗性的商业做法。联邦贸易委员会有权发布法规,执行部分隐私法律,调查未能实施合理数据安全措施、做出实质上不准确的隐私和安全陈述、未能遵守适用的行业自律原则的公司并采取强制措施。许多州的总检察长对不公平和欺骗性的商业行为拥有类似的执法权力。[2]

美国50个州和地区也有数百部隐私和数据安全法,涉及数据保护、数据处置、隐私政策、社会安全号码的适当使用和数据泄露通知等内容。仅加利福尼亚州就有超过25部隐私和数据安全法。2020年1月1日生效的《加州消费者隐私法案》(以下简称《隐私法案》)采用跨部门的方式,引入广泛的个人权利,并对个人信息的收集、使用和披露提出实质性要求和限制。[3] 首先,《隐私法案》将个人信息定义为能够识别、涉及、描述、合理地与特定消费

---

〔1〕 由参议员罗伊·布朗特发起的《商业面部识别隐私法案》[Commercial Facial Recognition Privacy Act (S 847)]将通过禁止面部识别技术的商业用户未经其同意收集和重新共享用于识别或跟踪消费者的数据来加强消费者保护。该法案通过要求个人在商业实体能够收集和共享通过面部识别技术收集的数据之前给予知情同意,增加了透明度和消费者的选择。

〔2〕 包括未能实施合理的安全措施和侵犯消费者隐私权,从而损害其所在州的消费者的行为。

〔3〕 California Consumer Privacy Act of 2018. Cal. Civ. Code § 1798. 100. Retrieved from: https://leginfo. legislature. ca. gov/faces/billTextClient. xhtml? bill_id = 201720180SB1121.

者或家庭直接或间接相关联或合理地链接到特定消费者或家庭的信息，如真实姓名、别名、邮政地址、唯一个人标识符、在线标识符、互联网协议地址、电子邮件地址、账户名称、社会安全号码、驾照号码、护照号码或其他类似标识符。其次，《隐私法案》适用于任何企业，包括任何在加利福尼亚州开展业务且收集消费者个人数据并至少满足以下条件之一的营利性实体：年收入总额超过2500万美元；买卖10万美元以上消费者或家庭的个人信息；或者一半以上年收入来自销售消费者个人信息。这些组织需要“实施并维护合理的安全程序”来保护消费者数据。这些措施包括：在收集、使用和披露13岁以下的未成年人的个人信息前需获得其父母或监护人的同意，并获得13岁至16岁的未成年人对数据共享的明确同意；在企业网站主页上提供“请勿出售我的个人信息”链接，允许用户选择不出售个人信息；指定数据主体提交数据访问请求的方法，至少包括免费电话号码；根据法案的新要求更新隐私政策，并且明示加利福尼亚州居民的权利；在加利福尼亚州居民选择不共享数据的12个月内，企业需避免再次要求数据共享等。

第三节 欧盟与英国人工智能、大数据法律与政策

一、欧盟大数据法律与政策

《通用数据保护条例》（General Data Protection Regulation，GDPR）是欧洲基础数据保护法的最新版本，自2018年5月25日起正式生效。[1] GDPR是欧盟通过的最广泛的立法之一，与它所取代的《数据保护指令》[2]相比，扩大了欧盟数据保护法的适用范围，增加了被遗忘权、数据迁移权、个人数据泄露通信等概念。

---

〔1〕 European Parliament and Council of the European Union. EU data protection rules. May 25, 2018. Retrieved from: https://ec. europa. eu/info/priorities/justice - and - fundamental - rights/data - protection/2018 - reform - eu - data - protection - rules/eu - data - protection - rules_en.

〔2〕 European Parliament. Data Protection Directive. 95/46/EC. November 23, 1995. Retrieved from: https://eur - lex. europa. eu/LexUriServ/LexUriServ. do? uri = CELEX: 31995L0046: en: HTML.

(一)地域适用范围

根据第3条,GDPR适用于以下情形:(1)在欧盟内设立的控制者或处理者对个人数据的处理,[1]无论其处理行为是否发生在欧盟内;(2)数据控制者或处理者设立在欧盟之外,但其对欧盟内的数据主体的个人数据的处理发生在向欧盟内的数据主体提供商品或服务的过程中,[2]无论此项商品或服务是否需要数据主体支付对价,或者是对数据主体发生在欧盟内的行为进行的监控;[3](3)设立在欧盟之外但依据国际公法规则应当适用欧盟成员国法律之地的数据控制对个人数据的处理。

(二)原则

GDPR声明,数据保护权利不是绝对的,其必须与其他权利相平衡(包括"经商自由")。有些活动也不在GDPR的管辖范围之内[4]。对于绝大部分数据控制者[5],GDPR通过以下概念引入重大数据处理变革:

1. 对个人数据的处理原则

处理个人数据应当遵循合法、公平、透明的基本原则;收集个人数据的目的必须特定、明确、合法;遵循最小化原则,即收集相关和必要的数据;确保数据准确并及时更新;能够识别数据主体,储存时间不超过处理目的所必需的时间;确保数据保密性和完整性;数据控制者负有证明行为符合上述原则的义务。[6]

---

[1] Weltimmo v. NAIH (C-230/14). 欧洲联盟法院于2015年在此案件中审议了"设立"的概念,判定在欧盟通过"稳定安排"开展"任何真正和有效的活动——哪怕是最小的活动"的组织都属于在欧盟设立的组织,甚至在欧盟内只有一名代表就足够了。

[2] 对于"商品和服务的提供"(但不是监控),仅仅可以从欧盟内部访问某个网站是不够的。

[3] 与提供商品和服务相反,证明"监控"并不特别要求任何意图的指示。然而,长期被动收集个人行为数据不足以构成"监控"——信息的收集必须有评估目的。

[4] 《通用数据保护条例》不适用于个人数据的处理如果这些数据涉及不属于欧盟法律管辖范围的活动(如涉及国家安全的活动);或被处理的个人数据与欧盟成员国的共同外交和安全政策有关;或被处理的数据涉及政府为预防、调查、侦查或起诉刑事犯罪及相关事项而采取的措施;或数据处理是"纯粹个人或家庭活动"的一部分(包括通信和通讯录的持有,但现在也包括社交网络和为社交和家庭目的而开展的在线活动);或数据处理属于"在个人私人或家庭生活中进行的"活动(然而,在豁免范围内"提供处理手段"的数据控制者和处理者依然会受到《通用数据保护条例》的限制)。

[5] 根据《通用数据保护条例》第4条第7款,数据控制者指"自然人或法人、公共当局、机构或其他团体"。

[6] 《通用数据保护条例》第5条。

2. 对个人数据的处理具有合法性

为了具有合法性，数据主体必须同意对其数据的处理；数据处理是为履行数据主体参与合同的必要行为，或是因为参与该合同前数据主体做出的要求所采取的措施；数据处理是为履行法律职责的必要；数据处理是为保护数据主体或其他自然人的核心利益的必要（为人道主义目的，如监测流行病；或与人道主义紧急情况，如救灾有关的必要处理）；数据处理是为公共利益或处理公务目的的必要；处理对正当利益是必要。[1]

3. 数据主体的同意

欧洲数据保护委员[2]在其 GDPR 同意准则[3]中指出，为了获得有效同意，数据控制者至少需要提供以下信息：数据控制者的身份、其寻求同意的每个数据处理操作的目的、将被收集和使用的数据，撤回同意的权利是否存在、根据第22 条第(2)款(c)项第34 项可以将数据用于自动决策的相关信息以及缺乏充分数据保护程度[4]或第 46 条所述的保障措施[5]下的数据转

〔1〕《通用数据保护条例》第 6 条。

〔2〕根据数据保护指令成立的第 29 条工作组（Article 29 Working Party - A29WP），由欧盟国家监管机构、欧洲数据保护监管机构（EDPS）和欧洲委员会代表组成，它已转变为"欧洲数据保护委员会"（EDPB），新组织的成员代表和 A29WP 相似，但有一个独立的秘书处。

〔3〕Guidelines on Consent under Regulation 2016/679（2018）. Retrieved from：https：//ec. europa. eu/newsroom/article29/item - detail. cfm？ item_id = 623051.

〔4〕《通用数据保护条例》提供了欧盟委员会在确定数据保护充分性时应遵循的相关程序和标准的细节，并强调需要确保接收数据传输的第三国（欧洲经济空间以外的国家）提供"基本上等同于欧盟内部确保的数据保护程度"，并向数据主体提供有效和可执行的权利和补救手段。欧盟委员会在评估数据保护程度时应与 EDPB 协商，并确保对做出的任何数据保护充分性决定进行持续监测和审查（至少每四年一次）。欧盟委员会有权决定某些国家、领土、特定商业领域或国际组织是否为数据传输提供充分的保护措施。欧盟委员会先前批准的国家名单仍然有效，即安道尔、阿根廷、加拿大（由于使用《个人信息保护及电子文档法案》）、瑞士、费罗群岛、根西岛、以色列、马恩岛、日本、泽西岛、乌拉圭东岸共和国和新西兰。欧洲委员会有权废除、修正或暂停任何的数据保护充分性决策。被列入或删除欧盟委员会先前批准的国家名单的第三国会在官方公报上公布。

〔5〕《通用数据保护条例》序言第 108 条规定，在没有充分决策的情况下，数据控制者或处理者应采取措施，通过对数据主体的适当保护措施来弥补第三国数据保护的不足。此类适当的保障措施可能包括利用具有约束力的公司规则、欧盟委员会通过的标准数据保护条款、监管机构通过的标准数据保护条款或监管机构授权的合同条款。这些保障措施应确保符合数据保护要求和适用于欧盟内部处理的数据主体的权利，包括在欧盟或第三国获得可强制执行的数据主体权利和有效的法律补救措施，包括获得有效的行政或司法补救和索赔。特别是，这些保障措施应涉及遵守与《通用数据保护条例》下个人数据处理相关的一般原则（第 5—11 条）以及设计和默认情况下的数据保护原则（第 25 条）。

移可能带来的风险。

GDPR 将假设个人数据处理同意无效,除非数据主体给予不同处理环节的单独同意,同意接受数据处理不是得到服务的前提,以及数据主体和组织之间不存在“权力失衡”。因此,处理个人数据的组织需要审查现有的同意机制,以确保它们提供真正的和准确的选择。当然,数据主体的数据处理同意并不是证明正当个人数据处理的唯一机制。合同必要性、遵循成员国或欧盟法律义务或其他合法利益所需的处理,也可以被用来证明个人数据处理的正当性。

4. 信息透明

处理个人数据的组织需要向数据主体提供有关其个人数据处理的相关信息。这些必须提供的相关信息涉及多个方面,然而数据控制者依然需要以简洁、透明、可理解和易于访问的方式提供该信息。使用“分层”通知(带有额外信息的链接)是一种常见的解决方案。[1]

5. 儿童信息

GDPR 第 8 条规定,根据第 6 条第 1 款(a)项直接向儿童提供信息社会服务的,16 周岁的儿童可以做出处理个人数据的同意;未满 16 周岁的儿童,个人数据处理只有在征得承担父母责任的监护人同意或授权的范围内才算合法;成员国可以通过法律规定降低上述年龄限制,但不得低于 13 周岁。

6. 其他原则

除了上述原则外,GDPR 还对适用于涉及种族出身、政治倾向、宗教或哲学信仰等个人数据处理、有关刑事定罪和罪行的个人数据的处理进行了原则规范(GDPR 第 9—11 条)。

(三)数据主体权利

除了上述原则,GDPR 赋予了数据主体在当前所有数据保护法下最广泛

---

〔1〕《通用数据保护条例》第 12 条第 1 款:数据控制者应采取适当措施,使用清晰明了的语言,以简明、透明、易懂和易于获取的形式,提供第 13 条和第 14 条所指的任何信息,以及第 15 条至第 22 条和第 34 条所指的与数据主体处理有关的任何信息,特别是专门写给儿童的任何信息。需要提供的信息包括数据控制者的身份和联系方式,数据处理的目的和法律依据,以及传输到欧盟成员国以外的数据将如何被保护。Guidelines on Transparency under Regulation. Article 29 Working Party(欧洲数据保护委员会前身)(April 11,2018). Retrieved from: https://ec. europa. eu/newsroom/article29/item - detail. cfm? item _ id = 622227.

的权利,为欧盟公民的个人信息提供了相当全面的保护。

1.数据访问权[1]

数据主体有权向数据控制者确认其个人数据是否正在处理中并获知以下信息:数据处理的目的;处理的数据类别;数据接受者或数据接受者类别,特别是向第三国接受者或受国际公法管辖或由国家间协议设立的国际组织披露的详细信息;数据的设想保留期或用于确定该期限的标准;数据主体更正或删除、限制处理或拒绝处理关于该数据主体的个人数据;向监管机构投诉的权利;在个人数据并非由数据主体收集的情况下,有关其来源的任何信息;存在的自动化决策,包括GDPR第22条第1款和第4款所称的侧写,以及在这种情况下,关于自动化决策所涉及的逻辑和此种数据处理对于数据主体的重要性和可预期结果的有效信息。如果个人数据被转移到第三国或国际组织,数据控制者应告知数据主体其对该传输采取的适当安保措施。[2]

在收到数据主体的申请之后,数据控制者应当提供一份正在处理的个人数据副本。数据主体如果要求更多的副本,控制者可以根据管理成本收取合理的费用。如果请求是以电子形式提出的,除非数据主体另有要求,则控制者应以常用的电子形式提供相关数据。

根据第12条,数据控制者应当在收到数据主体的申请后,毫不迟延地且最迟在一个月内提供相关信息。如果数据控制者不打算满足数据主体的相关信息请求,控制者必须在一个月之内提供理由,并且告知数据主体其向监管投诉及诉诸司法救济的权利。控制者还须使用合理的方法来验证请求者的身份,而不应仅仅为了满足访问请求而保存或收集数据。GDPR认识到,数据主体的访问权可能对其他人产生不利影响,因此规定数据主体接收数据副本的权利不得对他人的权利产生不利影响。[3] 序言第63条指出,数据主体的访问权与他人权利的平衡可以延伸到保护知识产权和商业秘密,但数据控制者不能因为数据主体的访问权可能侵犯他人的权利而拒绝提供任何信息。如果控制者持有关于数据主体的大量数据,则可以要求数据主体指明其请求所涉及的信息或处理活动。

---

[1] 《通用数据保护条例》第15条。

[2] 《通用数据保护条例》第46条。

[3] 《通用数据保护条例》第15条第4款。

2. 更正权[1]

数据主体有权要求数据控制者纠正有关其个人数据的不准确之处。考虑到数据处理的目的，数据主体有权要求控制者补全与其有关的数据以保持完整性，包括提交补充声明的方式。

3. 删除权或者被遗忘权[2]

根据 GDPR 第 17 条第 1 款，数据主体有权要求控制者毫不迟延地删除与其有关的个人数据。同时，如果个人数据不再需要被用于原始处理目的，或者数据主体已经撤回其同意且没有其他法律依据进行数据处理，或者数据主体根据第 21 条第 1 款提出反对且没有其他压倒性合法依据对其数据进行处理，或者数据主体根据第 21 条第 2 款提出反对，或者个人数据被非法处理，或者为遵守控制者所受制的欧盟或成员国的法定义务而必须删除个人数据，或者个人数据是根据第 8 条第 1 款所提及的信息社会服务的提供而收集的，则数据控制者有义务毫不迟延地删除相关的个人数据。此外，根据第 17 条第 1 款，如果处理本身违反法律，数据将被删除。[3]

第 17 条第 2 款规定，如果控制者已经公开了个人数据并且根据第 17 条第 1 款有义务删除这些数据，数据控制者则必须考虑到现实情况采取合理措施，包括技术手段，通知数据处理所涉及的其他控制者删除与这些个人数据相关的任何链接、副本或复本。

被遗忘的权利不是绝对权利，其行使受到一定的限制。当数据处理是为了实现言论自由或信息自由所必需，或者数据处理是出于公共利益、科学或历史研究目的或统计目的，或者数据处理是为了维护法律权利要求，数据主体删除权以及数据处理者相对应的义务则不适用。

数据主体的删除请求不受任何特定形式的限制，并且数据控制者不能要求任何特定形式。然而，数据主体的身份必须可以由适当的方式被证明。如

---

[1] 《通用数据保护条例》第 16 条第 4 款。

[2] 《通用数据保护条例》第 17 条。

[3] 在数据被“非法”处理的情况下，允许提出擦除请求的做法会给数据控制者组织带来麻烦。在《通用数据保护条例》的管辖范围内，数据被非法处理的原因有很多（数据可能不准确，或告知数据主体关于数据处理的相关信息的通信可能不够完整）。然而，这些不够证明是否应该由此为数据擦除请求奠定基础。《数据保护指令》中的同等条款为“酌情”擦除留下了更多的自由裁量权。因此，处理个人数据的组织必须关注欧盟成员国将来如何起草相关的豁免。

果身份未被证明,数据控制者可以请求附加信息或拒绝擦除数据。在擦除请求被提出的情况下,数据控制者必须在一个月内告知数据主体控制者所采取的措施或拒绝擦除请求的原因。被遗忘的权利也反映在通知义务中。除此之外,根据 GDPR 第 19 条,控制者必须使用所有可用的手段和所有适当的方法将更正或者删除数据的行为通知相关数据的所有接收者。

4. 限制处理权

除删除权外,数据主体亦有限制数据控制者处理与其有关的个人数据的权利。[1] 在数据主体对数据准确性有争议时,在验证期间个人数据的处理将受到限制。在数据处理非法且数据主体并未要求删除数据时,数据主体可以请求限制数据处理。控制者基于处理目的不再需要个人数据但数据主体为设立、行使或捍卫合法权利而需要相关数据的,也可以限制数据控制者处理有关个人数据。在验证控制者处理数据的法律依据是否优先于数据主体反对权的期间内,[2]数据处理也会被限制。

在上述处理受限的情况下,除存储之外,个人数据只能在以下情形下被处理:(1)数据主体同意数据被处理;(2)数据处理是建立、行使或捍卫合法权利等所必需;(3)数据处理是为保护其他自然人或法人的权利;(4)为了欧盟或其成员国的重要公共利益进行数据处理。而限制数据处理的方式包括暂时将数据转移到另外的处理系统,将相关数据设定为不可被用户访问,以及将已公布的数据从网站上暂时移除。[3] 如果数据处理是自动化的,那么限制处理应当通过技术手段实现,以确保个人数据不会被进一步处理也不会被变更。最后,控制者应当在解除数据处理限制前通知数据主体。

5. 数据迁移权

数据迁移权要求控制者以结构化的、常用的和机器可读的形式向数据主体提供相关数据,同时数据主体可以不受阻碍地将这些数据传输给另外的控制者。[4] 在技术上可行的情况下,数据主体可以要求一个控制者直接将数据传输给另一个控制者。GDPR 鼓励数据控制者开发可相互操作的格式,以便利数据迁移。[5]

---

[1] 《通用数据保护条例》第 18 条。

[2] 《通用数据保护条例》第 21 条第 1 款。

[3] 《通用数据保护条例》序言第 67 条。

[4] 《通用数据保护条例》第 20 条。

[5] 《通用数据保护条例》序言第 68 条。

欧洲数据保护委员会指出，数据迁移的形式不限于个人填写的表格，还包括数据控制者在与个人打交道过程中收集的或通过观察其活动而产生的信息。适用数据迁移权的例子包括：音乐流服务持有的数据、在线书店持有的图书标题、智能电表或其他相关对象的数据、活动日志、网站使用历史、搜索活动或发送给个人的电子邮件。[1] 然而，数据迁移权不延伸到由数据控制者推断或导出的个人数据（如通过算法分析个人行为的结果）。数据主体的数据迁移权有豁免，如迁移数据将对知识产权或商业秘密产生不利影响。然而，这并不能成为完全不遵守这项权利的借口。

6. 反对权

GDPR 确认了数据主体可随时向控制者提出反对数据处理的权利，[2] 但该权利的行使受一定条件的限制。当个人数据是基于直接商业目的而被处理时，数据主体可随时反对控制者处理其数据，包括与直接商业目的相关的个人侧写。若数据主体反对因直接商业目的处理其数据，则任何以此为目的的数据处理都应该被终止。当个人数据因为第 89 条第 1 款所规定的科学、历史研究或者统计的目的而被处理时，基于本人的特定情况，数据主体亦有权对处理提出反对，除非这种处理是出于公共利益的需要。当个人数据是基于第 6 条第 1 款（e）项或（f）项的规定而被处理时，[3] 数据主体可随时反对处理。而控制者也应当停止处理数据，除非控制者可以证明存在可以超越数据主体基本权利的令人信服的合法理由或者能够证明该项处理是为了建立、行使或捍卫合法权利。

7. 自动化自决权

GDPR 是一部技术中立的法律，没有明确提及机器人、人工智能或相关技术，仅第 22 条涉及基于自动化处理的决定。[4] 根据该条规定，会对数据主

---

〔1〕 Guidelines on the Right to Portability. Article 29 Working Party（欧洲数据保护委员会前身）（April 5, 2017）. Retrieved from：https://ec. europa. eu/newsroom/article29/item - detail. cfm? item_id = 611233.

〔2〕《通用数据保护条例》第 21 条。

〔3〕《通用数据保护条例》第 6 条第 1 款第 e 项规定，为了公共利益或控制者在代为行使所被赋予的公共权力而进行的有必要的数据处理是合法的。第 f 项规定，第三方为了追求合法利益而进行的必要的数据处理是合法的，除非该合法利益被数据主体（特别是数据主体为儿童的时候）的利益或者其基本权利和自由所需要的对个人数据的保护所超越。

〔4〕 S. Wrigley. Bots, "Artificial Intelligence and the General Data Protection：Asking the Right Questions", 22 Trinity CL Rev. 199（2019）at 203.

体产生法律效力或者将对其有重大影响的决定,不应仅仅建立在自动化处理的基础之上,数据主体有权反对此类决定。[1] 但第 22 条第 2 款同时规定了基于自动化处理的决定可以被接受的三种例外情况:(1)该决定是控制者和数据主体之间签订或履行合同所必需;(2)该决定由欧盟或者成员国相关法律授权;(3)有数据主体的明确同意。在这些情况下,控制者应采取合适的方式来保护数据主体的权利、自由和合法利益。这些合适的方式至少应包括给予数据主体干预控制者部分的权利,表达自己观点的权利和针对决定提出异议的权利。[2] 除了一些特别情况,第 2 款所规定的例外并不包括那些基于特殊类别的个人数据而做出的决定。[3]

GDPR 对数据控制者要求的严格程度不容低估。[4] 例如,GDPR 为数据控制者规定了个人数据违规通知义务。当个人数据的泄露将会导致数据主体的权益受损时,控制者应在知情之时起 72 小时之内通知数据主体;通知须使用易懂的语言描述数据泄露的性质、可以获得更多信息的方式以及信息泄露可能带来的后果;在适当的情况下,控制者应采取适当的措施减轻可能造

---

[1] 根据欧洲数据保护委员会的指导意见,"法律效力"是指那些对个人的法定权利或合同权利产生影响的决策,如数据主体在边境被拒绝入境,被剥夺依法给予的社会福利或合同被取消等。"有重大影响"是指等同于或类似法律效力,并对有可能对数据主体的情况、行为或选择产生重大影响,如在线信贷申请被自动分析算法拒绝或没有人工干预的电子化招聘。很难提供一个固定的列表来列出哪些决策可能被认为是重要的,是否构成"重大影响"应结合上下文进行判断。Guidelines on Automated individual decision – making and Profiling for the Purpose of Regulation. Article 29 Working Party(欧洲数据保护委员会前身)(February 6,2018). Retrieved from:https://ec. europa. eu/newsroom/article29/item – detail. cfm? item_id = 612053.

[2] 前《数据保护指令》中的同等条款规定,如果决策的目的是批准数据主体的请求,则没有必要允许数据主体对相关决策提出质疑并获得人工干预。然而,《通用数据保护条例》的规定截然不同,也许是因为在申请贷款或购买保险等情况下,只要给数据主体提供了合同(即使合同条款基于自动化特点分析而极度苛刻),数据控制者可以说个人的请求已经得到批准,从而避免了条款的目的,即在不合理的情况下允许数据主体提出质疑以及申请人工干预。根据 EDPB 的指导,数据控制者应对其处理的数据集进行定期测试,以检查是否有任何算法偏见,并应采取措施防止基于特殊数据类别的错误、不准确或歧视。此外,它还建议对算法进行审计。

[3] 根据《通用数据保护条例》第 9 条第 1 款,特殊类别的个人数据是指揭示种族或族裔血统、政治观点、宗教或哲学信仰或工会成员身份的个人数据。基因数据、用于识别唯一自然人的生物统计数据、健康数据或关于自然人性生活或性取向的数据应当被禁止处理。

[4] 数据控制者和处理者的义务(第 4 章),监管机构的职权和救济(第 6—8 章),由于字数限制没有在此专门探讨。

成的不良影响。[1] 如果控制者已采取相应措施使不良影响不太可能发生，或者在大量数据主体受到影响的情况下，控制者决定以公告通知相关群体，则不需要单独通知数据主体。[2] 向“第三方国家”（欧盟以外的国家）传送个人资料仍受 GDPR 的限制。[3] 欧盟委员会有权决定哪些国家、地区、特定部门或国际组织是否为数据传输提供充分的保护措施。[4]

自 GDPR 生效之日起，一些国际网站开始限制网站的广告功能或直接屏蔽欧盟用户，其他站点则重新定向到功能有限或者没有广告的服务精简版本（如《美国全国公共广播电台》和《今日美国》）以消除他们作为数据控制者在 GDPR 下的责任。[5] 还有一些网络公司，如 Klout 和几款在线视频游戏，因为 GDPR 实施而停止运营，并声称由于 Klout 的商业模式，即搜集社交媒体以便产出网络影响力评分，GDPR 给它们继续运营带来了巨大的负担。在 GDPR 生效日，2018 年 5 月 25 日午夜刚过数小时，脸谱网及其子公司 WhatsApp、Instagram 和谷歌有限责任公司就因使用“强迫同意”而被 Max Schrems 的非营利组织 NOYB 起诉。[6] Schrems 称，这几家公司违反了GDPR 第 7 条第 4 款，因为它们没有在个性化的基础上提出“选择加入数据处理”的同意书，并要求用户同意所有数据处理活动，包括那些并非绝对必要的活动，否则会被拒绝提供服务。2019 年 1 月 21 日，谷歌因未能获得用户对个性化

---

〔1〕《通用数据保护条例》第 33—34 条。

〔2〕同上。

〔3〕《通用数据保护条例》第 44 条。

〔4〕《通用数据保护条例》提供了欧盟委员会在确定数据保护充分性时应遵循的相关程序和标准细节，并强调需要确保接收数据传输的第三国（欧洲经济空间以外的国家）提供“基本上等同于欧盟内部确保的数据保护程度”，并向数据主体提供有效和可执行的权利和补救手段。欧盟委员会在评估数据保护程度时应与 EDPB 协商，并确保对做出的任何数据保护充分性决定进行持续监测和审查（至少每四年一次）。欧盟委员会有权决定某些国家、领土、特定商业领域或国际组织是否为数据传输提供充分的保护措施。欧盟委员会先前批准的国家名单仍然有效，即安道尔、阿根廷、加拿大（由于使用《个人信息保护及电子文档法案》）、瑞士、费罗群岛、根西岛、以色列、马恩岛、日本、泽西岛、乌拉圭东岸共和国和新西兰。欧洲委员会有权废除、修正或暂停任何的数据保护充分性决策。被列入或删除欧盟委员会先前批准的国家名单的第三国会在官方公报上公布。

〔5〕例如，Instapaper，Unroll. me 和 Tribune 出版公司拥有的报纸（包括芝加哥论坛报和洛杉矶时报）。

〔6〕Derek Scally，“Max Schrems Files First Cases under GDPR against Facebook and Google”，The Irish Times（May 25，2018）. Retrieved from：https://www. irishtimes. com/business/technology/max - schrems - files - first - cases - under - gdpr - against - facebook - and - google - 1. 3508177.

广告所用的个人数据的充分同意,并且没有向消费者提供设计数据收集和保留的清晰且易于获取的相关信息而违反了 GDPR 规则,被法国数据保护办公室罚款 5000 万英镑,这是目前为止 GDPR 框架下开出的最高罚款。[1]

二、欧盟人工智能法律与政策

(一)《可信 AI 伦理指南》

欧盟不是世界上第一个为人工智能的伦理发展提出建议的机构,但其指导建议可能是迄今为止最具体的。2019 年 4 月 8 日,欧盟人工智能高级小组颁布了《可信 AI 伦理指南》(以下简称指南)。[2] 比起美国较为宽泛的指导方针,[3]这份指南似乎更具可操作性,因为它为从事人工智能开发的公司提供了“实际评估清单”。指南目前没有法律约束力,但它涵盖了人工智能开发的几个重要领域:

(1)透明度:当人工智能系统代表用户做决定时,用户有权知道人工智能决策背后的原理,这些算法的潜在原则应该很容易被解释。

(2)安全:人工智能系统的设计应该能够抵御黑客的劫持企图和其他攻击。

(3)公平:人工智能系统作出的决定不应受到性别、种族或其他个人特征的影响,它们应该尽可能公正,不反映人类的偏见。

(4)环境管理:人类并不是人工智能开发中唯一的利益相关者,人工智能的发展及其决策的影响应考虑到地球大环境和其他生命形式的需求。

如果创造人工智能的最终目的是改善地球上的人类生活,那么这些原则似乎很合适成为建立人工智能的基础。值得注意的是,欧盟的“可信人工智能道德准则”尚未达到最终形式。提议的清单只是一个试点版本,将在公共和私营部门利益攸关方反馈后定稿。根据收到的所有反馈,欧盟人工智能高

---

〔1〕 The CNIL’s Restricted Committee Imposes a Financial Penalty of 50 Million Euros Against GOOGLE LLC. CNIL(January 21st, 2019). Retrieved from: https://www. cnil. fr/en/cnils – restricted – committee – imposes – financial – penalty – 50 – million – euros – against – google – llc.

〔2〕 Ethics Guidelines for Trustworthy AI(April 8th, 2019). Retrieved from: https://ec. europa. eu/digital – single – market/en/news/ethics – guidelines – trustworthy – ai.

〔3〕 在奥巴马担任美国总统期间,美国国家科学技术委员会在几十个相关政府机构的参与下发布了《为人工智能的未来做好准备》和《国家人工智能研究与发展策略规划》两份报告。

级专家组将于2020年年初向欧盟委员会提出评估清单的修订版。

指南所提供的清单是一套简单明了的问题，任何首席技术官、首席执行官或公众都应该能够理解。以下是其中的一小部分，为了方便起见，简单地加以解释：

(1)人工智能系统是否有一个切断开关（Kill Switch）来立即停止操作，并将控制权交给操作员？

(2)是否进行了全面的风险评估来防范漏洞和网络攻击？

(3)如果系统作出不准确的预测，可能会产生什么后果和伤害类型？

(4)如果系统开始做出可能带来潜在危险的不准确的预测，人类操作人员会收到通知吗？

(5)该系统的设计者是否结合了一种方法来防止人类偏见——基于种族、信仰等——进入决策算法？

(6)这个系统对有发育或身体残疾或有其他特殊需求的个人来说是否容易使用？

(二)《机器人之民法规则》

事实上，早在2017年2月欧洲议会就通过了一项关于机器人民法规则的决议，即《机器人之民法规则》。[1] 该决议长达23页，是欧盟人工智能立法进程的第一步。其要求欧盟委员会向欧洲议会提交机器人民法规则的正式提案。决议载有关于最终民事规则应包含哪些内容的详细建议清单，具体包括：为包括自主系统和自主智能机器人在内的各种事物创建一个通用的官方定义、机器人制造质量标准、机器人责任规则，以及关于如何研究、开发和使用机器人的法律。该决议还呼吁欧盟委员会就以下议题进行立法：

· 民用机器人学和人工智能发展的一般原则——例如创建机器人分类系统；

· 研究和创新指导方针；

· 道德原则；

· 创建一个“欧洲机器人和人工智能机构”；

· 知识产权和数据流动；

· 标准化、安全和安保；

[1] European Parliament. Civil Law Rules on Robotics. (2017). Retrieved from: http://www.europarl.europa.eu/doceo/document/TA-8-2017-0051_EN.pdf? redirect.

· 自主交通工具;

· 从长远来看,为机器人创造特定的法律地位,以确定机器人造成损害时的责任承担;

· 环境影响;

· 与机器人相关的责任,如澄清自动驾驶汽车的责任问题并建立强制性保险计划和补充基金,以确保无人驾驶汽车造成事故的受害者得到赔偿。

此外,该决议还包括艾萨克·阿西莫夫著名的机器人定律,建议使用这些定律约束机器人的开发者和用户,直到它们可以应用于机器人本身。

《机器人之民法规则》可以被视为欧盟机器人法律标准的开端。目前为止,机器人在欧盟境内主要受成员国法律的规制。在欧盟成员国当中,德国的无人驾驶汽车管制制度对于人工智能法而言比较具有参考价值。

(三)德国无人驾驶汽车管制制度

2017 年 1 月,德国颁布了一项自动化车辆合法化法案("AV Bill",2017 年 6 月 21 日生效),修改了现行《道路交通法》并规定了高度自动化和全自动化车辆使用公共道路的要求。[1] 它进一步阐述了激活自动驾驶模式时驾驶员的权利和义务,但该法案没有改变德国法律下的一般责任制度。当车辆处于自动驾驶模式时,驾驶员和车主仍然负有一般性责任,即由于疏忽行为或疏漏引起的伤害或损失承担责任,但如果驾驶员合法的使用自动驾驶模式,他们可以避免责任。如果事故是由该系统引起的,而驾驶员遵守了《道路交通法》第 1(b)条规定的注意义务,驾驶员能够证明他没有过失行为,并根据《道路交通法》第 18 条基于故障的驾驶员责任条款不承担责任。因此,自动车辆必须配备一个黑匣子,以识别事故发生时是驾驶员还是自动驾驶系统在控制车辆,这将有助于驾驶员/车主或者车主的保险公司证明是否是汽车本身造成了事故。

修改后的《道路交通法》主要规定如下:(1)明确规定高度自动化和全自动化车辆的定义。该定义特别要求系统能够遵守交通规则,识别驾驶员何时需要恢复控制,通知驾驶员并给予其足够的时间做出反应,允许驾驶员任何时候手动操控或停用自动驾驶模式。但该定义不包括所谓的"自主车辆",即不需要驾驶员的车辆。(2)自动车辆的使用被允许在预期用途的范围内

---

[1] Federal Law Gazette of 20 June 2017, Part I, No. 38, p. 1648.

(由各个汽车制造商定义)。如果给定用途不在预期用途的范围内,如在自动模式下离开驾驶员座位,系统必须通知驾驶员。(3)司机可以转移注意力,不关注路况。但驾驶员必须保持清醒,以便在系统提示时或当驾驶员认识到或必须认识到自动驾驶模式的先决条件不再被满足时,立即重新控制车辆。(4)提高最高赔偿责任限额增加100%(当前死亡或受伤最高赔偿额为1000万欧元,财产损失最高赔偿额为200万欧元)。(5)具有高度自动或全自动驾驶功能的车辆必须配备黑匣子。发生事故时,黑匣子会识别驾驶员或系统是否控制了车辆,从而确认是驾驶员承担责任还是由制造商承担责任。

该法案的赔偿责任制度从一开始就受到了新闻界和消费者保护组织等的严厉批评。以上规定在一定程度上考虑到了批评意见。它明确指出,司机可以转移注意力,而且在不得不再次接管控制权之前,必须有“足够的时间储备”作出反应。司机显然无权睡觉,但尚不清楚立法者认为什么是“足够的时间储备”,法院必须在专家的协助下解释这项要求。但有两点批评没有被法案所考虑:一是汽车制造商没有直接责任而没有参与驾驶的司机却有责任。对于这一点,德国立法者强调,在技术发展的现阶段,不会改变现行规则直接要求制造商负责任。这可能只有在自动化达到最后阶段时才会有所改变。二是批评者认为关于黑匣子的规定过于模糊。目前还不清楚哪些第三方有权要求提取黑匣子数据,以便要求索赔、赔付或辩护由事故造成的索赔。

三、英国人工智能法律与政策

目前,英国没有关于人工智能开发或人工智能应用的法律规定,也没有一个统一的监管机构来应对人工智能技术快速发展所带来的挑战。但是现有监管机构可能会在必要时进行监管,如信息专员办公室(Information Commissioner’s Office)、平等与人权委员会(Equality and Human Rights Commission)、竞争和市场管理局(Competition and Markets Authority)、通信办公室(Office of Communications)等。这些机构有权在人工智能的使用影响其法定权力管辖范围内的公民时作出相应的处理。英国政府同时也尝试建立新的机构去应对人工智能带来的挑战。

2016年英国下议院科学技术委员会(Science and Technology Committee)发布了两份报告。第一份题为《大数据困境》,报告指出亟须解决“与隐私、匿名化、安全和公共利益之间的平衡相关的日益增长的法律和道德挑战”。[1]第二份报告题为《机器人和人工智能》，该报告建议设立人工智能委员会，审查人工智能最新和潜在的发展对于社会、伦理和法律的影响，并就限制其发展所需的任何法规向政府提出建议。[2] 2018 年 11 月，“数据伦理和创新中心”（Centre for Data Ethics and Innovation，CDEI）建立。CDEI 是一个没有监管权力的咨询机构，其主要职能限于分析和预测人工智能以及相关技术带来的机遇和风险，并提出切实可行的、基于证据的解决方案。[3]

立法层面，英国重点关注与自动驾驶车辆相关的人工智能技术应用的法律规制。2018 年，英国政府委托英格兰和威尔士法律委员会（Law Commission for England and Wales）和苏格兰法律委员会（Scottish Law Commission）就自主车辆的监管框架给出法律改革建议。这些委员会已经进行了初步协商，目前正处于详细政策审议阶段，但需要到 2021 年 3 月才能向英国政府提交其分析和最后建议。

四、英国大数据法律与政策

转化欧盟 GDPR 的《数据保护法案》于 2018 年 5 月 23 日在英国获得通过。该法案细化了 GDPR 许可的“将由成员国法律决定”的那些部分，如情报服务处理、移民服务处理和公共当局对非结构化个人数据的处理等，并在 GDPR 以外为个人数据处理创建一个类似的框架。[4] 根据 2018 年《欧盟（退出）法案》第 3 节，英国退出欧盟后，GDPR 将立即被直接纳入其国内法。[5]

---

[1] House of Commons Science and Technology Committee. The Big Data Dilemma（February 12，2016）. Retrieved from：https://publications. parliament. uk/pa/cm201516/cmselect/cmsctech/468/468. pdf.

[2] Robotics and Artificial Intelligence. House of Commons Science and Technology Committee（October 12，2016）. Retrieved from：https://publications. parliament. uk/pa/cm201617/cmselect/cmsctech/145/145. pdf.

[3] Introduction to the Centre for Data Ethics and Innovation（March 20，2019）. Retrieved from：https://assets. publishing. service. gov. uk/government/uploads/system/uploads/attachment _data/file/787205/CDEI_Introduction – booklet. pdf.

[4] Data Protection Act 2018（c 12）. Retrieved from：http://www. legislation. gov. uk/ukpga/2018/12/contents/enacted.

[5] European Union（Withdrawal）Act 2018（c 16）. Retrieved from：http://www. legislation. gov. uk/ukpga/2018/16/section/3/enacted.

《数据保护法案》有七个部分。第一部分明确了在英国绝大部分个人数据处理均应受 GDPR 规制。第二部分为 GDPR 没有规定的某些类型的数据处理规定了一个大致相同的制度。第三部分规定了主管当局为执法目的对个人数据的处理。第四部分主要规定了关于情报部门对个人数据的处理。第五部分对信息专员作了规定。第六部分规定了数据保护立法的实施。第七部分为补充和最后规定。值得关注的是法案第 14 条对 GDPR 第 22 条第 2 款(b)项“法律授权的自动化处理决定和保障措施”进行了细化。第 14 条首先明确了影响数据主体的“重大决定”和“类似的重大决定”的定义,并进一步规定如果英国的数据控制者仅基于自动化处理而做出“类似的重大决定”,则控制者必须尽快以书面方式通知数据主体已经基于自动化处理作出了决定。

第四节　韩国、日本与加拿大人工智能、大数据法律与政策

一、韩国人工智能、大数据法律与政策

作为世界上信息技术最发达的国家之一,2008 年 12 月,韩国颁布了《智能机器人开发和普及促进法》,确立并促进了智能机器人产业的可持续发展,但相应市场和技术的发展并没有预期的那么快。除此之外,韩国有许多与智能信息社会有关的法案,如《国家信息化框架法》《云计算发展和用户保护法》《信息通信振兴及激活融合等相关特别法(信息通信融合法)》等。这些法案主要涉及如何鼓励和加快智能信息技术的发展,但没有关于数据所有权、反垄断和数据治理等相关问题的规定。

《国家信息化框架法》于 2009 年 5 月颁布。[1] 该法案第 1 条明确其目的是通过规定建立和促进国家信息化的基本方向和相关政策所需的事项,为实现可持续的知识和信息社会作出贡献,并提高国民的生活质量。核心内容包括:“信息”被定义为在被用于特定目的的视觉或电子装置处理后,以代码、

---

〔1〕 Framework Act on National Informatization. (2009). Retrieved from: http://elaw.klri.re.kr/eng_mobile/viewer.do? hseq=50665&type=lawname&key=framework+act+on+national+informatization.

字母、声音、图像等形式表达的所有类型的数据或知识(第3条第1款);“信息文化”是指社会成员在信息技术运用过程中形成的生活方式,如行为模式、价值观、规范等(第3条第8款);“数字鸿沟”是指社会、经济、区域或物质环境导致获取或使用信息和通信服务的机会不平衡的情况(第3条第9款);“信息传播伦理”是指个人或社会成员在通过使用信息和通信技术收集、处理、存储、搜索、传输、接收和利用信息的过程中应遵守的价值标准(第3条第9.2款)。

2015年颁布的《云计算发展和用户保护法》的目的是促进云计算的发展和使用,并创造安全使用云计算服务的环境,为提高生活质量和发展国民经济作出贡献。[1] 其中,第2条第1款将“云计算”定义为一种信息处理系统,它能够根据用户要求或需求的变化,通过信息和通信网络灵活地使用信息和通信的综合和共享资源,如信息和通信设备、信息和通信系统以及软件。第2条第4款的“用户信息”是指云计算服务用户存储在通过云计算系统提供云计算服务的人的信息和通信资源中,并由用户拥有或管理的信息。[2]

《信息通信振兴及激活融合等相关特别法(信息通信融合法)》于2013年8月颁布。[3] 该法案的目的是通过促进信息和通信技术发展,并系统化地促进信息和通信技术融合、限制合理化、培养人力资源、发展风险企业、支持研发等,从而提高韩国信息和通信的国际竞争力,促进国民经济的持续发展,提高人民的生活质量。核心概念包括:“信息和通信技术的融合”是指通过将信息和通信技术之间或信息和通信技术与其他行业之间的技术和服务结合或混合,创造新的社会和市场价值的创造性和创新性活动和现象(第2条第1款第2项);“数字内容”是指以数字形式制造或处理的材料或信息,如代码、字母、图表、颜色、声音、图像或视频(及其组合),以增强其保存或利用的有用性(第2条第1款第7项)。

2018年5月韩国国会发布了《智能型机器人开发与普及促进法》修订

---

[1] Act on the Development of Cloud Computing and Protection of its Users (2015). Retrieved from: http://elaw.klri.re.kr/eng_mobile/viewer.do? hseq=45179&type=lawname&key=cloud+computing.

[2] 信息是指《国家信息化框架法》第3条第1款所规定的信息。

[3] Special Act on Promotion of Information and Communications Technology, Vitalization of Convergence Thereof, Etc. (2013). Retrieved from: http://elaw.klri.re.kr/eng_mobile/viewer.do? hseq=47794&type=lawname&key=convergence+thereof.

案，明确智能型机器人在开发和普及中应当具备可检测、可理解的原则以及确保安全性的技术措施。[1] 该修订案扩大了机器人定义的范围，将智能机器人定义为一种机械设备，包括操作该机械设备所需的软件，它能感知外部环境、识别环境，并能自动移动。

2018 年 6 月，韩国科学和信通技术部发布了《智能信息社会道德准则和道德宪章》报告，旨在加强开发和生产智能信息技术和服务的责任道德，防止用户滥用这些技术和服务，最终实现以人为本的智能信息社会的目标。

除了大数据与人工智能法规以外，韩国政府在创建相对应的战略方面也同样积极。韩国政府于 2015 年 10 月成立智能信息社会咨询委员会。在该委员会 2016 年 1 月宣布《智能信息社会战略计划》(Plan for Intelligent Information Society Strategy)后，韩国政府宣布将在未来五年为人工智能研究投资 8.63 亿美元。

此外，韩国政府基于该计划成立了由政府机构和专家组成的战略工作小组，不定期举行研讨会和会议，与公众分享关切和想法，并于 2016 年 12 月宣布了《第四次工业革命中长期智能信息社会计划》(Mid－to Long Term Intelligent Information Society Plan For the 4th Industrial Revolution)。该计划将智能信息技术定义为通过融合人工智能技术和数据利用技术，在与人类相当的水平上实现数据处理能力，如识别、感知、推理等技术。数据利用技术是指物联网、云计算、大数据和移动技术。在第四次工业革命的背景下，这意味着物联网收集的大量杂项数据将被云计算和移动技术以极高的速度在任何地方传输、保存和访问，再被人工智能处理。

---

[1] Intelligent Robot Promotion and Distribution Promotion Act. (2008). Retrieved from: http://elaw.klri.re.kr/eng_mobile/viewer.do? hseq=48710&type=lawname&key=development+and+distribution. 该法案于 2008 年 3 月颁布。第 1 条，该法案的目的是通过制定和促进智能机器人产业的可持续发展政策，促进智能机器人的开发和普及，并为此奠定基础，从而为提高公民的生活质量和国民经济做出贡献。核心定义包括：第 2 条第 1 款，"智能机器人"是指一种机械设备（包括操作该机械设备所需的软件），它能感知外部环境、识别环境、并能自动移动；第 2 条第 2 款，"智能机器人伦理宪章"是指为开发、制造和使用智能机器人的人员制定的行为准则，以防止智能机器人的功能和智能发展可能产生的各种有害或不利影响，如破坏社会秩序，并确保智能机器人有助于提高人类的生活质量。

二、日本人工智能、大数据法律与政策

(一)日本人工智能法律与政策

与韩国相同,日本政府颁布了较多针对人工智能发展的战略,并探讨如何鼓励和加快人工智能技术的发展,但没有太多与之相关的详细法规。

2016年1月,日本政府发布了《第五期科学技术基本计划(2016—2020年)》,该计划为日本制定了从工业4.0向社会5.0转型的目标。在这一转型中,不仅是制造业和其他行业,社会的方方面面都将被新的信息技术和系统所改变。此外,日本政府于2016年成立了人工智能技术战略委员会,并于2017年3月发布了《人工智能技术战略》。

2018年5月,日本内阁办公室通过了《宣布成为世界上最先进的信息技术国家和促进公共和私营部门数据利用的基本计划》,明确了政府利用人工智能和物联网推进技术的政策。同年12月,日本政府关于《以人类为中心的人工智能社会原则》的会议公布了包括公司问责制在内的七项核心人工智能原则,以确保公司通过使用人工智能技术作出决策时的流程透明度。

(二)日本大数据法律与政策

日本政府和私营部门正在对人工智能技术进行大量投资,作为出生率下降后日本老龄化社会未来竞争力的关键驱动力。日本政府正在实施几项政策和资金计划,通过物联网收集大数据[1]并通过人工智能开发数据分析技术。然而,日本政府尚未制定任何专门针对人工智能、大数据或深度学习的法规;现有的软件和数据法律,如《知识产权法》、《防止不公平竞争法》[2]和《个人信息保护法》[3],均适用于这些新技术。以下为在日本受关注的主要人工智能法律问题:

1. 数据共享

为了促进和便利企业之间的数据自由流动和利用,日本经济贸易和工业

---

〔1〕 物联网除了连接计算机和智能手机,也包括各种类型的设备和装置,如车辆和家用电器,都会被连接到互联网,并且通过这些设备和装置收集数字数据。

〔2〕 Unfair Competition Prevention Act. (1993). Retrieved from: http://www.japaneselawtranslation.go.jp/law/detail/? id=2803&vm=02&re=02.

〔3〕 Act on the Protection of Personal Information (2003). Retrieved from: http://www.japaneselawtranslation.go.jp/law/detail/? id=2781&vm=2&re=02. 英文概述见: https://platform.dataguidance.com/notes/japan-data-protection-overview。

省于2018年6月制定了《涉及人工智能和数据利用的合同指南》(以下简称《合同指南》)。《合同指南》确定了企业在建立公平和适当的数据利用规则时应重点关注的关键要素,为每个特定数据使用类别提供了理由,并解释了企业在谈判和协调合同细节或条款时应考虑的重点。

《合同指南》主要内容包括人工智能部分和数据部分。人工智能部分将典型的合同制定问题分为三类:(1)拥有人工智能技术开发可交付成果的权利主体问题。对于每个项目,如原始数据、机器学习数据集和人工智能产品,《合同指南》定义了知识产权以及建立权利和使用条款的方法。(2)在确定关于数据利用和保护条款的问题上,《合同指南》确定了在选择数据交易中介时要考虑的要点,如中立性、稳定运营的收入、安全和透明度方面的义务和责任等,以及根据数据的性质和类型确定使用范围和限制的几种替代方法。(3)关于供应商对其使用人工智能的统计模型产品的性能责任问题,《合同指南》建议限制供应商的责任范围,因为供应商很难事前确保人工智能统计模型的效益。

《合同指南》的数据部分将数据使用合同分为三种类型,解释了合同结构、法律性质、相关问题以及适当的合同准备过程,并为每种合同类型提供了条款范本。第一种是数据提供类型合同,涉及拥有数据的一方授予另一方对数据的权利。第二种是数据创建类型合同,即双方共同创建/编译新数据,并协商各自使用新数据的权利和义务。第三种是数据共享型合同,即双方使用一个平台共享数据,该平台汇总、存储、处理和分析数据。

除此之外,《合同指南》还规定了跨境传输数据的注意事项,包括确定适用法律和选择争议解决方法以及如何遵守海外数据传输法规,如如何遵守《中华人民共和国网络安全法》或欧盟的《通用数据保护条例》。

2. 数据竞争法

日本正在审查如何根据竞争法处理人工智能和大数据,但监管机构层面的讨论仍处于起步阶段,尚未反映在任何实际的执法政策中。就其内容而言,讨论主要集中在数字卡特尔和数据对反竞争效应分析的影响这两个方面。前者关注在价格通过使用算法固定的情况下是否可以承认卡特尔的存在,后者特别关注谷歌、苹果、脸谱和亚马逊等大型数字平台的数据聚合。这两个问题都是在防止反竞争性合并和滥用相对优势地位的背景下进行的。滥用优势地位的典型例子是一方利用其优越的交易地位,采取了不同于正常商业行为的不公正行为，要求相对方提供资金、服务或其他经济利益。

日本公平贸易委员会在 2017 年 6 月发布的一份关于数据和竞争政策的报告中强调，如果数据驱动的活动在相关市场上产生反竞争效应，则此类活动将同传统反竞争活动一样成为强制执行的目标。报告指明，在分析数据汇总是否产生的反竞争效应时应考虑：(1)是否有获得这种数据的替代方法；(2)数据使用的经济分析，包括数据量的大小；(3)与人工智能的相关性。传统的市场定义理论往往从经济角度出发，基于市场份额来定义反竞争行为，但这些标准可能不适用于数字市场。假设一家公司收购了一家占市场份额很小但拥有顶尖技术、软件或专门技能的初创公司，这种收购就可能会导致反竞争的结果，特别是考虑到初创公司的市场进入会因网络效应而受到阻碍。同样，在合并控制的背景下，当一家拥有汇总数据的公司，如数字平台，将要与另外一家公司合并时，除了基于收入的传统经济分析之外，还应考虑数据的稀有性以及是否有收集此类数据的替代方法，以确定其在特定市场中是否具有主导地位。

日本对数字算法卡特尔的规制基于经济合作与发展组织的四种分类：作为信使的计算机、中心辐射型卡特尔〔1〕、算法动态定价〔2〕和自治机器。卡特尔活动需要其成员达成协议，故可能不适用可预测代理和自主机器的卡特尔形式。公平贸易委员会(JFTC)的报告也涵盖了数字卡特尔，报告强调如果反竞争效应是由符合数字卡特尔定义的群体造成，JFTC 将打击这些合谋活动。但目前为止，日本还没有关于数字卡特尔的执法案件。

3. 日本信息保护法

《个人信息保护法》(APPI)是日本最主要数据保护立法，该法于 2017 年 5 月进行了修订以加强数据保护。〔3〕 APPI 规定从数据主体收集敏感个人数据时，需要数据主体的同意。数据使用目的必须在收集数据前向数据主体披

---

〔1〕 中心辐射型卡特尔(Hub & Spoke Cartels)是一种特殊的垄断协议形式。具有竞争关系的经营者之间虽然看似没有直接进行信息交流，但其作为“辐条”(Spoke)通过第三方“轮轴”(Hub)实现了间接的信息交流进而达成垄断协议。在这样一个架构中，“轮轴”起到了非常重要的作用。

〔2〕 定价算法充当“可预测的代理”(Predictable Agent)，并持续监控和调整同行彼此的价格和市场数据。

〔3〕 Act on the Protection of Personal Information (2003). Retrieved from: http://www.japaneselawtranslation.go.jp/law/detail/? id = 2781&vm = 2&re = 02. 英文概述见：https://platform.dataguidance.com/notes/japan - data - protection - overview。

露或通知,并要求适当收集个人数据。因此,如果数据控制者收集个人数据的目的在于将这些数据用于人工智能相关系统的分析或开发,则应当将收集的个人数据类别限制在数据主体合理预期的范围内并确保透明度。数据控制者对个人数据的使用仅限于之前向数据主体披露或通知的使用目的。若控制者使用收集的个人数据开发人工智能相关系统或进行人工智能相关分析,则此类使用必须包含有关在个人数据使用的披露或通知目的中。如果该用途并未包括在内,控制者必须修改相应的披露或通知并通知数据主体。

同时,数据控制者向第三方转让个人数据必须事先获得数据主体的同意,除非这种转让是与委托、共同使用或业务继承(合并和收购)一起进行的,或者这种转让属于 APPI 规定的豁免范围。就人工智能相关软件或系统而言,不包含个人数据的软件或系统的转让不会触发 APPI 规定的同意要求。

三、加拿大大数据法律与政策

加拿大是世界上第一个确定国家人工智能战略的国家。据估计,加拿大拥有的人工智能专家总数在全球排名第三。蒙特利尔市拥有世界上最集中的研究人员和深入学习的学生,近 9000 名学生在人工智能和相关项目中学习。多伦多是世界上人工智能初创企业最集中的地方。尽管加拿大对人工智能有着浓厚的兴趣和大量的投资,但在缺乏专门针对人工智能的监管或立法监督的情况下,与人工智能相关的风险和责任的分配往往通过现有法律或者合同来确定。

在大数据和隐私权方面,《个人信息保护和电子文件法》(PIPEDA)是 2004 年实施的加拿大联邦隐私立法。[1] PIPEDA 的管辖范围涉及加拿大各地的私营企业在商业活动中收集、使用和披露的个人信息。[2] 在已经制定了与 PIPEDA“基本相似”的立法的省份,这些省份的立法优先。

(一)PIPEDA 规定的十项公平信息原则

(1)问责制:营利组织需对其控制下的个人信息负责,并应指定一名对组织的合规性负责的首席隐私官,负责了解相关政策和程序,并处理投诉。

---

〔1〕 Personal Information Protection and Electronic Documents Act. SC 2000 c 5(2000). Retrieved from:https://laws - lois. justice. gc. ca/eng/acts/p - 8. 6/FullText. html.

〔2〕 PIPEDA 仅适用于商业活动中个人信息的收集、使用或披露,并包括加拿大联邦政府监管的企业,如银行、航空公司和电信公司。

(2)明确收集个人信息的目的:收集个人信息的目的应在启动信息收集时明确。各组织应该制定“目的陈述”并将其提供于数据主体。

(3)同意[1]:在商业活动中收集、使用或披露个人信息需要个人的知情和同意。同意可以是明示的,也可以是默示的。加拿大隐私专员办公室建议在大多数情况下使用明示的同意[2]。

(4)限制个人信息的收集:信息如果是为特定目的收集的,那么只能用于这些目的,不能通过误导或欺骗的方式收集个人信息。

(5)限制个人信息的使用、披露和保留:组织只能为收集个人信息的特定目的使用、披露和保留个人信息,并且不得超过这些特定目的所需的时间保留所收集的个人信息。

(6)准确性:个人信息应准确、完整且为最新。

(7)保障措施:各组织必须保护个人信息免遭丢失或盗窃,以及未经授

---

〔1〕 PIPEDA 于 2015 年进行了修订,纳入了第 6.1 节,该节规定,只有在数据主体对于被收集的数据信息的性质、目的和后果有合理预期和理解的情况下,数据主体的同意才有效。

在欧盟的 GDPR 里,数据主体的同意也是收集、使用和披露个人信息的有效基础(第 6 条)。GDPR 在某些方面可能比 PIPEDA 更灵活,因为它允许各组织基于其他因素(如履行合同或合法利益)收集、使用和披露个人数据。所以,欧盟在 GDPR 下的个人信息隐私体制与加拿大不同,在 PIPEDA 下同意是收集、使用和披露的唯一因素(例外主要包括对数据主体有利或与调查违规/违法行为有关的收集、使用和披露)。因此,在欧盟经济空间设立的组织很可能会寻找其他因素来证明数据处理的合法性。首先,GDPR 对同意的要求如此之高,以至于组织很少使用它去证明数据处理的合法性。主要是因为 GDPR 没有默示同意的概念;同意必须是个人的肯定行为。其次,GDPR 不允许将同意捆绑到合同中。每次使用个人信息时数据主体都必须给出相对应的同意。最后,必须同意必须有数据主体主动给予数据控制者。GDPR 指出,如果数据主体与数据控制者之间权力明显不平衡,数据主体的同意就不能证明数据处理的合法性。与 PIPEDA 相同,GDPR 认为当一个组织收集的个人信息超过必要的数量时,数据主体的同意不能被认为是主动的。

在 PIPEDA 下,数据主体的同意是唯一可以证明数据处理的合法性的依据,除非数据收集和使用明显符合个人利益,并且不能及时获得同意;如果在征得同意的情况下收集和使用信息会损害信息的可用性或准确性,并且出于调查违反协议或违反加拿大或某省法律的目的,收集信息是合理的;如果要求披露信息以符合传票、搜查令、法院命令或法院关于出示记录的规则;如果出于调查违反协议或违反加拿大或某个省已经、正在或将要实施的法律的目的而言向另一个组织披露信息是合理的,并且有理由预期在数据主体知情或同意的情况下进行信息披露会影响调查;如果出于发现或制止欺诈或防止可能发生的欺诈的目的向另一个组织披露信息是合理的,并且有理由预期在数据主体知情或同意的情况下进行信息披露会影响该组织防止、发现或制止欺诈的能力;如果法律要求披露信息。

〔2〕 确定适当的同意形式取决于个人信息的类型和敏感程度,以及数据主体的合理期望(参考 PIPEDA,附表 1,第 4.3.5 条)。作为向数据主体提供产品或服务的要求,除了完成与数据主体的交易所必需的信息之外,不能要求数据主体同意被收集和使用额外的私人信息。

权的访问、披露、复制使用或修改。保障措施的安全级别应与信息的敏感性相适应。有权限访问信息的人应该签署保密协议。

(8)开放性:各组织的隐私政策必须对所有人开放。

(9)个人访问权:数据主体有权知道哪些个人信息被收集、这些信息是如何使用的,以及向谁披露的。数据主体有权质疑信息的准确性和完整性,并纠正任何错误。

(10)挑战合规性:数据主体应该能够通过组织的首席隐私官解决与合规性相关的问题。

(二)PIPEDA 与 GDPR 的异同

欧盟委员会有权决定某些国家、领土、特定商业领域或国际组织是否为数据传输提供充分的保护措施。就目前情况而言,欧盟委员会指定加拿大的数据传输保护措施享有部分充分性。值得注意的是,这一指定仅适用于在传输数据方面受 PIPEDA 管辖的加拿大组织,即商业组织,其他组织不具备此充分性。PIPEDA 和 GDPR 的最大区别之一是数据主体对数据处理的同意。

GDPR 要求数据主体明确同意数据控制者对其数据的处理,而数据控制者必须以与其他事项明显不同的、明白易懂的方式,使用清晰明了的语言,将同意请求告知数据主体。因此,数据主体只有通过明确的肯定行为才能同意数据控制者进行数据处理。而 2015 年修改后的 PIPEDA 规定,只有可以合理期望数据主体会理解其同意的个人信息的收集、使用或披露的性质、目的和后果时,数据主体的同意才有效。这实质上意味着,数据控制者可以在暗示或明确的同意之间进行选择,而适当的同意形式则通常根据被收集的个人信息的敏感程度和数据主体的合理期望来判断。相比之下,GDPR 对同意的要求如此之高,以至于组织很少使用它去证明数据处理的合法性。[1]

除此之外,虽然 PIPEDA 管辖范围外的联邦政府部门和机构处理的个人数据受加拿大《隐私法》调整,但仍有许多组织不受《隐私法》和 PIPEDA 的约束,例如,非营利组织、政党和政治协会、教育机构和医院的非商业性信息收集行为都在 PIPEDA 的管辖范围外。PIPEDA 也不适用于在已经制定了与 PIPEDA"基本相似"的立法的省份运营的公司。但 PIPEDA 依然适用于跨省或跨国数据传输。GDPR 的管辖范围则包含存储或处理欧盟数据主体敏感

---

〔1〕 Guidelines on Consent under Regulation 2016/679. (2018). Retrieved from: https://ec.europa.eu/newsroom/article29/item-detail.cfm? item_id=623051.

数据的任何自然人或法人、公共当局、机构或其他组织。GDPR 不仅适用于有针对性的数据收集实践,也适用于欧盟对数据主体的行为监测。

PIPEDA 和 GDPR 的另一个主要区别在于数据主体的权利。GDPR 第 17 条赋予数据主体被遗忘权,并允许个人在多种情况下要求数据控制者删除其所有个人信息。如果被获得的个人信息不再用于收集(或处理)数据的目的,那么数据控制者则需删除这些信息。这种擦除请求也适用于撤回同意并且没有其他法律依据继续处理其数据的数据主体。而数据控制者(如社交媒体网站)则有义务采取所有合理的步骤将数据主体的同意撤销及擦除请求传达给已向其披露个人数据的接收者。

在被遗忘权的问题上,PIPEDA 给予数据主体撤销数据处理同意的权利,但是在商业性行为过程中,收集数据的组织仍然可以根据他们的最小和最大数据保留期而保留他们所收集的数据。PIPEDA 规定,只要组织收集的个人信息对其收集的目的依然有必要性,那么该组织就可以保留个人信息,这意味着,数据主体只能在组织达到其收集目的后要求删除其个人信息。即使 PIPEDA同样包含与销毁数据的义务相关的用语,GDPR 第 17 条和 PIPEDA 原则 4.5 之间的显著区别在于 PIPEDA 不要求收集数据的组织向其披露个人信息的任何其他组织通报数据主体的同意撤销及删除请求。

虽然 PIPEDA 和 GDPR 都赋予数据主体访问权,以获取各组织或数据控制者收集的关于他们的个人信息,但只有 GDPR 规定了数据迁移权。GDPR 给予数据主体以结构化、常用和机器可读的格式获取数据控制者收集的关于他们的个人数据的权利,以便将这些数据传输到另一个数据控制者,而 PIPEDA没有规定此类权利。

2015 年《数据隐私法》修正案,将强制性数据泄露通知添加到PIPEDA,并在总体上遵循与 GDPR 规定相类似的原则。数据控制者必须记录所有数据泄露,如果存在泄露将对数据主体造成重大伤害的真实风险,数据控制者则必须向数据保护机构和受影响的数据主体作出相应的报告。在这一点上,GDPR 和 PIPEDA 的不同之处在于要求数据控制者通知当局的时间范围。GDPR 要求数据控制者在发现严重数据泄露后 72 小时内作出相应的报告,而 PIPEDA 只是简单地声明收集个人信息的组织必须尽快向加拿大隐私专员以及个人信息受到影响的数据主体作出报告。

到目前为止,GDPR 的罚款是史上最高的:被发现违反其核心原则的公司最高可被罚款2000万欧元,或全球年营业额的4%,以较高者为准。相比之下,PIPEDA的罚款要轻得多。在以下三种情况下,最高罚款可达10万加元:如果收集个人信息的组织对举报违规/违法行为的雇员采取惩罚行动;如果收集个人信息的组织不保留个人要求的个人信息数据;或者收集个人信息的组织妨碍联邦隐私专员调查投诉或进行审计。

GDPR产生如此深远国际影响的另外一个原因是其域外效力条款。任何收集或处理欧盟数据主体个人信息的公司,无论它们是否在欧盟设有办事处,都属于GDPR的管辖范围。然而,PIPEDA中没有明确提及其域外效力,这意味着在加拿大境外运营的公司可能不需要遵守PIPEDA,即使它们在收集、使用或披露加拿大数据主体的个人信息。尽管如此,一些专家认为,如果在加拿大境外所开展的数据处理活动与加拿大之间有"真正的和实质性的"联系,PIPEDA依然可以适用于外国法域。

第五节　总结与未来趋势

本章涵盖的立法主要分别涉及与人工智能和大数据相关的安全和隐私问题,具体包括可能对人类造成伤害的人工智能行为、长期持续的数据收集和分析导致的隐私问题、人工智能技术中的算法偏见和通过深度伪造产出的错误信息,以及与人工智能系统相关的安全问题。虽然人工智能的一部分管制问题是其他新兴科技所共有的,但人工智能技术发展的分散和速度对如何在不阻碍技术创新的情况下做出有效的监管提出了挑战。

欧盟的人工智能政策和大数据监管在全球范围内居于领先地位,其规定细致周密,涉及面广泛。美国对人工智能技术引起的具体问题的立法回应亦值得关注。在自动驾驶汽车问题上,尽管美国相关法案在立法过程中遇到了障碍,但其在设计、生产和测试阶段的安全性上有明确的目标,值得参考。同样,德国的无人驾驶汽车法案展现了政策实施的困难,体现在对实际驾驶情况创造准确且通用定义的问题上。日本对人工智能兼大数据的共享及竞争法问题的处理反映了严谨的立法态度,试图通过现有的法律框架解决科技发展带来的新兴法律问题。

在未来,移交给人工智能系统的任务数量和复杂程度将会增加,其所带来的相关问题的处理难度也会相应增加。虽然人工智能的进一步发展为社会创造了财富,但它也可能导致劳动力市场的混乱并对社会经济的发展提出新的挑战。一方面,人工智能技术的广泛应用有可能会导致大批劳动者失业,未来人工智能法的发展必然会涉及劳动法问题和相关政策的制定。另一方面,人工智能技术可以由一个人或一个小团队在资源有限的情况下独立开发,人工智能系统也可以由匿名人士开发并上传到共享平台的开源组件组合完成。无论哪种情况都涉及人工智能系统的黑匣子操作原理难以被人类理解的问题,这种现象使系统出错时很难明确法律责任。另一个使人工智能难以监管的特点是其自主行动的能力和结果的不可预见,这也给责任分配造成困难。

尽管任务艰巨,但基本可以通过加强或修改当前的法律框架和监管模式,为人工智能的继续发展和相应的监管提供有效的基础。虽然本章所涵盖的部分司法管辖区制定了全新的人工智能和大数据政策,但多数国家和地区依然试图通过现有立法或者在先前立法的基础上发展衍生概念的方式来处理和预测这些新兴科技所带来的种种问题。

问题与思考

1. 美国、欧州和亚洲地区有关人工智能的法律规制各有什么特点?
2. 请对比分析美国、欧盟、英国、韩国和日本有关人工智能法律及政策的异同。
3. 美国、欧盟、英国、韩国、日本和加拿大在大数据法律和政策方面是否各有侧重?具体体现在哪些方面?

延伸阅读

[1] Edmund Mokhtarian, "The Bot Legal Code: Developing a Legally Compliant Artificial Intelligence", *Vanderbilt Journal of Entertainment & Technology Law* 21, No. 1 (Fall 2018), pp. 145 - 208.

[2] Giorgia Guerra, An Interdisciplinary Approach for Comparative Lawyers: Insights from the Fast - Moving Fields of Law and Technology, *German Law Journal* 19, No. 3 (June 2018), pp. 579 - 612.

[3] Orla Lynskey, *The Foundations of EU Data Protection Law*, Oxford University Press, 2015.

[4] Serge Gutwirth, Ronald Leenes and Paul de Hert et al., Reforming European Data

Protection Law, Springer, 2015.

[5] Rolf H. Weber and Dominic Staiger, Transatlantic Data Protection in Practice, Springer, 2017.

[6] Lina Jasmontaite, Irene Kamara, Gabriela Zanfir – Fortuna, Stefano Leucci, Data Protection by Design and by Default: Framing Guiding Principles into Legal Obligations in the GDPR, *European Data Protection Law Review* (EDPL) 4, No. 2 (2018), pp. 168 – 189.

[7] Henry Pearce, Systems Thinking, Big Data, and Data Protection Law, *European Journal of Law Reform* 18, No. 4 (2016), pp. 478 – 504.

[8] Matthew Humerick, Taking AI Personally: How the E. U. Must Learn to Balance the Interests of Personal Data Privacy & Artificial Intelligence, *Santa Clara High Technology Law Journal* 34, No. 4 (May 2018), pp. 393 – 418.

[9] Michael L. Rustad, Thomas H. Koenig, Towards a Global Data Privacy Standard, *Florida Law Review* 71, No. 2 (March 2019), pp. 365 – 454.

[10] Sam Wrigley, BOTS, Artificial Intelligence and the General Data Protection Regulation: Asking the Right Questions, *Trinity College Law Review* 22 (2019), pp. 199 – 211.

[11] Shelli Gimelstein, A Location – Based Test for Jurisdiction over Data: The Consequences for Global Online Privacy, *University of Illinois Journal of Law*, Technology & Policy 2018, No. 1 (Spring 2018), pp. 1 – 32.

[12] 王利明:《论个人信息权在人格权法中的地位》,载《苏州大学学报》2012 年第 6 期。

[13] 张新宝:《从隐私到个人信息:利益再衡量的理论与制度安排》,载《中国法学》2015 年第 3 期。

参考文献

[1] John O. McGinnis, "Accelerating AI", in *Research Handbook on Artificial Intelligence and Law*, edited by Woodrow Barfield and Ugo Pagallo, pp. 40 – 54. Northampton, USA: Edward Elgar Publishing, 2018.

[2] 高伟伟:《论可废止性推理的理论证成》,载《哲学分析》2018 年第 3 期。

[3] 惠志斌:《各国人工智能安全政策研判》,载《信息安全与通信保密 》2019 年第 6 期。

图书在版编目(CIP)数据

人工智能与法律 / 冯子轩主编. -- 北京 : 法律出版社, 2020(2026.1 重印).
ISBN 978-7-5197-5006-0

Ⅰ. ①人… Ⅱ. ①冯… Ⅲ. ①人工智能-法律-研究 Ⅳ. ①D912.174

中国版本图书馆 CIP 数据核字(2020)第 188584 号

人工智能与法律
RENGONG ZHINENG YU FALÜ

主　编 冯子轩
副主编 罗　璨　谭　玲　胡耘通

责任编辑 刘　琳
装帧设计 凌点工作室

出版发行 法律出版社
编辑统筹 法律教育出版分社
责任校对 王　丰　郭艳萍
责任印制 刘晓伟
经　　销 新华书店

开本 710 毫米×1000 毫米　1/16
印张 19.5　　**字数** 342 千
版本 2020 年 11 月第 1 版
印次 2026 年 1 月第 4 次印刷
印刷 河北龙大印务有限公司

地址:北京市丰台区莲花池西里 7 号(100073)
网址:www.lawpress.com.cn
投稿邮箱:info@lawpress.com.cn
举报盗版邮箱:jbwq@lawpress.com.cn

销售电话:010-83938349
客服电话:010-83938350
咨询电话:010-63939796

书号:ISBN 978-7-5197-5006-0　　**定价**:48.00 元
凡购买本社图书,如有印装错误,我社负责退换。电话:010-83938349